·最新·

未成年人保护法规汇编

(第三版)

法律出版社法规中心 编

法律出版社

LAW PRESS·CHINA

北京

图书在版编目（CIP）数据

最新未成年人保护法规汇编／法律出版社法规中心编. -- 3 版. -- 北京：法律出版社，2025. -- ISBN 978-7-5197-9813-0

Ⅰ. D922.79

中国国家版本馆 CIP 数据核字第 2024FX2219 号

最新未成年人保护法规汇编
ZUIXIN WEICHENGNIANREN
BAOHU FAGUI HUIBIAN

法律出版社法规中心 编

责任编辑 李 群 陈 熙
装帧设计 李 瞻

出版发行 法律出版社	开本 A5
编辑统筹 法规出版分社	印张 17.125　字数 510 千
责任校对 张红蕊	版本 2025 年 1 月第 3 版
责任印制 耿润瑜	印次 2025 年 1 月第 1 次印刷
经　　销 新华书店	印刷 北京中科印刷有限公司

地址:北京市丰台区莲花池西里 7 号(100073)
网址:www.lawpress.com.cn　　　销售电话:010-83938349
投稿邮箱:info@lawpress.com.cn　　客服电话:010-83938350
举报盗版邮箱:jbwq@lawpress.com.cn　咨询电话:010-63939796
版权所有·侵权必究

书号:ISBN 978-7-5197-9813-0　　　定价:58.00 元

凡购买本社图书,如有印装错误,我社负责退换。电话:010-83938349

目 录

中华人民共和国未成年人保护法(2024.4.26修正)……………（ 1 ）

家庭保护

中华人民共和国家庭教育促进法(2021.10.23)……………（ 26 ）
中华人民共和国反家庭暴力法(2015.12.27)………………（ 35 ）
家庭寄养管理办法(2014.9.24)………………………………（ 40 ）
最高人民法院、全国妇联关于开展家庭教育指导工作的意见
　(2023.5.29)……………………………………………………（ 46 ）

学校保护

中华人民共和国教育法(2021.4.29修正)……………………（ 52 ）
中华人民共和国学前教育法(2024.11.8)……………………（ 65 ）
中华人民共和国义务教育法(2018.12.29修正)……………（ 81 ）
中华人民共和国教师法(2009.8.27修正)……………………（ 91 ）
未成年人学校保护规定(2021.6.1)……………………………（ 98 ）
学生伤害事故处理办法(2010.12.13修订)…………………（109）
幼儿园教师违反职业道德行为处理办法(2018.11.8)………（116）
中小学教师违反职业道德行为处理办法(2018.11.8)………（119）
中小学幼儿园安全管理办法(2006.6.30)……………………（122）
幼儿园督导评估办法(2023.12.29)……………………………（132）
义务教育学校管理标准(2017.12.4)…………………………（136）
幼儿园工作规程(2016.1.5)……………………………………（145）

最高人民检察院、教育部、公安部关于建立教职员工准入查询性侵违法犯罪信息制度的意见(2020.8.20) ……………… (156)

社会保护

中华人民共和国公共文化服务保障法(2016.12.25) ………… (160)
公共文化体育设施条例(2003.6.26) ……………………… (169)
互联网上网服务营业场所管理条例(节录)(2022.3.29 修订) …… (175)
禁止使用童工规定(2002.10.1) …………………………… (176)
未成年工特殊保护规定(1994.12.9) ……………………… (179)
未成年人节目管理规定(2021.10.8 修订) ………………… (182)

网络保护

中华人民共和国网络安全法(2016.11.7) ………………… (190)
未成年人网络保护条例(2023.10.16) ……………………… (205)
全国人民代表大会常务委员会关于加强网络信息保护的决定
　(2012.12.28) ……………………………………………… (216)
网络信息内容生态治理规定(2019.12.15) ………………… (218)
国家新闻出版署关于防止未成年人沉迷网络游戏的通知(2019.
　10.25) ……………………………………………………… (225)

政府保护

儿童福利机构管理办法(2018.10.30) ……………………… (228)
收养评估办法(试行)(2020.12.30) ………………………… (235)
中国公民收养子女登记办法(2023.7.20 修订) …………… (238)
民政部、全国妇联关于做好家庭暴力受害人庇护救助工作的指
　导意见(2015.9.24) ……………………………………… (241)
儿童福利机构重大事故隐患判定标准(2024.9.12) ………… (245)

司法保护

中华人民共和国预防未成年人犯罪法(2020.12.26 修订) ……… (248)
中华人民共和国刑法(节录)(2023.12.29 修正) ………………… (259)
中华人民共和国法律援助法(2021.8.20) …………………………… (261)
未成年人法律援助服务指引(试行)(2020.9.16) ………………… (272)
人民检察院办理未成年人刑事案件的规定(2013.12.19 修订) …… (282)
最高人民法院、最高人民检察院关于办理强奸、猥亵未成年人刑
　事案件适用法律若干问题的解释(2023.5.24) ………………… (299)
最高人民检察院关于对涉嫌盗窃的不满十六周岁未成年人采取
　刑事拘留强制措施是否违法问题的批复(2011.1.25) ………… (303)
最高人民法院关于审理未成年人刑事案件具体应用法律若干问
　题的解释(2006.1.11) …………………………………………… (303)
最高人民法院、最高人民检察院、公安部、司法部关于办理性侵
　害未成年人刑事案件的意见(2023.5.24) ……………………… (307)
最高人民法院关于进一步加强少年法庭工作的意见(2010.7.
　23) ………………………………………………………………… (314)
最高人民法院关于加强新时代未成年人审判工作的意见(2020.
　12.24) ……………………………………………………………… (319)
最高人民法院、最高人民检察院、公安部、司法部关于未成年人
　犯罪记录封存的实施办法(2022.5.24) ………………………… (323)
最高人民法院、最高人民检察院、公安部、民政部关于依法处理
　监护人侵害未成年人权益行为若干问题的意见(2014.12.18)
　…………………………………………………………………… (328)
最高人民检察院、国家监察委员会、教育部、公安部、民政部、司
　法部、国家卫生健康委员会、中国共产主义青年团中央委员
　会、中华全国妇女联合会关于建立侵害未成年人案件强制报
　告制度的意见(试行)(2020.5.7) ………………………………… (336)

其他相关法律文件

中华人民共和国民法典(节录)(2020.5.28)……………（340）
中华人民共和国民办教育促进法(2018.12.29 修正)………（405）
中华人民共和国民办教育促进法实施条例(2021.4.7 修订)……（415）
校车安全管理条例(2012.4.5)………………………………（429）
禁止妨碍义务教育实施的若干规定(2019.4.1)……………（439）
加强中小学生欺凌综合治理方案(2017.11.22)……………（440）
中小学生守则(2015.8.20 修订)……………………………（447）
小学生日常行为规范(2004.3.25 修订)……………………（448）
中学生日常行为规范(2004.3.25 修订)……………………（449）

附　　录

一、指导性案例………………………………………………（453）
　江某某正当防卫案…………………………………………（453）
　陈某某、刘某某故意伤害、虐待案…………………………（453）
　胡某某、王某某诉德某餐厅、蒋某某等生命权纠纷案……（454）
　张某诉李某、刘某监护权纠纷案…………………………（454）
　沙某某诉袁某某探望权纠纷案……………………………（455）
　隋某某利用网络猥亵儿童，强奸，敲诈勒索制作、贩卖、传播淫
　　秽物品牟利案……………………………………………（455）
　姚某某等人网络诈骗案……………………………………（455）
　康某某利用网络侵犯公民个人信息案……………………（456）
　李某某帮助信息网络犯罪活动案…………………………（456）
　禁止向未成年人租售网络游戏账号检察监督案…………（456）
二、典型案例…………………………………………………（457）
　最高人民检察院发布6起检察机关加强未成年人网络保护综
　　合履职典型案例…………………………………………（457）
　最高人民检察院发布6起未成年人检察社会支持体系示范建

设典型案例 …………………………………………… (466)
最高人民检察院发布4件新兴业态治理未成年人保护检察公
　益诉讼典型案例 ……………………………………… (475)
最高人民检察院发布5件大数据赋能未成年人检察监督典型
　案例 …………………………………………………… (484)
最高人民检察院发布6起侵害未成年人案件强制报告追责典
　型案例 ………………………………………………… (492)
最高人民检察院发布8起"检爱同行　共护未来"未成年人
　保护法律监督专项行动典型案例 …………………… (501)
最高人民检察院在办理涉未成年人案件中全面开展家庭教育
　指导工作典型案例(第三批) ………………………… (513)
最高人民法院发布9起未成年人权益司法保护典型案例 …… (525)
最高法发布涉未成年人食品安全司法保护典型案例 ………… (534)

中华人民共和国未成年人保护法

1. 1991年9月4日第七届全国人民代表大会常务委员会第二十一次会议通过
2. 2006年12月29日第十届全国人民代表大会常务委员会第二十五次会议第一次修订
3. 根据2012年10月26日第十一届全国人民代表大会常务委员会第二十九次会议《关于修改〈中华人民共和国未成年人保护法〉的决定》第一次修正
4. 2020年10月17日第十三届全国人民代表大会常务委员会第二十二次会议第二次修订
5. 根据2024年4月26日第十四届全国人民代表大会常务委员会第九次会议《关于修改〈中华人民共和国农业技术推广法〉、〈中华人民共和国未成年人保护法〉、〈中华人民共和国生物安全法〉的决定》第二次修正

目 录

第一章 总 则
第二章 家庭保护
第三章 学校保护
第四章 社会保护
第五章 网络保护
第六章 政府保护
第七章 司法保护
第八章 法律责任
第九章 附 则

第一章 总 则

第一条 【立法目的】① 为了保护未成年人身心健康,保障未成年人合法权益,促进未成年人德智体美劳全面发展,培养有理想、有道德、有文

---

① 条文主旨为编者所加,下同。

化、有纪律的社会主义建设者和接班人,培养担当民族复兴大任的时代新人,根据宪法,制定本法。

第二条　【未成年人定义】本法所称未成年人是指未满十八周岁的公民。

第三条　【未成年人平等享有权利】国家保障未成年人的生存权、发展权、受保护权、参与权等权利。

未成年人依法平等地享有各项权利,不因本人及其父母或者其他监护人的民族、种族、性别、户籍、职业、宗教信仰、教育程度、家庭状况、身心健康状况等受到歧视。

第四条　【未成年人保护的基本原则和要求】保护未成年人,应当坚持最有利于未成年人的原则。处理涉及未成年人事项,应当符合下列要求:

(一)给予未成年人特殊、优先保护;

(二)尊重未成年人人格尊严;

(三)保护未成年人隐私权和个人信息;

(四)适应未成年人身心健康发展的规律和特点;

(五)听取未成年人的意见;

(六)保护与教育相结合。

第五条　【教育指导原则】国家、社会、学校和家庭应当对未成年人进行理想教育、道德教育、科学教育、文化教育、法治教育、国家安全教育、健康教育、劳动教育,加强爱国主义、集体主义和中国特色社会主义的教育,培养爱祖国、爱人民、爱劳动、爱科学、爱社会主义的公德,抵制资本主义、封建主义和其他腐朽思想的侵蚀,引导未成年人树立和践行社会主义核心价值观。

第六条　【社会共同责任】保护未成年人,是国家机关、武装力量、政党、人民团体、企业事业单位、社会组织、城乡基层群众性自治组织、未成年人的监护人以及其他成年人的共同责任。

国家、社会、学校和家庭应当教育和帮助未成年人维护自身合法权益,增强自我保护的意识和能力。

第七条　【监护人和国家在监护方面的责任】未成年人的父母或者其他监护人依法对未成年人承担监护职责。

国家采取措施指导、支持、帮助和监督未成年人的父母或者其他监护人履行监护职责。

第八条 【政府对未成年人保护工作的保障】县级以上人民政府应当将未成年人保护工作纳入国民经济和社会发展规划,相关经费纳入本级政府预算。

第九条 【协调机制】各级人民政府应当重视和加强未成年人保护工作。县级以上人民政府负责妇女儿童工作的机构,负责未成年人保护工作的组织、协调、指导、督促,有关部门在各自职责范围内做好相关工作。

第十条 【群团组织及有关社会组织职责】共产主义青年团、妇女联合会、工会、残疾人联合会、关心下一代工作委员会、青年联合会、学生联合会、少年先锋队以及其他人民团体、有关社会组织,应当协助各级人民政府及其有关部门、人民检察院、人民法院做好未成年人保护工作,维护未成年人合法权益。

第十一条 【检举、控告和强制报告制度】任何组织或者个人发现不利于未成年人身心健康或者侵犯未成年人合法权益的情形,都有权劝阻、制止或者向公安、民政、教育等有关部门提出检举、控告。

国家机关、居民委员会、村民委员会、密切接触未成年人的单位及其工作人员,在工作中发现未成年人身心健康受到侵害、疑似受到侵害或者面临其他危险情形的,应当立即向公安、民政、教育等有关部门报告。

有关部门接到涉及未成年人的检举、控告或者报告,应当依法及时受理、处置,并以适当方式将处理结果告知相关单位和人员。

第十二条 【未成年人保护科学研究】国家鼓励和支持未成年人保护方面的科学研究,建设相关学科、设置相关专业,加强人才培养。

第十三条 【未成年人调查统计制度】国家建立健全未成年人统计调查制度,开展未成年人健康、受教育等状况的统计、调查和分析,发布未成年人保护的有关信息。

第十四条 【表彰和奖励】国家对保护未成年人有显著成绩的组织和个人给予表彰和奖励。

第二章 家 庭 保 护

第十五条 【监护人及家庭成员的家庭教育职责】未成年人的父母或者其他监护人应当学习家庭教育知识,接受家庭教育指导,创造良好、和睦、文明的家庭环境。

共同生活的其他成年家庭成员应当协助未成年人的父母或者其他监护人抚养、教育和保护未成年人。

第十六条　【父母或者其他监护人监护职责】未成年人的父母或者其他监护人应当履行下列监护职责：

（一）为未成年人提供生活、健康、安全等方面的保障；

（二）关注未成年人的生理、心理状况和情感需求；

（三）教育和引导未成年人遵纪守法、勤俭节约，养成良好的思想品德和行为习惯；

（四）对未成年人进行安全教育，提高未成年人的自我保护意识和能力；

（五）尊重未成年人受教育的权利，保障适龄未成年人依法接受并完成义务教育；

（六）保障未成年人休息、娱乐和体育锻炼的时间，引导未成年人进行有益身心健康的活动；

（七）妥善管理和保护未成年人的财产；

（八）依法代理未成年人实施民事法律行为；

（九）预防和制止未成年人的不良行为和违法犯罪行为，并进行合理管教；

（十）其他应当履行的监护职责。

第十七条　【监护中的禁止性行为】未成年人的父母或者其他监护人不得实施下列行为：

（一）虐待、遗弃、非法送养未成年人或者对未成年人实施家庭暴力；

（二）放任、教唆或者利用未成年人实施违法犯罪行为；

（三）放任、唆使未成年人参与邪教、迷信活动或者接受恐怖主义、分裂主义、极端主义等侵害；

（四）放任、唆使未成年人吸烟（含电子烟，下同）、饮酒、赌博、流浪乞讨或者欺凌他人；

（五）放任或者迫使应当接受义务教育的未成年人失学、辍学；

（六）放任未成年人沉迷网络，接触危害或者可能影响其身心健康的图书、报刊、电影、广播电视节目、音像制品、电子出版物和网络信息等；

（七）放任未成年人进入营业性娱乐场所、酒吧、互联网上网服务营业场所等不适宜未成年人活动的场所；

（八）允许或者迫使未成年人从事国家规定以外的劳动；

（九）允许、迫使未成年人结婚或者为未成年人订立婚约；

（十）违法处分、侵吞未成年人的财产或者利用未成年人牟取不正当利益；

（十一）其他侵犯未成年人身心健康、财产权益或者不依法履行未成年人保护义务的行为。

第十八条　【监护人安全保障义务】未成年人的父母或者其他监护人应当为未成年人提供安全的家庭生活环境，及时排除引发触电、烫伤、跌落等伤害的安全隐患；采取配备儿童安全座椅、教育未成年人遵守交通规则等措施，防止未成年人受到交通事故的伤害；提高户外安全保护意识，避免未成年人发生溺水、动物伤害等事故。

第十九条　【尊重未成年人意见】未成年人的父母或者其他监护人应当根据未成年人的年龄和智力发展状况，在作出与未成年人权益有关的决定前，听取未成年人的意见，充分考虑其真实意愿。

第二十条　【监护人报告义务】未成年人的父母或者其他监护人发现未成年人身心健康受到侵害、疑似受到侵害或者其他合法权益受到侵犯的，应当及时了解情况并采取保护措施；情况严重的，应当立即向公安、民政、教育等部门报告。

第二十一条　【临时照护】未成年人的父母或者其他监护人不得使未满八周岁或者由于身体、心理原因需要特别照顾的未成年人处于无人看护状态，或者将其交由无民事行为能力、限制民事行为能力、患有严重传染性疾病或者其他不适宜的人员临时照护。

未成年人的父母或者其他监护人不得使未满十六周岁的未成年人脱离监护单独生活。

第二十二条　【长期照护的条件】未成年人的父母或者其他监护人因外出务工等原因在一定期限内不能完全履行监护职责的，应当委托具有照护能力的完全民事行为能力人代为照护；无正当理由的，不得委托他人代为照护。

未成年人的父母或者其他监护人在确定被委托人时,应当综合考虑其道德品质、家庭状况、身心健康状况、与未成年人生活情感上的联系等情况,并听取有表达意愿能力未成年人的意见。

具有下列情形之一的,不得作为被委托人:

(一)曾实施性侵害、虐待、遗弃、拐卖、暴力伤害等违法犯罪行为;

(二)有吸毒、酗酒、赌博等恶习;

(三)曾拒不履行或者长期怠于履行监护、照护职责;

(四)其他不适宜担任被委托人的情形。

第二十三条 【委托长期照护时监护人的义务】未成年人的父母或者其他监护人应当及时将委托照护情况书面告知未成年人所在学校、幼儿园和实际居住地的居民委员会、村民委员会,加强和未成年人所在学校、幼儿园的沟通;与未成年人、被委托人至少每周联系和交流一次,了解未成年人的生活、学习、心理等情况,并给予未成年人亲情关爱。

未成年人的父母或者其他监护人接到被委托人、居民委员会、村民委员会、学校、幼儿园等关于未成年人心理、行为异常的通知后,应当及时采取干预措施。

第二十四条 【离婚父母对未成年子女的义务】未成年人的父母离婚时,应当妥善处理未成年子女的抚养、教育、探望、财产等事宜,听取有表达意愿能力未成年人的意见。不得以抢夺、藏匿未成年子女等方式争夺抚养权。

未成年人的父母离婚后,不直接抚养未成年子女的一方应当依照协议、人民法院判决或者调解确定的时间和方式,在不影响未成年人学习、生活的情况下探望未成年子女,直接抚养的一方应当配合,但被人民法院依法中止探望权的除外。

第三章 学校保护

第二十五条 【全面贯彻国家教育方针政策】学校应当全面贯彻国家教育方针,坚持立德树人,实施素质教育,提高教育质量,注重培养未成年学生认知能力、合作能力、创新能力和实践能力,促进未成年学生全面发展。

学校应当建立未成年学生保护工作制度,健全学生行为规范,培养未成年学生遵纪守法的良好行为习惯。

第二十六条 【幼儿园教育、保育职责】幼儿园应当做好保育、教育工作,遵循幼儿身心发展规律,实施启蒙教育,促进幼儿在体质、智力、品德等方面和谐发展。

第二十七条 【尊重人格尊严】学校、幼儿园的教职员工应当尊重未成年人人格尊严,不得对未成年人实施体罚、变相体罚或者其他侮辱人格尊严的行为。

第二十八条 【保障未成年学生受教育的权利】学校应当保障未成年学生受教育的权利,不得违反国家规定开除、变相开除未成年学生。

学校应当对尚未完成义务教育的辍学未成年学生进行登记并劝返复学;劝返无效的,应当及时向教育行政部门书面报告。

第二十九条 【关爱帮扶并不得歧视未成年学生】学校应当关心、爱护未成年学生,不得因家庭、身体、心理、学习能力等情况歧视学生。对家庭困难、身心有障碍的学生,应当提供关爱;对行为异常、学习有困难的学生,应当耐心帮助。

学校应当配合政府有关部门建立留守未成年学生、困境未成年学生的信息档案,开展关爱帮扶工作。

第三十条 【社会生活指导、心理健康辅导、青春期教育、生命教育】学校应当根据未成年学生身心发展特点,进行社会生活指导、心理健康辅导、青春期教育和生命教育。

第三十一条 【加强劳动教育】学校应当组织未成年学生参加与其年龄相适应的日常生活劳动、生产劳动和服务性劳动,帮助未成年学生掌握必要的劳动知识和技能,养成良好的劳动习惯。

第三十二条 【开展勤俭节约教育活动】学校、幼儿园应当开展勤俭节约、反对浪费、珍惜粮食、文明饮食等宣传教育活动,帮助未成年人树立浪费可耻、节约为荣的意识,养成文明健康、绿色环保的生活习惯。

第三十三条 【保障未成年学生的休息权】学校应当与未成年学生的父母或者其他监护人互相配合,合理安排未成年学生的学习时间,保障其休息、娱乐和体育锻炼的时间。

学校不得占用国家法定节假日、休息日及寒暑假期,组织义务教育阶段的未成年学生集体补课,加重其学习负担。

幼儿园、校外培训机构不得对学龄前未成年人进行小学课程教育。

第三十四条 【学校、幼儿园的卫生保健职责】学校、幼儿园应当提供必要的卫生保健条件,协助卫生健康部门做好在校、在园未成年人的卫生保健工作。

第三十五条 【学校、幼儿园应当保障未成年人安全】学校、幼儿园应当建立安全管理制度,对未成年人进行安全教育,完善安保设施、配备安保人员,保障未成年人在校、在园期间的人身和财产安全。

学校、幼儿园不得在危及未成年人人身安全、身心健康的校舍和其他设施、场所中进行教育教学活动。

学校、幼儿园安排未成年人参加文化娱乐、社会实践等集体活动,应当保护未成年人的身心健康,防止发生人身伤害事故。

第三十六条 【校车安全管理制度】使用校车的学校、幼儿园应当建立健全校车安全管理制度,配备安全管理人员,定期对校车进行安全检查,对校车驾驶人进行安全教育,并向未成年人讲解校车安全乘坐知识,培养未成年人校车安全事故应急处理技能。

第三十七条 【突发事件处置】学校、幼儿园应当根据需要,制定应对自然灾害、事故灾难、公共卫生事件等突发事件和意外伤害的预案,配备相应设施并定期进行必要的演练。

未成年人在校内、园内或者本校、本园组织的校外、园外活动中发生人身伤害事故的,学校、幼儿园应当立即救护,妥善处理,及时通知未成年人的父母或者其他监护人,并向有关部门报告。

第三十八条 【禁止商业行为】学校、幼儿园不得安排未成年人参加商业性活动,不得向未成年人及其父母或者其他监护人推销或者要求其购买指定的商品和服务。

学校、幼儿园不得与校外培训机构合作为未成年人提供有偿课程辅导。

第三十九条 【防治学生欺凌】学校应当建立学生欺凌防控工作制度,对教职员工、学生等开展防治学生欺凌的教育和培训。

学校对学生欺凌行为应当立即制止,通知实施欺凌和被欺凌未成年学生的父母或者其他监护人参与欺凌行为的认定和处理;对相关未成年学生及时给予心理辅导、教育和引导;对相关未成年学生的父母或者其他监护人给予必要的家庭教育指导。

对实施欺凌的未成年学生,学校应当根据欺凌行为的性质和程度,依法加强管教。对严重的欺凌行为,学校不得隐瞒,应当及时向公安机关、教育行政部门报告,并配合相关部门依法处理。

第四十条　【预防性侵害、性骚扰】学校、幼儿园应当建立预防性侵害、性骚扰未成年人工作制度。对性侵害、性骚扰未成年人等违法犯罪行为,学校、幼儿园不得隐瞒,应当及时向公安机关、教育行政部门报告,并配合相关部门依法处理。

学校、幼儿园应当对未成年人开展适合其年龄的性教育,提高未成年人防范性侵害、性骚扰的自我保护意识和能力。对遭受性侵害、性骚扰的未成年人,学校、幼儿园应当及时采取相关的保护措施。

第四十一条　【相关机构参照适用学校保护】婴幼儿照护服务机构、早期教育服务机构、校外培训机构、校外托管机构等应当参照本章有关规定,根据不同年龄阶段未成年人的成长特点和规律,做好未成年人保护工作。

第四章　社会保护

第四十二条　【社会保护的基本内容】全社会应当树立关心、爱护未成年人的良好风尚。

国家鼓励、支持和引导人民团体、企业事业单位、社会组织以及其他组织和个人,开展有利于未成年人健康成长的社会活动和服务。

第四十三条　【居民委员会、村民委员会工作职责】居民委员会、村民委员会应当设置专人专岗负责未成年人保护工作,协助政府有关部门宣传未成年人保护方面的法律法规,指导、帮助和监督未成年人的父母或者其他监护人依法履行监护职责,建立留守未成年人、困境未成年人的信息档案并给予关爱帮扶。

居民委员会、村民委员会应当协助政府有关部门监督未成年人委托照护情况,发现被委托人缺乏照护能力、怠于履行照护职责等情况,应当及时向政府有关部门报告,并告知未成年人的父母或者其他监护人,帮助、督促被委托人履行照护职责。

第四十四条 【社会对未成年人提供福利待遇】爱国主义教育基地、图书馆、青少年宫、儿童活动中心、儿童之家应当对未成年人免费开放；博物馆、纪念馆、科技馆、展览馆、美术馆、文化馆、社区公益性互联网上网服务场所以及影剧院、体育场馆、动物园、植物园、公园等场所，应当按照有关规定对未成年人免费或者优惠开放。

国家鼓励爱国主义教育基地、博物馆、科技馆、美术馆等公共场馆开设未成年人专场，为未成年人提供有针对性的服务。

国家鼓励国家机关、企业事业单位、部队等开发自身教育资源，设立未成年人开放日，为未成年人主题教育、社会实践、职业体验等提供支持。

国家鼓励科研机构和科技类社会组织对未成年人开展科学普及活动。

第四十五条 【免费或者优惠乘坐交通工具】城市公共交通以及公路、铁路、水路、航空客运等应当按照有关规定对未成年人实施免费或者优惠票价。

第四十六条 【母婴设施配备】国家鼓励大型公共场所、公共交通工具、旅游景区景点等设置母婴室、婴儿护理台以及方便幼儿使用的坐便器、洗手台等卫生设施，为未成年人提供便利。

第四十七条 【不得限制应有照顾或者优惠】任何组织或者个人不得违反有关规定，限制未成年人应当享有的照顾或者优惠。

第四十八条 【鼓励有利于未成年人的创作】国家鼓励创作、出版、制作和传播有利于未成年人健康成长的图书、报刊、电影、广播电视节目、舞台艺术作品、音像制品、电子出版物和网络信息等。

第四十九条 【新闻媒体的未成年人保护责任】新闻媒体应当加强未成年人保护方面的宣传，对侵犯未成年人合法权益的行为进行舆论监督。新闻媒体采访报道涉及未成年人事件应当客观、审慎和适度，不得侵犯未成年人的名誉、隐私和其他合法权益。

第五十条 【禁止危害未成年人身心健康内容】禁止制作、复制、出版、发布、传播含有宣扬淫秽、色情、暴力、邪教、迷信、赌博、引诱自杀、恐怖主义、分裂主义、极端主义等危害未成年人身心健康内容的图书、报刊、电影、广播电视节目、舞台艺术作品、音像制品、电子出版物和网络信息等。

第五十一条 【可能影响未成年人身心健康内容的管理】任何组织或者个人出版、发布、传播的图书、报刊、电影、广播电视节目、舞台艺术作品、音像制品、电子出版物或者网络信息，包含可能影响未成年人身心健康内容的，应当以显著方式作出提示。

第五十二条 【禁止儿童色情制品】禁止制作、复制、发布、传播或者持有有关未成年人的淫秽色情物品和网络信息。

第五十三条 【与未成年人有关的广告管理】任何组织或者个人不得刊登、播放、张贴或者散发含有危害未成年人身心健康内容的广告；不得在学校、幼儿园播放、张贴或者散发商业广告；不得利用校服、教材等发布或者变相发布商业广告。

第五十四条 【禁止严重侵犯未成年人权益的行为】禁止拐卖、绑架、虐待、非法收养未成年人，禁止对未成年人实施性侵害、性骚扰。

　　禁止胁迫、引诱、教唆未成年人参加黑社会性质组织或者从事违法犯罪活动。

　　禁止胁迫、诱骗、利用未成年人乞讨。

第五十五条 【生产、销售用于未成年人产品的要求】生产、销售用于未成年人的食品、药品、玩具、用具和游戏游艺设备、游乐设施等，应当符合国家或者行业标准，不得危害未成年人的人身安全和身心健康。上述产品的生产者应当在显著位置标明注意事项，未标明注意事项的不得销售。

第五十六条 【公共场所的安全保障义务】未成年人集中活动的公共场所应当符合国家或者行业安全标准，并采取相应安全保护措施。对可能存在安全风险的设施，应当定期进行维护，在显著位置设置安全警示标志并标明适龄范围和注意事项；必要时应当安排专门人员看管。

　　大型的商场、超市、医院、图书馆、博物馆、科技馆、游乐场、车站、码头、机场、旅游景区景点等场所运营单位应当设置搜寻走失未成年人的安全警报系统。场所运营单位接到求助后，应当立即启动安全警报系统，组织人员进行搜寻并向公安机关报告。

　　公共场所发生突发事件时，应当优先救护未成年人。

第五十七条 【住宿经营者的安全保护义务】旅馆、宾馆、酒店等住宿经营者接待未成年人入住,或者接待未成年人和成年人共同入住时,应当询问父母或者其他监护人的联系方式、入住人员的身份关系等有关情况;发现有违法犯罪嫌疑的,应当立即向公安机关报告,并及时联系未成年人的父母或者其他监护人。

第五十八条 【不适宜未成年人活动场所在设置和服务的限制】学校、幼儿园周边不得设置营业性娱乐场所、酒吧、互联网上网服务营业场所等不适宜未成年人活动的场所。营业性歌舞娱乐场所、酒吧、互联网上网服务营业场所等不适宜未成年人活动场所的经营者,不得允许未成年人进入;游艺娱乐场所设置的电子游戏设备,除国家法定节假日外,不得向未成年人提供。经营者应当在显著位置设置未成年人禁入、限入标志;对难以判明是否是未成年人的,应当要求其出示身份证件。

第五十九条 【禁止向未成年人销售烟、酒、彩票】学校、幼儿园周边不得设置烟、酒、彩票销售网点。禁止向未成年人销售烟、酒、彩票或者兑付彩票奖金。烟、酒和彩票经营者应当在显著位置设置不向未成年人销售烟、酒或者彩票的标志;对难以判明是否是未成年人的,应当要求其出示身份证件。

任何人不得在学校、幼儿园和其他未成年人集中活动的公共场所吸烟、饮酒。

第六十条 【禁止向未成年人提供、销售危险物品】禁止向未成年人提供、销售管制刀具或者其他可能致人严重伤害的器具等物品。经营者难以判明购买者是否是未成年人的,应当要求其出示身份证件。

第六十一条 【未成年人劳动保护】任何组织或者个人不得招用未满十六周岁未成年人,国家另有规定的除外。

营业性娱乐场所、酒吧、互联网上网服务营业场所等不适宜未成年人活动的场所不得招用已满十六周岁的未成年人。

招用已满十六周岁未成年人的单位和个人应当执行国家在工种、劳动时间、劳动强度和保护措施等方面的规定,不得安排其从事过重、有毒、有害等危害未成年人身心健康的劳动或者危险作业。

任何组织或者个人不得组织未成年人进行危害其身心健康的表演等活动。经未成年人的父母或者其他监护人同意,未成年人参与演出、节目制作等活动,活动组织方应当根据国家有关规定,保障未成年人合法权益。

第六十二条 【从业查询制度】密切接触未成年人的单位招聘工作人员时,应当向公安机关、人民检察院查询应聘者是否具有性侵害、虐待、拐卖、暴力伤害等违法犯罪记录;发现其具有前述行为记录的,不得录用。

密切接触未成年人的单位应当每年定期对工作人员是否具有上述违法犯罪记录进行查询。通过查询或者其他方式发现其工作人员具有上述行为的,应当及时解聘。

第六十三条 【保护未成年人通信自由和通信秘密】任何组织或者个人不得隐匿、毁弃、非法删除未成年人的信件、日记、电子邮件或者其他网络通讯内容。

除下列情形外,任何组织或者个人不得开拆、查阅未成年人的信件、日记、电子邮件或者其他网络通讯内容:

(一)无民事行为能力未成年人的父母或者其他监护人代未成年人开拆、查阅;

(二)因国家安全或者追查刑事犯罪依法进行检查;

(三)紧急情况下为了保护未成年人本人的人身安全。

第五章 网络保护

第六十四条 【网络素养】国家、社会、学校和家庭应当加强未成年人网络素养宣传教育,培养和提高未成年人的网络素养,增强未成年人科学、文明、安全、合理使用网络的意识和能力,保障未成年人在网络空间的合法权益。

第六十五条 【健康网络内容创作与传播】国家鼓励和支持有利于未成年人健康成长的网络内容的创作与传播,鼓励和支持专门以未成年人为服务对象、适合未成年人身心健康特点的网络技术、产品、服务的研发、生产和使用。

第六十六条 【监督检查和惩处非法活动】网信部门及其他有关部门应当加强对未成年人网络保护工作的监督检查,依法惩处利用网络从事危害未成年人身心健康的活动,为未成年人提供安全、健康的网络环境。

第六十七条 【可能影响未成年人身心健康的网络信息】网信部门会同

公安、文化和旅游、新闻出版、电影、广播电视等部门根据保护不同年龄阶段未成年人的需要,确定可能影响未成年人身心健康网络信息的种类、范围和判断标准。

第六十八条 【沉迷网络的预防和干预】新闻出版、教育、卫生健康、文化和旅游、网信等部门应当定期开展预防未成年人沉迷网络的宣传教育,监督网络产品和服务提供者履行预防未成年人沉迷网络的义务,指导家庭、学校、社会组织互相配合,采取科学、合理的方式对未成年人沉迷网络进行预防和干预。

任何组织或者个人不得以侵害未成年人身心健康的方式对未成年人沉迷网络进行干预。

第六十九条 【未成年人网络保护软件】学校、社区、图书馆、文化馆、青少年宫等场所为未成年人提供的互联网上网服务设施,应当安装未成年人网络保护软件或者采取其他安全保护技术措施。

智能终端产品的制造者、销售者应当在产品上安装未成年人网络保护软件,或者以显著方式告知用户未成年人网络保护软件的安装渠道和方法。

第七十条 【学校对沉迷网络的预防和处理】学校应当合理使用网络开展教学活动。未经学校允许,未成年学生不得将手机等智能终端产品带入课堂,带入学校的应当统一管理。

学校发现未成年学生沉迷网络的,应当及时告知其父母或者其他监护人,共同对未成年学生进行教育和引导,帮助其恢复正常的学习生活。

第七十一条 【监护人对未成年人的网络保护义务】未成年人的父母或者其他监护人应当提高网络素养,规范自身使用网络的行为,加强对未成年人使用网络行为的引导和监督。

未成年人的父母或者其他监护人应当通过在智能终端产品上安装未成年人网络保护软件、选择适合未成年人的服务模式和管理功能等方式,避免未成年人接触危害或者可能影响其身心健康的网络信息,合理安排未成年人使用网络的时间,有效预防未成年人沉迷网络。

第七十二条 【未成年人个人信息处理以及更正权、删除权】信息处理者通过网络处理未成年人个人信息的,应当遵循合法、正当和必要的原则。处理不满十四周岁未成年人个人信息的,应当征得未成年人的父母或者其他监护人同意,但法律、行政法规另有规定的除外。

未成年人、父母或者其他监护人要求信息处理者更正、删除未成年人个人信息的,信息处理者应当及时采取措施予以更正、删除,但法律、行政法规另有规定的除外。

第七十三条 【私密信息的提示、保护义务】网络服务提供者发现未成年人通过网络发布私密信息的,应当及时提示,并采取必要的保护措施。

第七十四条 【预防未成年人沉迷网络的一般性规定】网络产品和服务提供者不得向未成年人提供诱导其沉迷的产品和服务。

网络游戏、网络直播、网络音视频、网络社交等网络服务提供者应当针对未成年人使用其服务设置相应的时间管理、权限管理、消费管理等功能。

以未成年人为服务对象的在线教育网络产品和服务,不得插入网络游戏链接,不得推送广告等与教学无关的信息。

第七十五条 【网络游戏服务提供者预防沉迷网络义务】网络游戏经依法审批后方可运营。

国家建立统一的未成年人网络游戏电子身份认证系统。网络游戏服务提供者应当要求未成年人以真实身份信息注册并登录网络游戏。

网络游戏服务提供者应当按照国家有关规定和标准,对游戏产品进行分类,作出适龄提示,并采取技术措施,不得让未成年人接触不适宜的游戏或者游戏功能。

网络游戏服务提供者不得在每日二十二时至次日八时向未成年人提供网络游戏服务。

第七十六条 【网络直播服务提供者的义务】网络直播服务提供者不得为未满十六周岁的未成年人提供网络直播发布者账号注册服务;为年满十六周岁的未成年人提供网络直播发布者账号注册服务时,应当对其身份信息进行认证,并征得其父母或者其他监护人同意。

第七十七条 【禁止实施网络欺凌】任何组织或者个人不得通过网络以文字、图片、音视频等形式,对未成年人实施侮辱、诽谤、威胁或者恶意损害形象等网络欺凌行为。

遭受网络欺凌的未成年人及其父母或者其他监护人有权通知网络

服务提供者采取删除、屏蔽、断开链接等措施。网络服务提供者接到通知后,应当及时采取必要的措施制止网络欺凌行为,防止信息扩散。

第七十八条 【接受投诉、举报义务】网络产品和服务提供者应当建立便捷、合理、有效的投诉和举报渠道,公开投诉、举报方式等信息,及时受理并处理涉及未成年人的投诉、举报。

第七十九条 【社会公众投诉、举报权】任何组织或者个人发现网络产品、服务含有危害未成年人身心健康的信息,有权向网络产品和服务提供者或者网信、公安等部门投诉、举报。

第八十条 【对用户行为的安全管理义务】网络服务提供者发现用户发布、传播可能影响未成年人身心健康的信息且未作显著提示的,应当作出提示或者通知用户予以提示;未作出提示的,不得传输相关信息。

网络服务提供者发现用户发布、传播含有危害未成年人身心健康内容的信息的,应当立即停止传输相关信息,采取删除、屏蔽、断开链接等处置措施,保存有关记录,并向网信、公安等部门报告。

网络服务提供者发现用户利用其网络服务对未成年人实施违法犯罪行为的,应当立即停止向该用户提供网络服务,保存有关记录,并向公安机关报告。

第六章 政府保护

第八十一条 【未成年人政府保护工作落实主体】县级以上人民政府承担未成年人保护协调机制具体工作的职能部门应当明确相关内设机构或者专门人员,负责承担未成年人保护工作。

乡镇人民政府和街道办事处应当设立未成年人保护工作站或者指定专门人员,及时办理未成年人相关事务;支持、指导居民委员会、村民委员会设立专人专岗,做好未成年人保护工作。

第八十二条 【提供、鼓励、支持家庭教育指导服务】各级人民政府应当将家庭教育指导服务纳入城乡公共服务体系,开展家庭教育知识宣传,鼓励和支持有关人民团体、企业事业单位、社会组织开展家庭教育指导服务。

第八十三条 【政府保障未成年人受教育权利】各级人民政府应当保障未成年人受教育的权利,并采取措施保障留守未成年人、困境未成年人、残疾未成年人接受义务教育。

对尚未完成义务教育的辍学未成年学生,教育行政部门应当责令父母或者其他监护人将其送入学校接受义务教育。

第八十四条　**【国家发展托育、学前教育事业】**各级人民政府应当发展托育、学前教育事业,办好婴幼儿照护服务机构、幼儿园,支持社会力量依法兴办母婴室、婴幼儿照护服务机构、幼儿园。

县级以上地方人民政府及其有关部门应当培养和培训婴幼儿照护服务机构、幼儿园的保教人员,提高其职业道德素质和业务能力。

第八十五条　**【职业教育及职业技能培训】**各级人民政府应当发展职业教育,保障未成年人接受职业教育或者职业技能培训,鼓励和支持人民团体、企业事业单位、社会组织为未成年人提供职业技能培训服务。

第八十六条　**【残疾未成年人接受教育权利】**各级人民政府应当保障具有接受普通教育能力、能适应校园生活的残疾未成年人就近在普通学校、幼儿园接受教育;保障不具有接受普通教育能力的残疾未成年人在特殊教育学校、幼儿园接受学前教育、义务教育和职业教育。

各级人民政府应当保障特殊教育学校、幼儿园的办学、办园条件,鼓励和支持社会力量举办特殊教育学校、幼儿园。

第八十七条　**【政府保障校园安全】**地方人民政府及其有关部门应当保障校园安全,监督、指导学校、幼儿园等单位落实校园安全责任,建立突发事件的报告、处置和协调机制。

第八十八条　**【政府保障校园周边环境安全】**公安机关和其他有关部门应当依法维护校园周边的治安和交通秩序,设置监控设备和交通安全设施,预防和制止侵害未成年人的违法犯罪行为。

第八十九条　**【未成年人活动场所建设和维护】**地方人民政府应当建立和改善适合未成年人的活动场所和设施,支持公益性未成年人活动场所和设施的建设和运行,鼓励社会力量兴办适合未成年人的活动场所和设施,并加强管理。

地方人民政府应当采取措施,鼓励和支持学校在国家法定节假日、休息日及寒暑假期将文化体育设施对未成年人免费或者优惠开放。

地方人民政府应当采取措施,防止任何组织或者个人侵占、破坏学校、幼儿园、婴幼儿照护服务机构等未成年人活动场所的场地、房屋和设施。

第九十条 【卫生保健、传染病防治和心理健康】各级人民政府及其有关部门应当对未成年人进行卫生保健和营养指导，提供卫生保健服务。

卫生健康部门应当依法对未成年人的疫苗预防接种进行规范，防治未成年人常见病、多发病，加强传染病防治和监督管理，做好伤害预防和干预，指导和监督学校、幼儿园、婴幼儿照护服务机构开展卫生保健工作。

教育行政部门应当加强未成年人的心理健康教育，建立未成年人心理问题的早期发现和及时干预机制。卫生健康部门应当做好未成年人心理治疗、心理危机干预以及精神障碍早期识别和诊断治疗等工作。

第九十一条 【政府对困境未成年人实施分类保障】各级人民政府及其有关部门对困境未成年人实施分类保障，采取措施满足其生活、教育、安全、医疗康复、住房等方面的基本需要。

第九十二条 【临时监护的情形】具有下列情形之一的，民政部门应当依法对未成年人进行临时监护：

（一）未成年人流浪乞讨或者身份不明，暂时查找不到父母或者其他监护人；

（二）监护人下落不明且无其他人可以担任监护人；

（三）监护人因自身客观原因或者因发生自然灾害、事故灾难、公共卫生事件等突发事件不能履行监护职责，导致未成年人监护缺失；

（四）监护人拒绝或者怠于履行监护职责，导致未成年人处于无人照料的状态；

（五）监护人教唆、利用未成年人实施违法犯罪行为，未成年人需要被带离安置；

（六）未成年人遭受监护人严重伤害或者面临人身安全威胁，需要被紧急安置；

（七）法律规定的其他情形。

第九十三条 【临时监护方式】对临时监护的未成年人，民政部门可以采取委托亲属抚养、家庭寄养等方式进行安置，也可以交由未成年人救助保护机构或者儿童福利机构进行收留、抚养。

临时监护期间，经民政部门评估，监护人重新具备履行监护职责条件的,民政部门可以将未成年人送回监护人抚养。

第九十四条 【长期监护的法定情形】具有下列情形之一的,民政部门应当依法对未成年人进行长期监护:

(一)查找不到未成年人的父母或者其他监护人;

(二)监护人死亡或者被宣告死亡且无其他人可以担任监护人;

(三)监护人丧失监护能力且无其他人可以担任监护人;

(四)人民法院判决撤销监护人资格并指定由民政部门担任监护人;

(五)法律规定的其他情形。

第九十五条 【民政部门长期监护未成年人的收养】民政部门进行收养评估后,可以依法将其长期监护的未成年人交由符合条件的申请人收养。收养关系成立后,民政部门与未成年人的监护关系终止。

第九十六条 【其他政府职能部门的配合义务和国家监护机构建设】民政部门承担临时监护或者长期监护职责的,财政、教育、卫生健康、公安等部门应当根据各自职责予以配合。

县级以上人民政府及其民政部门应当根据需要设立未成年人救助保护机构、儿童福利机构,负责收留、抚养由民政部门监护的未成年人。

第九十七条 【建设未成年人保护热线、未成年人保护平台】县级以上人民政府应当开通全国统一的未成年人保护热线,及时受理、转介侵犯未成年人合法权益的投诉、举报;鼓励和支持人民团体、企业事业单位、社会组织参与建设未成年人保护服务平台、服务热线、服务站点,提供未成年人保护方面的咨询、帮助。

第九十八条 【建立违法犯罪人员信息查询系统】国家建立性侵害、虐待、拐卖、暴力伤害等违法犯罪人员信息查询系统,向密切接触未成年人的单位提供免费查询服务。

第九十九条 【培育、引导和规范社会力量】地方人民政府应当培育、引导和规范有关社会组织、社会工作者参与未成年人保护工作,开展家庭教育指导服务,为未成年人的心理辅导、康复救助、监护及收养评估等提供专业服务。

第七章　司法保护

第一百条　【司法保护的总体要求】公安机关、人民检察院、人民法院和司法行政部门应当依法履行职责,保障未成年人合法权益。

第一百零一条　【办理案件的专门机构和专门人员】公安机关、人民检察院、人民法院和司法行政部门应当确定专门机构或者指定专门人员,负责办理涉及未成年人案件。办理涉及未成年人案件的人员应当经过专门培训,熟悉未成年人身心特点。专门机构或者专门人员中,应当有女性工作人员。

公安机关、人民检察院、人民法院和司法行政部门应当对上述机构和人员实行与未成年人保护工作相适应的评价考核标准。

第一百零二条　【办理案件的语言、表达方式等】公安机关、人民检察院、人民法院和司法行政部门办理涉及未成年人案件,应当考虑未成年人身心特点和健康成长的需要,使用未成年人能够理解的语言和表达方式,听取未成年人的意见。

第一百零三条　【未成年人隐私和个人信息保护】公安机关、人民检察院、人民法院、司法行政部门以及其他组织和个人不得披露有关案件中未成年人的姓名、影像、住所、就读学校以及其他可能识别出其身份的信息,但查找失踪、被拐卖未成年人等情形除外。

第一百零四条　【未成年人法律援助或者司法救助】对需要法律援助或者司法救助的未成年人,法律援助机构或者公安机关、人民检察院、人民法院和司法行政部门应当给予帮助,依法为其提供法律援助或者司法救助。

法律援助机构应当指派熟悉未成年人身心特点的律师为未成年人提供法律援助服务。

法律援助机构和律师协会应当对办理未成年人法律援助案件的律师进行指导和培训。

第一百零五条　【检察监督】人民检察院通过行使检察权,对涉及未成年人的诉讼活动等依法进行监督。

第一百零六条　【公益诉讼】未成年人合法权益受到侵犯,相关组织和个人未代为提起诉讼的,人民检察院可以督促、支持其提起诉讼;涉及公共利益的,人民检察院有权提起公益诉讼。

第一百零七条　【审理继承、离婚案件时对未成年人保护】人民法院审理继承案件,应当依法保护未成年人的继承权和受遗赠权。

人民法院审理离婚案件,涉及未成年子女抚养问题的,应当尊重已满八周岁未成年子女的真实意愿,根据双方具体情况,按照最有利于未成年子女的原则依法处理。

第一百零八条　【人身安全保护令、撤销监护人资格】未成年人的父母或者其他监护人不依法履行监护职责或者严重侵犯被监护的未成年人合法权益的,人民法院可以根据有关人员或者单位的申请,依法作出人身安全保护令或者撤销监护人资格。

被撤销监护人资格的父母或者其他监护人应当依法继续负担抚养费用。

第一百零九条　【社会调查】人民法院审理离婚、抚养、收养、监护、探望等案件涉及未成年人的,可以自行或者委托社会组织对未成年人的相关情况进行社会调查。

第一百一十条　【法定代理人、合适成年人到场】公安机关、人民检察院、人民法院讯问未成年犯罪嫌疑人、被告人,询问未成年被害人、证人,应当依法通知其法定代理人或者其成年亲属、所在学校的代表等合适成年人到场,并采取适当方式,在适当场所进行,保障未成年人的名誉权、隐私权和其他合法权益。

人民法院开庭审理涉及未成年人案件,未成年被害人、证人一般不出庭作证;必须出庭的,应当采取保护其隐私的技术手段和心理干预等保护措施。

第一百一十一条　【特定未成年被害人的司法保护】公安机关、人民检察院、人民法院应当与其他有关政府部门、人民团体、社会组织互相配合,对遭受性侵害或者暴力伤害的未成年被害人及其家庭实施必要的心理干预、经济救助、法律援助、转学安置等保护措施。

第一百一十二条　【同步录音录像等保护措施】公安机关、人民检察院、人民法院办理未成年人遭受性侵害或者暴力伤害案件,在询问未成年被害人、证人时,应当采取同步录音录像等措施,尽量一次完成;未成年被害人、证人是女性的,应当由女性工作人员进行。

第一百一十三条　【违法犯罪未成年人的保护方针】对违法犯罪的未成

年人,实行教育、感化、挽救的方针,坚持教育为主、惩罚为辅的原则。

对违法犯罪的未成年人依法处罚后,在升学、就业等方面不得歧视。

第一百一十四条 【对未尽保护职责单位的监督】公安机关、人民检察院、人民法院和司法行政部门发现有关单位未尽到未成年人教育、管理、救助、看护等保护职责的,应当向该单位提出建议。被建议单位应当在一个月内作出书面回复。

第一百一十五条 【法治宣传教育】公安机关、人民检察院、人民法院和司法行政部门应当结合实际,根据涉及未成年人案件的特点,开展未成年人法治宣传教育工作。

第一百一十六条 【鼓励和支持社会组织参与】国家鼓励和支持社会组织、社会工作者参与涉及未成年人案件中未成年人的心理干预、法律援助、社会调查、社会观护、教育矫治、社区矫正等工作。

第八章 法律责任

第一百一十七条 【违反强制报告义务的法律责任】违反本法第十一条第二款规定,未履行报告义务造成严重后果的,由上级主管部门或者所在单位对直接负责的主管人员和其他直接责任人员依法给予处分。

第一百一十八条 【监护人的法律责任】未成年人的父母或者其他监护人不依法履行监护职责或者侵犯未成年人合法权益的,由其居住地的居民委员会、村民委员会予以劝诫、制止;情节严重的,居民委员会、村民委员会应当及时向公安机关报告。

公安机关接到报告或者公安机关、人民检察院、人民法院在办理案件过程中发现未成年人的父母或者其他监护人存在上述情形的,应当予以训诫,并可以责令其接受家庭教育指导。

第一百一十九条 【学校、幼儿园等机构及其教职员工的法律责任】学校、幼儿园、婴幼儿照护服务等机构及其教职员工违反本法第二十七条、第二十八条、第三十九条规定的,由公安、教育、卫生健康、市场监督管理等部门按照职责分工责令改正;拒不改正或者情节严重的,对直接负责的主管人员和其他直接责任人员依法给予处分。

第一百二十条 【未给予未成年人免费或者优惠待遇的法律责任】违反

本法第四十四条、第四十五条、第四十七条规定,未给予未成年人免费或者优惠待遇的,由市场监督管理、文化和旅游、交通运输等部门按照职责分工责令限期改正,给予警告;拒不改正的,处一万元以上十万元以下罚款。

第一百二十一条 【制作危害未成年人身心健康的出版物的法律责任】违反本法第五十条、第五十一条规定的,由新闻出版、广播电视、电影、网信等部门按照职责分工责令限期改正,给予警告,没收违法所得,可以并处十万元以下罚款;拒不改正或者情节严重的,责令暂停相关业务、停产停业或者吊销营业执照、吊销相关许可证,违法所得一百万元以上的,并处违法所得一倍以上十倍以下的罚款,没有违法所得或者违法所得不足一百万元的,并处十万元以上一百万元以下罚款。

第一百二十二条 【场所运营单位和住宿经营者的法律责任】场所运营单位违反本法第五十六条第二款规定、住宿经营者违反本法第五十七条规定的,由市场监督管理、应急管理、公安等部门按照职责分工责令限期改正,给予警告;拒不改正或者造成严重后果的,责令停业整顿或者吊销营业执照、吊销相关许可证,并处一万元以上十万元以下罚款。

第一百二十三条 【营业性娱乐场所等经营者的法律责任】相关经营者违反本法第五十八条、第五十九条第一款、第六十条规定的,由文化和旅游、市场监督管理、烟草专卖、公安等部门按照职责分工责令限期改正,给予警告,没收违法所得,可以并处五万元以下罚款;拒不改正或者情节严重的,责令停业整顿或者吊销营业执照、吊销相关许可证,可以并处五万元以上五十万元以下罚款。

第一百二十四条 【公共场所吸烟、饮酒的法律责任】违反本法第五十九条第二款规定,在学校、幼儿园和其他未成年人集中活动的公共场所吸烟、饮酒的,由卫生健康、教育、市场监督管理等部门按照职责分工责令改正,给予警告,可以并处五百元以下罚款;场所管理者未及时制止的,由卫生健康、教育、市场监督管理等部门按照职责分工给予警告,并处一万元以下罚款。

第一百二十五条 【违反未成年人劳动保护的法律责任】违反本法第六十一条规定的,由文化和旅游、人力资源和社会保障、市场监督管理等部门按照职责分工责令限期改正,给予警告,没收违法所得,可以并处十万元以下罚款;拒不改正或者情节严重的,责令停产停业或者吊销营业执照、吊销相关许可证,并处十万元以上一百万元以下罚款。

第一百二十六条　【密切接触未成年人的单位的法律责任】密切接触未成年人的单位违反本法第六十二条规定,未履行查询义务,或者招用、继续聘用具有相关违法犯罪记录人员的,由教育、人力资源和社会保障、市场监督管理等部门按照职责分工责令限期改正,给予警告,并处五万元以下罚款;拒不改正或者造成严重后果的,责令停业整顿或者吊销营业执照、吊销相关许可证,并处五万元以上五十万元以下罚款,对直接负责的主管人员和其他直接责任人员依法给予处分。

第一百二十七条　【信息处理者及网络产品和服务提供者的法律责任】信息处理者违反本法第七十二条规定,或者网络产品和服务提供者违反本法第七十三条、第七十四条、第七十五条、第七十六条、第七十七条、第八十条规定的,由公安、网信、电信、新闻出版、广播电视、文化和旅游等有关部门按照职责分工责令改正,给予警告,没收违法所得,违法所得一百万元以上的,并处违法所得一倍以上十倍以下罚款,没有违法所得或者违法所得不足一百万元的,并处十万元以上一百万元以下罚款,对直接负责的主管人员和其他责任人员处一万元以上十万元以下罚款;拒不改正或者情节严重的,并可以责令暂停相关业务、停业整顿、关闭网站、吊销营业执照或者吊销相关许可证。

第一百二十八条　【国家机关工作人员渎职的法律责任】国家机关工作人员玩忽职守、滥用职权、徇私舞弊,损害未成年人合法权益的,依法给予处分。

第一百二十九条　【其他法律责任】违反本法规定,侵犯未成年人合法权益,造成人身、财产或者其他损害的,依法承担民事责任。

　　违反本法规定,构成违反治安管理行为的,依法给予治安管理处罚;构成犯罪的,依法追究刑事责任。

第九章　附　　则

第一百三十条　【用语含义】本法中下列用语的含义:

　　(一)密切接触未成年人的单位,是指学校、幼儿园等教育机构;校外培训机构;未成年人救助保护机构、儿童福利机构等未成年人安置、救助机构；婴幼儿照护服务机构、早期教育服务机构；校外托管、临时看护机构；家政服务机构；为未成年人提供医疗服务的医疗机构；其他对未成年人负有教育、培训、监护、救助、看护、医疗等职责的企业事业单位、社会组织等。

（二）学校，是指普通中小学、特殊教育学校、中等职业学校、专门学校。

（三）学生欺凌，是指发生在学生之间，一方蓄意或者恶意通过肢体、语言及网络等手段实施欺压、侮辱，造成另一方人身伤害、财产损失或者精神损害的行为。

第一百三十一条 【**外国人、无国籍未成年人的保护**】对中国境内未满十八周岁的外国人、无国籍人，依照本法有关规定予以保护。

第一百三十二条 【**施行日期**】本法自 2021 年 6 月 1 日起施行。

家庭保护

中华人民共和国家庭教育促进法

1. 2021年10月23日第十三届全国人民代表大会常务委员会第三十一次会议通过
2. 2021年10月23日中华人民共和国主席令第98号公布
3. 自2022年1月1日起施行

目　　录

第一章　总　　则
第二章　家庭责任
第三章　国家支持
第四章　社会协同
第五章　法律责任
第六章　附　　则

第一章　总　　则

第一条　【立法目的】为了发扬中华民族重视家庭教育的优良传统，引导全社会注重家庭、家教、家风，增进家庭幸福与社会和谐，培养德智体美劳全面发展的社会主义建设者和接班人，制定本法。

第二条　【家庭教育的定义】本法所称家庭教育，是指父母或者其他监护人为促进未成年人全面健康成长，对其实施的道德品质、身体素质、生活技能、文化修养、行为习惯等方面的培育、引导和影响。

第三条　【根本任务】家庭教育以立德树人为根本任务，培育和践行社会主义核心价值观，弘扬中华民族优秀传统文化、革命文化、社会主义先进文化，促进未成年人健康成长。

第四条　【负责实施人】未成年人的父母或者其他监护人负责实施家庭

教育。

国家和社会为家庭教育提供指导、支持和服务。

国家工作人员应当带头树立良好家风,履行家庭教育责任。

第五条　【要求】家庭教育应当符合以下要求:

(一)尊重未成年人身心发展规律和个体差异;

(二)尊重未成年人人格尊严,保护未成年人隐私权和个人信息,保障未成年人合法权益;

(三)遵循家庭教育特点,贯彻科学的家庭教育理念和方法;

(四)家庭教育、学校教育、社会教育紧密结合、协调一致;

(五)结合实际情况采取灵活多样的措施。

第六条　【家庭学校社会协同育人机制】各级人民政府指导家庭教育工作,建立健全家庭学校社会协同育人机制。县级以上人民政府负责妇女儿童工作的机构,组织、协调、指导、督促有关部门做好家庭教育工作。

教育行政部门、妇女联合会统筹协调社会资源,协同推进覆盖城乡的家庭教育指导服务体系建设,并按照职责分工承担家庭教育工作的日常事务。

县级以上精神文明建设部门和县级以上人民政府公安、民政、司法行政、人力资源和社会保障、文化和旅游、卫生健康、市场监督管理、广播电视、体育、新闻出版、网信等有关部门在各自的职责范围内做好家庭教育工作。

第七条　【家庭教育工作专项规划】县级以上人民政府应当制定家庭教育工作专项规划,将家庭教育指导服务纳入城乡公共服务体系和政府购买服务目录,将相关经费列入财政预算,鼓励和支持以政府购买服务的方式提供家庭教育指导。

第八条　【家庭教育工作联动机制】人民法院、人民检察院发挥职能作用,配合同级人民政府及其有关部门建立家庭教育工作联动机制,共同做好家庭教育工作。

第九条　【社会支持】工会、共产主义青年团、残疾人联合会、科学技术协会、关心下一代工作委员会以及居民委员会、村民委员会等应当结合自身工作,积极开展家庭教育工作,为家庭教育提供社会支持。

第十条 【公益性服务活动】国家鼓励和支持企业事业单位、社会组织及个人依法开展公益性家庭教育服务活动。

第十一条 【开设专业课程】国家鼓励开展家庭教育研究,鼓励高等学校开设家庭教育专业课程,支持师范院校和有条件的高等学校加强家庭教育学科建设,培养家庭教育服务专业人才,开展家庭教育服务人员培训。

第十二条 【捐赠和志愿服务】国家鼓励和支持自然人、法人和非法人组织为家庭教育事业进行捐赠或者提供志愿服务,对符合条件的,依法给予税收优惠。

国家对在家庭教育工作中做出突出贡献的组织和个人,按照有关规定给予表彰、奖励。

第十三条 【家庭教育宣传周】每年5月15日国际家庭日所在周为全国家庭教育宣传周。

第二章 家庭责任

第十四条 【主体责任】父母或者其他监护人应当树立家庭是第一个课堂、家长是第一任老师的责任意识,承担对未成年人实施家庭教育的主体责任,用正确思想、方法和行为教育未成年人养成良好思想、品行和习惯。

共同生活的具有完全民事行为能力的其他家庭成员应当协助和配合未成年人的父母或者其他监护人实施家庭教育。

第十五条 【家庭文化】未成年人的父母或者其他监护人及其他家庭成员应当注重家庭建设,培育积极健康的家庭文化,树立和传承优良家风,弘扬中华民族家庭美德,共同构建文明、和睦的家庭关系,为未成年人健康成长营造良好的家庭环境。

第十六条 【内容指引】未成年人的父母或者其他监护人应当针对不同年龄段未成年人的身心发展特点,以下列内容为指引,开展家庭教育:

(一)教育未成年人爱党、爱国、爱人民、爱集体、爱社会主义,树立维护国家统一的观念,铸牢中华民族共同体意识,培养家国情怀;

(二)教育未成年人崇德向善、尊老爱幼、热爱家庭、勤俭节约、团结互助、诚信友爱、遵纪守法,培养其良好社会公德、家庭美德、个人品德意识和法治意识；

（三）帮助未成年人树立正确的成才观,引导其培养广泛兴趣爱好、健康审美追求和良好学习习惯,增强科学探索精神、创新意识和能力；

（四）保证未成年人营养均衡、科学运动、睡眠充足、身心愉悦,引导其养成良好生活习惯和行为习惯,促进其身心健康发展；

（五）关注未成年人心理健康,教导其珍爱生命,对其进行交通出行、健康上网和防欺凌、防溺水、防诈骗、防拐卖、防性侵等方面的安全知识教育,帮助其掌握安全知识和技能,增强其自我保护的意识和能力；

（六）帮助未成年人树立正确的劳动观念,参加力所能及的劳动,提高生活自理能力和独立生活能力,养成吃苦耐劳的优秀品格和热爱劳动的良好习惯。

第十七条 【方式方法】未成年人的父母或者其他监护人实施家庭教育,应当关注未成年人的生理、心理、智力发展状况,尊重其参与相关家庭事务和发表意见的权利,合理运用以下方式方法：

（一）亲自养育,加强亲子陪伴；

（二）共同参与,发挥父母双方的作用；

（三）相机而教,寓教于日常生活之中；

（四）潜移默化,言传与身教相结合；

（五）严慈相济,关心爱护与严格要求并重；

（六）尊重差异,根据年龄和个性特点进行科学引导；

（七）平等交流,予以尊重、理解和鼓励；

（八）相互促进,父母与子女共同成长；

（九）其他有益于未成年人全面发展、健康成长的方式方法。

第十八条 【学习家庭教育知识】未成年人的父母或者其他监护人应当树立正确的家庭教育理念,自觉学习家庭教育知识,在孕期和未成年人进入婴幼儿照护服务机构、幼儿园、中小学校等重要时段进行有针对性的学习,掌握科学的家庭教育方法,提高家庭教育的能力。

第十九条 【参加公益性家庭教育指导和实践活动】未成年人的父母或者其他监护人应当与中小学校、幼儿园、婴幼儿照护服务机构、社区密切配合,积极参加其提供的公益性家庭教育指导和实践活动,共同促进未成年人健康成长。

第二十条　【离异双方相互配合履行家庭教育责任】未成年人的父母分居或者离异的,应当相互配合履行家庭教育责任,任何一方不得拒绝或者怠于履行;除法律另有规定外,不得阻碍另一方实施家庭教育。

第二十一条　【监护人与被委托人共同履行家庭教育责任】未成年人的父母或者其他监护人依法委托他人代为照护未成年人的,应当与被委托人、未成年人保持联系,定期了解未成年人学习、生活情况和心理状况,与被委托人共同履行家庭教育责任。

第二十二条　【合理安排作息时间】未成年人的父母或者其他监护人应当合理安排未成年人学习、休息、娱乐和体育锻炼的时间,避免加重未成年人学习负担,预防未成年人沉迷网络。

第二十三条　【禁止歧视、家暴】未成年人的父母或者其他监护人不得因性别、身体状况、智力等歧视未成年人,不得实施家庭暴力,不得胁迫、引诱、教唆、纵容、利用未成年人从事违反法律法规和社会公德的活动。

第三章　国家支持

第二十四条　【家庭教育指导大纲】国务院应当组织有关部门制定、修订并及时颁布全国家庭教育指导大纲。

省级人民政府或者有条件的设区的市级人民政府应当组织有关部门编写或者采用适合当地实际的家庭教育指导读本,制定相应的家庭教育指导服务工作规范和评估规范。

第二十五条　【线上家庭教育指导服务】省级以上人民政府应当组织有关部门统筹建设家庭教育信息化共享服务平台,开设公益性网上家长学校和网络课程,开通服务热线,提供线上家庭教育指导服务。

第二十六条　【减负】县级以上地方人民政府应当加强监督管理,减轻义务教育阶段学生作业负担和校外培训负担,畅通学校家庭沟通渠道,推进学校教育和家庭教育相互配合。

第二十七条　【组建家庭教育指导服务专业队伍】县级以上地方人民政府及有关部门组织建立家庭教育指导服务专业队伍,加强对专业人员的培养,鼓励社会工作者、志愿者参与家庭教育指导服务工作。

第二十八条 【家庭教育指导机构】县级以上地方人民政府可以结合当地实际情况和需要,通过多种途径和方式确定家庭教育指导机构。

家庭教育指导机构对辖区内社区家长学校、学校家长学校及其他家庭教育指导服务站点进行指导,同时开展家庭教育研究、服务人员队伍建设和培训、公共服务产品研发。

第二十九条 【提供有针对性的服务】家庭教育指导机构应当及时向有需求的家庭提供服务。

对于父母或者其他监护人履行家庭教育责任存在一定困难的家庭,家庭教育指导机构应当根据具体情况,与相关部门协作配合,提供有针对性的服务。

第三十条 【提供关爱服务】设区的市、县、乡级人民政府应当结合当地实际采取措施,对留守未成年人和困境未成年人家庭建档立卡,提供生活帮扶、创业就业支持等关爱服务,为留守未成年人和困境未成年人的父母或者其他监护人实施家庭教育创造条件。

教育行政部门、妇女联合会应当采取有针对性的措施,为留守未成年人和困境未成年人的父母或者其他监护人实施家庭教育提供服务,引导其积极关注未成年人身心健康状况、加强亲情关爱。

第三十一条 【禁止营利性教育培训】家庭教育指导机构开展家庭教育指导服务活动,不得组织或者变相组织营利性教育培训。

第三十二条 【婚姻、收养登记机构的家庭教育指导】婚姻登记机构和收养登记机构应当通过现场咨询辅导、播放宣传教育片等形式,向办理婚姻登记、收养登记的当事人宣传家庭教育知识,提供家庭教育指导。

第三十三条 【福利机构、救助保护机构的家庭教育指导】儿童福利机构、未成年人救助保护机构应当对本机构安排的寄养家庭、接受救助保护的未成年人的父母或者其他监护人提供家庭教育指导。

第三十四条 【法院的家庭教育指导】人民法院在审理离婚案件时,应当对有未成年子女的夫妻双方提供家庭教育指导。

第三十五条 【妇联的家庭教育指导】妇女联合会发挥妇女在弘扬中华民族家庭美德、树立良好家风等方面的独特作用,宣传普及家庭教育知识,通过家庭教育指导机构、社区家长学校、文明家庭建设等多种渠道组织开展家庭教育实践活动,提供家庭教育指导服务。

第三十六条　【依法设立非营利性家庭教育服务机构】自然人、法人和非法人组织可以依法设立非营利性家庭教育服务机构。

县级以上地方人民政府及有关部门可以采取政府补贴、奖励激励、购买服务等扶持措施,培育家庭教育服务机构。

教育、民政、卫生健康、市场监督管理等有关部门应当在各自职责范围内,依法对家庭教育服务机构及从业人员进行指导和监督。

第三十七条　【家风建设纳入单位文化建设】国家机关、企业事业单位、群团组织、社会组织应当将家风建设纳入单位文化建设,支持职工参加相关的家庭教育服务活动。

文明城市、文明村镇、文明单位、文明社区、文明校园和文明家庭等创建活动,应当将家庭教育情况作为重要内容。

第四章　社会协同

第三十八条　【设立社区家长学校】居民委员会、村民委员会可以依托城乡社区公共服务设施,设立社区家长学校等家庭教育指导服务站点,配合家庭教育指导机构组织面向居民、村民的家庭教育知识宣传,为未成年人的父母或者其他监护人提供家庭教育指导服务。

第三十九条　【学校家庭教育指导服务工作计划】中小学校、幼儿园应当将家庭教育指导服务纳入工作计划,作为教师业务培训的内容。

第四十条　【建立家长学校】中小学校、幼儿园可以采取建立家长学校等方式,针对不同年龄段未成年人的特点,定期组织公益性家庭教育指导服务和实践活动,并及时联系、督促未成年人的父母或者其他监护人参加。

第四十一条　【专业传授】中小学校、幼儿园应当根据家长的需求,邀请有关人员传授家庭教育理念、知识和方法,组织开展家庭教育指导服务和实践活动,促进家庭与学校共同教育。

第四十二条　【支持开展公益性家庭教育指导服务】具备条件的中小学校、幼儿园应当在教育行政部门的指导下,为家庭教育指导服务站点开展公益性家庭教育指导服务活动提供支持。

第四十三条　【对严重违反校规校纪学生的处理】中小学校发现未成年学生严重违反校规校纪的,应当及时制止、管教,告知其父母或者其他监护人,并为其父母或者其他监护人提供有针对性的家庭教育指导服务;发现未成年学生有不良行为或者严重不良行为的,按照有关法律规定处理。

第四十四条 【早教机构的家庭教育指导服务】婴幼儿照护服务机构、早期教育服务机构应当为未成年人的父母或者其他监护人提供科学养育指导等家庭教育指导服务。

第四十五条 【医疗保健机构开展科学养育宣传和指导】医疗保健机构在开展婚前保健、孕产期保健、儿童保健、预防接种等服务时,应当对有关成年人、未成年人的父母或者其他监护人开展科学养育知识和婴幼儿早期发展的宣传和指导。

第四十六条 【公共文化服务机构开展家庭教育宣传活动】图书馆、博物馆、文化馆、纪念馆、美术馆、科技馆、体育场馆、青少年宫、儿童活动中心等公共文化服务机构和爱国主义教育基地每年应当定期开展公益性家庭教育宣传、家庭教育指导服务和实践活动,开发家庭教育类公共文化服务产品。

广播、电视、报刊、互联网等新闻媒体应当宣传正确的家庭教育知识,传播科学的家庭教育理念和方法,营造重视家庭教育的良好社会氛围。

第四十七条 【家庭教育服务机构制定服务规范】家庭教育服务机构应当加强自律管理,制定家庭教育服务规范,组织从业人员培训,提高从业人员的业务素质和能力。

第五章 法 律 责 任

第四十八条 【监护人及委托人的违法责任】未成年人住所地的居民委员会、村民委员会、妇女联合会,未成年人的父母或者其他监护人所在单位,以及中小学校、幼儿园等有关密切接触未成年人的单位,发现父母或者其他监护人拒绝、怠于履行家庭教育责任,或者非法阻碍其他监护人实施家庭教育的,应当予以批评教育、劝诫制止,必要时督促其接受家庭教育指导。

未成年人的父母或者其他监护人依法委托他人代为照护未成年人,有关单位发现被委托人不依法履行家庭教育责任的,适用前款规定。

第四十九条 【公检法机关训诫指导】公安机关、人民检察院、人民法院在办理案件过程中，发现未成年人存在严重不良行为或者实施犯罪行为，或者未成年人的父母或者其他监护人不正确实施家庭教育侵害未成年人合法权益的，根据情况对父母或者其他监护人予以训诫，并可以责令其接受家庭教育指导。

第五十条 【政府部门的违法责任】负有家庭教育工作职责的政府部门、机构有下列情形之一的，由其上级机关或者主管单位责令限期改正；情节严重的，对直接负责的主管人员和其他直接责任人员依法予以处分：

（一）不履行家庭教育工作职责；

（二）截留、挤占、挪用或者虚报、冒领家庭教育工作经费；

（三）其他滥用职权、玩忽职守或者徇私舞弊的情形。

第五十一条 【教育机构的违法责任】家庭教育指导机构、中小学校、幼儿园、婴幼儿照护服务机构、早期教育服务机构违反本法规定，不履行或者不正确履行家庭教育指导服务职责的，由主管部门责令限期改正；情节严重的，对直接负责的主管人员和其他直接责任人员依法予以处分。

第五十二条 【家庭教育服务机构的违法责任】家庭教育服务机构有下列情形之一的，由主管部门责令限期改正；拒不改正或者情节严重的，由主管部门责令停业整顿、吊销营业执照或者撤销登记：

（一）未依法办理设立手续；

（二）从事超出许可业务范围的行为或作虚假、引人误解宣传，产生不良后果；

（三）侵犯未成年人及其父母或者其他监护人合法权益。

第五十三条 【实施家庭暴力的法律责任】未成年人的父母或者其他监护人在家庭教育过程中对未成年人实施家庭暴力的，依照《中华人民共和国未成年人保护法》、《中华人民共和国反家庭暴力法》等法律的规定追究法律责任。

第五十四条 【治安处罚及刑事责任】违反本法规定，构成违反治安管理行为的，由公安机关依法予以治安管理处罚；构成犯罪的，依法追究刑事责任。

第六章 附 则

第五十五条 【施行日期】本法自2022年1月1日起施行。

中华人民共和国反家庭暴力法

1. 2015年12月27日第十二届全国人民代表大会常务委员会第十八次会议通过
2. 2015年12月27日中华人民共和国主席令第37号公布
3. 自2016年3月1日起施行

目 录

第一章 总 则
第二章 家庭暴力的预防
第三章 家庭暴力的处置
第四章 人身安全保护令
第五章 法律责任
第六章 附 则

第一章 总 则

第一条 【立法目的】为了预防和制止家庭暴力，保护家庭成员的合法权益，维护平等、和睦、文明的家庭关系，促进家庭和谐、社会稳定，制定本法。

第二条 【定义】本法所称家庭暴力，是指家庭成员之间以殴打、捆绑、残害、限制人身自由以及经常性谩骂、恐吓等方式实施的身体、精神等侵害行为。

第三条 【家庭成员之间的义务】家庭成员之间应当互相帮助，互相关爱，和睦相处，履行家庭义务。

反家庭暴力是国家、社会和每个家庭的共同责任。

国家禁止任何形式的家庭暴力。

第四条 【政府职责】县级以上人民政府负责妇女儿童工作的机构，负责组织、协调、指导、督促有关部门做好反家庭暴力工作。

县级以上人民政府有关部门、司法机关、人民团体、社会组织、居民委员会、村民委员会、企业事业单位,应当依照本法和有关法律规定,做好反家庭暴力工作。

各级人民政府应当对反家庭暴力工作给予必要的经费保障。

第五条 【反家庭暴力工作的原则】反家庭暴力工作遵循预防为主,教育、矫治与惩处相结合原则。

反家庭暴力工作应当尊重受害人真实意愿,保护当事人隐私。

未成年人、老年人、残疾人、孕期和哺乳期的妇女、重病患者遭受家庭暴力的,应当给予特殊保护。

第二章　家庭暴力的预防

第六条 【宣传教育】国家开展家庭美德宣传教育,普及反家庭暴力知识,增强公民反家庭暴力意识。

工会、共产主义青年团、妇女联合会、残疾人联合会应当在各自工作范围内,组织开展家庭美德和反家庭暴力宣传教育。

广播、电视、报刊、网络等应当开展家庭美德和反家庭暴力宣传。

学校、幼儿园应当开展家庭美德和反家庭暴力教育。

第七条 【业务培训、统计】县级以上人民政府有关部门、司法机关、妇女联合会应当将预防和制止家庭暴力纳入业务培训和统计工作。

医疗机构应当做好家庭暴力受害人的诊疗记录。

第八条 【乡镇人民政府、街道办事处的职责】乡镇人民政府、街道办事处应当组织开展家庭暴力预防工作,居民委员会、村民委员会、社会工作服务机构应当予以配合协助。

第九条 【政府支持】各级人民政府应当支持社会工作服务机构等社会组织开展心理健康咨询、家庭关系指导、家庭暴力预防知识教育等服务。

第十条 【调解家庭纠纷】人民调解组织应当依法调解家庭纠纷,预防和减少家庭暴力的发生。

第十一条 【用人单位的职责】用人单位发现本单位人员有家庭暴力情况的,应当给予批评教育,并做好家庭矛盾的调解、化解工作。

第十二条 【监护人的职责】未成年人的监护人应当以文明的方式进行

家庭教育,依法履行监护和教育职责,不得实施家庭暴力。

第三章　家庭暴力的处置

第十三条　【投诉、反映和求助】家庭暴力受害人及其法定代理人、近亲属可以向加害人或者受害人所在单位、居民委员会、村民委员会、妇女联合会等单位投诉、反映或者求助。有关单位接到家庭暴力投诉、反映或者求助后,应当给予帮助、处理。

家庭暴力受害人及其法定代理人、近亲属也可以向公安机关报案或者依法向人民法院起诉。

单位、个人发现正在发生的家庭暴力行为,有权及时劝阻。

第十四条　【报案】学校、幼儿园、医疗机构、居民委员会、村民委员会、社会工作服务机构、救助管理机构、福利机构及其工作人员在工作中发现无民事行为能力人、限制民事行为能力人遭受或者疑似遭受家庭暴力的,应当及时向公安机关报案。公安机关应当对报案人的信息予以保密。

第十五条　【公安机关接到报案后的工作】公安机关接到家庭暴力报案后应当及时出警,制止家庭暴力,按照有关规定调查取证,协助受害人就医、鉴定伤情。

无民事行为能力人、限制民事行为能力人因家庭暴力身体受到严重伤害、面临人身安全威胁或者处于无人照料等危险状态的,公安机关应当通知并协助民政部门将其安置到临时庇护场所、救助管理机构或者福利机构。

第十六条　【告诫书的出具和内容】家庭暴力情节较轻,依法不给予治安管理处罚的,由公安机关对加害人给予批评教育或者出具告诫书。

告诫书应当包括加害人的身份信息、家庭暴力的事实陈述、禁止加害人实施家庭暴力等内容。

第十七条　【告诫书的送达】公安机关应当将告诫书送交加害人、受害人,并通知居民委员会、村民委员会。

居民委员会、村民委员会、公安派出所应当对收到告诫书的加害人、受害人进行查访,监督加害人不再实施家庭暴力。

第十八条　【设立临时庇护场所】县级或者设区的市级人民政府可以单

独或者依托救助管理机构设立临时庇护场所,为家庭暴力受害人提供临时生活帮助。

第十九条 【法律援助和诉讼费用的缓减免】法律援助机构应当依法为家庭暴力受害人提供法律援助。

人民法院应当依法对家庭暴力受害人缓收、减收或者免收诉讼费用。

第二十条 【人民法院对家庭暴力事实的认定依据】人民法院审理涉及家庭暴力的案件,可以根据公安机关出警记录、告诫书、伤情鉴定意见等证据,认定家庭暴力事实。

第二十一条 【监护人资格的撤销】监护人实施家庭暴力严重侵害被监护人合法权益的,人民法院可以根据被监护人的近亲属、居民委员会、村民委员会、县级人民政府民政部门等有关人员或者单位的申请,依法撤销其监护人资格,另行指定监护人。

被撤销监护人资格的加害人,应当继续负担相应的赡养、扶养、抚养费用。

第二十二条 【对加害人进行法治教育】工会、共产主义青年团、妇女联合会、残疾人联合会、居民委员会、村民委员会等应当对实施家庭暴力的加害人进行法治教育,必要时可以对加害人、受害人进行心理辅导。

第四章 人身安全保护令

第二十三条 【申请人身安全保护令】当事人因遭受家庭暴力或者面临家庭暴力的现实危险,向人民法院申请人身安全保护令的,人民法院应当受理。

当事人是无民事行为能力人、限制民事行为能力人,或者因受到强制、威吓等原因无法申请人身安全保护令的,其近亲属、公安机关、妇女联合会、居民委员会、村民委员会、救助管理机构可以代为申请。

第二十四条 【申请方式】申请人身安全保护令应当以书面方式提出;书面申请确有困难的,可以口头申请,由人民法院记入笔录。

第二十五条 【管辖法院】人身安全保护令案件由申请人或者被申请人居住地、家庭暴力发生地的基层人民法院管辖。

第二十六条 【以裁定形式作出】人身安全保护令由人民法院以裁定形

式作出。

第二十七条　【作出人身安全保护令的条件】作出人身安全保护令,应当具备下列条件:

(一)有明确的被申请人;

(二)有具体的请求;

(三)有遭受家庭暴力或者面临家庭暴力现实危险的情形。

第二十八条　【作出人身安全保护令或者驳回申请的时限】人民法院受理申请后,应当在七十二小时内作出人身安全保护令或者驳回申请;情况紧急的,应当在二十四小时内作出。

第二十九条　【措施】人身安全保护令可以包括下列措施:

(一)禁止被申请人实施家庭暴力;

(二)禁止被申请人骚扰、跟踪、接触申请人及其相关近亲属;

(三)责令被申请人迁出申请人住所;

(四)保护申请人人身安全的其他措施。

第三十条　【有效期】人身安全保护令的有效期不超过六个月,自作出之日起生效。人身安全保护令失效前,人民法院可以根据申请人的申请撤销、变更或者延长。

第三十一条　【复议】申请人对驳回申请不服或者被申请人对人身安全保护令不服的,可以自裁定生效之日起五日内向作出裁定的人民法院申请复议一次。人民法院依法作出人身安全保护令的,复议期间不停止人身安全保护令的执行。

第三十二条　【送达】人民法院作出人身安全保护令后,应当送达申请人、被申请人、公安机关以及居民委员会、村民委员会等有关组织。人身安全保护令由人民法院执行,公安机关以及居民委员会、村民委员会等应当协助执行。

第五章　法　律　责　任

第三十三条　【实施家庭暴力的法律责任】加害人实施家庭暴力,构成违反治安管理行为的,依法给予治安管理处罚;构成犯罪的,依法追究刑事责任。

第三十四条　【被申请人违反人身安全保护令的法律责任】被申请人违

反人身安全保护令,构成犯罪的,依法追究刑事责任;尚不构成犯罪的,人民法院应当给予训诫,可以根据情节轻重处以一千元以下罚款、十五日以下拘留。

第三十五条 【不依据规定向公安机关报案的法律责任】学校、幼儿园、医疗机构、居民委员会、村民委员会、社会工作服务机构、救助管理机构、福利机构及其工作人员未依照本法第十四条规定向公安机关报案,造成严重后果的,由上级主管部门或者本单位对直接负责的主管人员和其他直接责任人员依法给予处分。

第三十六条 【国家工作人员违反职责的法律责任】负有反家庭暴力职责的国家工作人员玩忽职守、滥用职权、徇私舞弊的,依法给予处分;构成犯罪的,依法追究刑事责任。

第六章 附 则

第三十七条 【参照适用】家庭成员以外共同生活的人之间实施的暴力行为,参照本法规定执行。

第三十八条 【施行日期】本法自2016年3月1日起施行。

家庭寄养管理办法

1. 2014年9月24日民政部令第54号公布
2. 自2014年12月1日起施行

第一章 总 则

第一条 为了规范家庭寄养工作,促进寄养儿童身心健康成长,根据《中华人民共和国未成年人保护法》和国家有关规定,制定本办法。

第二条 本办法所称家庭寄养,是指经过规定的程序,将民政部门监护的儿童委托在符合条件的家庭中养育的照料模式。

第三条 家庭寄养应当有利于寄养儿童的抚育、成长,保障寄养儿童的合法权益不受侵犯。

第四条 国务院民政部门负责全国家庭寄养监督管理工作。

县级以上地方人民政府民政部门负责本行政区域内家庭寄养监督

管理工作。

第五条　县级以上地方人民政府民政部门设立的儿童福利机构负责家庭寄养工作的组织实施。

第六条　县级以上人民政府民政部门应当会同有关部门采取措施，鼓励、支持符合条件的家庭参与家庭寄养工作。

第二章　寄养条件

第七条　未满18周岁、监护权在县级以上地方人民政府民政部门的孤儿、查找不到生父母的弃婴和儿童，可以被寄养。

需要长期依靠医疗康复、特殊教育等专业技术照料的重度残疾儿童，不宜安排家庭寄养。

第八条　寄养家庭应当同时具备下列条件：

（一）有儿童福利机构所在地的常住户口和固定住所。寄养儿童入住后，人均居住面积不低于当地人均居住水平。

（二）有稳定的经济收入，家庭成员人均收入在当地处于中等水平以上。

（三）家庭成员未患有传染病或者精神疾病，以及其他不利于寄养儿童抚育、成长的疾病。

（四）家庭成员无犯罪记录，无不良生活嗜好，关系和睦，与邻里关系融洽。

（五）主要照料人的年龄在30周岁以上65周岁以下，身体健康，具有照料儿童的能力、经验，初中以上文化程度。

具有社会工作、医疗康复、心理健康、文化教育等专业知识的家庭和自愿无偿奉献爱心的家庭，同等条件下优先考虑。

第九条　每个寄养家庭寄养儿童的人数不得超过2人，且该家庭无未满6周岁的儿童。

第十条　寄养残疾儿童，应当优先在具备医疗、特殊教育、康复训练条件的社区中为其选择寄养家庭。

第十一条　寄养年满10周岁以上儿童的，应当征得寄养儿童的同意。

第三章　寄养关系的确立

第十二条　确立家庭寄养关系，应当经过以下程序：

（一）申请。拟开展寄养的家庭应当向儿童福利机构提出书面申请,并提供户口簿、身份证复印件,家庭经济收入和住房情况、家庭成员健康状况以及一致同意申请等证明材料。

（二）评估。儿童福利机构应当组织专业人员或者委托社会工作服务机构等第三方专业机构对提出申请的家庭进行实地调查,核实申请家庭是否具备寄养条件和抚育能力,了解其邻里关系、社会交往、有无犯罪记录、社区环境等情况,并根据调查结果提出评估意见。

（三）审核。儿童福利机构应当根据评估意见对申请家庭进行审核,确定后报主管民政部门备案。

（四）培训。儿童福利机构应当对寄养家庭主要照料人进行培训。

（五）签约。儿童福利机构应当与寄养家庭主要照料人签订寄养协议,明确寄养期限、寄养双方的权利义务、寄养家庭的主要照料人、寄养融合期限、违约责任及处理等事项。家庭寄养协议自双方签字（盖章）之日起生效。

第十三条 寄养家庭应当履行下列义务：

（一）保障寄养儿童人身安全,尊重寄养儿童人格尊严。

（二）为寄养儿童提供生活照料,满足日常营养需要,帮助其提高生活自理能力。

（三）培养寄养儿童健康的心理素质,树立良好的思想道德观念。

（四）按照国家规定安排寄养儿童接受学龄前教育和义务教育。负责与学校沟通,配合学校做好寄养儿童的学校教育。

（五）对患病的寄养儿童及时安排医治。寄养儿童发生急症、重症等情况时,应当及时进行医治,并向儿童福利机构报告。

（六）配合儿童福利机构为寄养的残疾儿童提供辅助矫治、肢体功能康复训练、聋儿语言康复训练等方面的服务。

（七）配合儿童福利机构做好寄养儿童的送养工作。

（八）定期向儿童福利机构反映寄养儿童的成长状况,并接受其探访、培训、监督和指导。

（九）及时向儿童福利机构报告家庭住所变更情况。

（十）保障寄养儿童应予保障的其他权益。

第十四条 儿童福利机构主要承担以下职责：

（一）制定家庭寄养工作计划并组织实施；

（二）负责寄养家庭的招募、调查、审核和签约；

（三）培训寄养家庭中的主要照料人，组织寄养工作经验交流活动；

（四）定期探访寄养儿童，及时处理存在的问题；

（五）监督、评估寄养家庭的养育工作；

（六）建立家庭寄养服务档案并妥善保管；

（七）根据协议规定发放寄养儿童所需款物；

（八）向主管民政部门及时反映家庭寄养工作情况并提出建议。

第十五条　寄养协议约定的主要照料人不得随意变更。确需变更的，应当经儿童福利机构同意，经培训后在家庭寄养协议主要照料人一栏中变更。

第十六条　寄养融合期的时间不得少于60日。

第十七条　寄养家庭有协议约定的事由在短期内不能照料寄养儿童的，儿童福利机构应当为寄养儿童提供短期养育服务。短期养育服务时间一般不超过30日。

第十八条　寄养儿童在寄养期间不办理户口迁移手续，不改变与民政部门的监护关系。

第四章　寄养关系的解除

第十九条　寄养家庭提出解除寄养关系的，应当提前一个月向儿童福利机构书面提出解除寄养关系的申请，儿童福利机构应当予以解除。但在融合期内提出解除寄养关系的除外。

第二十条　寄养家庭有下列情形之一的，儿童福利机构应当解除寄养关系：

（一）寄养家庭及其成员有歧视、虐待寄养儿童行为的；

（二）寄养家庭成员的健康、品行不符合本办法第八条第（三）和（四）项规定的；

（三）寄养家庭发生重大变故，导致无法履行寄养义务的；

（四）寄养家庭变更住所后不符合本办法第八条规定的；

（五）寄养家庭借机对外募款敛财的；

（六）寄养家庭不履行协议约定的其他情形。

第二十一条　寄养儿童有下列情形之一的,儿童福利机构应当解除寄养关系：

（一）寄养儿童与寄养家庭关系恶化,确实无法共同生活的；

（二）寄养儿童依法被收养、被亲生父母或者其他监护人认领的；

（三）寄养儿童因就医、就学等特殊原因需要解除寄养关系的。

第二十二条　解除家庭寄养关系,儿童福利机构应当以书面形式通知寄养家庭,并报其主管民政部门备案。家庭寄养关系的解除以儿童福利机构批准时间为准。

第二十三条　儿童福利机构拟送养寄养儿童时,应当在报送被送养人材料的同时通知寄养家庭。

第二十四条　家庭寄养关系解除后,儿童福利机构应当妥善安置寄养儿童,并安排社会工作、医疗康复、心理健康教育等专业技术人员对其进行辅导、照料。

第二十五条　符合收养条件、有收养意愿的寄养家庭,可以依法优先收养被寄养儿童。

第五章　监督管理

第二十六条　县级以上地方人民政府民政部门对家庭寄养工作负有以下监督管理职责：

（一）制定本地区家庭寄养工作政策；

（二）指导、检查本地区家庭寄养工作；

（三）负责寄养协议的备案,监督寄养协议的履行；

（四）协调解决儿童福利机构与寄养家庭之间的争议；

（五）与有关部门协商,及时处理家庭寄养工作中存在的问题。

第二十七条　开展跨县级或者设区的市级行政区域的家庭寄养,应当经过共同上一级人民政府民政部门同意。

不得跨省、自治区、直辖市开展家庭寄养。

第二十八条　儿童福利机构应当聘用具有社会工作、医疗康复、心理健康教育等专业知识的专职工作人员。

第二十九条　家庭寄养经费,包括寄养儿童的养育费用补贴、寄养家庭的劳务补贴和寄养工作经费等。

寄养儿童养育费用补贴按照国家有关规定列支。寄养家庭劳务补贴、寄养工作经费等由当地人民政府予以保障。

第三十条　家庭寄养经费必须专款专用，儿童福利机构不得截留或者挪用。

第三十一条　儿童福利机构可以依法通过与社会组织合作、通过接受社会捐赠获得资助。

与境外社会组织或者个人开展同家庭寄养有关的合作项目，应当按照有关规定办理手续。

第六章　法律责任

第三十二条　寄养家庭不履行本办法规定的义务，或者未经同意变更主要照料人的，儿童福利机构可以督促其改正，情节严重的，可以解除寄养协议。

寄养家庭成员侵害寄养儿童的合法权益，造成人身财产损害的，依法承担民事责任；构成犯罪的，依法追究刑事责任。

第三十三条　儿童福利机构有下列情形之一的，由设立该机构的民政部门进行批评教育，并责令改正；情节严重的，对直接负责的主管人员和其他直接责任人员依法给予处分：

（一）不按照本办法的规定承担职责的；

（二）在办理家庭寄养工作中牟取利益，损害寄养儿童权益的；

（三）玩忽职守导致寄养协议不能正常履行的；

（四）跨省、自治区、直辖市开展家庭寄养，或者未经上级部门同意擅自开展跨县级或者设区的市级行政区域家庭寄养的；

（五）未按照有关规定办理手续，擅自与境外社会组织或者个人开展家庭寄养合作项目的。

第三十四条　县级以上地方人民政府民政部门不履行家庭寄养工作职责，由上一级人民政府民政部门责令其改正。情节严重的，对直接负责的主管人员和其他直接责任人员依法给予处分。

第七章　附　　则

第三十五条　对流浪乞讨等生活无着未成年人承担临时监护责任的未成

年人救助保护机构开展家庭寄养,参照本办法执行。

第三十六条　尚未设立儿童福利机构的,由县级以上地方人民政府民政部门负责本行政区域内家庭寄养的组织实施,具体工作参照本办法执行。

第三十七条　本办法自2014年12月1日起施行,2003年颁布的《家庭寄养管理暂行办法》(民发〔2003〕144号)同时废止。

最高人民法院、全国妇联关于开展家庭教育指导工作的意见

1. 2023年5月29日发布
2. 法发〔2023〕7号
3. 自2023年6月1日起施行

为促进未成年人的父母或者其他监护人依法履行家庭教育职责,维护未成年人合法权益,预防未成年人违法犯罪,保障未成年人健康成长,根据《中华人民共和国未成年人保护法》《中华人民共和国预防未成年人犯罪法》《中华人民共和国家庭教育促进法》等法律规定,结合工作实际,制定本意见。

一、总体要求

1. 人民法院开展家庭教育指导工作,应当坚持以下原则:

(1)最有利于未成年人。尊重未成年人人格尊严,适应未成年人身心发展规律,给予未成年人特殊、优先保护,以保护未成年人健康成长为根本目标;

(2)坚持立德树人。指导未成年人的父母或者其他监护人依法履行家庭教育主体责任,传播正确家庭教育理念,培育和践行社会主义核心价值观,促进未成年人全面发展、健康成长;

(3)支持为主、干预为辅。尊重未成年人的父母或者其他监护人的人格尊严,注重引导、帮助,耐心细致、循循善诱开展工作,促进家庭和谐、避免激化矛盾;

（4）双向指导、教帮结合。既注重对未成年人的父母或者其他监护人的教育指导，也注重对未成年人的教育引导，根据情况和需要，帮助解决未成年人家庭的实际困难；

（5）专业指导、注重实效。结合具体案件情况，有针对性地确定家庭教育指导方案，及时评估教育指导效果，并视情调整教育指导方式和内容，确保取得良好效果。

2.人民法院在法定职责范围内参与、配合、支持家庭教育指导服务体系建设。在办理涉未成年人刑事、民事、行政、执行等各类案件过程中，根据情况和需要，依法开展家庭教育指导工作。

妇联协调社会资源，通过家庭教育指导机构、社区家长学校、文明家庭建设等多种渠道，宣传普及家庭教育知识，组织开展家庭教育实践活动，推进覆盖城乡的家庭教育指导服务体系建设。

各级人民法院、妇联应当加强协作配合，建立联动机制，共同做好家庭教育指导工作。

二、指导情形

3.人民法院在审理离婚案件过程中，对有未成年子女的夫妻双方，应当提供家庭教育指导。

对于抚养、收养、监护权、探望权纠纷等案件，以及涉留守未成年人、困境未成年人等特殊群体的案件，人民法院可以就监护和家庭教育情况主动开展调查、评估，必要时，依法提供家庭教育指导。

4.人民法院在办理案件过程中，发现存在下列情形的，根据情况对未成年人的父母或者其他监护人予以训诫，并可以要求其接受家庭教育指导：

（1）未成年人的父母或者其他监护人违反《中华人民共和国未成年人保护法》第十六条及《中华人民共和国家庭教育促进法》第二十一条等规定，不依法履行监护职责的；

（2）未成年人的父母或者其他监护人违反《中华人民共和国未成年人保护法》第十七条、第二十四条及《中华人民共和国家庭教育促进法》第二十条、第二十三条的规定，侵犯未成年人合法权益的；

（3）未成年人存在严重不良行为或者实施犯罪行为的；

（4）未成年人的父母或者其他监护人不依法履行监护职责或者侵

犯未成年人合法权益的其他情形。

符合前款第二、第三、第四项情形,未成年人的父母或者其他监护人拒不接受家庭教育指导,或者接受家庭教育指导后仍不依法履行监护职责的,人民法院可以以决定书的形式制发家庭教育指导令,依法责令其接受家庭教育指导。

5. 在办理涉及未成年人的案件时,未成年人的父母或者其他监护人主动请求对自己进行家庭教育指导的,人民法院应当提供。

6. 居民委员会、村民委员会、中小学校、幼儿园等开展家庭教育指导服务活动过程中,申请人民法院协助开展法治宣传教育的,人民法院应当支持。

三、指导要求

7. 人民法院应当根据《中华人民共和国家庭教育促进法》第十六条、第十七条的规定,结合案件具体情况,有针对性地确定家庭教育的内容,指导未成年人的父母或者其他监护人合理运用家庭教育方式方法。

8. 人民法院在开展家庭教育指导过程中,应当结合案件具体情况,对未成年人的父母或者其他监护人开展监护职责教育:

(1)教育未成年人的父母或者其他监护人依法履行监护责任,加强亲子陪伴,不得实施遗弃、虐待、伤害、歧视等侵害未成年人的行为;

(2)委托他人代为照护未成年人的,应当与被委托人、未成年人以及未成年人所在的学校、婴幼儿照顾服务机构保持联系,定期了解未成年人学习、生活情况和心理状况,履行好家庭教育责任;

(3)未成年人的父母分居或者离异的,明确告知其在诉讼期间、分居期间或者离婚后,应当相互配合共同履行家庭教育责任,任何一方不得拒绝或者怠于履行家庭教育责任,不得以抢夺、藏匿未成年子女等方式争夺抚养权或者阻碍另一方行使监护权、探望权。

9. 人民法院在开展家庭教育指导过程中,应当结合案件具体情况,对未成年人及其父母或者其他监护人开展法治教育:

(1)教育未成年人的父母或者其他监护人树立法治意识,增强法治观念;

(2)保障适龄未成年人依法接受并完成义务教育;

（3）教育未成年人遵纪守法,增强自我保护的意识和能力；

（4）发现未成年人存在不良行为、严重不良行为或者实施犯罪行为的,责令其父母或者其他监护人履行职责、加强管教,同时注重亲情感化,并教育未成年人认识错误,积极改过自新。

10. 人民法院决定委托专业机构开展家庭教育指导的,也应当依照前两条规定,自行做好监护职责教育和法治教育工作。

四、指导方式

11. 人民法院可以在诉前调解、案件审理、判后回访等各个环节,通过法庭教育、释法说理、现场辅导、网络辅导、心理干预、制发家庭教育责任告知书等多种形式开展家庭教育指导。

根据情况和需要,人民法院可以自行开展家庭教育指导,也可以委托专业机构、专业人员开展家庭教育指导,或者与专业机构、专业人员联合开展家庭教育指导。

委托专业机构、专业人员开展家庭教育指导的,人民法院应当跟踪评估家庭教育指导效果。

12. 对于需要开展专业化、个性化家庭教育指导的,人民法院可以根据未成年人的监护状况和实际需求,书面通知妇联开展或者协助开展家庭教育指导工作。

妇联应当加强与人民法院配合,协调发挥家庭教育指导机构、家长学校、妇女儿童活动中心、妇女儿童之家等阵地作用,支持、配合人民法院做好家庭教育指导工作。

13. 责令未成年人的父母或者其他监护人接受家庭教育指导的,家庭教育指导令应当载明责令理由和接受家庭教育指导的时间、场所和频次。

开展家庭教育指导的频次,应当与未成年人的父母或者其他监护人不正确履行家庭教育责任以及未成年人不良行为或者犯罪行为的程度相适应。

14. 人民法院向未成年人的父母或者其他监护人送达家庭教育指导令时,应当耐心、细致地做好法律释明工作,告知家庭教育指导对保护未成年人健康成长的重要意义,督促其自觉接受、主动配合家庭教育指导。

15. 未成年人的父母或者其他监护人对家庭教育指导令不服的,可以自收到决定书之日起五日内向作出决定书的人民法院申请复议一次。复议期间,不停止家庭教育指导令的执行。

16. 人民法院、妇联开展家庭教育指导工作,应当依法保护未成年人及其父母或者其他监护人的隐私和个人信息。通过购买社会服务形式开展家庭教育指导的,应当要求相关机构组织及工作人员签订保密承诺书。

人民法院制发的家庭教育指导令,不在互联网公布。

17. 未成年人遭受性侵害、虐待、拐卖、暴力伤害的,人民法院、妇联在开展家庭教育指导过程中应当与有关部门、人民团体、社会组织互相配合,视情采取心理干预、法律援助、司法救助、社会救助、转学安置等保护措施。

对于未成年人存在严重不良行为或者实施犯罪行为的,在开展家庭教育指导过程中,应当对未成年人进行跟踪帮教。

五、保障措施

18. 鼓励各地人民法院、妇联结合本地实际,单独或会同有关部门建立家庭教育指导工作站,设置专门场所,配备专门人员,开展家庭教育指导工作。

鼓励各地人民法院、妇联探索组建专业化家庭教育指导队伍,加强业务指导及专业培训,聘请熟悉家庭教育规律、热爱未成年人保护事业和善于做思想教育工作的人员参与家庭教育指导。

19. 人民法院在办理涉未成年人案件过程中,发现有关单位未尽到未成年人教育、管理、救助、看护等保护职责的,应当及时向有关单位发出司法建议。

20. 人民法院应当结合涉未成年人案件的特点和规律,有针对性地开展家庭教育宣传和法治宣传教育。

全国家庭教育宣传周期间,各地人民法院应当结合本地实际,组织开展家庭教育宣传和法治宣传教育活动。

21. 人民法院、妇联应当与有关部门、人民团体、社会组织加强协作配合,推动建立家庭教育指导工作联动机制,及时研究解决家庭教育指导领域困难问题,不断提升家庭教育指导工作实效。

22. 开展家庭教育指导的工作情况,纳入人民法院绩效考核范围。

23. 人民法院开展家庭教育指导工作,不收取任何费用,所需费用纳入本单位年度经费预算。

六、附则

24. 本意见自 2023 年 6 月 1 日起施行。

附件:XXXX 人民法院决定书(家庭教育指导令)(略)

学校保护

中华人民共和国教育法

1. 1995年3月18日第八届全国人民代表大会第三次会议通过
2. 根据2009年8月27日第十一届全国人民代表大会常务委员会第十次会议《关于修改部分法律的决定》第一次修正
3. 根据2015年12月27日第十二届全国人民代表大会常务委员会第十八次会议《关于修改〈中华人民共和国教育法〉的决定》第二次修正
4. 根据2021年4月29日第十三届全国人民代表大会常务委员会第二十八次会议《关于修改〈中华人民共和国教育法〉的决定》第三次修正

目　　录

第一章　总　　则
第二章　教育基本制度
第三章　学校及其他教育机构
第四章　教师和其他教育工作者
第五章　受教育者
第六章　教育与社会
第七章　教育投入与条件保障
第八章　教育对外交流与合作
第九章　法律责任
第十章　附　　则

第一章　总　　则

第一条　【立法目的】为了发展教育事业,提高全民族的素质,促进社会主义物质文明和精神文明建设,根据宪法,制定本法。

第二条　【适用范围】在中华人民共和国境内的各级各类教育,适用本法。

第三条 【指导思想和基本原则】国家坚持中国共产党的领导,坚持以马克思列宁主义、毛泽东思想、邓小平理论、"三个代表"重要思想、科学发展观、习近平新时代中国特色社会主义思想为指导,遵循宪法确定的基本原则,发展社会主义的教育事业。

第四条 【教育的地位】教育是社会主义现代化建设的基础,对提高人民综合素质、促进人的全面发展、增强中华民族创新创造活力、实现中华民族伟大复兴具有决定性意义,国家保障教育事业优先发展。

全社会应当关心和支持教育事业的发展。

全社会应当尊重教师。

第五条 【教育的任务】教育必须为社会主义现代化建设服务、为人民服务,必须与生产劳动和社会实践相结合,培养德智体美劳全面发展的社会主义建设者和接班人。

第六条 【教育基本内容】教育应当坚持立德树人,对受教育者加强社会主义核心价值观教育,增强受教育者的社会责任感、创新精神和实践能力。

国家在受教育者中进行爱国主义、集体主义、中国特色社会主义的教育,进行理想、道德、纪律、法治、国防和民族团结的教育。

第七条 【继承和吸收】教育应当继承和弘扬中华优秀传统文化、革命文化、社会主义先进文化,吸收人类文明发展的一切优秀成果。

第八条 【教育与国家和社会利益】教育活动必须符合国家和社会公共利益。

国家实行教育与宗教相分离。任何组织和个人不得利用宗教进行妨碍国家教育制度的活动。

第九条 【公民的教育权利和义务】中华人民共和国公民有受教育的权利和义务。

公民不分民族、种族、性别、职业、财产状况、宗教信仰等,依法享有平等的受教育机会。

第十条 【帮助、扶持的教育】国家根据各少数民族的特点和需要,帮助各少数民族地区发展教育事业。

国家扶持边远贫困地区发展教育事业。

国家扶持和发展残疾人教育事业。

第十一条　【教育改革、公平、科研】国家适应社会主义市场经济发展和社会进步的需要,推进教育改革,推动各级各类教育协调发展、衔接融通,完善现代国民教育体系,健全终身教育体系,提高教育现代化水平。

国家采取措施促进教育公平,推动教育均衡发展。

国家支持、鼓励和组织教育科学研究,推广教育科学研究成果,促进教育质量提高。

第十二条　【语言文字】国家通用语言文字为学校及其他教育机构的基本教育教学语言文字,学校及其他教育机构应当使用国家通用语言文字进行教育教学。

民族自治地方以少数民族学生为主的学校及其他教育机构,从实际出发,使用国家通用语言文字和本民族或者当地民族通用的语言文字实施双语教育。

国家采取措施,为少数民族学生为主的学校及其他教育机构实施双语教育提供条件和支持。

第十三条　【奖励对象】国家对发展教育事业做出突出贡献的组织和个人,给予奖励。

第十四条　【管理体制】国务院和地方各级人民政府根据分级管理、分工负责的原则,领导和管理教育工作。

中等及中等以下教育在国务院领导下,由地方人民政府管理。

高等教育由国务院和省、自治区、直辖市人民政府管理。

第十五条　【教育行政部门】国务院教育行政部门主管全国教育工作,统筹规划、协调管理全国的教育事业。

县级以上地方各级人民政府教育行政部门主管本行政区域内的教育工作。

县级以上各级人民政府其他有关部门在各自的职责范围内,负责有关的教育工作。

第十六条　【人大监督】国务院和县级以上地方各级人民政府应当向本级人民代表大会或者其常务委员会报告教育工作和教育经费预算、决算情况,接受监督。

第二章　教育基本制度

第十七条　【教育阶段制度】国家实行学前教育、初等教育、中等教育、高等教育的学校教育制度。

国家建立科学的学制系统。学制系统内的学校和其他教育机构的设置、教育形式、修业年限、招生对象、培养目标等,由国务院或者由国务院授权教育行政部门规定。

第十八条　【学前教育】国家制定学前教育标准,加快普及学前教育,构建覆盖城乡,特别是农村的学前教育公共服务体系。

各级人民政府应当采取措施,为适龄儿童接受学前教育提供条件和支持。

第十九条　【义务教育】国家实行九年制义务教育制度。

各级人民政府采取各种措施保障适龄儿童、少年就学。

适龄儿童、少年的父母或者其他监护人以及有关社会组织和个人有义务使适龄儿童、少年接受并完成规定年限的义务教育。

第二十条　【职业教育和继续教育】国家实行职业教育制度和继续教育制度。

各级人民政府、有关行政部门和行业组织以及企业事业组织应当采取措施,发展并保障公民接受职业学校教育或者各种形式的职业培训。

国家鼓励发展多种形式的继续教育,使公民接受适当形式的政治、经济、文化、科学、技术、业务等方面的教育,促进不同类型学习成果的互认和衔接,推动全民终身学习。

第二十一条　【考试制度】国家实行国家教育考试制度。

国家教育考试由国务院教育行政部门确定种类,并由国家批准的实施教育考试的机构承办。

第二十二条　【学业证书】国家实行学业证书制度。

经国家批准设立或者认可的学校及其他教育机构按照国家有关规定,颁发学历证书或者其他学业证书。

第二十三条　【学位制度】国家实行学位制度。

学位授予单位依法对达到一定学术水平或者专业技术水平的人员授予相应的学位,颁发学位证书。

第二十四条 【扫盲教育】各级人民政府、基层群众性自治组织和企业事业组织应当采取各种措施,开展扫除文盲的教育工作。

按照国家规定具有接受扫除文盲教育能力的公民,应当接受扫除文盲的教育。

第二十五条 【教育督导和教育评估】国家实行教育督导制度和学校及其他教育机构教育评估制度。

第三章 学校及其他教育机构

第二十六条 【举办学校及其他教育机构】国家制定教育发展规划,并举办学校及其他教育机构。

国家鼓励企业事业组织、社会团体、其他社会组织及公民个人依法举办学校及其他教育机构。

国家举办学校及其他教育机构,应当坚持勤俭节约的原则。

以财政性经费、捐赠资产举办或者参与举办的学校及其他教育机构不得设立为营利性组织。

第二十七条 【设立条件】设立学校及其他教育机构,必须具备下列基本条件:

(一)有组织机构和章程;

(二)有合格的教师;

(三)有符合规定标准的教学场所及设施、设备等;

(四)有必备的办学资金和稳定的经费来源。

第二十八条 【审批、注册和备案制度】学校及其他教育机构的设立、变更和终止,应当按照国家有关规定办理审核、批准、注册或者备案手续。

第二十九条 【学校权利】学校及其他教育机构行使下列权利:

(一)按照章程自主管理;

(二)组织实施教育教学活动;

(三)招收学生或者其他受教育者;

(四)对受教育者进行学籍管理,实施奖励或者处分;

(五)对受教育者颁发相应的学业证书;

(六)聘任教师及其他职工,实施奖励或者处分;

(七)管理、使用本单位的设施和经费;

(八)拒绝任何组织和个人对教育教学活动的非法干涉;

(九)法律、法规规定的其他权利。

国家保护学校及其他教育机构的合法权益不受侵犯。

第三十条 【学校义务】学校及其他教育机构应当履行下列义务:

(一)遵守法律、法规;

(二)贯彻国家的教育方针,执行国家教育教学标准,保证教育教学质量;

(三)维护受教育者、教师及其他职工的合法权益;

(四)以适当方式为受教育者及其监护人了解受教育者的学业成绩及其他有关情况提供便利;

(五)遵照国家有关规定收取费用并公开收费项目;

(六)依法接受监督。

第三十一条 【学校内部管理体制】学校及其他教育机构的举办者按照国家有关规定,确定其所举办的学校或者其他教育机构的管理体制。

学校及其他教育机构的校长或者主要行政负责人必须由具有中华人民共和国国籍、在中国境内定居、并具备国家规定任职条件的公民担任,其任免按照国家有关规定办理。学校的教学及其他行政管理,由校长负责。

学校及其他教育机构应当按照国家有关规定,通过以教师为主体的教职工代表大会等组织形式,保障教职工参与民主管理和监督。

第三十二条 【学校的法律地位】学校及其他教育机构具备法人条件的,自批准设立或者登记注册之日起取得法人资格。

学校及其他教育机构在民事活动中依法享有民事权利,承担民事责任。

学校及其他教育机构中的国有资产属于国家所有。

学校及其他教育机构兴办的校办产业独立承担民事责任。

第四章 教师和其他教育工作者

第三十三条 【教师的权利义务】教师享有法律规定的权利,履行法律规定的义务,忠诚于人民的教育事业。

第三十四条 【教师待遇】国家保护教师的合法权益,改善教师的工作条件和生活条件,提高教师的社会地位。

教师的工资报酬、福利待遇,依照法律、法规的规定办理。

第三十五条　【教师制度】国家实行教师资格、职务、聘任制度,通过考核、奖励、培养和培训,提高教师素质,加强教师队伍建设。

第三十六条　【管理人员和教辅人员等】学校及其他教育机构中的管理人员,实行教育职员制度。

学校及其他教育机构中的教学辅助人员和其他专业技术人员,实行专业技术职务聘任制度。

第五章　受教育者

第三十七条　【受教育者的平等权】受教育者在入学、升学、就业等方面依法享有平等权利。

学校和有关行政部门应当按照国家有关规定,保障女子在入学、升学、就业、授予学位、派出留学等方面享有同男子平等的权利。

第三十八条　【国家和社会资助】国家、社会对符合入学条件、家庭经济困难的儿童、少年、青年,提供各种形式的资助。

第三十九条　【残疾人教育】国家、社会、学校及其他教育机构应当根据残疾人身心特性和需要实施教育,并为其提供帮助和便利。

第四十条　【违法犯罪的未成年人】国家、社会、家庭、学校及其他教育机构应当为有违法犯罪行为的未成年人接受教育创造条件。

第四十一条　【职业教育】从业人员有依法接受职业培训和继续教育的权利和义务。

国家机关、企业事业组织和其他社会组织,应当为本单位职工的学习和培训提供条件和便利。

第四十二条　【终身教育】国家鼓励学校及其他教育机构、社会组织采取措施,为公民接受终身教育创造条件。

第四十三条　【受教育者权利】受教育者享有下列权利:

（一）参加教育教学计划安排的各种活动,使用教育教学设施、设备、图书资料;

（二）按照国家有关规定获得奖学金、贷学金、助学金;

（三）在学业成绩和品行上获得公正评价,完成规定的学业后获得相应的学业证书、学位证书；

（四）对学校给予的处分不服向有关部门提出申诉，对学校、教师侵犯其人身权、财产权等合法权益，提出申诉或者依法提起诉讼；

（五）法律、法规规定的其他权利。

第四十四条　【受教育者义务】受教育者应当履行下列义务：

（一）遵守法律、法规；

（二）遵守学生行为规范，尊敬师长，养成良好的思想品德和行为习惯；

（三）努力学习，完成规定的学习任务；

（四）遵守所在学校或者其他教育机构的管理制度。

第四十五条　【学校、体育和卫生保健】教育、体育、卫生行政部门和学校及其他教育机构应当完善体育、卫生保健设施，保护学生的身心健康。

第六章　教育与社会

第四十六条　【社会环境】国家机关、军队、企业事业组织、社会团体及其他社会组织和个人，应当依法为儿童、少年、青年学生的身心健康成长创造良好的社会环境。

第四十七条　【社会合作】国家鼓励企业事业组织、社会团体及其他社会组织同高等学校、中等职业学校在教学、科研、技术开发和推广等方面进行多种形式的合作。

企业事业组织、社会团体及其他社会组织和个人，可以通过适当形式，支持学校的建设，参与学校管理。

第四十八条　【学生实习和社会实践】国家机关、军队、企业事业组织及其他社会组织应当为学校组织的学生实习、社会实践活动提供帮助和便利。

第四十九条　【社会公益活动】学校及其他教育机构在不影响正常教育教学活动的前提下，应当积极参加当地的社会公益活动。

第五十条　【家庭教育】未成年人的父母或者其他监护人应当为其未成年子女或者其他被监护人受教育提供必要条件。

未成年人的父母或者其他监护人应当配合学校及其他教育机构，对其未成年子女或者其他被监护人进行教育。

学校、教师可以对学生家长提供家庭教育指导。

第五十一条　【文化单位义务】图书馆、博物馆、科技馆、文化馆、美术馆、体育馆(场)等社会公共文化体育设施,以及历史文化古迹和革命纪念馆(地),应当对教师、学生实行优待,为受教育者接受教育提供便利。

广播、电视台(站)应当开设教育节目,促进受教育者思想品德、文化和科学技术素质的提高。

第五十二条　【校外教育】国家、社会建立和发展对未成年人进行校外教育的设施。

学校及其他教育机构应当同基层群众性自治组织、企业事业组织、社会团体相互配合,加强对未成年人的校外教育工作。

第五十三条　【社会文化教育】国家鼓励社会团体、社会文化机构及其他社会组织和个人开展有益于受教育者身心健康的社会文化教育活动。

第七章　教育投入与条件保障

第五十四条　【经费筹措体制】国家建立以财政拨款为主、其他多种渠道筹措教育经费为辅的体制,逐步增加对教育的投入,保证国家举办的学校教育经费的稳定来源。

企业事业组织、社会团体及其他社会组织和个人依法举办的学校及其他教育机构,办学经费由举办者负责筹措,各级人民政府可以给予适当支持。

第五十五条　【财政经费比例】国家财政性教育经费支出占国民生产总值的比例应当随着国民经济的发展和财政收入的增长逐步提高。具体比例和实施步骤由国务院规定。

全国各级财政支出总额中教育经费所占比例应当随着国民经济的发展逐步提高。

第五十六条　【经费支出与增长】各级人民政府的教育经费支出,按照事权和财权相统一的原则,在财政预算中单独列项。

各级人民政府教育财政拨款的增长应当高于财政经常性收入的增长,并使按在校学生人数平均的教育费用逐步增长,保证教师工资和学生人均公用经费逐步增长。

第五十七条　【专项资金】国务院及县级以上地方各级人民政府应当设立

教育专项资金,重点扶持边远贫困地区、少数民族地区实施义务教育。

第五十八条 【教育费附加】税务机关依法足额征收教育费附加,由教育行政部门统筹管理,主要用于实施义务教育。

省、自治区、直辖市人民政府根据国务院的有关规定,可以决定开征用于教育的地方附加费,专款专用。

第五十九条 【校办产业】国家采取优惠措施,鼓励和扶持学校在不影响正常教育教学的前提下开展勤工俭学和社会服务,兴办校办产业。

第六十条 【捐资助学】国家鼓励境内、境外社会组织和个人捐资助学。

第六十一条 【经费、捐赠使用】国家财政性教育经费、社会组织和个人对教育的捐赠,必须用于教育,不得挪用、克扣。

第六十二条 【教育信贷】国家鼓励运用金融、信贷手段,支持教育事业的发展。

第六十三条 【经费监管】各级人民政府及其教育行政部门应当加强对学校及其他教育机构教育经费的监督管理,提高教育投资效益。

第六十四条 【学校基建】地方各级人民政府及其有关行政部门必须把学校的基本建设纳入城乡建设规划,统筹安排学校的基本建设用地及所需物资,按照国家有关规定实行优先、优惠政策。

第六十五条 【教学用品】各级人民政府对教科书及教学用图书资料的出版发行,对教学仪器、设备的生产和供应,对用于学校教育教学和科学研究的图书资料、教学仪器、设备的进口,按照国家有关规定实行优先、优惠政策。

第六十六条 【现代化教学手段】国家推进教育信息化,加快教育信息基础设施建设,利用信息技术促进优质教育资源普及共享,提高教育教学水平和教育管理水平。

县级以上人民政府及其有关部门应当发展教育信息技术和其他现代化教学方式,有关行政部门应当优先安排,给予扶持。

国家鼓励学校及其他教育机构推广运用现代化教学方式。

第八章 教育对外交流与合作

第六十七条 【对外交流合作原则】国家鼓励开展教育对外交流与合作,支持学校及其他教育机构引进优质教育资源,依法开展中外合作办学,发展国际教育服务,培养国际化人才。

教育对外交流与合作坚持独立自主、平等互利、相互尊重的原则,不得违反中国法律,不得损害国家主权、安全和社会公共利益。

第六十八条 【出国管理】中国境内公民出国留学、研究、进行学术交流或者任教,依照国家有关规定办理。

第六十九条 【境外人员入境学习】中国境外个人符合国家规定的条件并办理有关手续后,可以进入中国境内学校及其他教育机构学习、研究、进行学术交流或者任教,其合法权益受国家保护。

第七十条 【境外学业证书承认】中国对境外教育机构颁发的学位证书、学历证书及其他学业证书的承认,依照中华人民共和国缔结或者加入的国际条约办理,或者按照国家有关规定办理。

第九章 法律责任

第七十一条 【有关经费的违法责任】违反国家有关规定,不按照预算核拨教育经费的,由同级人民政府限期核拨;情节严重的,对直接负责的主管人员和其他直接责任人员,依法给予处分。

违反国家财政制度、财务制度,挪用、克扣教育经费的,由上级机关责令限期归还被挪用、克扣的经费,并对直接负责的主管人员和其他直接责任人员,依法给予处分;构成犯罪的,依法追究刑事责任。

第七十二条 【扰乱教学秩序等行为的法律责任】结伙斗殴、寻衅滋事,扰乱学校及其他教育机构教育教学秩序或者破坏校舍、场地及其他财产的,由公安机关给予治安管理处罚;构成犯罪的,依法追究刑事责任。

侵占学校及其他教育机构的校舍、场地及其他财产的,依法承担民事责任。

第七十三条 【对有危险的教学设施不采取措施的法律责任】明知校舍或者教育教学设施有危险,而不采取措施,造成人员伤亡或者重大财产损失的,对直接负责的主管人员和其他直接责任人员,依法追究刑事责任。

第七十四条 【乱收费用的法律责任】违反国家有关规定,向学校或者其他教育机构收取费用的,由政府责令退还所收费用;对直接负责的主管人员和其他直接责任人员,依法给予处分。

第七十五条 【违法办学的法律责任】违反国家有关规定,举办学校或者其他教育机构的,由教育行政部门或者其他有关行政部门予以撤销;有违法所得的,没收违法所得;对直接负责的主管人员和其他直接责任人员,依法给予处分。

第七十六条 【违规招生的法律责任】学校或者其他教育机构违反国家有关规定招收学生的,由教育行政部门或者其他有关行政部门责令退回招收的学生,退还所收费用;对学校、其他教育机构给予警告,可以处违法所得五倍以下罚款;情节严重的,责令停止相关招生资格一年以上三年以下,直至撤销招生资格、吊销办学许可证;对直接负责的主管人员和其他直接责任人员,依法给予处分;构成犯罪的,依法追究刑事责任。

第七十七条 【徇私舞弊招生的法律责任】在招收学生工作中滥用职权、玩忽职守、徇私舞弊的,由教育行政部门或者其他有关行政部门责令退回招收的不符合入学条件的人员;对直接负责的主管人员和其他直接责任人员,依法给予处分;构成犯罪的,依法追究刑事责任。

盗用、冒用他人身份,顶替他人取得的入学资格的,由教育行政部门或者其他有关行政部门责令撤销入学资格,并责令停止参加相关国家教育考试二年以上五年以下;已经取得学位证书、学历证书或者其他学业证书的,由颁发机构撤销相关证书;已经成为公职人员的,依法给予开除处分;构成违反治安管理行为的,由公安机关依法给予治安管理处罚;构成犯罪的,依法追究刑事责任。

与他人串通,允许他人冒用本人身份,顶替本人取得的入学资格的,由教育行政部门或者其他有关行政部门责令停止参加相关国家教育考试一年以上三年以下;有违法所得的,没收违法所得;已经成为公职人员的,依法给予处分;构成违反治安管理行为的,由公安机关依法给予治安管理处罚;构成犯罪的,依法追究刑事责任。

组织、指使盗用或者冒用他人身份,顶替他人取得的入学资格的,有违法所得的,没收违法所得;属于公职人员的,依法给予处分;构成违反治安管理行为的,由公安机关依法给予治安管理处罚;构成犯罪的,依法追究刑事责任。

入学资格被顶替权利受到侵害的,可以请求恢复其入学资格。

第七十八条 【乱收学杂费的法律责任】学校及其他教育机构违反国家有关规定向受教育者收取费用的,由教育行政部门或者其他有关行政部门责令退还所收费用;对直接负责的主管人员和其他直接责任人员,依法给予处分。

第七十九条 【非法获取试题或答案等行为的法律责任】考生在国家教育考试中有下列行为之一的,由组织考试的教育考试机构工作人员在考试现场采取必要措施予以制止并终止其继续参加考试;组织考试的教育考试机构可以取消其相关考试资格或者考试成绩;情节严重的,由教育行政部门责令停止参加相关国家教育考试一年以上三年以下;构成违反治安管理行为的,由公安机关依法给予治安管理处罚;构成犯罪的,依法追究刑事责任:

(一)非法获取考试试题或者答案的;
(二)携带或者使用考试作弊器材、资料的;
(三)抄袭他人答案的;
(四)让他人代替自己参加考试的;
(五)其他以不正当手段获得考试成绩的作弊行为。

第八十条 【组织作弊等行为的法律责任】任何组织或者个人在国家教育考试中有下列行为之一,有违法所得的,由公安机关没收违法所得,并处违法所得一倍以上五倍以下罚款;情节严重的,处五日以上十五日以下拘留;构成犯罪的,依法追究刑事责任;属于国家机关工作人员的,还应当依法给予处分:

(一)组织作弊的;
(二)通过提供考试作弊器材等方式为作弊提供帮助或者便利的;
(三)代替他人参加考试的;
(四)在考试结束前泄露、传播考试试题或者答案的;
(五)其他扰乱考试秩序的行为。

第八十一条 【疏于管理的法律责任】举办国家教育考试,教育行政部门、教育考试机构疏于管理,造成考场秩序混乱、作弊情况严重的,对直接负责的主管人员和其他直接责任人员,依法给予处分;构成犯罪的,依法追究刑事责任。

第八十二条 【违法颁发学业证书等行为的法律责任】学校或者其他教育机构违反本法规定,颁发学位证书、学历证书或者其他学业证书的,由教育行政部门或者其他有关行政部门宣布证书无效,责令收回或者予以没收;有违法所得的,没收违法所得;情节严重的,责令停止相关招生资格一年以上三年以下,直至撤销招生资格、颁发证书资格;对直接负责的主管人员和其他直接责任人员,依法给予处分。

前款规定以外的任何组织或者个人制造、销售、颁发假冒学位证书、学历证书或者其他学业证书,构成违反治安管理行为的,由公安机关依法给予治安管理处罚;构成犯罪的,依法追究刑事责任。

以作弊、剽窃、抄袭等欺诈行为或者其他不正当手段获得学位证书、学历证书或者其他学业证书的,由颁发机构撤销相关证书。购买、使用假冒学位证书、学历证书或者其他学业证书,构成违反治安管理行为的,由公安机关依法给予治安管理处罚。

第八十三条 【侵权行为的法律责任】违反本法规定,侵犯教师、受教育者、学校或者其他教育机构的合法权益,造成损失、损害的,应当依法承担民事责任。

第十章 附 则

第八十四条 【军事和宗教教育】军事学校教育由中央军事委员会根据本法的原则规定。

宗教学校教育由国务院另行规定。

第八十五条 【外资办学】境外的组织和个人在中国境内办学和合作办学的办法,由国务院规定。

第八十六条 【施行日期】本法自1995年9月1日起施行。

中华人民共和国学前教育法

1. 2024年11月8日第十四届全国人民代表大会常务委员会第十二次会议通过
2. 2024年11月8日中华人民共和国主席令第34号公布
3. 自2025年6月1日起施行

目 录

第一章 总 则

第二章　学前儿童
第三章　幼儿园
第四章　教职工
第五章　保育教育
第六章　投入保障
第七章　监督管理
第八章　法律责任
第九章　附　　则

第一章　总　　则

第一条　【立法目的】为了保障适龄儿童接受学前教育,规范学前教育实施,促进学前教育普及普惠安全优质发展,提高全民族素质,根据宪法,制定本法。

第二条　【适用范围】在中华人民共和国境内实施学前教育,适用本法。

本法所称学前教育,是指由幼儿园等学前教育机构对三周岁到入小学前的儿童(以下称学前儿童)实施的保育和教育。

第三条　【学前教育制度】国家实行学前教育制度。

学前教育是国民教育体系的组成部分,是重要的社会公益事业。

第四条　【教育方针】学前教育应当坚持中国共产党的领导,坚持社会主义办学方向,贯彻国家的教育方针。

学前教育应当落实立德树人根本任务,培育社会主义核心价值观,继承和弘扬中华优秀传统文化、革命文化、社会主义先进文化,培育中华民族共同体意识,为培养德智体美劳全面发展的社会主义建设者和接班人奠定基础。

第五条　【学前教育保障机制】国家建立健全学前教育保障机制。

发展学前教育坚持政府主导,以政府举办为主,大力发展普惠性学前教育,鼓励、引导和规范社会力量参与。

第六条　【学前教育公共服务体系】国家推进普及学前教育,构建覆盖城乡、布局合理、公益普惠、安全优质的学前教育公共服务体系。

各级人民政府应当依法履行职责,合理配置资源,缩小城乡之间、区域之间学前教育发展差距,为适龄儿童接受学前教育提供条件和支持。

国家采取措施，倾斜支持农村地区、革命老区、民族地区、边疆地区和欠发达地区发展学前教育事业；保障适龄的家庭经济困难儿童、孤儿、残疾儿童和农村留守儿童等接受普惠性学前教育。

第七条　【创造良好环境】全社会应当为适龄儿童接受学前教育、健康快乐成长创造良好环境。

第八条　【管理体制】国务院领导全国学前教育工作。

省级人民政府和设区的市级人民政府统筹本行政区域内学前教育工作，健全投入机制，明确分担责任，制定政策并组织实施。

县级人民政府对本行政区域内学前教育发展负主体责任，负责制定本地学前教育发展规划，统筹幼儿园建设、运行，加强公办幼儿园教师配备补充和工资待遇保障，对幼儿园进行监督管理。

乡镇人民政府、街道办事处应当支持本辖区内学前教育发展。

第九条　【监督管理】县级以上人民政府教育行政部门负责学前教育管理和业务指导工作，配备相应的管理和教研人员。县级以上人民政府卫生健康行政部门、疾病预防控制部门按照职责分工负责监督指导幼儿园卫生保健工作。

县级以上人民政府其他有关部门在各自职责范围内负责学前教育管理工作，履行规划制定、资源配置、经费投入、人员配备、待遇保障、幼儿园登记等方面的责任，依法加强对幼儿园举办、教职工配备、收费行为、经费使用、财务管理、安全保卫、食品安全等方面的监管。

第十条　【鼓励科学研究】国家鼓励和支持学前教育、儿童发展、特殊教育方面的科学研究，推广研究成果，宣传、普及科学的教育理念和方法。

第十一条　【鼓励创作传播利于儿童成长的各类文化产品】国家鼓励创作、出版、制作和传播有利于学前儿童健康成长的图书、玩具、音乐作品、音像制品等。

第十二条　【表彰、奖励】对在学前教育工作中做出突出贡献的单位和个人，按照国家有关规定给予表彰、奖励。

第二章　学前儿童

第十三条　【学前儿童的权利】学前儿童享有生命安全和身心健康、得到尊重和保护照料、依法平等接受学前教育等权利。

学前教育应当坚持最有利于学前儿童的原则,给予学前儿童特殊、优先保护。

第十四条 【促进学前儿童全面发展】实施学前教育应当从学前儿童身心发展特点和利益出发,尊重学前儿童人格尊严,倾听、了解学前儿童的意见,平等对待每一个学前儿童,鼓励、引导学前儿童参与家庭、社会和文化生活,促进学前儿童获得全面发展。

第十五条 【就近接受学前教育】地方各级人民政府应当采取措施,推动适龄儿童在其父母或者其他监护人的工作或者居住的地区方便就近接受学前教育。

学前儿童入幼儿园接受学前教育,除必要的身体健康检查外,幼儿园不得对其组织任何形式的考试或者测试。

学前儿童因特异体质、特定疾病等有特殊需求的,父母或者其他监护人应当及时告知幼儿园,幼儿园应当予以特殊照顾。

第十六条 【监护人义务】父母或者其他监护人应当依法履行抚养与教育儿童的义务,为适龄儿童接受学前教育提供必要条件。

父母或者其他监护人应当尊重学前儿童身心发展规律和年龄特点,创造良好家庭环境,促进学前儿童健康成长。

第十七条 【残疾儿童入园】普惠性幼儿园应当接收能够适应幼儿园生活的残疾儿童入园,并为其提供帮助和便利。

父母或者其他监护人与幼儿园就残疾儿童入园发生争议的,县级人民政府教育行政部门应当会同卫生健康行政部门等单位组织对残疾儿童的身体状况、接受教育和适应幼儿园生活能力等进行全面评估,并妥善解决。

第十八条 【公益性教育服务】青少年宫、儿童活动中心、图书馆、博物馆、文化馆、美术馆、科技馆、纪念馆、体育场馆等公共文化服务机构和爱国主义教育基地应当提供适合学前儿童身心发展的公益性教育服务,并按照有关规定对学前儿童免费开放。

第十九条 【商业性、竞赛类活动的限制】任何单位和个人不得组织学前儿童参与违背学前儿童身心发展规律或者与年龄特点不符的商业性活动、竞赛类活动和其他活动。

第二十条 【儿童用品、服务的规定】面向学前儿童的图书、玩具、音像制品、电子产品、网络教育产品和服务等,应当符合学前儿童身心发展规律和年龄特点。

家庭和幼儿园应当教育学前儿童正确合理使用网络和电子产品,控制其使用时间。

第二十一条 【名誉、隐私等权益受法律保护】学前儿童的名誉、隐私和其他合法权益受法律保护,任何单位和个人不得侵犯。

幼儿园及其教职工等单位和个人收集、使用、提供、公开或者以其他方式处理学前儿童个人信息,应当取得其父母或者其他监护人的同意,遵守有关法律法规的规定。

涉及学前儿童的新闻报道应当客观、审慎和适度。

第三章 幼 儿 园

第二十二条 【科学规划和配置学前教育资源】县级以上地方人民政府应当统筹当前和长远,根据人口变化和城镇化发展趋势,科学规划和配置学前教育资源,有效满足需求,避免浪费资源。

第二十三条 【扩大普惠性学前教育资源】各级人民政府应当采取措施,扩大普惠性学前教育资源供给,提高学前教育质量。

公办幼儿园和普惠性民办幼儿园为普惠性幼儿园,应当按照有关规定提供普惠性学前教育服务。

第二十四条 【支持举办公办幼儿园、扶持规范普惠性民办幼儿园】各级人民政府应当利用财政性经费或者国有资产等举办或者支持举办公办幼儿园。

各级人民政府依法积极扶持和规范社会力量举办普惠性民办幼儿园。

普惠性民办幼儿园接受政府扶持,收费实行政府指导价管理。非营利性民办幼儿园可以向县级人民政府教育行政部门申请认定为普惠性民办幼儿园,认定标准由省级人民政府或者其授权的设区的市级人民政府制定。

第二十五条 【幼儿园布局规划】县级以上地方人民政府应当以县级行政区划为单位制定幼儿园布局规划,将普惠性幼儿园建设纳入城乡公共管理和公共服务设施统一规划,并按照非营利性教育用地性质依法以划拨等方式供地,不得擅自改变用途。

县级以上地方人民政府应当按照国家有关规定,结合本地实际,在幼儿园布局规划中合理确定普惠性幼儿园覆盖率。

第二十六条　【配套建设幼儿园】 新建居住区等应当按照幼儿园布局规划等相关规划和标准配套建设幼儿园。配套幼儿园应当与首期建设的居住区同步规划、同步设计、同步建设、同步验收、同步交付使用。建设单位应当按照有关规定将配套幼儿园作为公共服务设施移交地方人民政府,用于举办普惠性幼儿园。

现有普惠性幼儿园不能满足本区域适龄儿童入园需求的,县级人民政府应当通过新建、扩建以及利用公共设施改建等方式统筹解决。

第二十七条　【保障农村学前教育】 地方各级人民政府应当构建以公办幼儿园为主的农村学前教育公共服务体系,保障农村适龄儿童接受普惠性学前教育。

县级人民政府教育行政部门可以委托乡镇中心幼儿园对本乡镇其他幼儿园开展业务指导等工作。

第二十八条　【学前特殊教育】 县级以上地方人民政府应当根据本区域内残疾儿童的数量、分布状况和残疾类别,统筹实施多种形式的学前特殊教育,推进融合教育,推动特殊教育学校和有条件的儿童福利机构、残疾儿童康复机构增设学前部或者附设幼儿园。

第二十九条　【设立幼儿园的条件】 设立幼儿园,应当具备下列基本条件:

(一)有组织机构和章程;

(二)有符合规定的幼儿园园长、教师、保育员、卫生保健人员、安全保卫人员和其他工作人员;

(三)符合规定的选址要求,设置在安全区域内;

(四)符合规定的规模和班额标准;

(五)有符合规定的园舍、卫生室或者保健室、安全设施设备及户外场地;

(六)有必备的办学资金和稳定的经费来源;

(七)卫生评价合格;

(八)法律法规规定的其他条件。

第三十条 【登记】设立幼儿园经县级人民政府教育行政部门依法审批、取得办学许可证后,依照有关法律、行政法规的规定进行相应法人登记。

第三十一条 【变更、终止】幼儿园变更、终止的,应当按照有关规定提前向县级人民政府教育行政部门报告并向社会公告,依法办理相关手续,妥善安置在园儿童。

第三十二条 【学前教育机构的基层党组织】学前教育机构中的中国共产党基层组织,按照中国共产党章程开展党的活动,加强党的建设。

公办幼儿园的基层党组织统一领导幼儿园工作,支持园长依法行使职权。民办幼儿园的内部管理体制按照国家有关民办教育的规定确定。

第三十三条 【民主管理和监督及设立家长委员会】幼儿园应当保障教职工依法参与民主管理和监督。

幼儿园应当设立家长委员会,家长委员会可以对幼儿园重大事项决策和关系学前儿童切身利益的事项提出意见和建议,对幼儿园保育教育工作和日常管理进行监督。

第三十四条 【举办营利性民办幼儿园的限制】任何单位和个人不得利用财政性经费、国有资产、集体资产或者捐赠资产举办或者参与举办营利性民办幼儿园。

公办幼儿园不得转制为民办幼儿园。公办幼儿园不得举办或者参与举办营利性民办幼儿园和其他教育机构。

以中外合作方式设立幼儿园,应当符合外商投资和中外合作办学有关法律法规的规定。

第三十五条 【兼并收购与上市限制】社会资本不得通过兼并收购等方式控制公办幼儿园、非营利性民办幼儿园。

幼儿园不得直接或者间接作为企业资产在境内外上市。上市公司不得通过股票市场融资投资营利性民办幼儿园,不得通过发行股份或者支付现金等方式购买营利性民办幼儿园资产。

第四章 教 职 工

第三十六条 【幼儿园教师的素质】幼儿园教师应当爱护儿童,具备优良品德和专业能力,为人师表,忠诚于人民的教育事业。

全社会应当尊重幼儿园教师。

第三十七条 【幼儿园任教资格】担任幼儿园教师应当取得幼儿园教师资格;已取得其他教师资格并经县级以上地方人民政府教育行政部门组织的学前教育专业培训合格的,可以在幼儿园任教。

第三十八条 【担任幼儿园园长的条件】幼儿园园长由其举办者或者决策机构依法任命或者聘任,并报县级人民政府教育行政部门备案。

幼儿园园长应当具有本法第三十七条规定的教师资格、大学专科以上学历、五年以上幼儿园教师或者幼儿园管理工作经历。

国家推行幼儿园园长职级制。幼儿园园长应当参加县级以上地方人民政府教育行政部门组织的园长岗位培训。

第三十九条 【保育员岗位条件】保育员应当具有国家规定的学历,并经过幼儿保育职业培训。

卫生保健人员包括医师、护士和保健员,医师、护士应当取得相应执业资格,保健员应当具有国家规定的学历,并经过卫生保健专业知识培训。

幼儿园其他工作人员的任职资格条件,按照有关规定执行。

第四十条 【幼儿园教师职务等级】幼儿园教师职务(职称)分为初级、中级和高级。

幼儿园教师职务(职称)评审标准应当符合学前教育的专业特点和要求。

幼儿园卫生保健人员中的医师、护士纳入卫生专业技术人员职称系列,由人力资源社会保障、卫生健康行政部门组织评审。

第四十一条 【幼儿园教职工配备】国务院教育行政部门会同有关部门制定幼儿园教职工配备标准。地方各级人民政府及有关部门按照相关标准保障公办幼儿园及时补充教师,并应当优先满足农村地区、革命老区、民族地区、边疆地区和欠发达地区公办幼儿园的需要。幼儿园及其举办者应当按照相关标准配足配齐教师和其他工作人员。

第四十二条 【幼儿园教职工的职业素养】幼儿园园长、教师、保育员、卫生保健人员、安全保卫人员和其他工作人员应当遵守法律法规和职业道德规范,尊重、爱护和平等对待学前儿童,不断提高专业素养。

第四十三条　【依法签订劳动合同】幼儿园应当与教职工依法签订聘用合同或者劳动合同，并将合同信息报县级人民政府教育行政部门备案。

第四十四条　【行业禁止】幼儿园聘任（聘用）园长、教师、保育员、卫生保健人员、安全保卫人员和其他工作人员时，应当向教育、公安等有关部门查询应聘者是否具有虐待、性侵害、性骚扰、拐卖、暴力伤害、吸毒、赌博等违法犯罪记录；发现其有前述行为记录，或者有酗酒、严重违反师德师风行为等其他可能危害儿童身心安全情形的，不得聘任（聘用）。

幼儿园发现在岗人员有前款规定可能危害儿童身心安全情形的，应当立即停止其工作，依法与其解除聘用合同或者劳动合同，并向县级人民政府教育行政部门进行报告；县级人民政府教育行政部门可以将其纳入从业禁止人员名单。

有本条第一款规定可能危害儿童身心安全情形的个人不得举办幼儿园；已经举办的，应当依法变更举办者。

第四十五条　【注重教职工身心健康】幼儿园应当关注教职工的身体、心理状况。幼儿园园长、教师、保育员、卫生保健人员、安全保卫人员和其他工作人员，应当在入职前和入职后每年进行健康检查。

第四十六条　【教职工工资待遇】幼儿园及其举办者应当按照国家规定保障教师和其他工作人员的工资福利，依法缴纳社会保险费，改善工作和生活条件，实行同工同酬。

县级以上地方人民政府应当将公办幼儿园教师工资纳入财政保障范围，统筹工资收入政策和经费支出渠道，确保教师工资及时足额发放。民办幼儿园可以参考当地公办幼儿园同类教师工资收入水平合理确定教师薪酬标准，依法保障教师工资待遇。

第四十七条　【幼儿园教师待遇】幼儿园教师在职称评定、岗位聘任（聘用）等方面享有与中小学教师同等的待遇。

符合条件的幼儿园教师按照有关规定享受艰苦边远地区津贴、乡镇工作补贴等津贴、补贴。

承担特殊教育任务的幼儿园教师按照有关规定享受特殊教育津贴。

第四十八条　【学前教育教学质量标准体系】国务院教育行政部门应当制定高等学校学前教育专业设置标准、质量保证标准和课程教学标准体系,组织实施学前教育专业质量认证,建立培养质量保障机制。

省级人民政府应当根据普及学前教育的需要,制定学前教育师资培养规划,支持高等学校设立学前教育专业,合理确定培养规模,提高培养层次和培养质量。

制定公费师范生培养计划,应当根据学前教育发展需要专项安排学前教育专业培养计划。

第四十九条 【教职工培训】县级以上人民政府教育、卫生健康等有关部门应当按照职责分工制定幼儿园园长、教师、保育员、卫生保健人员等工作人员培训规划,建立培训支持服务体系,开展多种形式的专业培训。

第五章 保育教育

第五十条 【保育和教育相结合原则】幼儿园应当坚持保育和教育相结合的原则,面向全体学前儿童,关注个体差异,注重良好习惯养成,创造适宜的生活和活动环境,有益于学前儿童身心健康发展。

第五十一条 【儿童安全保护】幼儿园应当把保护学前儿童安全放在首位,对学前儿童在园期间的人身安全负有保护责任。

幼儿园应当落实安全责任制相关规定,建立健全安全管理制度和安全责任制度,完善安全措施和应急反应机制,按照标准配备安全保卫人员,及时排查和消除火灾等各类安全隐患。幼儿园使用校车的,应当符合校车安全管理相关规定,保护学前儿童安全。

幼儿园应当按照国家有关规定投保校方责任保险。

第五十二条 【儿童遇侵害及紧急情况处理】幼儿园发现学前儿童受到侵害、疑似受到侵害或者面临其他危险情形的,应当立即采取保护措施,并向公安、教育等有关部门报告。

幼儿园发生突发事件等紧急情况,应当优先保护学前儿童人身安全,立即采取紧急救助和避险措施,并及时向有关部门报告。

发生前两款情形的,幼儿园应当及时通知学前儿童父母或者其他监护人。

第五十三条 【生活制度科学合理】幼儿园应当建立科学合理的一日生活制度,保证户外活动时间,做好儿童营养膳食、体格锻炼、全日健康观察、食品安全、卫生与消毒、传染病预防与控制、常见病预防等卫生保健管理工作,加强健康教育。

第五十四条 【残疾儿童的保育教育】招收残疾儿童的幼儿园应当配备必要的康复设施、设备和专业康复人员,或者与其他具有康复设施、设备和专业康复人员的特殊教育机构、康复机构合作,根据残疾儿童实际情况开展保育教育。

第五十五条 【幼儿园教育指导纲要和学前儿童学习与发展指南的制定与实施】国务院教育行政部门制定幼儿园教育指导纲要和学前儿童学习与发展指南,地方各级人民政府教育行政部门依据职责组织实施,加强学前教育教学研究和业务指导。

幼儿园应当按照国家有关规定,科学实施符合学前儿童身心发展规律和年龄特点的保育和教育活动,不得组织学前儿童参与商业性活动。

第五十六条 【幼儿园的教育原则】幼儿园应当以学前儿童的生活为基础,以游戏为基本活动,发展素质教育,最大限度支持学前儿童通过亲近自然、实际操作、亲身体验等方式探索学习,促进学前儿童养成良好的品德、行为习惯、安全和劳动意识,健全人格、强健体魄,在健康、语言、社会、科学、艺术等各方面协调发展。

幼儿园应当以国家通用语言文字为基本保育教育语言文字,加强学前儿童普通话教育,提高学前儿童说普通话的能力。

第五十七条 【教具及资源】幼儿园应当配备符合相关标准的玩教具和幼儿图书。

在幼儿园推行使用的课程教学类资源应当经依法审定,具体办法由国务院教育行政部门制定。

幼儿园应当充分利用家庭、社区的教育资源,拓展学前儿童生活和学习空间。

第五十八条 【配合科学育儿】幼儿园应当主动与父母或者其他监护人交流学前儿童身心发展状况,指导家庭科学育儿。

父母或者其他监护人应当积极配合、支持幼儿园开展保育和教育活动。

第五十九条 【幼小衔接】幼儿园与小学应当互相衔接配合,共同帮助儿童做好入学准备和入学适应。

幼儿园不得采用小学化的教育方式,不得教授小学阶段的课程,防止保育和教育活动小学化。小学坚持按照课程标准零起点教学。

校外培训机构等其他任何机构不得对学前儿童开展半日制或者全日制培训,不得教授学前儿童小学阶段的课程。

第六章 投入保障

第六十条 【投入机制】学前教育实行政府投入为主、家庭合理负担保育教育成本、多渠道筹措经费的投入机制。

各级人民政府应当优化教育财政投入支出结构,加大学前教育财政投入,确保财政性学前教育经费在同级财政性教育经费中占合理比例,保障学前教育事业发展。

第六十一条 【学前教育财政补助经费】学前教育财政补助经费按照中央与地方财政事权和支出责任划分原则,分别列入中央和地方各级预算。中央财政通过转移支付对地方统筹给予支持。省级人民政府应当建立本行政区域内各级人民政府财政补助经费分担机制。

第六十二条 【扶持各地区发展学前教育】国务院和省级人民政府统筹安排学前教育资金,重点扶持农村地区、革命老区、民族地区、边疆地区和欠发达地区发展学前教育。

第六十三条 【普惠性幼儿园的财政补助和收费政策】地方各级人民政府应当科学核定普惠性幼儿园办园成本,以提供普惠性学前教育服务为衡量标准,统筹制定财政补助和收费政策,合理确定分担比例。

省级人民政府制定并落实公办幼儿园生均财政拨款标准或者生均公用经费标准,以及普惠性民办幼儿园生均财政补助标准。其中,残疾学前儿童的相关标准应当考虑保育教育和康复需要适当提高。

有条件的地方逐步推进实施免费学前教育,降低家庭保育教育成本。

第六十四条 【支持普惠性民办幼儿园发展的方式】地方各级人民政府应当通过财政补助、购买服务、减免租金、培训教师、教研指导等多种方式,支持普惠性民办幼儿园发展。

第六十五条 【学前教育资助制度】国家建立学前教育资助制度,为家庭经济困难的适龄儿童等接受普惠性学前教育提供资助。

第六十六条　【鼓励社会力量捐赠】国家鼓励自然人、法人和非法人组织通过捐赠、志愿服务等方式支持学前教育事业。

第七章　监督管理

第六十七条　【幼儿园安全风险防控体系】县级以上人民政府及其有关部门应当建立健全幼儿园安全风险防控体系，强化幼儿园周边治安管理和巡逻防控工作，加强对幼儿园安全保卫的监督指导，督促幼儿园加强安全防范建设，及时排查和消除安全隐患，依法保障学前儿童与幼儿园安全。

禁止在幼儿园内及周边区域建设或者设置有危险、有污染的建筑物和设施设备。

第六十八条　【幼儿园收费标准】省级人民政府或者其授权的设区的市级人民政府根据办园成本、经济发展水平和群众承受能力等因素，合理确定公办幼儿园和非营利性民办幼儿园的收费标准，并建立定期调整机制。

县级以上地方人民政府及有关部门应当加强对幼儿园收费的监管，必要时可以对收费实行市场调节价的营利性民办幼儿园开展成本调查，引导合理收费，遏制过高收费。

第六十九条　【费用的使用、分配及监督】幼儿园收取的费用应当主要用于保育和教育活动、保障教职工待遇、促进教职工发展和改善办园条件。学前儿童伙食费应当专款专用。

幼儿园应当执行收费公示制度，收费项目和标准、服务内容、退费规则等应当向家长公示，接受社会监督。

幼儿园不得违反有关规定收取费用，不得向学前儿童及其家长组织征订教学材料，推销或者变相推销商品、服务等。

第七十条　【经费管理】幼儿园应当依法建立健全财务、会计及资产管理制度，严格经费管理，合理使用经费，提高经费使用效益。

幼儿园应当按照有关规定实行财务公开，接受社会监督。县级以上人民政府教育等有关部门应当加强对公办幼儿园的审计。民办幼儿园每年应当依法进行审计，并向县级人民政府教育行政部门提交经审计的财务会计报告。

第七十一条 【经费预算管理和审计监督制度】县级以上人民政府及其有关部门应当建立健全学前教育经费预算管理和审计监督制度。

任何单位和个人不得侵占、挪用学前教育经费,不得向幼儿园非法收取或者摊派费用。

第七十二条 【基本信息备案及公示制度】县级人民政府教育行政部门应当建立健全各类幼儿园基本信息备案及公示制度,利用互联网等方式定期向社会公布并更新政府学前教育财政投入、幼儿园规划举办等方面信息,以及各类幼儿园的教师和其他工作人员的资质和配备、招生、经费收支、收费标准、保育教育质量等方面信息。

第七十三条 【督导工作】县级以上人民政府教育督导机构对学前教育工作执行法律法规情况、保育教育工作等进行督导。督导报告应当定期向社会公开。

第七十四条 【幼儿园保育教育质量评估】国务院教育行政部门制定幼儿园保育教育质量评估指南。省级人民政府教育行政部门应当完善幼儿园质量评估标准,健全幼儿园质量评估监测体系,将各类幼儿园纳入质量评估范畴,并向社会公布评估结果。

第八章 法 律 责 任

第七十五条 【未依法履行学前教育管理和保障职责的法律责任】地方各级人民政府及有关部门有下列情形之一的,由上级机关或者有关部门按照职责分工责令限期改正;情节严重的,对负有责任的领导人员和直接责任人员依法给予处分:

(一)未按照规定制定、调整幼儿园布局规划,或者未按照规定提供普惠性幼儿园建设用地;

(二)未按照规定规划居住区配套幼儿园,或者未将新建居住区配套幼儿园举办为普惠性幼儿园;

(三)利用财政性经费、国有资产、集体资产或者捐赠资产举办或者参与举办营利性民办幼儿园,或者改变、变相改变公办幼儿园性质;

(四)未按照规定制定并落实公办幼儿园生均财政拨款标准或者生均公用经费标准、普惠性民办幼儿园生均财政补助标准;

（五）其他未依法履行学前教育管理和保障职责的情形。

第七十六条　【滥用职权、玩忽职守、徇私舞弊的法律责任】地方各级人民政府及教育等有关部门的工作人员违反本法规定，滥用职权、玩忽职守、徇私舞弊的，依法给予处分。

第七十七条　【未按照规定建设、移交配套幼儿园，或者改变配套幼儿园土地用途的法律责任】居住区建设单位未按照规定建设、移交配套幼儿园，或者改变配套幼儿园土地用途的，由县级以上地方人民政府自然资源、住房和城乡建设、教育等有关部门按照职责分工责令限期改正，依法给予处罚。

第七十八条　【擅自举办幼儿园或者招收学前儿童实施半日制、全日制培训的法律责任】擅自举办幼儿园或者招收学前儿童实施半日制、全日制培训的，由县级人民政府教育等有关部门依照《中华人民共和国教育法》、《中华人民共和国民办教育促进法》的规定予以处理；对非法举办幼儿园的单位和个人，根据情节轻重，五至十年内不受理其举办幼儿园或者其他教育机构的申请。

第七十九条　【幼儿园违规的法律责任】幼儿园有下列情形之一的，由县级以上地方人民政府教育等有关部门按照职责分工责令限期改正，并予以警告；有违法所得的，退还所收费用后没收违法所得；情节严重的，责令停止招生、吊销办学许可证：

　　（一）组织入园考试或者测试；

　　（二）因管理疏忽或者放任发生体罚或者变相体罚、歧视、侮辱、虐待、性侵害等危害学前儿童身心安全的行为；

　　（三）未依法加强安全防范建设、履行安全保障责任，或者未依法履行卫生保健责任；

　　（四）使用未经审定的课程教学类资源；

　　（五）采用小学化的教育方式或者教授小学阶段的课程；

　　（六）开展与学前儿童身心发展规律、年龄特点不符的活动，或者组织学前儿童参与商业性活动；

　　（七）未按照规定配备幼儿园教师或者其他工作人员；

　　（八）违反规定收取费用；

　　（九）克扣、挪用学前儿童伙食费。

依照前款规定被吊销办学许可证的幼儿园,应当妥善安置在园儿童。

第八十条　【教职工违规的法律责任】幼儿园教师或者其他工作人员有下列情形之一的,由所在幼儿园或者县级人民政府教育等有关部门根据情节轻重,依法给予当事人、幼儿园负责人处分,解除聘用合同或者劳动合同;由县级人民政府教育行政部门禁止其一定期限内直至终身从事学前教育工作或者举办幼儿园;情节严重的,吊销其资格证书:

（一）体罚或者变相体罚儿童;

（二）歧视、侮辱、虐待、性侵害儿童;

（三）违反职业道德规范或者危害儿童身心安全,造成不良后果。

第八十一条　【参照其他法律规定】在学前教育活动中违反本法规定的行为,本法未规定法律责任,《中华人民共和国教育法》《中华人民共和国未成年人保护法》、《中华人民共和国劳动法》等法律、行政法规有规定的,依照其规定。

第八十二条　【造成人身损害或者财产损失的法律责任】违反本法规定,侵害学前儿童、幼儿园、教职工合法权益,造成人身损害或者财产损失的,依法承担民事责任;构成违反治安管理行为的,依法给予治安管理处罚;构成犯罪的,依法追究刑事责任。

第九章　附　　则

第八十三条　【参照适用】小学、特殊教育学校、儿童福利机构、残疾儿童康复机构等附设的幼儿班等学前教育机构适用本法有关规定。

军队幼儿园的管理,依照本法和军队有关规定执行。

第八十四条　【托育服务】鼓励有条件的幼儿园开设托班,提供托育服务。

幼儿园提供托育服务的,依照有关法律法规和国家有关规定执行。

第八十五条　【施行日期】本法自 2025 年 6 月 1 日起施行。

中华人民共和国义务教育法

1. 1986年4月12日第六届全国人民代表大会第四次会议通过
2. 2006年6月29日第十届全国人民代表大会常务委员会第二十二次会议修订
3. 根据2015年4月24日第十二届全国人民代表大会常务委员会第十四次会议《关于修改〈中华人民共和国义务教育法〉等五部法律的决定》第一次修正
4. 根据2018年12月29日第十三届全国人民代表大会常务委员会第七次会议《关于修改〈中华人民共和国产品质量法〉等五部法律的决定》第二次修正

目　录

第一章　总　　则
第二章　学　　生
第三章　学　　校
第四章　教　　师
第五章　教育教学
第六章　经费保障
第七章　法律责任
第八章　附　　则

第一章　总　　则

第一条　【立法目的】为了保障适龄儿童、少年接受义务教育的权利，保证义务教育的实施，提高全民族素质，根据宪法和教育法，制定本法。

第二条　【义务教育】国家实行九年义务教育制度。

义务教育是国家统一实施的所有适龄儿童、少年必须接受的教育，是国家必须予以保障的公益性事业。

实施义务教育，不收学费、杂费。

国家建立义务教育经费保障机制，保证义务教育制度实施。

第三条　【素质教育】义务教育必须贯彻国家的教育方针，实施素质教育，提高教育质量，使适龄儿童、少年在品德、智力、体质等方面全面发展,为培养有理想、有道德、有文化、有纪律的社会主义建设者和接班人奠定基础。

第四条 【平等的受教育权】凡具有中华人民共和国国籍的适龄儿童、少年,不分性别、民族、种族、家庭财产状况、宗教信仰等,依法享有平等接受义务教育的权利,并履行接受义务教育的义务。

第五条 【受教育权的保障】各级人民政府及其有关部门应当履行本法规定的各项职责,保障适龄儿童、少年接受义务教育的权利。

适龄儿童、少年的父母或者其他法定监护人应当依法保证其按时入学接受并完成义务教育。

依法实施义务教育的学校应当按照规定标准完成教育教学任务,保证教育教学质量。

社会组织和个人应当为适龄儿童、少年接受义务教育创造良好的环境。

第六条 【促进义务教育均衡发展】国务院和县级以上地方人民政府应当合理配置教育资源,促进义务教育均衡发展,改善薄弱学校的办学条件,并采取措施,保障农村地区、民族地区实施义务教育,保障家庭经济困难的和残疾的适龄儿童、少年接受义务教育。

国家组织和鼓励经济发达地区支援经济欠发达地区实施义务教育。

第七条 【义务教育体制】义务教育实行国务院领导,省、自治区、直辖市人民政府统筹规划实施,县级人民政府为主管理的体制。

县级以上人民政府教育行政部门具体负责义务教育实施工作;县级以上人民政府其他有关部门在各自的职责范围内负责义务教育实施工作。

第八条 【教育督导】人民政府教育督导机构对义务教育工作执行法律法规情况、教育教学质量以及义务教育均衡发展状况等进行督导,督导报告向社会公布。

第九条 【检举和控告】任何社会组织或者个人有权对违反本法的行为向有关国家机关提出检举或者控告。

发生违反本法的重大事件,妨碍义务教育实施,造成重大社会影响的,负有领导责任的人民政府或者人民政府教育行政部门负责人应当引咎辞职。

第十条 【表彰和奖励】对在义务教育实施工作中做出突出贡献的社会组织和个人,各级人民政府及其有关部门按照有关规定给予表彰、奖励。

第二章 学 生

第十一条 【法定学龄】凡年满六周岁的儿童,其父母或者其他法定监护人应当送其入学接受并完成义务教育;条件不具备的地区的儿童,可以推迟到七周岁。

适龄儿童、少年因身体状况需要延缓入学或者休学的,其父母或者其他法定监护人应当提出申请,由当地乡镇人民政府或者县级人民政府教育行政部门批准。

第十二条 【适龄儿童的入学保障】适龄儿童、少年免试入学。地方各级人民政府应当保障适龄儿童、少年在户籍所在地学校就近入学。

父母或者其他法定监护人在非户籍所在地工作或者居住的适龄儿童、少年,在其父母或者其他法定监护人工作或者居住地接受义务教育的,当地人民政府应当为其提供平等接受义务教育的条件。具体办法由省、自治区、直辖市规定。

县级人民政府教育行政部门对本行政区域内的军人子女接受义务教育予以保障。

第十三条 【督促入学、防止辍学】县级人民政府教育行政部门和乡镇人民政府组织和督促适龄儿童、少年入学,帮助解决适龄儿童、少年接受义务教育的困难,采取措施防止适龄儿童、少年辍学。

居民委员会和村民委员会协助政府做好工作,督促适龄儿童、少年入学。

第十四条 【禁止招用应接受义务教育的儿童、少年】禁止用人单位招用应当接受义务教育的适龄儿童、少年。

根据国家有关规定经批准招收适龄儿童、少年进行文艺、体育等专业训练的社会组织,应当保证所招收的适龄儿童、少年接受义务教育;自行实施义务教育的,应当经县级人民政府教育行政部门批准。

第三章 学 校

第十五条 【学校设置】县级以上地方人民政府根据本行政区域内居住

的适龄儿童、少年的数量和分布状况等因素,按照国家有关规定,制定、调整学校设置规划。新建居民区需要设置学校的,应当与居民区的建设同步进行。

第十六条 【学校建设要求和标准】学校建设,应当符合国家规定的办学标准,适应教育教学需要;应当符合国家规定的选址要求和建设标准,确保学生和教职工安全。

第十七条 【宿制学校】县级人民政府根据需要设置寄宿制学校,保障居住分散的适龄儿童、少年入学接受义务教育。

第十八条 【接收少数民族适龄儿童、少年的学校】国务院教育行政部门和省、自治区、直辖市人民政府根据需要,在经济发达地区设置接收少数民族适龄儿童、少年的学校(班)。

第十九条 【特殊教育学校(班)】县级以上地方人民政府根据需要设置相应的实施特殊教育的学校(班),对视力残疾、听力语言残疾和智力残疾的适龄儿童、少年实施义务教育。特殊教育学校(班)应当具备适应残疾儿童、少年学习、康复、生活特点的场所和设施。

普通学校应当接收具有接受普通教育能力的残疾适龄儿童、少年随班就读,并为其学习、康复提供帮助。

第二十条 【专门学校】县级以上地方人民政府根据需要,为具有预防未成年人犯罪法规定的严重不良行为的适龄少年设置专门的学校实施义务教育。

第二十一条 【对特殊未成年人的义务教育保障】对未完成义务教育的未成年犯和被采取强制性教育措施的未成年人应当进行义务教育,所需经费由人民政府予以保障。

第二十二条 【促进学校均衡发展】县级以上人民政府及其教育行政部门应当促进学校均衡发展,缩小学校之间办学条件的差距,不得将学校分为重点学校和非重点学校。学校不得分设重点班和非重点班。

县级以上人民政府及其教育行政部门不得以任何名义改变或者变相改变公办学校的性质。

第二十三条 【安全保障】各级人民政府及其有关部门依法维护学校周边秩序,保护学生、教师、学校的合法权益,为学校提供安全保障。

第二十四条 【建立、健全安全制度和应急机制】学校应当建立、健全安全制度和应急机制,对学生进行安全教育,加强管理,及时消除隐患,预防发生事故。

县级以上地方人民政府定期对学校校舍安全进行检查;对需要维修、改造的,及时予以维修、改造。

学校不得聘用曾经因故意犯罪被依法剥夺政治权利或者其他不适合从事义务教育工作的人担任工作人员。

第二十五条 【禁止乱收费】学校不得违反国家规定收取费用,不得以向学生推销或者变相推销商品、服务等方式谋取利益。

第二十六条 【校长负责制】学校实行校长负责制。校长应当符合国家规定的任职条件。校长由县级人民政府教育行政部门依法聘任。

第二十七条 【禁止开除】对违反学校管理制度的学生,学校应当予以批评教育,不得开除。

第四章 教　师

第二十八条 【教师的职责】教师享有法律规定的权利,履行法律规定的义务,应当为人师表,忠诚于人民的教育事业。

全社会应当尊重教师。

第二十九条 【平等对待学生】教师在教育教学中应当平等对待学生,关注学生的个体差异,因材施教,促进学生的充分发展。

教师应当尊重学生的人格,不得歧视学生,不得对学生实施体罚、变相体罚或者其他侮辱人格尊严的行为,不得侵犯学生合法权益。

第三十条 【教师职务制度】教师应当取得国家规定的教师资格。

国家建立统一的义务教育教师职务制度。教师职务分为初级职务、中级职务和高级职务。

第三十一条 【经费保障机制】各级人民政府保障教师工资福利和社会保险待遇,改善教师工作和生活条件;完善农村教师工资经费保障机制。

教师的平均工资水平应当不低于当地公务员的平均工资水平。

特殊教育教师享有特殊岗位补助津贴。在民族地区和边远贫困地区工作的教师享有艰苦贫困地区补助津贴。

第三十二条 【教师培养和流动】县级以上人民政府应当加强教师培养

工作,采取措施发展教师教育。

县级人民政府教育行政部门应当均衡配置本行政区域内学校师资力量,组织校长、教师的培训和流动,加强对薄弱学校的建设。

第三十三条 【鼓励到农村地区、民族地区从事义务教育工作】国务院和地方各级人民政府鼓励和支持城市学校教师和高等学校毕业生到农村地区、民族地区从事义务教育工作。

国家鼓励高等学校毕业生以志愿者的方式到农村地区、民族地区缺乏教师的学校任教。县级人民政府教育行政部门依法认定其教师资格,其任教时间计入工龄。

第五章 教育教学

第三十四条 【教育教学工作的职责】教育教学工作应当符合教育规律和学生身心发展特点,面向全体学生,教书育人,将德育、智育、体育、美育等有机统一在教育教学活动中,注重培养学生独立思考能力、创新能力和实践能力,促进学生全面发展。

第三十五条 【推进素质教育、提高教学质量】国务院教育行政部门根据适龄儿童、少年身心发展的状况和实际情况,确定教学制度、教育教学内容和课程设置,改革考试制度,并改进高级中等学校招生办法,推进实施素质教育。

学校和教师按照确定的教育教学内容和课程设置开展教育教学活动,保证达到国家规定的基本质量要求。

国家鼓励学校和教师采用启发式教育等教育教学方法,提高教育教学质量。

第三十六条 【重视德育】学校应当把德育放在首位,寓德育于教育教学之中,开展与学生年龄相适应的社会实践活动,形成学校、家庭、社会相互配合的思想道德教育体系,促进学生养成良好的思想品德和行为习惯。

第三十七条 【保证学生课外活动】学校应当保证学生的课外活动时间,组织开展文化娱乐等课外活动。社会公共文化体育设施应当为学校开展课外活动提供便利。

第三十八条 【教科书】教科书根据国家教育方针和课程标准编写,内容力求精简,精选必备的基础知识、基本技能,经济实用,保证质量。

国家机关工作人员和教科书审查人员,不得参与或者变相参与教科书的编写工作。

第三十九条　【教科书审定制度】国家实行教科书审定制度。教科书的审定办法由国务院教育行政部门规定。

未经审定的教科书,不得出版、选用。

第四十条　【教科书的定价】教科书价格由省、自治区、直辖市人民政府价格行政部门会同同级出版主管部门按照微利原则确定。

第四十一条　【教科书循环使用】国家鼓励教科书循环使用。

第六章　经费保障

第四十二条　【财政保障】国家将义务教育全面纳入财政保障范围,义务教育经费由国务院和地方各级人民政府依照本法规定予以保障。

国务院和地方各级人民政府将义务教育经费纳入财政预算,按照教职工编制标准、工资标准和学校建设标准、学生人均公用经费标准等,及时足额拨付义务教育经费,确保学校的正常运转和校舍安全,确保教职工工资按照规定发放。

国务院和地方各级人民政府用于实施义务教育财政拨款的增长比例应当高于财政经常性收入的增长比例,保证按照在校学生人数平均的义务教育费用逐步增长,保证教职工工资和学生人均公用经费逐步增长。

第四十三条　【学生人均公用经费基本标准】学校的学生人均公用经费基本标准由国务院财政部门会同教育行政部门制定,并根据经济和社会发展状况适时调整。制定、调整学生人均公用经费基本标准,应当满足教育教学基本需要。

省、自治区、直辖市人民政府可以根据本行政区域的实际情况,制定不低于国家标准的学校学生人均公用经费标准。

特殊教育学校(班)学生人均公用经费标准应当高于普通学校学生人均公用经费标准。

第四十四条　【经费分担制度】义务教育经费投入实行国务院和地方各级人民政府根据职责共同负担,省、自治区、直辖市人民政府负责统筹落实的体制。农村义务教育所需经费,由各级人民政府根据国务院的规定分项目、按比例分担。

各级人民政府对家庭经济困难的适龄儿童、少年免费提供教科书并补助寄宿生生活费。

义务教育经费保障的具体办法由国务院规定。

第四十五条 【义务教育经费安排】地方各级人民政府在财政预算中将义务教育经费单列。

县级人民政府编制预算,除向农村地区学校和薄弱学校倾斜外,应当均衡安排义务教育经费。

第四十六条 【财政转移支付的支持】国务院和省、自治区、直辖市人民政府规范财政转移支付制度,加大一般性转移支付规模和规范义务教育专项转移支付,支持和引导地方各级人民政府增加对义务教育的投入。地方各级人民政府确保将上级人民政府的义务教育转移支付资金按照规定用于义务教育。

第四十七条 【专项扶持资金】国务院和县级以上地方人民政府根据实际需要,设立专项资金,扶持农村地区、民族地区实施义务教育。

第四十八条 【鼓励教育捐赠】国家鼓励社会组织和个人向义务教育捐赠,鼓励按照国家有关基金会管理的规定设立义务教育基金。

第四十九条 【义务教育经费的专款专用】义务教育经费严格按照预算规定用于义务教育;任何组织和个人不得侵占、挪用义务教育经费,不得向学校非法收取或者摊派费用。

第五十条 【审计监督和统计公告制度】县级以上人民政府建立健全义务教育经费的审计监督和统计公告制度。

第七章 法 律 责 任

第五十一条 【未履行经费保障职责的责任】国务院有关部门和地方各级人民政府违反本法第六章的规定,未履行对义务教育经费保障职责的,由国务院或者上级地方人民政府责令限期改正;情节严重的,对直接负责的主管人员和其他直接责任人员依法给予行政处分。

第五十二条 【政府的违法责任】县级以上地方人民政府有下列情形之一的,由上级人民政府责令限期改正;情节严重的,对直接负责的主管人员和其他直接责任人员依法给予行政处分：

（一）未按照国家有关规定制定、调整学校的设置规划的；

（二）学校建设不符合国家规定的办学标准、选址要求和建设标准的；

（三）未定期对学校校舍安全进行检查，并及时维修、改造的；

（四）未依照本法规定均衡安排义务教育经费的。

第五十三条　【政府和教育行政部门的失职责任】县级以上人民政府或者其教育行政部门有下列情形之一的，由上级人民政府或者其教育行政部门责令限期改正、通报批评；情节严重的，对直接负责的主管人员和其他直接责任人员依法给予行政处分：

（一）将学校分为重点学校和非重点学校的；

（二）改变或者变相改变公办学校性质的。

县级人民政府教育行政部门或者乡镇人民政府未采取措施组织适龄儿童、少年入学或者防止辍学的，依照前款规定追究法律责任。

第五十四条　【侵占、挪用和摊派的处罚】有下列情形之一的，由上级人民政府或者上级人民政府教育行政部门、财政部门、价格行政部门和审计机关根据职责分工责令限期改正；情节严重的，对直接负责的主管人员和其他直接责任人员依法给予处分：

（一）侵占、挪用义务教育经费的；

（二）向学校非法收取或者摊派费用的。

第五十五条　【学校或者教师的违法责任】学校或者教师在义务教育工作中违反教育法、教师法规定的，依照教育法、教师法的有关规定处罚。

第五十六条　【乱收费和违规编写教科书的责任】学校违反国家规定收取费用的，由县级人民政府教育行政部门责令退还所收费用；对直接负责的主管人员和其他直接责任人员依法给予处分。

学校以向学生推销或者变相推销商品、服务等方式谋取利益的，由县级人民政府教育行政部门给予通报批评；有违法所得的，没收违法所得；对直接负责的主管人员和其他直接责任人员依法给予处分。

国家机关工作人员和教科书审查人员参与或者变相参与教科书编写的，由县级以上人民政府或者其教育行政部门根据职责权限责令限期改正，依法给予行政处分；有违法所得的，没收违法所得。

第五十七条 【学校的违法责任】学校有下列情形之一的,由县级人民政府教育行政部门责令限期改正;情节严重的,对直接负责的主管人员和其他直接责任人员依法给予处分:

(一)拒绝接收具有接受普通教育能力的残疾适龄儿童、少年随班就读的;

(二)分设重点班和非重点班的;

(三)违反本法规定开除学生的;

(四)选用未经审定的教科书的。

第五十八条 【监护人责任】适龄儿童、少年的父母或者其他法定监护人无正当理由未依照本法规定送适龄儿童、少年入学接受义务教育的,由当地乡镇人民政府或者县级人民政府教育行政部门给予批评教育,责令限期改正。

第五十九条 【相关违法行为的处罚】有下列情形之一的,依照有关法律、行政法规的规定予以处罚:

(一)胁迫或者诱骗应当接受义务教育的适龄儿童、少年失学、辍学的;

(二)非法招用应当接受义务教育的适龄儿童、少年的;

(三)出版未经依法审定的教科书的。

第六十条 【刑事责任】违反本法规定,构成犯罪的,依法追究刑事责任。

第八章 附 则

第六十一条 【不收杂费的实施步骤】对接受义务教育的适龄儿童、少年不收杂费的实施步骤,由国务院规定。

第六十二条 【适用范围】社会组织或者个人依法举办的民办学校实施义务教育的,依照民办教育促进法有关规定执行;民办教育促进法未作规定的,适用本法。

第六十三条 【施行日期】本法自2006年9月1日起施行。

中华人民共和国教师法

1. 1993年10月31日第八届全国人民代表大会常务委员会第四次会议通过
2. 根据2009年8月27日第十一届全国人民代表大会常务委员会第十次会议《关于修改部分法律的决定》修正

目　录

第一章　总　　则
第二章　权利和义务
第三章　资格和任用
第四章　培养和培训
第五章　考　　核
第六章　待　　遇
第七章　奖　　励
第八章　法律责任
第九章　附　　则

第一章　总　　则

第一条　【立法目的】为了保障教师的合法权益，建设具有良好思想品德修养和业务素质的教师队伍，促进社会主义教育事业的发展，制定本法。

第二条　【适用对象】本法适用于在各级各类学校和其他教育机构中专门从事教育教学工作的教师。

第三条　【教师使命】教师是履行教育教学职责的专业人员，承担教书育人，培养社会主义事业建设者和接班人、提高民族素质的使命。教师应当忠诚于人民的教育事业。

第四条　【政府职责】各级人民政府应当采取措施，加强教师的思想政治教育和业务培训，改善教师的工作条件和生活条件，保障教师的合法权益，提高教师的社会地位。

全社会都应当尊重教师。

第五条 【管理体制】国务院教育行政部门主管全国的教师工作。

国务院有关部门在各自职权范围内负责有关的教师工作。

学校和其他教育机构根据国家规定,自主进行教师管理工作。

第六条 【教师节】每年九月十日为教师节。

第二章 权利和义务

第七条 【教师权利】教师享有下列权利:

(一)进行教育教学活动,开展教育教学改革和实验;

(二)从事科学研究、学术交流,参加专业的学术团体,在学术活动中充分发表意见;

(三)指导学生的学习和发展,评定学生的品行和学业成绩;

(四)按时获取工资报酬,享受国家规定的福利待遇以及寒暑假期的带薪休假;

(五)对学校教育教学、管理工作和教育行政部门的工作提出意见和建议,通过教职工代表大会或者其他形式,参与学校的民主管理;

(六)参加进修或者其他方式的培训。

第八条 【教师义务】教师应当履行下列义务:

(一)遵守宪法、法律和职业道德,为人师表;

(二)贯彻国家的教育方针,遵守规章制度,执行学校的教学计划,履行教师聘约,完成教育教学工作任务;

(三)对学生进行宪法所确定的基本原则的教育和爱国主义、民族团结的教育,法制教育以及思想品德、文化、科学技术教育,组织、带领学生开展有益的社会活动;

(四)关心、爱护全体学生,尊重学生人格,促进学生在品德、智力、体质等方面全面发展;

(五)制止有害于学生的行为或者其他侵犯学生合法权益的行为,批评和抵制有害于学生健康成长的现象;

(六)不断提高思想政治觉悟和教育教学业务水平。

第九条 【教学任务保障】为保障教师完成教育教学任务,各级人民政府、教育行政部门、有关部门、学校和其他教育机构应当履行下列职责:

（一）提供符合国家安全标准的教育教学设施和设备；

（二）提供必需的图书、资料及其他教育教学用品；

（三）对教师在教育教学、科学研究中的创造性工作给以鼓励和帮助；

（四）支持教师制止有害于学生的行为或者其他侵犯学生合法权益的行为。

第三章 资格和任用

第十条 【教师资格条件】国家实行教师资格制度。

中国公民凡遵守宪法和法律，热爱教育事业，具有良好的思想品德，具备本法规定的学历或者经国家教师资格考试合格，有教育教学能力，经认定合格的，可以取得教师资格。

第十一条 【教师学历条件】取得教师资格应当具备的相应学历是：

（一）取得幼儿园教师资格，应当具备幼儿师范学校毕业及其以上学历；

（二）取得小学教师资格，应当具备中等师范学校毕业及其以上学历；

（三）取得初级中学教师、初级职业学校文化、专业课教师资格，应当具备高等师范专科学校或者其他大学专科毕业及其以上学历；

（四）取得高级中学教师资格和中等专业学校、技工学校、职业高中文化课、专业课教师资格，应当具备高等师范院校本科或者其他大学本科毕业及其以上学历；取得中等专业学校、技工学校和职业高中学生实习指导教师资格应当具备的学历，由国务院教育行政部门规定；

（五）取得高等学校教师资格，应当具备研究生或者大学本科毕业学历；

（六）取得成人教育教师资格，应当按照成人教育的层次、类别，分别具备高等、中等学校毕业及其以上学历。

不具备本法规定的教师资格学历的公民，申请获取教师资格，必须通过国家教师资格考试。国家教师资格考试制度由国务院规定。

第十二条 【过渡资格】本法实施前已经在学校或者其他教育机构中任教的教师，未具备本法规定学历的，由国务院教育行政部门规定教师资格过渡办法。

第十三条 【资格认定】中小学教师资格由县级以上地方人民政府教育行政部门认定。中等专业学校、技工学校的教师资格由县级以上地方人民政府教育行政部门组织有关主管部门认定。普通高等学校的教师资格由国务院或者省、自治区、直辖市教育行政部门或者由其委托的学校认定。

具备本法规定的学历或者经国家教师资格考试合格的公民，要求有关部门认定其教师资格的，有关部门应当依照本法规定的条件予以认定。

取得教师资格的人员首次任教时，应当有试用期。

第十四条 【资格限制】受到剥夺政治权利或者故意犯罪受到有期徒刑以上刑事处罚的，不能取得教师资格；已经取得教师资格的，丧失教师资格。

第十五条 【师范生】各级师范学校毕业生，应当按照国家有关规定从事教育教学工作。

国家鼓励非师范高等学校毕业生到中小学或者职业学校任教。

第十六条 【教师职务制度】国家实行教师职务制度，具体办法由国务院规定。

第十七条 【教师聘任制】学校和其他教育机构应当逐步实行教师聘任制。教师的聘任应当遵循双方地位平等的原则，由学校和教师签订聘任合同，明确规定双方的权利、义务和责任。

实施教师聘任制的步骤、办法由国务院教育行政部门规定。

第四章 培养和培训

第十八条 【教师培养】各级人民政府和有关部门应当办好师范教育，并采取措施，鼓励优秀青年进入各级师范学校学习。各级教师进修学校承担培训中小学教师的任务。

非师范学校应当承担培养和培训中小学教师的任务。

各级师范学校学生享受专业奖学金。

第十九条 【教师培训】各级人民政府教育行政部门、学校主管部门和学校应当制定教师培训规划，对教师进行多种形式的思想政治、业务培训。

第二十条　【教师社会调查】国家机关、企业事业单位和其他社会组织应当为教师的社会调查和社会实践提供方便,给予协助。

第二十一条　【少数民族地区教师】各级人民政府应当采取措施,为少数民族地区和边远贫困地区培养、培训教师。

第五章　考　核

第二十二条　【考核教师内容】学校或者其他教育机构应当对教师的政治思想、业务水平、工作态度和工作成绩进行考核。

　　教育行政部门对教师的考核工作进行指导、监督。

第二十三条　【考核要求】考核应当客观、公正、准确,充分听取教师本人、其他教师以及学生的意见。

第二十四条　【考核结果】教师考核结果是受聘任教、晋升工资、实施奖惩的依据。

第六章　待　遇

第二十五条　【教师工资】教师的平均工资水平应当不低于或者高于国家公务员的平均工资水平,并逐步提高。建立正常晋级增薪制度,具体办法由国务院规定。

第二十六条　【教师津贴】中小学教师和职业学校教师享受教龄津贴和其他津贴,具体办法由国务院教育行政部门会同有关部门制定。

第二十七条　【特殊补贴】地方各级人民政府对教师以及具有中专以上学历的毕业生到少数民族地区和边远贫困地区从事教育教学工作的,应当予以补贴。

第二十八条　【教师住房】地方各级人民政府和国务院有关部门,对城市教师住房的建设、租赁、出售实行优先、优惠。

　　县、乡两级人民政府应当为农村中小学教师解决住房提供方便。

第二十九条　【教师医疗】教师的医疗同当地国家公务员享受同等的待遇;定期对教师进行身体健康检查,并因地制宜安排教师进行休养。

　　医疗机构应当对当地教师的医疗提供方便。

第三十条　【教师退休(职)】教师退休或者退职后,享受国家规定的退休或者退职待遇。

县级以上地方人民政府可以适当提高长期从事教育教学工作的中小学退休教师的退休金比例。

第三十一条 【非国家支付工资的教师待遇】各级人民政府应当采取措施,改善国家补助、集体支付工资的中小学教师的待遇,逐步做到在工资收入上与国家支付工资的教师同工同酬,具体办法由地方各级人民政府根据本地区的实际情况规定。

第三十二条 【社办学校教师待遇】社会力量所办学校的教师的待遇,由举办者自行确定并予以保障。

第七章 奖 励

第三十三条 【表彰奖励条件】教师在教育教学、培养人才、科学研究、教学改革、学校建设、社会服务、勤工俭学等方面成绩优异的,由所在学校予以表彰、奖励。

国务院和地方各级人民政府及其有关部门对有突出贡献的教师,应当予以表彰、奖励。

对有重大贡献的教师,依照国家有关规定授予荣誉称号。

第三十四条 【奖励基金】国家支持和鼓励社会组织或者个人向依法成立的奖励教师的基金组织捐助资金,对教师进行奖励。

第八章 法 律 责 任

第三十五条 【侮辱殴打教师】侮辱、殴打教师的,根据不同情况,分别给予行政处分或者行政处罚;造成损害的,责令赔偿损失;情节严重,构成犯罪的,依法追究刑事责任。

第三十六条 【打击报复教师】对依法提出申诉、控告、检举的教师进行打击报复的,由其所在单位或者上级机关责令改正;情节严重的,可以根据具体情况给予行政处分。

国家工作人员对教师打击报复构成犯罪的,依照刑法有关规定追究刑事责任。

第三十七条 【处分、解聘】教师有下列情形之一的,由所在学校、其他教育机构或者教育行政部门给予行政处分或者解聘:

(一)故意不完成教育教学任务给教育教学工作造成损失的;

(二)体罚学生,经教育不改的;

（三）品行不良、侮辱学生，影响恶劣的。

教师有前款第（二）项、第（三）项所列情形之一，情节严重，构成犯罪的，依法追究刑事责任。

第三十八条　【拖欠教师工资】地方人民政府对违反本法规定，拖欠教师工资或者侵犯教师其他合法权益的，应当责令其限期改正。

违反国家财政制度、财务制度，挪用国家财政用于教育的经费，严重妨碍教育教学工作，拖欠教师工资，损害教师合法权益的，由上级机关责令限期归还被挪用的经费，并对直接责任人员给予行政处分；情节严重，构成犯罪的，依法追究刑事责任。

第三十九条　【教师申诉】教师对学校或者其他教育机构侵犯其合法权益的，或者对学校或者其他教育机构作出的处理不服的，可以向教育行政部门提出申诉，教育行政部门应当在接到申诉的三十日内，作出处理。

教师认为当地人民政府有关行政部门侵犯其根据本法规定享有的权利的，可以向同级人民政府或者上一级人民政府有关部门提出申诉，同级人民政府或者上一级人民政府有关部门应当作出处理。

第九章　附　　则

第四十条　【用语解释】本法下列用语的含义是：

（一）各级各类学校，是指实施学前教育、普通初等教育、普通中等教育、职业教育、普通高等教育以及特殊教育、成人教育的学校。

（二）其他教育机构，是指少年宫以及地方教研室、电化教育机构等。

（三）中小学教师，是指幼儿园、特殊教育机构、普通中小学、成人初等中等教育机构、职业中学以及其他教育机构的教师。

第四十一条　【教辅人员和军队教师】学校和其他教育机构中的教育教学辅助人员，其他类型的学校的教师和教育教学辅助人员，可以根据实际情况参照本法的有关规定执行。

军队所属院校的教师和教育教学辅助人员，由中央军事委员会依照本法制定有关规定。

第四十二条　【外籍教师】外籍教师的聘任办法由国务院教育行政部门

规定。

第四十三条 【施行日期】本法自 1994 年 1 月 1 日起施行。

未成年人学校保护规定

1. 2021 年 6 月 1 日教育部令第 50 号公布
2. 自 2021 年 9 月 1 日起施行

第一章 总　　则

第一条　为了落实学校保护职责,保障未成年人合法权益,促进未成年人德智体美劳全面发展、健康成长,根据《中华人民共和国教育法》《中华人民共和国未成年人保护法》等法律法规,制定本规定。

第二条　普通中小学、中等职业学校(以下简称学校)对本校未成年人(以下统称学生)在校学习、生活期间合法权益的保护,适用本规定。

第三条　学校应当全面贯彻国家教育方针,落实立德树人根本任务,弘扬社会主义核心价值观,依法办学、依法治校,履行学生权益保护法定职责,健全保护制度,完善保护机制。

第四条　学校学生保护工作应当坚持最有利于未成年人的原则,注重保护和教育相结合,适应学生身心健康发展的规律和特点;关心爱护每个学生,尊重学生权利,听取学生意见。

第五条　教育行政部门应当落实工作职责,会同有关部门健全学校学生保护的支持措施、服务体系,加强对学校学生保护工作的支持、指导、监督和评价。

第二章 一 般 保 护

第六条　学校应当平等对待每个学生,不得因学生及其父母或者其他监护人(以下统称家长)的民族、种族、性别、户籍、职业、宗教信仰、教育程度、家庭状况、身心健康情况等歧视学生或者对学生进行区别对待。

第七条　学校应当落实安全管理职责,保护学生在校期间人身安全。学校不得组织、安排学生从事抢险救灾、参与危险性工作,不得安排学生参加商业性活动及其他不宜学生参加的活动。

学生在校内或者本校组织的校外活动中发生人身伤害事故的,学校应当依据有关规定妥善处理,及时通知学生家长;情形严重的,应当按规定向有关部门报告。

第八条 学校不得设置侵犯学生人身自由的管理措施,不得对学生在课间及其他非教学时间的正当交流、游戏、出教室活动等言行自由设置不必要的约束。

第九条 学校应当尊重和保护学生的人格尊严,尊重学生名誉,保护和培育学生的荣誉感、责任感,表彰、奖励学生做到公开、公平、公正;在教育、管理中不得使用任何贬损、侮辱学生及其家长或者所属特定群体的言行、方式。

第十条 学校采集学生个人信息,应当告知学生及其家长,并对所获得的学生及其家庭信息负有管理、保密义务,不得毁弃以及非法删除、泄露、公开、买卖。

学校在奖励、资助、申请贫困救助等工作中,不得泄露学生个人及其家庭隐私;学生的考试成绩、名次等学业信息,学校应当便利学生本人和家长知晓,但不得公开,不得宣传升学情况;除因法定事由,不得查阅学生的信件、日记、电子邮件或者其他网络通讯内容。

第十一条 学校应当尊重和保护学生的受教育权利,保障学生平等使用教育教学设施设备、参加教育教学计划安排的各种活动,并在学业成绩和品行上获得公正评价。

对身心有障碍的学生,应当提供合理便利,实施融合教育,给予特别支持;对学习困难、行为异常的学生,应当以适当方式教育、帮助,必要时,可以通过安排教师或者专业人员课后辅导等方式给予帮助或者支持。

学校应当建立留守学生、困境学生档案,配合政府有关部门做好关爱帮扶工作,避免学生因家庭因素失学、辍学。

第十二条 义务教育学校不得开除或者变相开除学生,不得以长期停课、劝退等方式,剥夺学生在校接受并完成义务教育的权利;对转入专门学校的学生,应当保留学籍,原决定机关决定转回的学生,不得拒绝接收。

义务教育学校应当落实学籍管理制度,健全辍学或者休学、长期请假学生的报告备案制度,对辍学学生应当及时进行劝返,劝返无效的,应当报告有关主管部门。

第十三条　学校应当按规定科学合理安排学生在校作息时间,保证学生有休息、参加文娱活动和体育锻炼的机会和时间,不得统一要求学生在规定的上课时间前到校参加课程教学活动。

　　义务教育学校不得占用国家法定节假日、休息日及寒暑假,组织学生集体补课;不得以集体补课等形式侵占学生休息时间。

第十四条　学校不得采用毁坏财物的方式对学生进行教育管理,对学生携带进入校园的违法违规物品,按规定予以暂扣的,应当统一管理,并依照有关规定予以处理。

　　学校不得违反规定向学生收费,不得强制要求或者设置条件要求学生及家长捐款捐物、购买商品或者服务,或者要求家长提供物质帮助、需支付费用的服务等。

第十五条　学校以发布、汇编、出版等方式使用学生作品,对外宣传或者公开使用学生个体肖像的,应当取得学生及其家长许可,并依法保护学生的权利。

第十六条　学校应当尊重学生的参与权和表达权,指导、支持学生参与学校章程、校规校纪、班级公约的制定,处理与学生权益相关的事务时,应当以适当方式听取学生意见。

第十七条　学校对学生实施教育惩戒或者处分学生的,应当依据有关规定,听取学生的陈述、申辩,遵循审慎、公平、公正的原则作出决定。

　　除开除学籍处分以外,处分学生应当设置期限,对受到处分的学生应当跟踪观察、有针对性地实施教育,确有改正的,到期应当予以解除。解除处分后,学生获得表彰、奖励及其他权益,不再受原处分影响。

第三章　专　项　保　护

第十八条　学校应当落实法律规定建立学生欺凌防控和预防性侵害、性骚扰等专项制度,建立对学生欺凌、性侵害、性骚扰行为的零容忍处理机制和受伤害学生的关爱、帮扶机制。

第十九条　学校应当成立由校内相关人员、法治副校长、法律顾问、有关专家、家长代表、学生代表等参与的学生欺凌治理组织,负责学生欺凌行为的预防和宣传教育、组织认定、实施矫治、提供援助等。

学校应当定期针对全体学生开展防治欺凌专项调查,对学校是否存在欺凌等情形进行评估。

第二十条　学校应当教育、引导学生建立平等、友善、互助的同学关系,组织教职工学习预防、处理学生欺凌的相关政策、措施和方法,对学生开展相应的专题教育,并且应当根据情况给予相关学生家长必要的家庭教育指导。

第二十一条　教职工发现学生实施下列行为的,应当及时制止:

(一)殴打、脚踢、掌掴、抓咬、推撞、拉扯等侵犯他人身体或者恐吓威胁他人;

(二)以辱骂、讥讽、嘲弄、挖苦、起侮辱性绰号等方式侵犯他人人格尊严;

(三)抢夺、强拿硬要或者故意毁坏他人财物;

(四)恶意排斥、孤立他人,影响他人参加学校活动或者社会交往;

(五)通过网络或者其他信息传播方式捏造事实诽谤他人、散布谣言或者错误信息诋毁他人、恶意传播他人隐私。

学生之间,在年龄、身体或者人数等方面占优势的一方蓄意或者恶意对另一方实施前款行为,或者以其他方式欺压、侮辱另一方,造成人身伤害、财产损失或者精神损害的,可以认定为构成欺凌。

第二十二条　教职工应当关注因身体条件、家庭背景或者学习成绩等可能处于弱势或者特殊地位的学生,发现学生存在被孤立、排挤等情形的,应当及时干预。

教职工发现学生有明显的情绪反常、身体损伤等情形,应当及时沟通了解情况,可能存在被欺凌情形的,应当及时向学校报告。

学校应当教育、支持学生主动、及时报告所发现的欺凌情形,保护自身和他人的合法权益。

第二十三条　学校接到关于学生欺凌报告的,应当立即开展调查,认为可能构成欺凌的,应当及时提交学生欺凌治理组织认定和处置,并通知相关学生的家长参与欺凌行为的认定和处理。认定构成欺凌的,应当对实施或者参与欺凌行为的学生作出教育惩戒或者纪律处分,并对其家长提出加强管教的要求,必要时,可以由法治副校长、辅导员对学生及其家长进行训导、教育。

对违反治安管理或者涉嫌犯罪等严重欺凌行为,学校不得隐瞒,应当及时向公安机关、教育行政部门报告,并配合相关部门依法处理。

不同学校学生之间发生的学生欺凌事件,应当在主管教育行政部门的指导下建立联合调查机制,进行认定和处理。

第二十四条 学校应当建立健全教职工与学生交往行为准则、学生宿舍安全管理规定、视频监控管理规定等制度,建立预防、报告、处置性侵害、性骚扰工作机制。

学校应当采取必要措施预防并制止教职工以及其他进入校园的人员实施以下行为:

(一)与学生发生恋爱关系、性关系;

(二)抚摸、故意触碰学生身体特定部位等猥亵行为;

(三)对学生作出调戏、挑逗或者具有性暗示的言行;

(四)向学生展示传播包含色情、淫秽内容的信息、书刊、影片、音像、图片或者其他淫秽物品;

(五)持有包含淫秽、色情内容的视听、图文资料;

(六)其他构成性骚扰、性侵害的违法犯罪行为。

第四章 管理要求

第二十五条 学校应当制定规范教职工、学生行为的校规校纪。校规校纪应当内容合法、合理,制定程序完备,向学生及其家长公开,并按照要求报学校主管部门备案。

第二十六条 学校应当严格执行国家课程方案,按照要求开齐开足课程、选用教材和教学辅助资料。学校开发的校本课程或者引进的课程应当经过科学论证,并报主管教育行政部门备案。

学校不得与校外培训机构合作向学生提供有偿的课程或者课程辅导。

第二十七条 学校应当加强作业管理,指导和监督教师按照规定科学适度布置家庭作业,不得超出规定增加作业量,加重学生学习负担。

第二十八条 学校应当按照规定设置图书馆、班级图书角,配备适合学生认知特点、内容积极向上的课外读物,营造良好阅读环境,培养学生阅读习惯,提升阅读质量。

学校应当加强读物和校园文化环境管理,禁止含有淫秽、色情、暴力、邪教、迷信、赌博、恐怖主义、分裂主义、极端主义等危害未成年人身心健康内容的读物、图片、视听作品等,以及商业广告、有悖于社会主义核心价值观的文化现象进入校园。

第二十九条 学校应当建立健全安全风险防控体系,按照有关规定完善安全、卫生、食品等管理制度,提供符合标准的教育教学设施、设备等,制定自然灾害、突发事件、极端天气和意外伤害应急预案,配备相应设施并定期组织必要的演练。

学生在校期间学校应当对校园实行封闭管理,禁止无关人员进入校园。

第三十条 学校应当以适当方式教育、提醒学生及家长,避免学生使用兴奋剂或者镇静催眠药、镇痛剂等成瘾性药物;发现学生使用的,应当予以制止、向主管部门或者公安机关报告,并应当及时通知家长,但学生因治疗需要并经执业医师诊断同意使用的除外。

第三十一条 学校应当建立学生体质监测制度,发现学生出现营养不良、近视、肥胖、龋齿等倾向或者有导致体质下降的不良行为习惯,应当进行必要的管理、干预,并通知家长,督促、指导家长实施矫治。

学校应当完善管理制度,保障学生在课间、课后使用学校的体育运动场地、设施开展体育锻炼;在周末和节假日期间,按规定向学生和周边未成年人免费或者优惠开放。

第三十二条 学校应当建立学生心理健康教育管理制度,建立学生心理健康问题的早期发现和及时干预机制,按照规定配备专职或者兼职心理健康教育教师、建设心理辅导室,或者通过购买专业社工服务等多种方式为学生提供专业化、个性化的指导和服务。

有条件的学校,可以定期组织教职工进行心理健康状况测评,指导、帮助教职工以积极、乐观的心态对待学生。

第三十三条 学校可以禁止学生携带手机等智能终端产品进入学校或者在校园内使用;对经允许带入的,应当统一管理,除教学需要外,禁止带入课堂。

第三十四条 学校应当将科学、文明、安全、合理使用网络纳入课程内容,对学生进行网络安全、网络文明和防止沉迷网络的教育,预防和干预学生过度使用网络。

学校为学生提供的上网设施,应当安装未成年人上网保护软件或者采取其他安全保护技术措施,避免学生接触不适宜未成年人接触的信息;发现网络产品、服务、信息有危害学生身心健康内容的,或者学生利用网络实施违法活动的,应当立即采取措施并向有关主管部门报告。

第三十五条　任何人不得在校园内吸烟、饮酒。学校应当设置明显的禁止吸烟、饮酒的标识,并不得以烟草制品、酒精饮料的品牌冠名学校、教学楼、设施设备及各类教学、竞赛活动。

第三十六条　学校应当严格执行入职报告和准入查询制度,不得聘用有下列情形的人员:

（一）受到剥夺政治权利或者因故意犯罪受到有期徒刑以上刑事处罚的;

（二）因卖淫、嫖娼、吸毒、赌博等违法行为受到治安管理处罚的;

（三）因虐待、性骚扰、体罚或者侮辱学生等情形被开除或者解聘的;

（四）实施其他被纳入教育领域从业禁止范围的行为的。

学校在聘用教职工或引入志愿者、社工等校外人员时,应当要求相关人员提交承诺书;对在聘人员应当按照规定定期开展核查,发现存在前款规定情形的人员应当及时解聘。

第三十七条　学校发现拟聘人员或者在职教职工存在下列情形的,应当对有关人员是否符合相应岗位要求进行评估,必要时可以安排有专业资质的第三方机构进行评估,并将相关结论作为是否聘用或者调整工作岗位、解聘的依据:

（一）有精神病史的;

（二）有严重酗酒、滥用精神类药物史的;

（三）有其他可能危害未成年人身心健康或者可能造成不良影响的身心疾病的。

第三十八条　学校应当加强对教职工的管理,预防和制止教职工实施法律、法规、规章以及师德规范禁止的行为。学校及教职工不得实施下列行为:

（一）利用管理学生的职务便利或者招生考试、评奖评优、推荐评

价等机会,以任何形式向学生及其家长索取、收受财物或者接受宴请、其他利益;

（二）以牟取利益为目的,向学生推销或者要求、指定学生购买特定辅导书、练习册等教辅材料或者其他商品、服务;

（三）组织、要求学生参加校外有偿补课,或者与校外机构、个人合作向学生提供其他有偿服务;

（四）诱导、组织或者要求学生及其家长登录特定经营性网站,参与视频直播、网络购物、网络投票、刷票等活动;

（五）非法提供、泄露学生信息或者利用所掌握的学生信息牟取利益;

（六）其他利用管理学生的职权牟取不正当利益的行为。

第三十九条 学校根据《校车安全管理条例》配备、使用校车的,应当依法建立健全校车安全管理制度,向学生讲解校车安全乘坐知识,培养学生校车安全事故应急处理技能。

第四十条 学校应当定期巡查校园及周边环境,发现存在法律禁止在学校周边设立的营业场所、销售网点的,应当及时采取应对措施,并报告主管教育部门或者其他有关主管部门。

学校及其教职工不得安排或者诱导、组织学生进入营业性娱乐场所、互联网上网服务营业场所、电子游戏场所、酒吧等不适宜未成年人活动的场所;发现学生进入上述场所的,应当及时予以制止、教育,并向上述场所的主管部门反映。

第五章 保护机制

第四十一条 校长是学生学校保护的第一责任人。学校应当指定一名校领导直接负责学生保护工作,并明确具体的工作机构,有条件的,可以设立学生保护专员开展学生保护工作。学校应当为从事学生保护工作的人员接受相关法律、理论和技能的培训提供条件和支持,对教职工开展未成年人保护专项培训。

有条件的学校可以整合欺凌防治、纪律处分等组织、工作机制,组建学生保护委员会,统筹负责学生权益保护及相关制度建设。

第四十二条 学校要树立以生命关怀为核心的教育理念,利用安全教育、心理健康教育、环境保护教育、健康教育、禁毒和预防艾滋病教育等专题教育,引导学生热爱生命、尊重生命;要有针对性地开展青春期教育、性教育,使学生了解生理健康知识,提高防范性侵害、性骚扰的自我保护意识和能力。

第四十三条 学校应当结合相关课程要求,根据学生的身心特点和成长需求开展以宪法教育为核心、以权利与义务教育为重点的法治教育,培养学生树立正确的权利观念,并开展有针对性的预防犯罪教育。

第四十四条 学校可以根据实际组成由学校相关负责人、教师、法治副校长(辅导员)、司法和心理等方面专业人员参加的专业辅导工作机制,对有不良行为的学生进行矫治和帮扶;对有严重不良行为的学生,学校应当配合有关部门进行管教,无力管教或者管教无效的,可以依法向教育行政部门提出申请送专门学校接受专门教育。

第四十五条 学校在作出与学生权益有关的决定前,应当告知学生及其家长,听取意见并酌情采纳。

学校应当发挥学生会、少代会、共青团等学生组织的作用,指导、支持学生参与权益保护,对于情节轻微的学生纠纷或者其他侵害学生权益的情形,可以安排学生代表参与调解。

第四十六条 学校应当建立与家长有效联系机制,利用家访、家长课堂、家长会等多种方式与学生家长建立日常沟通。

学校应当建立学生重大生理、心理疾病报告制度,向家长及时告知学生身体及心理健康状况;学校发现学生身体状况或者情绪反应明显异常、突发疾病或者受到伤害的,应当及时通知学生家长。

第四十七条 学校和教职工发现学生遭受或疑似遭受家庭暴力、虐待、遗弃、长期无人照料、失踪等不法侵害以及面临不法侵害危险的,应当依照规定及时向公安、民政、教育等有关部门报告。学校应当积极参与、配合有关部门做好侵害学生权利案件的调查处理工作。

第四十八条 教职员工发现学生权益受到侵害,属于本职工作范围的,应当及时处理;不属于本职工作范围或者不能处理的,应当及时报告班主任或学校负责人;必要时可以直接向主管教育行政部门或者公安机关报告。

第四十九条 学生因遭受遗弃、虐待向学校请求保护的,学校不得拒绝、推诿,需要采取救助措施的,应当先行救助。

学校应当关心爱护学生,为身体或者心理受到伤害的学生提供相应的心理健康辅导、帮扶教育。对因欺凌造成身体或者心理伤害,无法在原班级就读的学生,学生家长提出调整班级请求,学校经评估认为有必要的,应当予以支持。

第六章　支持与监督

第五十条　教育行政部门应当积极探索与人民检察院、人民法院、公安、司法、民政、应急管理等部门以及从事未成年人保护工作的相关群团组织的协同机制,加强对学校学生保护工作的指导与监督。

第五十一条　教育行政部门应当会同有关部门健全教职工从业禁止人员名单和查询机制,指导、监督学校健全准入和定期查询制度。

第五十二条　教育行政部门可以通过政府购买服务的方式,组织具有相应资质的社会组织、专业机构及其他社会力量,为学校提供法律咨询、心理辅导、行为矫正等专业服务,为预防和处理学生权益受侵害的案件提供支持。

教育行政部门、学校在与有关部门、机构、社会组织及个人合作进行学生保护专业服务与支持过程中,应当与相关人员签订保密协议,保护学生个人及家庭隐私。

第五十三条　教育行政部门应当指定专门机构或者人员承担学生保护的监督职责,有条件的,可以设立学生保护专兼职监察员负责学生保护工作,处理或者指导处理学生欺凌、性侵害、性骚扰以及其他侵害学生权益的事件,会同有关部门落实学校安全区域制度,健全依法处理涉校纠纷的工作机制。

负责学生保护职责的人员应当接受专门业务培训,具备学生保护的必要知识与能力。

第五十四条　教育行政部门应当通过建立投诉举报电话、邮箱或其他途径,受理对学校或者教职工违反本规定或者其他法律法规、侵害学生权利的投诉、举报;处理过程中发现有关人员行为涉嫌违法犯罪的,应当及时向公安机关报案或者移送司法机关。

第五十五条　县级教育行政部门应当会同民政部门,推动设立未成年人保护社会组织,协助受理涉及学生权益的投诉举报、开展侵害学生权益案件的调查和处理,指导、支持学校、教职工、家长开展学生保护工作。

第五十六条　地方教育行政部门应当建立学生保护工作评估制度,定期组织或者委托第三方对管辖区域内学校履行保护学生法定职责情况进行评估,评估结果作为学校管理水平评价、校长考评考核的依据。

　　各级教育督导机构应当将学校学生保护工作情况纳入政府履行教育职责评价和学校督导评估的内容。

第七章　责任与处理

第五十七条　学校未履行未成年人保护法规定的职责,违反本规定侵犯学生合法权利的,主管教育行政部门应当责令改正,并视情节和后果,依照有关规定和权限分别对学校的主要负责人、直接责任人或者其他责任人员进行诫勉谈话、通报批评、给予处分或者责令学校给予处分;同时,可以给予学校1至3年不得参与相应评奖评优,不得获评各类示范、标兵单位等荣誉的处理。

第五十八条　学校未履行对教职工的管理、监督责任,致使发生教职工严重侵害学生身心健康的违法犯罪行为,或者有包庇、隐瞒不报、威胁、阻拦报案,妨碍调查、对学生打击报复等行为的,主管教育部门应当对主要负责人和直接责任人给予处分或者责令学校给予处分;情节严重的,应当移送有关部门查处,构成违法犯罪的,依法追究相应法律责任。因监管不力、造成严重后果而承担领导责任的校长,5年内不得再担任校长职务。

第五十九条　学校未按本规定建立学生权利保护机制,或者制定的校规违反法律法规和本规定,由主管教育部门责令限期改正、给予通报批评;情节严重、影响较大或者逾期不改正的,可以对学校主要负责人和直接负责人给予处分或者责令学校给予处分。

第六十条　教职工违反本规定的,由学校或者主管教育部门依照事业单位人员管理、中小学教师管理的规定予以处理。

　　教职工实施第二十四条第二款禁止行为的,应当依法予以开除或者解聘;有教师资格的,由主管教育行政部门撤销教师资格,纳入从业禁止人员名单;涉嫌犯罪的,移送有关部门依法追究责任。

教职工违反第三十八条规定牟取不当利益的,应当责令退还所收费用或者所获利益,给学生造成经济损失的,应当依法予以赔偿,并视情节给予处分,涉嫌违法犯罪的移送有关部门依法追究责任。

学校应当根据实际,建立健全校内其他工作人员聘用和管理制度,对其他人员违反本规定的,根据情节轻重予以校内纪律处分直至予以解聘,涉嫌违反治安管理或者犯罪的,移送有关部门依法追究责任。

第六十一条 教育行政部门未履行对学校的指导、监督职责,管辖区域内学校出现严重侵害学生权益情形的,由上级教育行政部门、教育督导机构责令改正、予以通报批评,情节严重的依法追究主要负责人或者直接责任人的责任。

第八章 附 则

第六十二条 幼儿园、特殊教育学校应当根据未成年人身心特点,依据本规定有针对性地加强在园、在校未成年人合法权益的保护,并参照本规定、结合实际建立保护制度。

幼儿园、特殊教育学校及其教职工违反保护职责,侵害在园、在校未成年人合法权益的,应当适用本规定从重处理。

第六十三条 本规定自2021年9月1日起施行。

学生伤害事故处理办法

1. 2002年8月21日教育部令第12号公布
2. 根据2010年12月13日教育部令第30号《关于修改和废止部分规章的决定》修订

第一章 总 则

第一条 为积极预防、妥善处理在校学生伤害事故,保护学生、学校的合法权益,根据《中华人民共和国教育法》、《中华人民共和国未成年人保护法》和其他相关法律、行政法规及有关规定,制定本办法。

第二条 在学校实施的教育教学活动或者学校组织的校外活动中,以及在学校负有管理责任的校舍、场地、其他教育教学设施、生活设施内发生的,造成在校学生人身损害后果的事故的处理,适用本办法。

第三条 学生伤害事故应当遵循依法、客观公正、合理适当的原则,及时、妥善地处理。

第四条 学校的举办者应当提供符合安全标准的校舍、场地、其他教育教学设施和生活设施。

教育行政部门应当加强学校安全工作,指导学校落实预防学生伤害事故的措施,指导、协助学校妥善处理学生伤害事故,维护学校正常的教育教学秩序。

第五条 学校应当对在校学生进行必要的安全教育和自护自救教育;应当按照规定,建立健全安全制度,采取相应的管理措施,预防和消除教育教学环境中存在的安全隐患;当发生伤害事故时,应当及时采取措施救助受伤害学生。

学校对学生进行安全教育、管理和保护,应当针对学生年龄、认知能力和法律行为能力的不同,采用相应的内容和预防措施。

第六条 学生应当遵守学校的规章制度和纪律;在不同的受教育阶段,应当根据自身的年龄、认知能力和法律行为能力,避免和消除相应的危险。

第七条 未成年学生的父母或者其他监护人(以下称为监护人)应当依法履行监护职责,配合学校对学生进行安全教育、管理和保护工作。

学校对未成年学生不承担监护职责,但法律有规定的或者学校依法接受委托承担相应监护职责的情形除外。

第二章　事故与责任

第八条 发生学生伤害事故,造成学生人身损害的,学校应当按照《中华人民共和国侵权责任法》及相关法律、法规的规定,承担相应的事故责任。

第九条 因下列情形之一造成的学生伤害事故,学校应当依法承担相应的责任:

(一)学校的校舍、场地、其他公共设施,以及学校提供给学生使用的学具、教育教学和生活设施、设备不符合国家规定的标准,或者有明显不安全因素的;

(二)学校的安全保卫、消防、设施设备管理等安全管理制度有明

显疏漏,或者管理混乱,存在重大安全隐患,而未及时采取措施的;

(三)学校向学生提供的药品、食品、饮用水等不符合国家或者行业的有关标准、要求的;

(四)学校组织学生参加教育教学活动或者校外活动,未对学生进行相应的安全教育,并未在可预见的范围内采取必要的安全措施的;

(五)学校知道教师或者其他工作人员患有不适宜担任教育教学工作的疾病,但未采取必要措施的;

(六)学校违反有关规定,组织或者安排未成年学生从事不宜未成年人参加的劳动、体育运动或者其他活动的;

(七)学生有特异体质或者特定疾病,不宜参加某种教育教学活动,学校知道或者应当知道,但未予以必要的注意的;

(八)学生在校期间突发疾病或者受到伤害,学校发现,但未根据实际情况及时采取相应措施,导致不良后果加重的;

(九)学校教师或者其他工作人员体罚或者变相体罚学生,或者在履行职责过程中违反工作要求、操作规程、职业道德或者其他有关规定的;

(十)学校教师或者其他工作人员在负有组织、管理未成年学生的职责期间,发现学生行为具有危险性,但未进行必要的管理、告诫或者制止的;

(十一)对未成年学生擅自离校等与学生人身安全直接相关的信息,学校发现或者知道,但未及时告知未成年学生的监护人,导致未成年学生因脱离监护人的保护而发生伤害的;

(十二)学校有未依法履行职责的其他情形的。

第十条 学生或者未成年学生监护人由于过错,有下列情形之一,造成学生伤害事故,应当依法承担相应的责任:

(一)学生违反法律法规的规定,违反社会公共行为准则、学校的规章制度或者纪律,实施按其年龄和认知能力应当知道具有危险或者可能危及他人的行为的;

(二)学生行为具有危险性,学校、教师已经告诫、纠正,但学生不听劝阻、拒不改正的;

(三)学生或者其监护人知道学生有特异体质,或者患有特定疾

病,但未告知学校的;

(四)未成年学生的身体状况、行为、情绪等有异常情况,监护人知道或者已被学校告知,但未履行相应监护职责的;

(五)学生或者未成年学生监护人有其他过错的。

第十一条　学校安排学生参加活动,因提供场地、设备、交通工具、食品及其他消费与服务的经营者,或者学校以外的活动组织者的过错造成的学生伤害事故,有过错的当事人应当依法承担相应的责任。

第十二条　因下列情形之一造成的学生伤害事故,学校已履行了相应职责,行为并无不当的,无法律责任:

(一)地震、雷击、台风、洪水等不可抗的自然因素造成的;

(二)来自学校外部的突发性、偶发性侵害造成的;

(三)学生有特异体质、特定疾病或者异常心理状态,学校不知道或者难于知道的;

(四)学生自杀、自伤的;

(五)在对抗性或者具有风险性的体育竞赛活动中发生意外伤害的;

(六)其他意外因素造成的。

第十三条　下列情形下发生的造成学生人身损害后果的事故,学校行为并无不当的,不承担事故责任;事故责任应当按有关法律法规或者其他有关规定认定:

(一)在学生自行上学、放学、返校、离校途中发生的;

(二)在学生自行外出或者擅自离校期间发生的;

(三)在放学后、节假日或者假期等学校工作时间以外,学生自行滞留学校或者自行到校发生的;

(四)其他在学校管理职责范围外发生的。

第十四条　因学校教师或者其他工作人员与其职务无关的个人行为,或者因学生、教师及其他个人故意实施的违法犯罪行为,造成学生人身损害的,由致害人依法承担相应的责任。

第三章　事故处理程序

第十五条　发生学生伤害事故,学校应当及时救助受伤害学生,并应当及时告知未成年学生的监护人;有条件的,应当采取紧急救援等方式救助。

第十六条　发生学生伤害事故,情形严重的,学校应当及时向主管教育行政部门及有关部门报告;属于重大伤亡事故的,教育行政部门应当按照有关规定及时向同级人民政府和上一级教育行政部门报告。

第十七条　学校的主管教育行政部门应学校要求或者认为必要,可以指导、协助学校进行事故的处理工作,尽快恢复学校正常的教育教学秩序。

第十八条　发生学生伤害事故,学校与受伤害学生或者学生家长可以通过协商方式解决;双方自愿,可以书面请求主管教育行政部门进行调解。

成年学生或者未成年学生的监护人也可以依法直接提起诉讼。

第十九条　教育行政部门收到调解申请,认为必要的,可以指定专门人员进行调解,并应当在受理申请之日起60日内完成调解。

第二十条　经教育行政部门调解,双方就事故处理达成一致意见的,应当在调解人员的见证下签订调解协议,结束调解;在调解期限内,双方不能达成一致意见,或者调解过程中一方提起诉讼,人民法院已经受理的,应当终止调解。

调解结束或者终止,教育行政部门应当书面通知当事人。

第二十一条　对经调解达成的协议,一方当事人不履行或者反悔的,双方可以依法提起诉讼。

第二十二条　事故处理结束,学校应当将事故处理结果书面报告主管的教育行政部门;重大伤亡事故的处理结果,学校主管的教育行政部门应当向同级人民政府和上一级教育行政部门报告。

第四章　事故损害的赔偿

第二十三条　对发生学生伤害事故负有责任的组织或者个人,应当按照法律法规的有关规定,承担相应的损害赔偿责任。

第二十四条　学生伤害事故赔偿的范围与标准,按照有关行政法规、地方性法规或者最高人民法院司法解释中的有关规定确定。

教育行政部门进行调解时,认为学校有责任的,可以依照有关法律法规及国家有关规定,提出相应的调解方案。

第二十五条 对受伤害学生的伤残程度存在争议的,可以委托当地具有相应鉴定资格的医院或者有关机构,依据国家规定的人体伤残标准进行鉴定。

第二十六条 学校对学生伤害事故负有责任的,根据责任大小,适当予以经济赔偿,但不承担解决户口、住房、就业等与救助受伤害学生、赔偿相应经济损失无直接关系的其他事项。

学校无责任的,如果有条件,可以根据实际情况,本着自愿和可能的原则,对受伤害学生给予适当的帮助。

第二十七条 因学校教师或者其他工作人员在履行职务中的故意或者重大过失造成的学生伤害事故,学校予以赔偿后,可以向有关责任人员追偿。

第二十八条 未成年学生对学生伤害事故负有责任的,由其监护人依法承担相应的赔偿责任。

学生的行为侵害学校教师及其他工作人员以及其他组织、个人的合法权益,造成损失的,成年学生或者未成年学生的监护人应当依法予以赔偿。

第二十九条 根据双方达成的协议、经调解形成的协议或者人民法院的生效判决,应当由学校负担的赔偿金,学校应当负责筹措;学校无力完全筹措的,由学校的主管部门或者举办者协助筹措。

第三十条 县级以上人民政府教育行政部门或者学校举办者有条件的,可以通过设立学生伤害赔偿准备金等多种形式,依法筹措伤害赔偿金。

第三十一条 学校有条件的,应当依据保险法的有关规定,参加学校责任保险。

教育行政部门可以根据实际情况,鼓励中小学参加学校责任保险。

提倡学生自愿参加意外伤害保险。在尊重学生意愿的前提下,学校可以为学生参加意外伤害保险创造便利条件,但不得从中收取任何费用。

第五章 事故责任者的处理

第三十二条 发生学生伤害事故,学校负有责任且情节严重的,教育行政部门应当根据有关规定,对学校的直接负责的主管人员和其他直接责任人员,分别给予相应的行政处分;有关责任人的行为触犯刑律的,应当移送司法机关依法追究刑事责任。

第三十三条 学校管理混乱,存在重大安全隐患的,主管的教育行政部门或者其他有关部门应当责令其限期整顿;对情节严重或者拒不改正的,应当依据法律法规的有关规定,给予相应的行政处罚。

第三十四条 教育行政部门未履行相应职责,对学生伤害事故的发生负有责任的,由有关部门对直接负责的主管人员和其他直接责任人员分别给予相应的行政处分;有关责任人的行为触犯刑律的,应当移送司法机关依法追究刑事责任。

第三十五条 违反学校纪律,对造成学生伤害事故负有责任的学生,学校可以给予相应的处分;触犯刑律的,由司法机关依法追究刑事责任。

第三十六条 受伤害学生的监护人、亲属或者其他有关人员,在事故处理过程中无理取闹,扰乱学校正常教育教学秩序,或者侵犯学校、学校教师或者其他工作人员的合法权益的,学校应当报告公安机关依法处理;造成损失的,可以依法要求赔偿。

第六章 附 则

第三十七条 本办法所称学校,是指国家或者社会力量举办的全日制的中小学(含特殊教育学校)、各类中等职业学校、高等学校。

本办法所称学生是指在上述学校中全日制就读的受教育者。

第三十八条 幼儿园发生的幼儿伤害事故,应当根据幼儿为完全无行为能力人的特点,参照本办法处理。

第三十九条 其他教育机构发生的学生伤害事故,参照本办法处理。

在学校注册的其他受教育者在学校管理范围内发生的伤害事故,参照本办法处理。

第四十条 本办法自2002年9月1日起实施,原国家教委、教育部颁布的与学生人身安全事故处理有关的规定,与本办法不符的,以本办法为准。

在本办法实施之前已处理完毕的学生伤害事故不再重新处理。

幼儿园教师违反职业道德行为处理办法

1. 2018年11月8日教育部发布施行
2. 教师[2018]19号

第一条 为规范幼儿园教师职业行为,保障教师、幼儿的合法权益,根据《中华人民共和国教育法》《中华人民共和国未成年人保护法》《中华人民共和国教师法》《教师资格条例》和《新时代幼儿园教师职业行为十项准则》等法律法规和制度规范,制定本办法。

第二条 本办法所称幼儿园教师包括公办幼儿园、民办幼儿园的教师。

第三条 本办法所称处理包括处分和其他处理。处分包括警告、记过、降低岗位等级或撤职、开除。警告期限为6个月,记过期限为12个月,降低岗位等级或撤职期限为24个月。是中共党员的,同时给予党纪处分。

其他处理包括给予批评教育、诫勉谈话、责令检查、通报批评,以及取消在评奖评优、职务晋升、职称评定、岗位聘用、工资晋级、申报人才计划等方面的资格。取消相关资格的处理执行期限不得少于24个月。

教师涉嫌违法犯罪的,及时移送司法机关依法处理。

第四条 应予处理的教师违反职业道德行为如下:

(一)在保教活动中及其他场合有损害党中央权威和违背党的路线方针政策的言行。

(二)损害国家利益、社会公共利益,或违背社会公序良俗。

(三)通过保教活动、论坛、讲座、信息网络及其他渠道发表、转发错误观点,或编造散布虚假信息、不良信息。

(四)在工作期间玩忽职守、消极怠工,或空岗、未经批准找人替班,利用职务之便兼职兼薪。

(五)在保教活动中遇突发事件、面临危险时,不顾幼儿安危,擅离职守,自行逃离。

(六)体罚和变相体罚幼儿,歧视、侮辱幼儿,猥亵、虐待、伤害幼儿。

（七）采用学校教育方式提前教授小学内容，组织有碍幼儿身心健康的活动。

（八）在入园招生、绩效考核、岗位聘用、职称评聘、评优评奖等工作中徇私舞弊、弄虚作假。

（九）索要、收受幼儿家长财物或参加由家长付费的宴请、旅游、娱乐休闲等活动，推销幼儿读物、社会保险或利用家长资源谋取私利。

（十）组织幼儿参加以营利为目的的表演、竞赛活动，或泄露幼儿与家长的信息。

（十一）其他违反职业道德的行为。

第五条 幼儿园及幼儿园主管部门发现教师存在第四条列举行为的，应当及时组织调查核实，视情节轻重给予相应处理。作出处理决定前，应当听取教师的陈述和申辩，调查了解幼儿情况，听取其他教师、家长委员会或者家长代表意见，并告知教师有要求举行听证的权利。对于拟给予降低岗位等级以上的处分，教师要求听证的，拟作出处理决定的部门应当组织听证。

第六条 给予教师处理，应当坚持公平公正、教育与惩处相结合的原则；应当与其违反职业道德行为的性质、情节、危害程度相适应；应当事实清楚、证据确凿、定性准确、处理恰当、程序合法、手续完备。

第七条 给予教师处理按照以下权限决定：

（一）警告和记过处分，公办幼儿园教师由所在幼儿园提出建议，幼儿园主管部门决定。民办幼儿园教师由所在幼儿园提出建议，幼儿园举办者做出决定，并报主管部门备案。

（二）降低岗位等级或撤职处分，公办幼儿园由教师所在幼儿园提出建议，幼儿园主管部门决定并报同级人事部门备案。民办幼儿园教师由所在幼儿园提出建议，幼儿园举办者做出决定，并报主管部门备案。

（三）开除处分，公办幼儿园在编教师由所在幼儿园提出建议，幼儿园主管部门决定并报同级人事部门备案。未纳入编制管理的教师由所在幼儿园决定并解除其聘任合同，报主管部门备案。民办幼儿园教师由所在幼儿园提出建议，幼儿园举办者做出决定并解除其聘任合同，报主管部门备案。

（四）给予批评教育、诫勉谈话、责令检查、通报批评,以及取消在评奖评优、职务晋升、职称评定、岗位聘用、工资晋级、申报人才计划等方面资格的其他处理,按照管理权限,由教师所在幼儿园或主管部门视其情节轻重作出决定。

第八条 处理决定应当书面通知教师本人并载明认定的事实、理由、依据、期限及申诉途径等内容。

第九条 教师不服处理决定的,可以向幼儿园主管部门申请复核。对复核结果不服的,可以向幼儿园主管部门的上一级行政部门提出申诉。

对教师的处理,在期满后根据悔改表现予以延期或解除,处理决定和处理解除决定都应完整存入人事档案及教师管理信息系统。

第十条 教师受到处分的,符合《教师资格条例》第十九条规定的,由县级以上教育行政部门依法撤销其教师资格。

教师受处分期间暂缓教师资格定期注册。依据《中华人民共和国教师法》第十四条规定丧失教师资格的,不能重新取得教师资格。

教师受记过以上处分期间不能参加专业技术职务任职资格评审。

第十一条 教师被依法判处刑罚的,依据《事业单位工作人员处分暂行规定》给予降低岗位等级或者撤职以上处分。其中,被依法判处有期徒刑以上刑罚的,给予开除处分。教师受到剥夺政治权利或者故意犯罪受到有期徒刑以上刑事处罚的,丧失教师资格。

第十二条 公办幼儿园、民办幼儿园举办者及主管部门不履行或不正确履行师德师风建设管理职责,有下列情形的,上一级行政部门应当视情节轻重采取约谈、诫勉谈话、通报批评、纪律处分和组织处理等方式严肃追究主要负责人、分管负责人和直接责任人的责任:

（一）师德师风长效机制建设、日常教育督导不到位;

（二）师德失范问题排查发现不及时;

（三）对已发现的师德失范行为处置不力、方式不当或拒不处分、拖延处分、推诿隐瞒的;

（四）已作出的师德失范行为处理决定落实不到位,师德失范行为整改不彻底;

（五）多次出现师德失范问题或因师德失范行为引起不良社会

影响；

(六)其他应当问责的失职失责情形。

第十三条　省级教育行政部门应当结合当地实际情况制定实施细则，并报国务院教育行政部门备案。

第十四条　本办法自发布之日起施行。

中小学教师违反职业道德行为处理办法

1. 2018年11月8日教育部发布施行
2. 教师〔2018〕18号

第一条　为规范教师职业行为，保障教师、学生的合法权益，根据《中华人民共和国教育法》《中华人民共和国未成年人保护法》《中华人民共和国教师法》《教师资格条例》和《新时代中小学教师职业行为十项准则》等法律法规和制度规范，制定本办法。

第二条　本办法所称中小学教师是指普通中小学、中等职业学校(含技工学校)、特殊教育机构、少年宫以及地方教研室、电化教育等机构的教师。

前款所称中小学教师包括民办学校教师。

第三条　本办法所称处理包括处分和其他处理。处分包括警告、记过、降低岗位等级或撤职、开除。警告期限为6个月，记过期限为12个月，降低岗位等级或撤职期限为24个月。是中共党员的，同时给予党纪处分。

其他处理包括给予批评教育、诫勉谈话、责令检查、通报批评，以及取消在评奖评优、职务晋升、职称评定、岗位聘用、工资晋级、申报人才计划等方面的资格。取消相关资格的处理执行期限不得少于24个月。

教师涉嫌违法犯罪的，及时移送司法机关依法处理。

第四条　应予处理的教师违反职业道德行为如下：

(一)在教育教学活动中及其他场合有损害党中央权威、违背党的路线方针政策的言行。

（二）损害国家利益、社会公共利益，或违背社会公序良俗。

（三）通过课堂、论坛、讲座、信息网络及其他渠道发表、转发错误观点，或编造散布虚假信息、不良信息。

（四）违反教学纪律，敷衍教学，或擅自从事影响教育教学本职工作的兼职兼薪行为。

（五）歧视、侮辱学生，虐待、伤害学生。

（六）在教育教学活动中遇突发事件、面临危险时，不顾学生安危，擅离职守，自行逃离。

（七）与学生发生不正当关系，有任何形式的猥亵、性骚扰行为。

（八）在招生、考试、推优、保送及绩效考核、岗位聘用、职称评聘、评优评奖等工作中徇私舞弊、弄虚作假。

（九）索要、收受学生及家长财物或参加由学生及家长付费的宴请、旅游、娱乐休闲等活动，向学生推销图书报刊、教辅材料、社会保险或利用家长资源谋取私利。

（十）组织、参与有偿补课，或为校外培训机构和他人介绍生源、提供相关信息。

（十一）其他违反职业道德的行为。

第五条 学校及学校主管教育部门发现教师存在违反第四条列举行为的，应当及时组织调查核实，视情节轻重给予相应处理。作出处理决定前，应当听取教师的陈述和申辩，听取学生、其他教师、家长委员会或者家长代表意见，并告知教师有要求举行听证的权利。对于拟给予降低岗位等级以上的处分，教师要求听证的，拟作出处理决定的部门应当组织听证。

第六条 给予教师处理，应当坚持公平公正、教育与惩处相结合的原则；应当与其违反职业道德行为的性质、情节、危害程度相适应；应当事实清楚、证据确凿、定性准确、处理恰当、程序合法、手续完备。

第七条 给予教师处理按照以下权限决定：

（一）警告和记过处分，公办学校教师由所在学校提出建议，学校主管教育部门决定。民办学校教师由所在学校决定，报主管教育部门备案。

（二）降低岗位等级或撤职处分，由教师所在学校提出建议，学校主管教育部门决定并报同级人事部门备案。

（三）开除处分，公办学校教师由所在学校提出建议，学校主管教育部门决定并报同级人事部门备案。民办学校教师或者未纳入人事编制管理的教师由所在学校决定并解除其聘任合同，报主管教育部门备案。

（四）给予批评教育、诫勉谈话、责令检查、通报批评，以及取消在评奖评优、职务晋升、职称评定、岗位聘用、工资晋级、申报人才计划等方面资格的其他处理，按照管理权限，由教师所在学校或主管部门视其情节轻重作出决定。

第八条 处理决定应当书面通知教师本人并载明认定的事实、理由、依据、期限及申诉途径等内容。

第九条 教师不服处理决定的，可以向学校主管教育部门申请复核。对复核结果不服的，可以向学校主管教育部门的上一级行政部门提出申诉。

对教师的处理，在期满后根据悔改表现予以延期或解除，处理决定和处理解除决定都应完整存入人事档案及教师管理信息系统。

第十条 教师受到处分的，符合《教师资格条例》第十九条规定的，由县级以上教育行政部门依法撤销其教师资格。

教师受处分期间暂缓教师资格定期注册。依据《中华人民共和国教师法》第十四条规定丧失教师资格的，不能重新取得教师资格。

教师受记过以上处分期间不能参加专业技术职务任职资格评审。

第十一条 教师被依法判处刑罚的，依据《事业单位工作人员处分暂行规定》给予降低岗位等级或者撤职以上处分。其中，被依法判处有期徒刑以上刑罚的，给予开除处分。教师受到剥夺政治权利或者故意犯罪受到有期徒刑以上刑事处罚的，丧失教师资格。

第十二条 学校及主管教育部门不履行或不正确履行师德师风建设管理职责，有下列情形的，上一级行政部门应当视情节轻重采取约谈、诫勉谈话、通报批评、纪律处分和组织处理等方式严肃追究主要负责人、分管负责人和直接责任人的责任：

（一）师德师风长效机制建设、日常教育督导不到位；

（二）师德失范问题排查发现不及时；

（三）对已发现的师德失范行为处置不力、方式不当或拒不处分、拖延处分、推诿隐瞒的；

（四）已作出的师德失范行为处理决定落实不到位，师德失范行为整改不彻底；

（五）多次出现师德失范问题或因师德失范行为引起不良社会影响；

（六）其他应当问责的失职失责情形。

第十三条　省级教育行政部门应当结合当地实际情况制定实施细则，并报国务院教育行政部门备案。

第十四条　本办法自发布之日起施行。

中小学幼儿园安全管理办法

1. 2006年6月30日教育部、公安部、司法部、建设部、交通部、文化部、卫生部、国家工商行政管理总局、国家质量监督检验检疫总局、新闻出版总署令第23号公布
2. 自2006年9月1日起施行

第一章　总　　则

第一条　为加强中小学、幼儿园安全管理，保障学校及其学生和教职工的人身、财产安全，维护中小学、幼儿园正常的教育教学秩序，根据《中华人民共和国教育法》等法律法规，制定本办法。

第二条　普通中小学、中等职业学校、幼儿园（班）、特殊教育学校、工读学校（以下统称学校）的安全管理适用本办法。

第三条　学校安全管理遵循积极预防、依法管理、社会参与、各负其责的方针。

第四条　学校安全管理工作主要包括：

（一）构建学校安全工作保障体系，全面落实安全工作责任制和事故责任追究制，保障学校安全工作规范、有序进行；

（二）健全学校安全预警机制，制定突发事件应急预案，完善事故预防措施，及时排除安全隐患，不断提高学校安全工作管理水平；

（三）建立校园周边整治协调工作机制,维护校园及周边环境安全;

（四）加强安全宣传教育培训,提高师生安全意识和防护能力;

（五）事故发生后启动应急预案、对伤亡人员实施救治和责任追究等。

第五条　各级教育、公安、司法行政、建设、交通、文化、卫生、工商、质检、新闻出版等部门在本级人民政府的领导下,依法履行学校周边治理和学校安全的监督与管理职责。

学校应当按照本办法履行安全管理和安全教育职责。

社会团体、企业事业单位、其他社会组织和个人应当积极参与和支持学校安全工作,依法维护学校安全。

第二章　安全管理职责

第六条　地方各级人民政府及其教育、公安、司法行政、建设、交通、文化、卫生、工商、质检、新闻出版等部门应当按照职责分工,依法负责学校安全工作,履行学校安全管理职责。

第七条　教育行政部门对学校安全工作履行下列职责：

（一）全面掌握学校安全工作状况,制定学校安全工作考核目标,加强对学校安全工作的检查指导,督促学校建立健全并落实安全管理制度;

（二）建立安全工作责任制和事故责任追究制,及时消除安全隐患,指导学校妥善处理学生伤害事故;

（三）及时了解学校安全教育情况,组织学校有针对性地开展学生安全教育,不断提高教育实效;

（四）制定校园安全的应急预案,指导、监督下级教育行政部门和学校开展安全工作;

（五）协调政府其他相关职能部门共同做好学校安全管理工作,协助当地人民政府组织对学校安全事故的救援和调查处理。

教育督导机构应当组织学校安全工作的专项督导。

第八条　公安机关对学校安全工作履行下列职责：

（一）了解掌握学校及周边治安状况,指导学校做好校园保卫工

作,及时依法查处扰乱校园秩序、侵害师生人身、财产安全的案件;

(二)指导和监督学校做好消防安全工作;

(三)协助学校处理校园突发事件。

第九条　卫生部门对学校安全工作履行下列职责:

(一)检查、指导学校卫生防疫和卫生保健工作,落实疾病预防控制措施;

(二)监督、检查学校食堂、学校饮用水和游泳池的卫生状况。

第十条　建设部门对学校安全工作履行下列职责:

(一)加强对学校建筑、燃气设施设备安全状况的监管,发现安全事故隐患的,应当依法责令立即排除;

(二)指导校舍安全检查鉴定工作;

(三)加强对学校工程建设各环节的监督管理,发现校舍、楼梯护栏及其他教学、生活设施违反工程建设强制性标准的,应责令纠正;

(四)依法督促学校定期检验、维修和更新学校相关设施设备。

第十一条　质量技术监督部门应当定期检查学校特种设备及相关设施的安全状况。

第十二条　公安、卫生、交通、建设等部门应当定期向教育行政部门和学校通报与学校安全管理相关的社会治安、疾病防治、交通等情况,提出具体预防要求。

第十三条　文化、新闻出版、工商等部门应当对校园周边的有关经营服务场所加强管理和监督,依法查处违法经营者,维护有利于青少年成长的良好环境。

司法行政、公安等部门应当按照有关规定履行学校安全教育职责。

第十四条　举办学校的地方人民政府、企业事业组织、社会团体和公民个人,应当对学校安全工作履行下列职责:

(一)保证学校符合基本办学标准,保证学校围墙、校舍、场地、教学设施、教学用具、生活设施和饮用水源等办学条件符合国家安全质量标准;

(二)配置紧急照明装置和消防设施与器材,保证学校教学楼、图书馆、实验室、师生宿舍等场所的照明、消防条件符合国家安全规定;

(三)定期对校舍安全进行检查,对需要维修的,及时予以维修;对确认的危房，及时予以改造。

举办学校的地方人民政府应当依法维护学校周边秩序，保障师生和学校的合法权益，为学校提供安全保障。

有条件的，学校举办者应当为学校购买责任保险。

第三章　校内安全管理制度

第十五条　学校应当遵守有关安全工作的法律、法规和规章，建立健全校内各项安全管理制度和安全应急机制，及时消除隐患，预防发生事故。

第十六条　学校应当建立校内安全工作领导机构，实行校长负责制；应当设立保卫机构，配备专职或者兼职安全保卫人员，明确其安全保卫职责。

第十七条　学校应当健全门卫制度，建立校外人员入校的登记或者验证制度，禁止无关人员和校外机动车入内，禁止将非教学用易燃易爆物品、有毒物品、动物和管制器具等危险物品带入校园。

学校门卫应当由专职保安或者其他能够切实履行职责的人员担任。

第十八条　学校应当建立校内安全定期检查制度和危房报告制度，按照国家有关规定安排对学校建筑物、构筑物、设备、设施进行安全检查、检验；发现存在安全隐患的，应当停止使用，及时维修或者更换；维修、更换前应当采取必要的防护措施或者设置警示标志。学校无力解决或者无法排除的重大安全隐患，应当及时书面报告主管部门和其他相关部门。

学校应当在校内高地、水池、楼梯等易发生危险的地方设置警示标志或者采取防护设施。

第十九条　学校应当落实消防安全制度和消防工作责任制，对于政府保障配备的消防设施和器材加强日常维护，保证其能够有效使用，并设置消防安全标志，保证疏散通道、安全出口和消防车通道畅通。

第二十条　学校应当建立用水、用电、用气等相关设施设备的安全管理制度，定期进行检查或者按照规定接受有关主管部门的定期检查，发现老化或者损毁的，及时进行维修或者更换。

第二十一条　学校应当严格执行《学校食堂与学生集体用餐卫生管理规定》、《餐饮业和学生集体用餐配送单位卫生规范》，严格遵守卫生操作规范。建立食堂物资定点采购和索证、登记制度与饭菜留验和记录制度，检查饮用水的卫生安全状况，保障师生饮食卫生安全。

第二十二条　学校应当建立实验室安全管理制度,并将安全管理制度和操作规程置于实验室显著位置。

学校应当严格建立危险化学品、放射物质的购买、保管、使用、登记、注销等制度,保证将危险化学品、放射物质存放在安全地点。

第二十三条　学校应当按照国家有关规定配备具有从业资格的专职医务(保健)人员或者兼职卫生保健教师,购置必需的急救器材和药品,保障对学生常见病的治疗,并负责学校传染病疫情及其他突发公共卫生事件的报告。有条件的学校,应当设立卫生(保健)室。

新生入学应当提交体检证明。托幼机构与小学在入托、入学时应当查验预防接种证。学校应当建立学生健康档案,组织学生定期体检。

第二十四条　学校应当建立学生安全信息通报制度,将学校规定的学生到校和放学时间、学生非正常缺席或者擅自离校情况、以及学生身体和心理的异常状况等关系学生安全的信息,及时告知其监护人。

对有特异体质、特定疾病或者其他生理、心理状况异常以及有吸毒行为的学生,学校应当做好安全信息记录,妥善保管学生的健康与安全信息资料,依法保护学生的个人隐私。

第二十五条　有寄宿生的学校应当建立住宿学生安全管理制度,配备专人负责住宿学生的生活管理和安全保卫工作。

学校应当对学生宿舍实行夜间巡查、值班制度,并针对女生宿舍安全工作的特点,加强对女生宿舍的安全管理。

学校应当采取有效措施,保证学生宿舍的消防安全。

第二十六条　学校购买或者租用机动车专门用于接送学生的,应当建立车辆管理制度,并及时到公安机关交通管理部门备案。接送学生的车辆必须检验合格,并定期维护和检测。

接送学生专用校车应当粘贴统一标识。标识样式由省级公安机关交通管理部门和教育行政部门制定。

学校不得租用拼装车、报废车和个人机动车接送学生。

接送学生的机动车驾驶员应当身体健康,具备相应准驾车型3年以上安全驾驶经历,最近3年内任一记分周期没有记满12分记录,无致人伤亡的交通责任事故。

第二十七条　学校应当建立安全工作档案,记录日常安全工作、安全责任落实、安全检查、安全隐患消除等情况。

安全档案作为实施安全工作目标考核、责任追究和事故处理的重要依据。

第四章 日常安全管理

第二十八条 学校在日常的教育教学活动中应当遵循教学规范,落实安全管理要求,合理预见、积极防范可能发生的风险。

学校组织学生参加的集体劳动、教学实习或者社会实践活动,应当符合学生的心理、生理特点和身体健康状况。

学校以及接受学生参加教育教学活动的单位必须采取有效措施,为学生活动提供安全保障。

第二十九条 学校组织学生参加大型集体活动,应当采取下列安全措施:

(一)成立临时的安全管理组织机构;

(二)有针对性地对学生进行安全教育;

(三)安排必要的管理人员,明确所负担的安全职责;

(四)制定安全应急预案,配备相应设施。

第三十条 学校应当按照《学校体育工作条例》和教学计划组织体育教学和体育活动,并根据教学要求采取必要的保护和帮助措施。

学校组织学生开展体育活动,应当避开主要街道和交通要道;开展大型体育活动以及其他大型学生活动,必须经过主要街道和交通要道的,应当事先与公安机关交通管理部门共同研究并落实安全措施。

第三十一条 小学、幼儿园应当建立低年级学生、幼儿上下学时接送的交接制度,不得将晚离学校的低年级学生、幼儿交与无关人员。

第三十二条 学生在教学楼进行教学活动和晚自习时,学校应当合理安排学生疏散时间和楼道上下顺序,同时安排人员巡查,防止发生拥挤踩踏伤害事故。

晚自习学生没有离校之前,学校应当有负责人和教师值班、巡查。

第三十三条 学校不得组织学生参加抢险等应当由专业人员或者成人从事的活动,不得组织学生参与制作烟花爆竹、有毒化学品等具有危险性的活动,不得组织学生参加商业性活动。

第三十四条　学校不得将场地出租给他人从事易燃、易爆、有毒、有害等危险品的生产、经营活动。

学校不得出租校园内场地停放校外机动车辆;不得利用学校用地建设对社会开放的停车场。

第三十五条　学校教职工应当符合相应任职资格和条件要求。学校不得聘用因故意犯罪而受到刑事处罚的人,或者有精神病史的人担任教职工。

学校教师应当遵守职业道德规范和工作纪律,不得侮辱、殴打、体罚或者变相体罚学生;发现学生行为具有危险性的,应当及时告诫、制止,并与学生监护人沟通。

第三十六条　学生在校学习和生活期间,应当遵守学校纪律和规章制度,服从学校的安全教育和管理,不得从事危及自身或者他人安全的活动。

第三十七条　监护人发现被监护人有特异体质、特定疾病或者异常心理状况的,应当及时告知学校。

学校对已知的有特异体质、特定疾病或者异常心理状况的学生,应当给予适当关注和照顾。生理、心理状况异常不宜在校学习的学生,应当休学,由监护人安排治疗、休养。

第五章　安全教育

第三十八条　学校应当按照国家课程标准和地方课程设置要求,将安全教育纳入教学内容,对学生开展安全教育,培养学生的安全意识,提高学生的自我防护能力。

第三十九条　学校应当在开学初、放假前,有针对性地对学生集中开展安全教育。新生入校后,学校应当帮助学生及时了解相关的学校安全制度和安全规定。

第四十条　学校应当针对不同课程实验课的特点与要求,对学生进行实验用品的防毒、防爆、防辐射、防污染等的安全防护教育。

学校应当对学生进行用水、用电的安全教育,对寄宿学生进行防火、防盗和人身防护等方面的安全教育。

第四十一条　学校应当对学生开展安全防范教育,使学生掌握基本的自我保护技能,应对不法侵害。

学校应当对学生开展交通安全教育,使学生掌握基本的交通规则和行为规范。

学校应当对学生开展消防安全教育,有条件的可以组织学生到当地消防站参观和体验,使学生掌握基本的消防安全知识,提高防火意识和逃生自救的能力。

学校应当根据当地实际情况,有针对性地对学生开展到江河湖海、水库等地方戏水、游泳的安全卫生教育。

第四十二条　学校可根据当地实际情况,组织师生开展多种形式的事故预防演练。

学校应当每学期至少开展一次针对洪水、地震、火灾等灾害事故的紧急疏散演练,使师生掌握避险、逃生、自救的方法。

第四十三条　教育行政部门按照有关规定,与人民法院、人民检察院和公安、司法行政等部门以及高等学校协商,选聘优秀的法律工作者担任学校的兼职法制副校长或者法制辅导员。

兼职法制副校长或者法制辅导员应当协助学校检查落实安全制度和安全事故处理、定期对师生进行法制教育等,其工作成果纳入派出单位的工作考核内容。

第四十四条　教育行政部门应当组织负责安全管理的主管人员、学校校长、幼儿园园长和学校负责安全保卫工作的人员,定期接受有关安全管理培训。

第四十五条　学校应当制定教职工安全教育培训计划,通过多种途径和方法,使教职工熟悉安全规章制度、掌握安全救护常识,学会指导学生预防事故、自救、逃生、紧急避险的方法和手段。

第四十六条　学生监护人应当与学校互相配合,在日常生活中加强对被监护人的各项安全教育。

学校鼓励和提倡监护人自愿为学生购买意外伤害保险。

第六章　校园周边安全管理

第四十七条　教育、公安、司法行政、建设、交通、文化、卫生、工商、质检、新闻出版等部门应当建立联席会议制度,定期研究部署学校安全管理工作,依法维护学校周边秩序;通过多种途径和方式,听取学校和社会各界关于学校安全管理工作的意见和建议。

第四十八条 建设、公安等部门应当加强对学校周边建设工程的执法检查,禁止任何单位或者个人违反有关法律、法规、规章、标准,在学校围墙或者建筑物边建设工程,在校园周边设立易燃易爆、剧毒、放射性、腐蚀性等危险物品的生产、经营、储存、使用场所或者设施以及其他可能影响学校安全的场所或者设施。

第四十九条 公安机关应当把学校周边地区作为重点治安巡逻区域,在治安情况复杂的学校周边地区增设治安岗亭和报警点,及时发现和消除各类安全隐患,处置扰乱学校秩序和侵害学生人身、财产安全的违法犯罪行为。

第五十条 公安、建设和交通部门应当依法在学校门前道路设置规范的交通警示标志,施划人行横线,根据需要设置交通信号灯、减速带、过街天桥等设施。

在地处交通复杂路段的学校上下学时间,公安机关应当根据需要部署警力或者交通协管人员维护道路交通秩序。

第五十一条 公安机关和交通部门应当依法加强对农村地区交通工具的监督管理,禁止没有资质的车船搭载学生。

第五十二条 文化部门依法禁止在中学、小学校园周围200米范围内设立互联网上网服务营业场所,并依法查处接纳未成年人进入的互联网上网服务营业场所。工商行政管理部门依法查处取缔擅自设立的互联网上网服务营业场所。

第五十三条 新闻出版、公安、工商行政管理等部门应当依法取缔学校周边兜售非法出版物的游商和无证照摊点,查处学校周边制售含有淫秽色情、凶杀暴力等内容的出版物的单位和个人。

第五十四条 卫生、工商行政管理部门应当对校园周边饮食单位的卫生状况进行监督,取缔非法经营的小卖部、饮食摊点。

第七章 安全事故处理

第五十五条 在发生地震、洪水、泥石流、台风等自然灾害和重大治安、公共卫生突发事件时,教育等部门应当立即启动应急预案,及时转移、疏散学生,或者采取其他必要防护措施,保障学校安全和师生人身财产安全。

第五十六条　校园内发生火灾、食物中毒、重大治安等突发安全事故以及自然灾害时,学校应当启动应急预案,及时组织教职工参与抢险、救助和防护,保障学生身体健康和人身、财产安全。

第五十七条　发生学生伤亡事故时,学校应当按照《学生伤害事故处理办法》规定的原则和程序等,及时实施救助,并进行妥善处理。

第五十八条　发生教职工和学生伤亡等安全事故的,学校应当及时报告主管教育行政部门和政府有关部门;属于重大事故的,教育行政部门应当按照有关规定及时逐级上报。

第五十九条　省级教育行政部门应当在每年1月31日前向国务院教育行政部门书面报告上一年度学校安全工作和学生伤亡事故情况。

第八章　奖励与责任

第六十条　教育、公安、司法行政、建设、交通、文化、卫生、工商、质检、新闻出版等部门,对在学校安全工作中成绩显著或者做出突出贡献的单位和个人,应当视情况联合或者分别给予表彰、奖励。

第六十一条　教育、公安、司法行政、建设、交通、文化、卫生、工商、质检、新闻出版等部门,不依法履行学校安全监督与管理职责的,由上级部门给予批评;对直接责任人员由上级部门和所在单位视情节轻重,给予批评教育或者行政处分;构成犯罪的,依法追究刑事责任。

第六十二条　学校不履行安全管理和安全教育职责,对重大安全隐患未及时采取措施的,有关主管部门应当责令其限期改正;拒不改正或者有下列情形之一的,教育行政部门应当对学校负责人和其他直接责任人员给予行政处分;构成犯罪的,依法追究刑事责任:

（一）发生重大安全事故、造成学生和教职工伤亡的;
（二）发生事故后未及时采取适当措施、造成严重后果的;
（三）瞒报、谎报或者缓报重大事故的;
（四）妨碍事故调查或者提供虚假情况的;
（五）拒绝或者不配合有关部门依法实施安全监督管理职责的。

《中华人民共和国民办教育促进法》及其实施条例另有规定的,依其规定执行。

第六十三条 校外单位或者人员违反治安管理规定、引发学校安全事故的,或者在学校安全事故处理过程中,扰乱学校正常教育教学秩序、违反治安管理规定的,由公安机关依法处理;构成犯罪的,依法追究其刑事责任;造成学校财产损失的,依法承担赔偿责任。

第六十四条 学生人身伤害事故的赔偿,依据有关法律法规、国家有关规定以及《学生伤害事故处理办法》处理。

第九章 附 则

第六十五条 中等职业学校学生实习劳动的安全管理办法另行制定。

第六十六条 本办法自 2006 年 9 月 1 日起施行。

幼儿园督导评估办法

1. 2023 年 12 月 29 日教育部公布
2. 教督〔2023〕5 号

第一章 总 则

第一条 为深入贯彻党的二十大精神,加快推进学前教育高质量发展,按照中共中央、国务院《深化新时代教育评价改革总体方案》《关于学前教育深化改革规范发展的若干意见》等文件精神,依据《教育督导条例》以及教育部《幼儿园保育教育质量评估指南》等,制定本办法。

第二条 幼儿园督导评估工作以习近平新时代中国特色社会主义思想为指导,全面贯彻党的教育方针,落实立德树人根本任务,引导幼儿园树立科学保教理念、规范办园行为、提升保教质量,推动学前教育普及普惠安全优质发展,更好满足人民群众对幼有优育的美好期盼,为培养德智体美劳全面发展的社会主义建设者和接班人奠定坚实基础。

第三条 幼儿园督导评估工作基本原则:

（一）树立正确导向。将落实立德树人成效作为督导评估根本标准。引导幼儿园坚持社会主义办园方向，以幼儿为本，遵循幼儿年龄特点和成长规律，科学开展保育教育活动，促进幼儿身心健康全面成长。

（二）注重条件支撑。将是否配置适宜幼儿发展的教育资源作为幼儿园督导评估的基本内容。注重评估幼儿园在园舍场地、游戏材料、环境创设和教职工队伍等方面的达标情况，引导幼儿园创设丰富适宜的环境。

（三）促进规范办园。将招生收费、内部管理、队伍建设、膳食管理、安全防护、卫生保健等办园行为纳入督导评估范围，促进幼儿园规范办园行为，强化幼儿园在安全卫生、师德师风建设等方面的责任，促进幼儿园持续健康发展。

（四）强化过程评估。将加强保育教育过程评估作为幼儿园督导评估改革的重点。聚焦评估活动组织、师幼互动、家园共育等过程质量的核心内容，关注幼儿园提升保育教育水平的主观努力和改进程度，引导幼儿园注重自我评估、自我诊断、持续改进。

（五）坚持以评促建。坚持问题导向、目标导向与效果导向相结合，将促进幼儿园高质量发展作为督导评估的根本目的。充分发挥督导评估的诊断、监督、引导和激励作用，推动幼儿园不断提升保教质量。

第二章　督导评估内容与方式

第四条　幼儿园督导评估内容主要包括办园方向、保育与安全、教育过程、环境条件、队伍建设、内部管理等6个方面，共18项指标35项基本要求。

（一）办园方向。包括党建思政、办园理念2项指标，旨在促进幼儿园加强党组织建设，重视思想政治工作，落实立德树人根本任务，坚持五育并举，确保正确办园方向。

（二）保育与安全。包括卫生保健、生活照料、安全防护3项指标，旨在促进幼儿园加强膳食营养、疾病防控、安全管理等工作，保障幼儿安全、健康成长。

（三）教育过程。包括活动组织、师幼互动、家园社共育3项指标，旨在促进幼儿园以游戏为基本活动，凸显幼儿主体地位，营造和谐的师幼关系，强化家园共育，不断提高保育教育水平。

（四）环境条件。包括园所规模、园舍场地、玩具材料3项指标，旨在促进幼儿园合理控制园所规模和班额，配备符合安全质量标准、种类丰富、数量充足的玩教具和图书，满足幼儿发展的多样化需求。

（五）队伍建设。包括师德师风、教职工配备、权益保障、专业发展4项指标，旨在促进幼儿园落实教师待遇，加强师德师风建设，着力打造一支数量足、专业强、素质高的学前教育教师队伍。

（六）内部管理。包括办园资质、财务管理、招生管理3项指标，旨在促进幼儿园进一步规范财务制度和招生制度，不断完善内部管理，依法依规办园。

民办园附加指标。主要包括完善法人治理、履行出资义务、规范经费管理、遏制过度逐利4项指标，旨在促进民办幼儿园完善法人治理结构，健全资产管理和财务制度，不断规范办园行为，持续健康发展。

第五条　幼儿园督导评估的方式主要是现场观察、座谈访谈、问卷调查、资料查阅和数据分析等。

第三章　督导评估组织实施

第六条　督导评估工作由教育督导部门会同教育管理部门组织实施。

第七条　教育部教育督导局负责统筹指导。依据国家有关法律法规和政策文件，制定统一的督导评估指标及工作程序，根据省级幼儿园督导评估报告和相关数据信息形成国家督导评估报告，对各地工作开展情况进行检查指导。

第八条　省级教育督导部门对全省（区、市）幼儿园督导评估工作进行抽查，督促市、县两级教育督导部门按要求开展工作。

第九条　地市级教育督导部门负责对县级幼儿园督导评估工作进行抽查、监督和指导，督促各县（市、区）及时研究解决督导评估工作中发现的问题。

第十条　县级教育督导部门负责具体组织实施辖区内幼儿园督导评估工

作。依据所辖园数和工作需要,制定幼儿园督导评估工作计划,原则上每3—5年为一个周期,确保每个周期内覆盖所有幼儿园。具体程序如下:

(一)日常自评。幼儿园建立常态化的自评机制,每年向县级教育督导部门和教育管理部门提交一次自评报告。

(二)实地督导。县级教育督导部门会同教育管理部门成立督导组,结合幼儿园自评报告对幼儿园进行实地督导评估,全面了解幼儿园办园情况。特别要通过不少于半日的连续自然观察,准确评估幼儿园保育教育过程质量。

(三)结果反馈。县级教育督导部门形成督导意见书,发送幼儿园。

(四)问题整改。幼儿园根据督导意见书,采取措施进行整改,并按要求将整改情况报县级教育督导部门和教育管理部门。县级教育管理部门和督导部门要加强对幼儿园整改工作的指导。

(五)及时复查。县级教育督导部门建立问题整改台账,督促幼儿园整改,并视情对整改情况进行复查。

第十一条　各级教育督导部门总结幼儿园督导评估工作情况,形成评估报告,报送上级教育督导部门及本级人民政府。

第十二条　县级教育督导部门要根据被实地督导评估幼儿园的实际,有针对性地组建专业化的督导评估组,评估组应包括学前教育行政人员、教研人员和优秀园长(或骨干教师)等。

第四章　督导评估工作要求

第十三条　各地要为幼儿园督导评估提供必要的经费保障,支持开展评估研究和培训。切实加强评估队伍建设,提高评估人员专业能力。

第十四条　各地要坚持教育督导评估的公平、公正,严格按规定程序实施,避免重结果轻过程和重硬件轻内涵的倾向,力戒形式主义,注重实效,确保教育督导评估内容的真实性和评估结果的可靠性。

第十五条　切实减轻基层和幼儿园迎检负担。各地要根据本办法明确的幼儿园督导评估重点指标和当地幼儿园质量评估具体标准,统筹开展督导评估,将幼儿园督导评估工作与中小学幼儿园校(园)长任期结束督导评估、幼儿园保育教育质量评估等工作统筹实施。在一年内,一所幼儿园接受县市级及以上教育部门组织的实地督导评估次数不超过1次。实地督导评估时查看的材料,应为幼儿园日常办园过程中形成的资料,不得要求幼儿园为迎评专门准备。

第十六条 督导评估结果作为县域学前教育普及普惠督导评估、对地方政府履行教育职责评价以及幼儿园年度考核检查的重要依据,作为教育行政部门制定学前教育政策、加强幼儿园管理的重要参考,各地要对发现的薄弱幼儿园给予必要的资源倾斜和扶持,并对发现的先进经验和典型案例进行及时总结推广。

第五章 附 则

第十七条 本办法自公布之日起施行。原《幼儿园办园行为督导评估办法》(教督〔2017〕7号)同时废止。

附件:幼儿园督导评估重点指标(略)

义务教育学校管理标准

1. 2017年12月4日教育部印发
2. 教基〔2017〕9号

为全面贯彻党的教育方针,促进义务教育学校(以下简称学校)不断提升治理能力和治理水平,逐步形成"标准引领、管理规范、内涵发展、富有特色"的良好局面,全面提高义务教育质量,促进教育公平,加快教育现代化,着力解决人民日益增长的美好生活需要和学校发展不平衡不充分问题,根据《教育法》《义务教育法》等有关法律法规,制定本标准。

一、基本理念

(一)育人为本 全面发展

全面贯彻党的教育方针,坚持教育为人民服务、为中国共产党治国理政服务、为巩固和发展新时代中国特色社会主义制度服务、为改革开放和社会主义现代化建设服务,落实立德树人根本任务,发展素质教育,培育和践行社会主义核心价值观,全面改进德育、智育、体育、美育,培养德智体美全面发展的社会主义建设者和接班人。

(二)促进公平　提高质量

树立公平的教育观和正确的质量观,提高办学水平,强化学生认知、合作、创新等关键能力和职业意识培养,面向每一名学生,教好每一名学生,切实保障学生平等的受教育权利。建设适合学生发展的课程,实施以学生发展为本的教学;加强教师队伍建设,提高教师整体素质;建立科学合理的评价体系,提高教育教学质量。

(三)和谐美丽　充满活力

建设安全卫生的学校基础设施,完善切实可行的安全、健康管理制度,开展以生活技能和自护、自救技能为基础的安全与健康教育。加强校园文化建设,创建平安校园、文明校园、和谐校园、美丽校园,为师生创造安定有序、和谐融洽、充满活力的工作、学习和生活环境。

(四)依法办学　科学治理

建设依法办学、自主管理、民主监督、社会参与的现代学校制度。落实学校办学自主权,提升校长依法科学治理能力,发挥中小学校党组织的政治核心和战斗堡垒作用,拓宽师生、家长和社会参与学校治理的渠道,建立健全学校民主管理制度,构建和谐的学校、家庭、社区合作关系,推动学校可持续发展。

二、基本内容

(包括:保障学生平等权益、促进学生全面发展、引领教师专业进步、提升教育教学水平、营造和谐美丽环境、建设现代学校制度等6大管理职责、22项管理任务、88条具体内容,详见列表)

管理职责	管理任务	管理内容
一、保障学生平等权益	1.1 维护学生平等入学权利	1. 根据国家法律法规和教育行政部门相关规定，落实招生入学方案，公开范围、程序、时间、结果，保障适龄儿童少年平等接受义务教育的权利。按照教育行政部门统一安排，做好进城务工人员随迁子女就学工作。 2. 坚持免试就近入学原则，不举办任何形式的入学或升学考试，不以各类竞赛、考级、奖励证书作为学生入学或升学的依据。不得提前招生、提前录取。 3. 实行均衡编班，不分重点班与非重点班。编班过程邀请相关人员参加，接受各方监督。 4. 实行收费公示制度，严格执行国家关于义务教育免费的规定。
	1.2 建立控辍保学工作机制	5. 执行国家学籍管理相关规定，利用中小学生学籍信息管理系统做好辍学学生标注登记工作，并确保学籍系统信息与实际一致。防止空挂学籍和中途辍学。 6. 严格执行学生考勤制度，建立和完善辍学学生劝返复学、登记与书面报告制度，加强家校联系，配合政府部门做好辍学学生劝返复学工作。 7. 把对学习困难学生的帮扶作为控辍保学的重点任务，建立健全学习帮扶制度。
	1.3 满足需要关注学生需求	8. 制定保障教育公平的制度，通过各种途径广泛宣传，不让一名学生受到歧视或欺凌。 9. 坚持合理便利原则满足适龄残疾儿童随班就读需要，并为其学习、生活提供帮助。创造条件为有特殊学习需要的学生建立资源教室，配备专兼职教师。 10. 为需要帮助的儿童提供情感关怀，优先满足留守儿童寄宿、乘坐校车、营养改善需求，寄宿制学校应按政府购买服务的有关规定配备服务人员。

续表

管理职责	管理任务	管理内容
二、促进学生全面发展	2.1 提升学生道德品质	11. 推动习近平新时代中国特色社会主义思想进校园、进课堂、进头脑,落实《中小学德育工作指南》《中小学生守则》,坚持立德树人,引导学生养成良好思想素质、道德品质和行为习惯,形成积极健康的人格和良好的心理品质,促进学生核心素养提升和全面发展。 12. 教育学生爱党爱国爱人民,让学生熟记并践行社会主义核心价值观,积极开展理想信念教育、社会主义核心价值观教育、中华优秀传统文化教育、生态文明教育和心理健康教育。 13. 统筹德育资源,创新德育形式,探索课程育人、文化育人、活动育人、实践育人、管理育人、协同育人等多种途径,努力形成全员育人、全程育人、全方位育人的德育工作格局。 14. 把学生思想品德发展状况纳入综合素质评价体系,认真组织开展评价工作。 15. 建立党组织主导、校长负责、群团组织参与、家庭社会联动的德育工作机制。将德育工作经费纳入经费年度预算,优化德育队伍结构,提供德育工作必须的场所、设施。 16. 根据《青少年法治教育大纲》,依据相关学科课程标准,落实多学科协同开展法治教育,培养法治精神,树立法治信仰。
	2.2 帮助学生学会学习	17. 营造良好的学习环境与氛围,激发和保护学生的学习兴趣,培养学生的学习自信心。 18. 遵循教育规律和学生身心发展规律,帮助学生掌握科学的学习方法,养成良好的学习习惯。 19. 落实学生主体地位,引导学生独立思考和主动探究,培养学生良好思维品质。 20. 尊重学生个体差异,采用灵活多样的教学方法,因材施教,培养学生自主学习和终身学习能力。
	2.3 增进学生身心健康	21. 落实《中小学心理健康教育指导纲要》,将心理健康教育贯穿于教育教学全过程。按照建设指南建立心理辅导室,配备专兼职心理健康教育教师,科学开展心理辅导。 22. 确保学生每天锻炼1小时,开足并上好体育课,开展大课间体育活动,使每个学生掌握至少两项体育运动技能,养成体育锻炼习惯。配齐体育教师,加强科学锻炼指导和体育安全管理。保障并有效利用体育场地和设施器材,满足学生体育锻炼需要。 23. 建立常态化的校园体育竞赛机制,经常开展班级、年级体育比赛,每年举办全员参与的运动会。 24. 落实《国家学生体质健康标准》,定期开展学生体检和体质健康监

续表

管理职责	管理任务	管理内容
二、促进学生全面发展		测,重点监测学生的视力、营养状况和体质健康达标状况,及时向家长反馈。建立学生健康档案,将学生参加体育活动及体质体能健康状况等纳入学生综合素质评价。 25. 科学合理安排学校作息时间,确保学生课间和必要的课后自由活动时间,整体规划并控制各学科课后作业量。家校配合保证每天小学生10小时、初中生9小时睡眠时间。 26. 保障室内采光、照明、通风、课桌椅、黑板等设施达到规定标准,端正学生坐姿,做好眼保健操,降低学生近视新发率。
	2.4 提高学生艺术素养	27. 按照国家要求开齐开足音乐、美术课,开设书法课。利用当地教育资源,开发具有民族、地域特色的艺术教育选修课程,培养学生艺术爱好,让每个学生至少学习掌握一项艺术特长。 28. 按照国家课程方案规定的课时数和学校班级数配备艺术教师,设置艺术教室和艺术活动室,并按照国家标准配备艺术课程教学和艺术活动器材,满足艺术教育基本需求。 29. 面向全体学生组织开展艺术活动,因地制宜建立学生艺术社团或兴趣小组。 30. 充分利用社会艺术教育资源,利用当地文化艺术场地资源开展艺术教学和实践活动,有条件的学校可与社会艺术团体及社区建立合作关系。
	2.5 培养学生生活本领	31. 贯彻《关于加强中小学劳动教育的意见》,为学生提供劳动机会,家校合作使学生养成家务劳动习惯,掌握基本生活技能,培养学生吃苦耐劳精神。 32. 开齐开足综合实践活动课程,充分利用各类综合实践基地,多渠道、多种形式开展综合实践活动。寒暑假布置与劳动或社会实践相关的作业。 33. 指导学生利用学校资源、社区和地方资源完成个性化作业和实践性作业。

学校保护 **141**

续表

管理职责	管理任务	管理内容
三、引领教师专业进步	3.1 加强教师管理和职业道德建设	34. 坚持用习近平新时代中国特色社会主义思想武装教师头脑,加强教师思想政治教育和师德建设,建立健全师德建设长效机制,促进教师牢固树立和自觉践行社会主义核心价值观,严格遵守《中小学教师职业道德规范》,增强教师立德树人的荣誉感和责任感,做有理想信念、道德情操、扎实学识、仁爱之心的好老师和学生锤炼品格、学习知识、创新思维、奉献祖国的引路人。 35. 教师语言规范健康,举止文明礼貌,衣着整洁得体。 36. 严格要求教师尊重学生人格,不讽刺、挖苦、歧视学生,不体罚或变相体罚学生,不收受学生或家长礼品,不从事有偿补课。 37. 健全教师管理制度,完善教师岗位设置、职称评聘、考核评价和待遇保障机制。落实班主任工作量计算、津贴等待遇。保障教师合法权益,激发教师的积极性和创造性。 38. 关心教师生活状况和身心健康,做好教师后勤服务,丰富教师精神文化生活,减缓教师工作压力,定期安排教师体检。
	3.2 提高教师教育教学能力	39. 组织教师认真学习课程标准,熟练掌握学科教学的基本要求。 40. 针对教学过程中的实际问题开展校本教研,定期开展集体备课、听课、说课、评课等活动,提高教师专业水平和教学能力。 41. 落实《中小学班主任工作规定》,制订班主任队伍培训计划,定期组织班主任学习、交流、培训和基本功比赛,提高班主任组织管理和教育能力。 42. 推动教师阅读工作,引导教师学习经典,加强教师教育技能和教学基本功训练,提升教师普通话水平,规范汉字书写,增强学科教学能力。 43. 提高教师信息技术和现代教育装备应用能力,强化实验教学,促进现代科技与教育教学的深度融合。
	3.3 建立教师专业发展支持体系	44. 完善教师培训制度,制订教师培训规划,指导教师制订专业发展计划,建立教师专业发展档案。 45. 按规定将培训经费列入学校预算,支持教师参加必要的培训,落实每位教师五年不少于360学时的培训要求。 46. 引进优质培训资源,定期开展专题培训,促进教研、科研与培训有机结合,发挥校本研修基础作用。 47. 鼓励教师利用网络学习平台开展教研活动,建设教师学习共同体。

续表

管理职责	管理任务	管理内容
四、提升教育教学水平	4.1 建设适合学生发展的课程	48. 落实国家义务教育课程方案和课程标准,严格遵守国家关于教材、教辅管理的相关规定,确保国家课程全面实施。不拔高教学要求,不加快教学进度。 49. 根据学生发展需要和地方、学校、社区资源条件,科学规范开设地方课程和校本课程,编制课程纲要,加强课程实施和管理。 50. 落实综合实践活动课程要求,通过考察探究、社会服务、设计制作、职业体验等方式培养学生创新精神和实践能力。每学期组织一次综合实践交流活动。 51. 创新各学科课程实施方式,强化实践育人环节,引导学生动手解决实际问题。 52. 定期开展学生学习心理研究,研究学生的学习兴趣、动机和个别化学习需要,采取有针对性的措施,改进课程实施和教学效果。
	4.2 实施以学生发展为本的教学	53. 定期开展教学质量分析,建立基于过程的学校教学质量保障机制,统筹课程、教材、教学、评价等环节,主动收集学生反馈意见,及时改进教学。 54. 采取启发式、讨论式、合作式、探究式等多种教学方式,提高学生参与课堂学习的主动性和积极性。 55. 创新作业方式,避免布置重复机械的练习,多布置科学探究式作业。可根据学生掌握情况布置分层作业。不得布置超越学生能力的作业,不得以增加作业量的方式惩罚学生。
	4.3 建立促进学生发展的评价体系	56. 对照中小学教育质量综合评价改革指标体系,进行监测,改进教育教学。 57. 实施综合素质评价,重点考察学生的思想品德、学业水平、身心健康、艺术素养、社会实践等方面的发展情况。建立学生综合素质档案,做好学生成长记录,真实反映学生发展状况。 58. 控制考试次数,探索实施等级加评语的评价方式。依课程标准的规定和要求确定考试内容,对相关科目的实验操作考试提出要求。命题应紧密联系社会实际和学生生活经验,注重加强对能力的考察。考试成绩不进行公开排名,不以分数作为评价学生的唯一标准。
	4.4 提供便利实用的教学资源	59. 按照规定配置教学资源和设施设备,指定专人负责,建立资产台账,定期维护保养。 60. 落实《中小学图书馆(室)规程》,加强图书馆建设与应用,提升服务教育教学能力。建立实验室、功能教室等的使用管理制度,面向学生充分开放,提高使用效益。

续表

管理职责	管理任务	管理内容
五、营造和谐美丽环境	5.1 建立切实可行的安全与健康管理制度	61. 积极借助政府部门、社会力量、专业组织，构建学校安全风险管理体系，形成以校方责任险为核心的校园保险体系。组织教职工学习有关安全工作的法律法规，落实《中小学校岗位安全工作指南》。 62. 落实《国务院办公厅关于加强中小学幼儿园安全风险防控体系建设的意见》《中小学幼儿园安全管理办法》，建立健全学校安全卫生管理制度和工作机制，采取切实措施，确保学校师生人身安全、食品饮水安全、设施安全和活动安全。使用校车的学校严格执行国家校车安全管理制度。 63. 制订突发事件应急预案，预防和应对不法分子入侵、自然灾害和公共卫生事件，落实防治校园欺凌和暴力的有关要求。
	5.2 建设安全卫生的学校基础设施	64. 配备保障学生安全与健康的基本设施和设备，落实人防、物防和技防等相关要求。学校教育、教学及生活所用的设施、设备、场所要经权威部门检测、符合国家环保、安全等标准后方可使用。 65. 定期开展校舍及其他基础设施安全隐患排查和整治工作。校舍安全隐患要及时向主管部门书面报告。 66. 设立卫生室或保健室，按要求配备专兼职卫生技术人员，落实日常卫生保健制度。 67. 设置安全警示标识和安全、卫生教育宣传橱窗，定期更换宣传内容。
	5.3 开展以生活技能为基础的安全健康教育	68. 落实《中小学公共安全教育指导纲要》，突出强化预防溺水和交通安全教育，有计划地开展国家安全、社会安全、公共卫生、意外伤害、网络、信息安全、自然灾害以及影响学生安全的其他事故或事件教育，了解保障安全的方法并掌握一定技能。 69. 落实《中小学健康教育指导纲要》，普及疾病预防、营养与食品安全以及生长发育、青春期保健知识和技能，提升师生健康素养。 70. 落实《中小学幼儿园应急疏散演练指南》，定期开展应急演练，提高师生应对突发事件和自救自护能力。
	5.4 营造健康向上的学校文化	71. 立足学校实际和文化积淀，结合区域特点，建设体现学校办学理念和思想的学校文化，发展办学特色，引领学校内涵发展。 72. 做好校园净化、绿化、美化工作，合理设计和布置校园，有效利用空间和墙面，建设生态校园、文化校园、书香校园，发挥环境育人功能。 73. 每年通过科技节、艺术节、体育节、读书节等形式，因地制宜组织丰富多彩的学校活动。

续表

管理职责	管理任务	管理内容
六、建设现代学校制度	6.1 提升依法科学管理能力	74. 每年组织教职员工学习《宪法》《教育法》《义务教育法》《教师法》和《未成年人保护法》等法律,增强法治观念,提升依法治教、依法治校能力。 75. 依法制定和修订学校章程,健全完善章程执行和监督机制,规范学校办学行为,提升学校治理水平。 76. 制定学校发展规划,确定年度实施方案,客观评估办学绩效。 77. 健全管理制度,建立便捷规范的办事程序,完善内部机构组织规则、议事规则等。 78. 认真落实《中小学校财务制度》,做好财务管理和内审工作。 79. 指定专人负责学校法制事务,建立学校法律顾问制度,充分运用法律手段维护学校合法权益。
	6.2 建立健全民主管理制度	80. 贯彻《关于加强中小学校党的建设工作的意见》,以提升组织力为重点,突出政治功能,把学校党组织建设成领导改革发展的坚强战斗堡垒,充分发挥党员教师的先锋模范作用。 81. 坚持民主集中制,定期召开校务会议,健全学校教职工(代表)大会制度,将涉及教职工切身利益及学校发展的重要事项,提交教职工(代表)大会讨论通过。 82. 设置信息公告栏,公开校务信息,公示收费项目、标准、依据等,保证教职工、学生、相关社会公众对学校重大事项、重要制度的知情权。 83. 建立问题协商机制,听取学生、教职工和家长的意见和建议,有效化解相关矛盾。 84. 发挥少先队、共青团、学生会、学生社团的作用,引导学生自我管理或参与学校治理。
	6.3 构建和谐的家庭、学校、社区合作关系	85. 健全和完善家长委员会制度,建立家长学校,设立学校开放日,提高家长在学校治理中的参与度,形成育人合力。 86. 引入社会和利益相关者的监督,密切学校与社区联系,促进社区代表参与学校治理。 87. 主动争取社会资源和社会力量支持学校改革发展。 88. 有条件的学校可将体育文化设施在课后和节假日对本校师生和所在社区居民有序开放。

三、实施要求

（一）本标准是对学校管理的基本要求，适用于全国所有义务教育学校。鉴于全国各地区的差异，各省、自治区、直辖市教育行政部门可以依据本标准和本地实际提出具体实施意见，细化标准要求。在实施过程中要因地制宜、分类指导、分步实施、逐步完善，促进当地学校提升治理水平。

（二）本标准是义务教育学校工作的重要依据。各级教育行政部门和教师培训机构要将本标准作为校长和教师培训的重要内容，结合当地情况，开展有针对性的培训，使广大校长和教师充分了解基本要求，掌握精神实质，指导具体工作。

（三）义务教育学校要将本标准作为学校治理的基本依据，强化对标研判，整改提高，树立先进的治理理念，建立健全各项管理制度，完善工作机制。校长和教师要按照本标准规范管理和教育教学行为，把标准的各项要求落到实处。

（四）教育督导部门应按照本标准修订完善义务教育学校督导评估指标体系和标准，一校一案，对标研判、依标整改，开展督导评估工作，促进学校规范办学、科学管理，提高教育质量和办学水平。

幼儿园工作规程

1. 2016年1月5日教育部令第39号公布
2. 自2016年3月1日起施行

第一章 总 则

第一条 为了加强幼儿园的科学管理，规范办园行为，提高保育和教育质量，促进幼儿身心健康，依据《中华人民共和国教育法》等法律法规，制定本规程。

第二条 幼儿园是对3周岁以上学龄前幼儿实施保育和教育的机构。幼儿园教育是基础教育的重要组成部分，是学校教育制度的基础阶段。

第三条 幼儿园的任务是：贯彻国家的教育方针，按照保育与教育相结合的原则,遵循幼儿身心发展特点和规律,实施德、智、体、美等方面全面发展的教育,促进幼儿身心和谐发展。

幼儿园同时面向幼儿家长提供科学育儿指导。

第四条 幼儿园适龄幼儿一般为3周岁至6周岁。

幼儿园一般为三年制。

第五条 幼儿园保育和教育的主要目标是:

(一)促进幼儿身体正常发育和机能的协调发展,增强体质,促进心理健康,培养良好的生活习惯、卫生习惯和参加体育活动的兴趣。

(二)发展幼儿智力,培养正确运用感官和运用语言交往的基本能力,增进对环境的认识,培养有益的兴趣和求知欲望,培养初步的动手探究能力。

(三)萌发幼儿爱祖国、爱家乡、爱集体、爱劳动、爱科学的情感,培养诚实、自信、友爱、勇敢、勤学、好问、爱护公物、克服困难、讲礼貌、守纪律等良好的品德行为和习惯,以及活泼开朗的性格。

(四)培养幼儿初步感受美和表现美的情趣和能力。

第六条 幼儿园教职工应当尊重、爱护幼儿,严禁虐待、歧视、体罚和变相体罚、侮辱幼儿人格等损害幼儿身心健康的行为。

第七条 幼儿园可分为全日制、半日制、定时制、季节制和寄宿制等。上述形式可分别设置,也可混合设置。

第二章 幼儿入园和编班

第八条 幼儿园每年秋季招生。平时如有缺额,可随时补招。

幼儿园对烈士子女、家中无人照顾的残疾人子女、孤儿、家庭经济困难幼儿、具有接受普通教育能力的残疾儿童等入园,按照国家和地方的有关规定予以照顾。

第九条 企业、事业单位和机关、团体、部队设置的幼儿园,除招收本单位工作人员的子女外,应当积极创造条件向社会开放,招收附近居民子女入园。

第十条 幼儿入园前,应当按照卫生部门制定的卫生保健制度进行健康检查,合格者方可入园。

幼儿入园除进行健康检查外,禁止任何形式的考试或测查。

第十一条　幼儿园规模应当有利于幼儿身心健康,便于管理,一般不超过360人。

幼儿园每班幼儿人数一般为:小班(3周岁至4周岁)25人,中班(4周岁至5周岁)30人,大班(5周岁至6周岁)35人,混合班30人。寄宿制幼儿园每班幼儿人数酌减。

幼儿园可以按年龄分别编班,也可以混合编班。

第三章　幼儿园的安全

第十二条　幼儿园应当严格执行国家和地方幼儿园安全管理的相关规定,建立健全门卫、房屋、设备、消防、交通、食品、药物、幼儿接送交接、活动组织和幼儿就寝值守等安全防护和检查制度,建立安全责任制和应急预案。

第十三条　幼儿园的园舍应当符合国家和地方的建设标准,以及相关安全、卫生等方面的规范,定期检查维护,保障安全。幼儿园不得设置在污染区和危险区,不得使用危房。

幼儿园的设备设施、装修装饰材料、用品用具和玩教具材料等,应当符合国家相关的安全质量标准和环保要求。

入园幼儿应当由监护人或者其委托的成年人接送。

第十四条　幼儿园应当严格执行国家有关食品药品安全的法律法规,保障饮食饮水卫生安全。

第十五条　幼儿园教职工必须具有安全意识,掌握基本急救常识和防范、避险、逃生、自救的基本方法,在紧急情况下应当优先保护幼儿的人身安全。

幼儿园应当把安全教育融入日生活,并定期组织开展多种形式的安全教育和事故预防演练。

幼儿园应当结合幼儿年龄特点和接受能力开展反家庭暴力教育,发现幼儿遭受或者疑似遭受家庭暴力的,应当依法及时向公安机关报案。

第十六条　幼儿园应当投保校方责任险。

第四章　幼儿园的卫生保健

第十七条　幼儿园必须切实做好幼儿生理和心理卫生保健工作。

幼儿园应当严格执行《托儿所幼儿园卫生保健管理办法》以及其他有关卫生保健的法规、规章和制度。

第十八条　幼儿园应当制定合理的幼儿一日生活作息制度。正餐间隔时间为3.5—4小时。在正常情况下,幼儿户外活动时间(包括户外体育活动时间)每天不得少于2小时,寄宿制幼儿园不得少于3小时;高寒、高温地区可酌情增减。

第十九条　幼儿园应当建立幼儿健康检查制度和幼儿健康卡或档案。每年体检一次,每半年测身高、视力一次,每季度量体重一次;注意幼儿口腔卫生,保护幼儿视力。

幼儿园对幼儿健康发展状况定期进行分析、评价,及时向家长反馈结果。

幼儿园应当关注幼儿心理健康,注重满足幼儿的发展需要,保持幼儿积极的情绪状态,让幼儿感受到尊重和接纳。

第二十条　幼儿园应当建立卫生消毒、晨检、午检制度和病儿隔离制度,配合卫生部门做好计划免疫工作。

幼儿园应当建立传染病预防和管理制度,制定突发传染病应急预案,认真做好疾病防控工作。

幼儿园应当建立患病幼儿用药的委托交接制度,未经监护人委托或者同意,幼儿园不得给幼儿用药。幼儿园应当妥善管理药品,保证幼儿用药安全。

幼儿园内禁止吸烟、饮酒。

第二十一条　供给膳食的幼儿园应当为幼儿提供安全卫生的食品,编制营养平衡的幼儿食谱,定期计算和分析幼儿的进食量和营养素摄取量,保证幼儿合理膳食。

幼儿园应当每周向家长公示幼儿食谱,并按照相关规定进行食品留样。

第二十二条　幼儿园应当配备必要的设备设施,及时为幼儿提供安全卫生的饮用水。

幼儿园应当培养幼儿良好的大小便习惯,不得限制幼儿便溺的次数、时间等。

第二十三条　幼儿园应当积极开展适合幼儿的体育活动,充分利用日光、空气、水等自然因素以及本地自然环境,有计划地锻炼幼儿肌体,增强身体的适应和抵抗能力。正常情况下,每日户外体育活动不得少于1小时。

幼儿园在开展体育活动时,应当对体弱或有残疾的幼儿予以特殊照顾。

第二十四条 幼儿园夏季要做好防暑降温工作,冬季要做好防寒保暖工作,防止中暑和冻伤。

第五章 幼儿园的教育

第二十五条 幼儿园教育应当贯彻以下原则和要求:

(一)德、智、体、美等方面的教育应当互相渗透,有机结合。

(二)遵循幼儿身心发展规律,符合幼儿年龄特点,注重个体差异,因人施教,引导幼儿个性健康发展。

(三)面向全体幼儿,热爱幼儿,坚持积极鼓励、启发引导的正面教育。

(四)综合组织健康、语言、社会、科学、艺术各领域的教育内容,渗透于幼儿一日生活的各项活动中,充分发挥各种教育手段的交互作用。

(五)以游戏为基本活动,寓教育于各项活动之中。

(六)创设与教育相适应的良好环境,为幼儿提供活动和表现能力的机会与条件。

第二十六条 幼儿一日活动的组织应当动静交替,注重幼儿的直接感知、实际操作和亲身体验,保证幼儿愉快的、有益的自由活动。

第二十七条 幼儿园日常生活组织,应当从实际出发,建立必要、合理的常规,坚持一贯性和灵活性相结合,培养幼儿的良好习惯和初步的生活自理能力。

第二十八条 幼儿园应当为幼儿提供丰富多样的教育活动。

教育活动内容应当根据教育目标、幼儿的实际水平和兴趣确定,以循序渐进为原则,有计划地选择和组织。

教育活动的组织应当灵活地运用集体、小组和个别活动等形式,为每个幼儿提供充分参与的机会,满足幼儿多方面发展的需要,促进每个幼儿在不同水平上得到发展。

教育活动的过程应注重支持幼儿的主动探索、操作实践、合作交流和表达表现,不应片面追求活动结果。

第二十九条 幼儿园应当将游戏作为对幼儿进行全面发展教育的重要形式。

幼儿园应当因地制宜创设游戏条件,提供丰富、适宜的游戏材料,保证充足的游戏时间,开展多种游戏。

幼儿园应当根据幼儿的年龄特点指导游戏,鼓励和支持幼儿根据自身兴趣、需要和经验水平,自主选择游戏内容、游戏材料和伙伴,使幼儿在游戏过程中获得积极的情绪情感,促进幼儿能力和个性的全面发展。

第三十条 幼儿园应当将环境作为重要的教育资源,合理利用室内外环境,创设开放的、多样的区域活动空间,提供适合幼儿年龄特点的丰富的玩具、操作材料和幼儿读物,支持幼儿自主选择和主动学习,激发幼儿学习的兴趣与探究的愿望。

幼儿园应当营造尊重、接纳和关爱的氛围,建立良好的同伴和师生关系。

幼儿园应当充分利用家庭和社区的有利条件,丰富和拓展幼儿园的教育资源。

第三十一条 幼儿园的品德教育应当以情感教育和培养良好行为习惯为主,注重潜移默化的影响,并贯穿于幼儿生活以及各项活动之中。

第三十二条 幼儿园应当充分尊重幼儿的个体差异,根据幼儿不同的心理发展水平,研究有效的活动形式和方法,注重培养幼儿良好的个性心理品质。

幼儿园应当为在园残疾儿童提供更多的帮助和指导。

第三十三条 幼儿园和小学应当密切联系,互相配合,注意两个阶段教育的相互衔接。

幼儿园不得提前教授小学教育内容,不得开展任何违背幼儿身心发展规律的活动。

第六章 幼儿园的园舍、设备

第三十四条 幼儿园应当按照国家的相关规定设活动室、寝室、卫生间、保健室、综合活动室、厨房和办公用房等，并达到相应的建设标准。有条件的幼儿园应当优先扩大幼儿游戏和活动空间。

寄宿制幼儿园应当增设隔离室、浴室和教职工值班室等。

第三十五条　幼儿园应当有与其规模相适应的户外活动场地，配备必要的游戏和体育活动设施，创造条件开辟沙地、水池、种植园地等，并根据幼儿活动的需要绿化、美化园地。

第三十六条　幼儿园应当配备适合幼儿特点的桌椅、玩具架、盥洗卫生用具，以及必要的玩教具、图书和乐器等。

玩教具应当具有教育意义并符合安全、卫生要求。幼儿园应当因地制宜，就地取材，自制玩教具。

第三十七条　幼儿园的建筑规划面积、建筑设计和功能要求，以及设施设备、玩教具配备，按照国家和地方的相关规定执行。

第七章　幼儿园的教职工

第三十八条　幼儿园按照国家相关规定设园长、副园长、教师、保育员、卫生保健人员、炊事员和其他工作人员等岗位，配足配齐教职工。

第三十九条　幼儿园教职工应当贯彻国家教育方针，具有良好品德，热爱教育事业，尊重和爱护幼儿，具有专业知识和技能以及相应的文化和专业素养，为人师表，忠于职责，身心健康。

幼儿园教职工患传染病期间暂停在幼儿园的工作。有犯罪、吸毒记录和精神病史者不得在幼儿园工作。

第四十条　幼儿园园长应当符合本规程第三十九条规定，并应当具有《教师资格条例》规定的教师资格、具备大专以上学历、有三年以上幼儿园工作经历和一定的组织管理能力，并取得幼儿园园长岗位培训合格证书。

幼儿园园长由举办者任命或者聘任，并报当地主管的教育行政部门备案。

幼儿园园长负责幼儿园的全面工作，主要职责如下：

（一）贯彻执行国家的有关法律、法规、方针、政策和地方的相关规定，负责建立并组织执行幼儿园的各项规章制度；

（二）负责保育教育、卫生保健、安全保卫工作；

（三）负责按照有关规定聘任、调配教职工，指导、检查和评估教师以及其他工作人员的工作，并给予奖惩；

（四）负责教职工的思想工作，组织业务学习，并为他们的学习、进修、教育研究创造必要的条件；

（五）关心教职工的身心健康，维护他们的合法权益，改善他们的工作条件；

（六）组织管理园舍、设备和经费；

（七）组织和指导家长工作；

（八）负责与社区的联系和合作。

第四十一条 幼儿园教师必须具有《教师资格条例》规定的幼儿园教师资格，并符合本规程第三十九条规定。

幼儿园教师实行聘任制。

幼儿园教师对本班工作全面负责，其主要职责如下：

（一）观察了解幼儿，依据国家有关规定，结合本班幼儿的发展水平和兴趣需要，制订和执行教育工作计划，合理安排幼儿一日生活；

（二）创设良好的教育环境，合理组织教育内容，提供丰富的玩具和游戏材料，开展适宜的教育活动；

（三）严格执行幼儿园安全、卫生保健制度，指导并配合保育员管理本班幼儿生活，做好卫生保健工作；

（四）与家长保持经常联系，了解幼儿家庭的教育环境，商讨符合幼儿特点的教育措施，相互配合共同完成教育任务；

（五）参加业务学习和保育教育研究活动；

（六）定期总结评估保教工作实效，接受园长的指导和检查。

第四十二条 幼儿园保育员应当符合本规程第三十九条规定，并应当具备高中毕业以上学历，受过幼儿保育职业培训。

幼儿园保育员的主要职责如下：

（一）负责本班房舍、设备、环境的清洁卫生和消毒工作；

（二）在教师指导下，科学照料和管理幼儿生活，并配合本班教师组织教育活动；

（三）在卫生保健人员和本班教师指导下，严格执行幼儿园安全、卫生保健制度；

（四）妥善保管幼儿衣物和本班的设备、用具。

第四十三条　幼儿园卫生保健人员除符合本规程第三十九条规定外，医师应当取得卫生行政部门颁发的《医师执业证书》；护士应当取得《护士执业证书》；保健员应当具有高中毕业以上学历，并经过当地妇幼保健机构组织的卫生保健专业知识培训。

幼儿园卫生保健人员对全园幼儿身体健康负责，其主要职责如下：

（一）协助园长组织实施有关卫生保健方面的法规、规章和制度，并监督执行；

（二）负责指导调配幼儿膳食，检查食品、饮水和环境卫生；

（三）负责晨检、午检和健康观察，做好幼儿营养、生长发育的监测和评价；定期组织幼儿健康体检，做好幼儿健康档案管理；

（四）密切与当地卫生保健机构的联系，协助做好疾病防控和计划免疫工作；

（五）向幼儿园教职工和家长进行卫生保健宣传和指导。

（六）妥善管理医疗器械、消毒用具和药品。

第四十四条　幼儿园其他工作人员的资格和职责，按照国家和地方的有关规定执行。

第四十五条　对认真履行职责、成绩优良的幼儿园教职工，应当按照有关规定给予奖励。

对不履行职责的幼儿园教职工，应当视情节轻重，依法依规给予相应处分。

第八章　幼儿园的经费

第四十六条　幼儿园的经费由举办者依法筹措，保障有必备的办园资金和稳定的经费来源。

按照国家和地方相关规定接受财政扶持的提供普惠性服务的国有企事业单位办园、集体办园和民办园等幼儿园，应当接受财务、审计等有关部门的监督检查。

第四十七条　幼儿园收费按照国家和地方的有关规定执行。

幼儿园实行收费公示制度，收费项目和标准向家长公示，接受社会监督，不得以任何名义收取与新生入园相挂钩的赞助费。

幼儿园不得以培养幼儿某种专项技能、组织或参与竞赛等为由,另外收取费用;不得以营利为目的组织幼儿表演、竞赛等活动。

第四十八条 幼儿园的经费应当按照规定的使用范围合理开支,坚持专款专用,不得挪作他用。

第四十九条 幼儿园举办者筹措的经费,应当保证保育和教育的需要,有一定比例用于改善办园条件和开展教职工培训。

第五十条 幼儿膳食费应当实行民主管理制度,保证全部用于幼儿膳食,每月向家长公布账目。

第五十一条 幼儿园应当建立经费预算和决算审核制度,经费预算和决算应当提交园务委员会审议,并接受财务和审计部门的监督检查。

幼儿园应当依法建立资产配置、使用、处置、产权登记、信息管理等管理制度,严格执行有关财务制度。

第九章 幼儿园、家庭和社区

第五十二条 幼儿园应当主动与幼儿家庭沟通合作,为家长提供科学育儿宣传指导,帮助家长创设良好的家庭教育环境,共同担负教育幼儿的任务。

第五十三条 幼儿园应当建立幼儿园与家长联系的制度。幼儿园可采取多种形式,指导家长正确了解幼儿园保育和教育的内容、方法,定期召开家长会议,并接待家长的来访和咨询。

幼儿园应当认真分析、吸收家长对幼儿园教育与管理工作的意见与建议。

幼儿园应当建立家长开放日制度。

第五十四条 幼儿园应当成立家长委员会。

家长委员会的主要任务是:对幼儿园重要决策和事关幼儿切身利益的事项提出意见和建议;发挥家长的专业和资源优势,支持幼儿园保育教育工作;帮助家长了解幼儿园工作计划和要求,协助幼儿园开展家庭教育指导和交流。

家长委员会在幼儿园园长指导下工作。

第五十五条 幼儿园应当加强与社区的联系与合作,面向社区宣传科学育儿知识,开展灵活多样的公益性早期教育服务,争取社区对幼儿园的多方面支持。

第十章　幼儿园的管理

第五十六条　幼儿园实行园长负责制。

幼儿园应当建立园务委员会。园务委员会由园长、副园长、党组织负责人和保教、卫生保健、财会等方面工作人员的代表以及幼儿家长代表组成。园长任园务委员会主任。

园长定期召开园务委员会会议，遇重大问题可临时召集，对规章制度的建立、修改、废除，全园工作计划、工作总结、人员奖惩、财务预算和决算方案，以及其他涉及全园工作的重要问题进行审议。

第五十七条　幼儿园应当加强党组织建设，充分发挥党组织政治核心作用、战斗堡垒作用。幼儿园应当为工会、共青团等其他组织开展工作创造有利条件，充分发挥其在幼儿园工作中的作用。

第五十八条　幼儿园应当建立教职工大会制度或者教职工代表大会制度，依法加强民主管理和监督。

第五十九条　幼儿园应当建立教研制度，研究解决保教工作中的实际问题。

第六十条　幼儿园应当制订年度工作计划，定期部署、总结和报告工作。每学年年末应当向教育等行政主管部门报告工作，必要时随时报告。

第六十一条　幼儿园应当接受上级教育、卫生、公安、消防等部门的检查、监督和指导，如实报告工作和反映情况。

幼儿园应当依法接受教育督导部门的督导。

第六十二条　幼儿园应当建立业务档案、财务管理、园务会议、人员奖惩、安全管理以及与家庭、小学联系等制度。

幼儿园应当建立信息管理制度，按照规定采集、更新、报送幼儿园管理信息系统的相关信息，每年向主管教育行政部门报送统计信息。

第六十三条　幼儿园教师依法享受寒暑假期的带薪休假。幼儿园应当创造条件，在寒暑假期间，安排工作人员轮流休假。具体办法由举办者制定。

第十一章　附　则

第六十四条　本规程适用于城乡各类幼儿园。

第六十五条　省、自治区、直辖市教育行政部门可根据本规程，制订具体实施办法。

第六十六条　本规程自2016年3月1日起施行。1996年3月9日由原国家教育委员会令第25号发布的《幼儿园工作规程》同时废止。

最高人民检察院、教育部、公安部关于建立教职员工准入查询性侵违法犯罪信息制度的意见

1. 2020年8月20日印发
2. 高检发〔2020〕14号

第一章　总　　则

第一条　为贯彻未成年人特殊、优先保护原则,加强对学校教职员工的管理,预防利用职业便利实施的性侵未成年人违法犯罪,根据《中华人民共和国刑法》《中华人民共和国刑事诉讼法》《中华人民共和国未成年人保护法》《中华人民共和国治安管理处罚法》《中华人民共和国教师法》《中华人民共和国劳动合同法》等法律,制定本意见。

第二条　最高人民检察院、教育部与公安部联合建立信息共享工作机制。教育部统筹、指导各级教育行政部门及教师资格认定机构实施教职员工准入查询制度。公安部协助教育部开展信息查询工作。最高人民检察院对相关工作情况开展法律监督。

第三条　本意见所称的学校,是指中小学校(含中等职业学校和特殊教育学校)、幼儿园。

第二章　内容与方式

第四条　本意见所称的性侵违法犯罪信息,是指符合下列条件的违法犯罪信息,公安部根据本条规定建立性侵违法犯罪人员信息库:

（一）因触犯刑法第二百三十六条、第二百三十七条规定的强奸,强制猥亵,猥亵儿童犯罪行为被人民法院依法作出有罪判决的人员信息;

（二）因触犯刑法第二百三十六条、第二百三十七条规定的强奸,强制猥亵,猥亵儿童犯罪行为被人民检察院根据刑事诉讼法第一百七

十七条第二款之规定作出不起诉决定的人员信息；

（三）因触犯治安管理处罚法第四十四条规定的猥亵行为被行政处罚的人员信息。

符合刑事诉讼法第二百八十六条规定的未成年人犯罪记录封存条件的信息除外。

第五条　学校新招录教师、行政人员、勤杂人员、安保人员等在校园内工作的教职员工，在入职前应当进行性侵违法犯罪信息查询。

在认定教师资格前，教师资格认定机构应当对申请人员进行性侵违法犯罪信息查询。

第六条　教育行政部门应当做好在职教职员工性侵违法犯罪信息的筛查。

第三章　查询与异议

第七条　教育部建立统一的信息查询平台，与公安部部门间信息共享与服务平台对接，实现性侵违法犯罪人员信息核查，面向地方教育行政部门提供教职员工准入查询服务。

地方教育行政部门主管本行政区内的教职员工准入查询。

根据属地化管理原则，县级及以上教育行政部门根据拟聘人员和在职教职员工的授权，对其性侵违法犯罪信息进行查询。

对教师资格申请人员的查询，由受理申请的教师资格认定机构组织开展。

第八条　公安部根据教育部提供的最终查询用户身份信息和查询业务类别，向教育部信息查询平台反馈被查询人是否有性侵违法犯罪信息。

第九条　查询结果只反映查询时性侵违法犯罪人员信息库里录入和存在的信息。

第十条　查询结果告知的内容包括：

（一）有无性侵违法犯罪信息；

（二）有性侵违法犯罪信息的，应当根据本意见第四条规定标注信息类型；

（三）其他需要告知的内容。

第十一条　被查询人对查询结果有异议的,可以向其授权的教育行政部门提出复查申请,由教育行政部门通过信息查询平台提交申请,由教育部统一提请公安部复查。

第四章　执行与责任

第十二条　学校拟聘用人员应当在入职前进行查询。对经查询发现有性侵违法犯罪信息的,教育行政部门或学校不得录用。在职教职员工经查询发现有性侵违法犯罪信息的,应当立即停止其工作,按照规定及时解除聘用合同。

教师资格申请人员取得教师资格前应当进行教师资格准入查询。对经查询发现有性侵违法犯罪信息的,应当不予认定。已经认定的按照法律法规和国家有关规定处理。

第十三条　地方教育行政部门未对教职员工性侵违法犯罪信息进行查询,或者经查询有相关违法犯罪信息,地方教育行政部门或学校仍予以录用的,由上级教育行政部门责令改正,并追究相关教育行政部门和学校相关人员责任。

教师资格认定机构未对申请教师资格人员性侵违法犯罪信息进行查询,或者未依法依规对经查询有相关违法犯罪信息的人员予以处理的,由上级教育行政部门予以纠正,并报主管部门依法依规追究相关人员责任。

第十四条　有关单位和个人应当严格按照本意见规定的程序和内容开展查询,并对查询获悉的有关性侵违法犯罪信息保密,不得散布或者用于其他用途。违反规定的,依法追究相应责任。

第五章　其他规定

第十五条　最高人民检察院、教育部、公安部应当建立沟通联系机制,及时总结工作情况,研究解决存在的问题,指导地方相关部门及学校开展具体工作,促进学校安全建设和保护未成年人健康成长。

第十六条　教师因对学生实施性骚扰等行为,被用人单位解除聘用关系或者开除,但其行为不属于本意见第四条规定情形的,具体处理办法由教育部另行规定。

第十七条　对高校教职员工以及面向未成年人的校外培训机构工作人员

的性侵违法犯罪信息查询，参照本意见执行。

第十八条 各地正在开展的其他密切接触未成年人行业入职查询工作，可以按照原有方式继续实施。

社会保护

中华人民共和国公共文化服务保障法

1. 2016年12月25日第十二届全国人民代表大会常务委员会第二十五次会议通过
2. 2016年12月25日中华人民共和国主席令第60号公布
3. 自2017年3月1日起施行

目 录

第一章 总 则
第二章 公共文化设施建设与管理
第三章 公共文化服务提供
第四章 保障措施
第五章 法律责任
第六章 附 则

第一章 总 则

第一条 【立法目的】为了加强公共文化服务体系建设,丰富人民群众精神文化生活,传承中华优秀传统文化,弘扬社会主义核心价值观,增强文化自信,促进中国特色社会主义文化繁荣发展,提高全民族文明素质,制定本法。

第二条 【公共文化服务的定义】本法所称公共文化服务,是指由政府主导、社会力量参与,以满足公民基本文化需求为主要目的而提供的公共文化设施、文化产品、文化活动以及其他相关服务。

第三条 【公共文化服务原则】公共文化服务应当坚持社会主义先进文化前进方向,坚持以人民为中心,坚持以社会主义核心价值观为引领;应当按照"百花齐放、百家争鸣"的方针,支持优秀公共文化产品的创作生产,丰富公共文化服务内容。

第四条 【纳入国民经济和社会发展规划】县级以上人民政府应当将公共文化服务纳入本级国民经济和社会发展规划,按照公益性、基本性、均等性、便利性的要求,加强公共文化设施建设,完善公共文化服务体系,提高公共文化服务效能。

第五条 【标准制定与调整】国务院根据公民基本文化需求和经济社会发展水平,制定并调整国家基本公共文化服务指导标准。

省、自治区、直辖市人民政府根据国家基本公共文化服务指导标准,结合当地实际需求、财政能力和文化特色,制定并调整本行政区域的基本公共文化服务实施标准。

第六条 【协调机制】国务院建立公共文化服务综合协调机制,指导、协调、推动全国公共文化服务工作。国务院文化主管部门承担综合协调具体职责。

地方各级人民政府应当加强对公共文化服务的统筹协调,推动实现共建共享。

第七条 【主管部门】国务院文化主管部门、新闻出版广电主管部门依照本法和国务院规定的职责负责全国的公共文化服务工作;国务院其他有关部门在各自职责范围内负责相关公共文化服务工作。

县级以上地方人民政府文化、新闻出版广电主管部门根据其职责负责本行政区域内的公共文化服务工作;县级以上地方人民政府其他有关部门在各自职责范围内负责相关公共文化服务工作。

第八条 【均衡协调发展】国家扶助革命老区、民族地区、边疆地区、贫困地区的公共文化服务,促进公共文化服务均衡协调发展。

第九条 【特殊群体需求】各级人民政府应当根据未成年人、老年人、残疾人和流动人口等群体的特点与需求,提供相应的公共文化服务。

第十条 【与教育结合】国家鼓励和支持公共文化服务与学校教育相结合,充分发挥公共文化服务的社会教育功能,提高青少年思想道德和科学文化素质。

第十一条 【科技作用】国家鼓励和支持发挥科技在公共文化服务中的作用,推动运用现代信息技术和传播技术,提高公众的科学素养和公共文化服务水平。

第十二条 【国际合作交流】国家鼓励和支持在公共文化服务领域开展国际合作与交流。

第十三条 【公众参与】国家鼓励和支持公民、法人和其他组织参与公共文化服务。

对在公共文化服务中作出突出贡献的公民、法人和其他组织,依法给予表彰和奖励。

第二章　公共文化设施建设与管理

第十四条 【公共文化设施范围】本法所称公共文化设施是指用于提供公共文化服务的建筑物、场地和设备,主要包括图书馆、博物馆、文化馆(站)、美术馆、科技馆、纪念馆、体育场馆、工人文化宫、青少年宫、妇女儿童活动中心、老年人活动中心、乡镇(街道)和村(社区)基层综合性文化服务中心、农家(职工)书屋、公共阅报栏(屏)、广播电视播出传输覆盖设施、公共数字文化服务点等。

县级以上地方人民政府应当将本行政区域内的公共文化设施目录及有关信息予以公布。

第十五条 【公共文化设施建设及选址】县级以上地方人民政府应当将公共文化设施建设纳入本级城乡规划,根据国家基本公共文化服务指导标准、省级基本公共文化服务实施标准,结合当地经济社会发展水平、人口状况、环境条件、文化特色,合理确定公共文化设施的种类、数量、规模以及布局,形成场馆服务、流动服务和数字服务相结合的公共文化设施网络。

公共文化设施的选址,应当征求公众意见,符合公共文化设施的功能和特点,有利于发挥其作用。

第十六条 【公共文化设施建设用地】公共文化设施的建设用地,应当符合土地利用总体规划和城乡规划,并依照法定程序审批。

任何单位和个人不得侵占公共文化设施建设用地或者擅自改变其用途。因特殊情况需要调整公共文化设施建设用地的,应当重新确定建设用地。调整后的公共文化设施建设用地不得少于原有面积。

新建、改建、扩建居民住宅区,应当按照有关规定、标准,规划和建设配套的公共文化设施。

第十七条 【设计和建设的要求与标准】公共文化设施的设计和建设,应当符合实用、安全、科学、美观、环保、节约的要求和国家规定的标准,并配置无障碍设施设备。

第十八条 【基层综合性文化服务中心建设】地方各级人民政府可以采取新建、改建、扩建、合建、租赁、利用现有公共设施等多种方式,加强乡镇(街道)、村(社区)基层综合性文化服务中心建设,推动基层有关公共设施的统一管理、综合利用,并保障其正常运行。

第十九条 【不得擅自破坏公共文化设施】任何单位和个人不得擅自拆除公共文化设施,不得擅自改变公共文化设施的功能、用途或者妨碍其正常运行,不得侵占、挪用公共文化设施,不得将公共文化设施用于与公共文化服务无关的商业经营活动。

因城乡建设确需拆除公共文化设施,或者改变其功能、用途的,应当依照有关法律、行政法规的规定重建、改建,并坚持先建设后拆除或者建设拆除同时进行的原则。重建、改建的公共文化设施的设施配置标准、建筑面积等不得降低。

第二十条 【配置更新必需的服务内容和设备】公共文化设施管理单位应当按照国家规定的标准,配置和更新必需的服务内容和设备,加强公共文化设施经常性维护管理工作,保障公共文化设施的正常使用和运转。

第二十一条 【统计报告制度和年报制度】公共文化设施管理单位应当建立健全管理制度和服务规范,建立公共文化设施资产统计报告制度和公共文化服务开展情况的年报制度。

第二十二条 【安全管理制度】公共文化设施管理单位应当建立健全安全管理制度,开展公共文化设施及公众活动的安全评价,依法配备安全保护设备和人员,保障公共文化设施和公众活动安全。

第二十三条 【使用效能考核评价制度】各级人民政府应当建立有公众参与的公共文化设施使用效能考核评价制度,公共文化设施管理单位应当根据评价结果改进工作,提高服务质量。

第二十四条 【建立健全法人治理结构】国家推动公共图书馆、博物馆、文化馆等公共文化设施管理单位根据其功能定位建立健全法人治理结构,吸收有关方面代表、专业人士和公众参与管理。

第二十五条 【鼓励社会力量参与建设】国家鼓励和支持公民、法人和其他组织兴建、捐建或者与政府部门合作建设公共文化设施,鼓励公民、法人和其他组织依法参与公共文化设施的运营和管理。

第二十六条 【公众保护义务】公众在使用公共文化设施时,应当遵守公共秩序,爱护公共设施,不得损坏公共设施设备和物品。

第三章 公共文化服务提供

第二十七条 【促进优秀文化产品传播和传承】各级人民政府应当充分利用公共文化设施,促进优秀公共文化产品的提供和传播,支持开展全民阅读、全民普法、全民健身、全民科普和艺术普及、优秀传统文化传承活动。

第二十八条 【公共文化服务目录的制定与实施】设区的市级、县级地方人民政府应当根据国家基本公共文化服务指导标准和省、自治区、直辖市基本公共文化服务实施标准,结合当地实际,制定公布本行政区域公共文化服务目录并组织实施。

第二十九条 【公益性文化服务】公益性文化单位应当完善服务项目、丰富服务内容,创造条件向公众提供免费或者优惠的文艺演出、陈列展览、电影放映、广播电视节目收听收看、阅读服务、艺术培训等,并为公众开展文化活动提供支持和帮助。

国家鼓励经营性文化单位提供免费或者优惠的公共文化产品和文化活动。

第三十条 【资源整合】基层综合性文化服务中心应当加强资源整合,建立完善公共文化服务网络,充分发挥统筹服务功能,为公众提供书报阅读、影视观赏、戏曲表演、普法教育、艺术普及、科学普及、广播播送、互联网上网和群众性文化体育活动等公共文化服务,并根据其功能特点,因地制宜提供其他公共服务。

第三十一条 【公共文化设施的免费或优惠开放】公共文化设施应当根据其功能、特点,按照国家有关规定,向公众免费或者优惠开放。

公共文化设施开放收取费用的,应当每月定期向中小学生免费开放。

公共文化设施开放或者提供培训服务等收取费用的,应当报经县级以上人民政府有关部门批准;收取的费用,应当用于公共文化设施的维护、管理和事业发展,不得挪作他用。

公共文化设施管理单位应当公示服务项目和开放时间;临时停止开放的,应当及时公告。

第三十二条　【文化体育设施向公众开放】国家鼓励和支持机关、学校、企业事业单位的文化体育设施向公众开放。

第三十三条　【数字化和网络建设】国家统筹规划公共数字文化建设,构建标准统一、互联互通的公共数字文化服务网络,建设公共文化信息资源库,实现基层网络服务共建共享。

国家支持开发数字文化产品,推动利用宽带互联网、移动互联网、广播电视网和卫星网络提供公共文化服务。

地方各级人民政府应当加强基层公共文化设施的数字化和网络建设,提高数字化和网络服务能力。

第三十四条　【流动文化服务】地方各级人民政府应当采取多种方式,因地制宜提供流动文化服务。

第三十五条　【农村地区公共文化产品的供给】国家重点增加农村地区图书、报刊、戏曲、电影、广播电视节目、网络信息内容、节庆活动、体育健身活动等公共文化产品供给,促进城乡公共文化服务均等化。

面向农村提供的图书、报刊、电影等公共文化产品应当符合农村特点和需求,提高针对性和时效性。

第三十六条　【重点区域提供便利可及的公共文化服务】地方各级人民政府应当根据当地实际情况,在人员流动量较大的公共场所、务工人员较为集中的区域以及留守妇女儿童较为集中的农村地区,配备必要的设施,采取多种形式,提供便利可及的公共文化服务。

第三十七条　【鼓励开展群众性文体活动】国家鼓励公民主动参与公共文化服务,自主开展健康文明的群众性文化体育活动;地方各级人民政府应当给予必要的指导、支持和帮助。

居民委员会、村民委员会应当根据居民的需求开展群众性文化体育活动,并协助当地人民政府有关部门开展公共文化服务相关工作。

国家机关、社会组织、企业事业单位应当结合自身特点和需要,组织开展群众性文化体育活动,丰富职工文化生活。

第三十八条 【加强在校学生的文体活动】地方各级人民政府应当加强面向在校学生的公共文化服务,支持学校开展适合在校学生特点的文化体育活动,促进德智体美教育。

第三十九条 【丰富军营文体活动】地方各级人民政府应当支持军队基层文化建设,丰富军营文化体育活动,加强军民文化融合。

第四十条 【开展民族特色的群众性文体活动】国家加强民族语言文字文化产品的供给,加强优秀公共文化产品的民族语言文字译制及其在民族地区的传播,鼓励和扶助民族文化产品的创作生产,支持开展具有民族特色的群众性文化体育活动。

第四十一条 【根据指导性意见和目录确定政府购买的具体项目和内容】国务院和省、自治区、直辖市人民政府制定政府购买公共文化服务的指导性意见和目录。国务院有关部门和县级以上地方人民政府应当根据指导性意见和目录,结合实际情况,确定购买的具体项目和内容,及时向社会公布。

第四十二条 【鼓励参与方式】国家鼓励和支持公民、法人和其他组织通过兴办实体、资助项目、赞助活动、提供设施、捐赠产品等方式,参与提供公共文化服务。

第四十三条 【文化志愿服务机制】国家倡导和鼓励公民、法人和其他组织参与文化志愿服务。

公共文化设施管理单位应当建立文化志愿服务机制,组织开展文化志愿服务活动。

县级以上地方人民政府有关部门应当对文化志愿活动给予必要的指导和支持,并建立管理评价、教育培训和激励保障机制。

第四十四条 【禁止违法活动】任何组织和个人不得利用公共文化设施、文化产品、文化活动以及其他相关服务,从事危害国家安全、损害社会公共利益和其他违反法律法规的活动。

第四章 保障措施

第四十五条 【公共文化服务经费】国务院和地方各级人民政府应当根据公共文化服务的事权和支出责任,将公共文化服务经费纳入本级预算,安排公共文化服务所需资金。

第四十六条 【重点扶助和援助】国务院和省、自治区、直辖市人民政府应当增加投入,通过转移支付等方式,重点扶助革命老区、民族地区、边疆地区、贫困地区开展公共文化服务。

国家鼓励和支持经济发达地区对革命老区、民族地区、边疆地区、贫困地区的公共文化服务提供援助。

第四十七条 【补助】免费或者优惠开放的公共文化设施,按照国家规定享受补助。

第四十八条 【社会资本投入】国家鼓励社会资本依法投入公共文化服务,拓宽公共文化服务资金来源渠道。

第四十九条 【政府购买服务】国家采取政府购买服务等措施,支持公民、法人和其他组织参与提供公共文化服务。

第五十条 【公益捐赠税收优惠及捐赠设立公共文化服务基金】公民、法人和其他组织通过公益性社会团体或者县级以上人民政府及其部门,捐赠财产用于公共文化服务的,依法享受税收优惠。

国家鼓励通过捐赠等方式设立公共文化服务基金,专门用于公共文化服务。

第五十一条 【公共文化服务岗位】地方各级人民政府应当按照公共文化设施的功能、任务和服务人口规模,合理设置公共文化服务岗位,配备相应专业人员。

第五十二条 【基层公共文化服务工作】国家鼓励和支持文化专业人员、高校毕业生和志愿者到基层从事公共文化服务工作。

第五十三条 【社会组织】国家鼓励和支持公民、法人和其他组织依法成立公共文化服务领域的社会组织,推动公共文化服务社会化、专业化发展。

第五十四条 【专业人才教育培训】国家支持公共文化服务理论研究,加强多层次专业人才教育和培训。

第五十五条 【资金监督】县级以上人民政府应当建立健全公共文化服务资金使用的监督和统计公告制度,加强绩效考评,确保资金用于公共文化服务。任何单位和个人不得侵占、挪用公共文化服务资金。

审计机关应当依法加强对公共文化服务资金的审计监督。

第五十六条 【考核评价制度】各级人民政府应当加强对公共文化服务

工作的监督检查,建立反映公众文化需求的征询反馈制度和有公众参与的公共文化服务考核评价制度,并将考核评价结果作为确定补贴或者奖励的依据。

第五十七条 【社会舆论监督】各级人民政府及有关部门应当及时公开公共文化服务信息,主动接受社会监督。

新闻媒体应当积极开展公共文化服务的宣传报道,并加强舆论监督。

第五章 法律责任

第五十八条 【政府部门未履行保障职责的法律责任】违反本法规定,地方各级人民政府和县级以上人民政府有关部门未履行公共文化服务保障职责的,由其上级机关或者监察机关责令限期改正;情节严重的,对直接负责的主管人员和其他直接责任人员依法给予处分。

第五十九条 【政府部门侵占、挪用公共文化服务资金等行为的法律责任】违反本法规定,地方各级人民政府和县级以上人民政府有关部门,有下列行为之一的,由其上级机关或者监察机关责令限期改正;情节严重的,对直接负责的主管人员和其他直接责任人员依法给予处分:

(一)侵占、挪用公共文化服务资金的;

(二)擅自拆除、侵占、挪用公共文化设施,或者改变其功能、用途,或者妨碍其正常运行的;

(三)未依照本法规定重建公共文化设施的;

(四)滥用职权、玩忽职守、徇私舞弊的。

第六十条 【侵占公共文化设施建设用地或擅自改变其用途的法律责任】违反本法规定,侵占公共文化设施的建设用地或者擅自改变其用途的,由县级以上地方人民政府土地主管部门、城乡规划主管部门依据各自职责责令限期改正;逾期不改正的,由作出决定的机关依法强制执行,或者依法申请人民法院强制执行。

第六十一条 【公共文化设施管理单位违法责任之一】违反本法规定,公共文化设施管理单位有下列情形之一的,由其主管部门责令限期改正;造成严重后果的,对直接负责的主管人员和其他直接责任人员,依法给予处分:

（一）未按照规定对公众开放的；

（二）未公示服务项目、开放时间等事项的；

（三）未建立安全管理制度的；

（四）因管理不善造成损失的。

第六十二条　【公共文化设施管理单位违法责任之二】违反本法规定，公共文化设施管理单位有下列行为之一的，由其主管部门或者价格主管部门责令限期改正，没收违法所得，违法所得五千元以上的，并处违法所得两倍以上五倍以下罚款；没有违法所得或者违法所得五千元以下的，可以处一万元以下的罚款；对直接负责的主管人员和其他直接责任人员，依法给予处分：

（一）开展与公共文化设施功能、用途不符的服务活动的；

（二）对应当免费开放的公共文化设施收费或者变相收费的；

（三）收取费用未用于公共文化设施的维护、管理和事业发展，挪作他用的。

第六十三条　【民事、行政、刑事责任】违反本法规定，损害他人民事权益的，依法承担民事责任；构成违反治安管理行为的，由公安机关依法给予治安管理处罚；构成犯罪的，依法追究刑事责任。

第六章　附　　则

第六十四条　【涉外规定】境外自然人、法人和其他组织在中国境内从事公共文化服务的，应当符合相关法律、行政法规的规定。

第六十五条　【施行日期】本法自2017年3月1日起施行。

公共文化体育设施条例

1. 2003年6月26日国务院令第382号公布
2. 自2003年8月1日起施行

第一章　总　　则

第一条　为了促进公共文化体育设施的建设，加强对公共文化体育设施的管理和保护，充分发挥公共文化体育设施的功能，繁荣文化体育事业,满足人民群众开展文化体育活动的基本需求,制定本条例。

第二条　本条例所称公共文化体育设施,是指由各级人民政府举办或者社会力量举办的,向公众开放用于开展文化体育活动的公益性的图书馆、博物馆、纪念馆、美术馆、文化馆(站)、体育场(馆)、青少年宫、工人文化宫等的建筑物、场地和设备。

本条例所称公共文化体育设施管理单位,是指负责公共文化体育设施的维护,为公众开展文化体育活动提供服务的社会公共文化体育机构。

第三条　公共文化体育设施管理单位必须坚持为人民服务、为社会主义服务的方向,充分利用公共文化体育设施,传播有益于提高民族素质、有益于经济发展和社会进步的科学技术和文化知识,开展文明、健康的文化体育活动。

任何单位和个人不得利用公共文化体育设施从事危害公共利益的活动。

第四条　国家有计划地建设公共文化体育设施。对少数民族地区、边远贫困地区和农村地区的公共文化体育设施的建设予以扶持。

第五条　各级人民政府举办的公共文化体育设施的建设、维修、管理资金,应当列入本级人民政府基本建设投资计划和财政预算。

第六条　国家鼓励企业、事业单位、社会团体和个人等社会力量举办公共文化体育设施。

国家鼓励通过自愿捐赠等方式建立公共文化体育设施社会基金,并鼓励依法向人民政府、社会公益性机构或者公共文化体育设施管理单位捐赠财产。捐赠人可以按照税法的有关规定享受优惠。

国家鼓励机关、学校等单位内部的文化体育设施向公众开放。

第七条　国务院文化行政主管部门、体育行政主管部门依据国务院规定的职责负责全国的公共文化体育设施的监督管理。

县级以上地方人民政府文化行政主管部门、体育行政主管部门依据本级人民政府规定的职责,负责本行政区域内的公共文化体育设施的监督管理。

第八条　对在公共文化体育设施的建设、管理和保护工作中做出突出贡献的单位和个人,由县级以上地方人民政府或者有关部门给予奖励。

第二章 规划和建设

第九条 国务院发展和改革行政主管部门应当会同国务院文化行政主管部门、体育行政主管部门,将全国公共文化体育设施的建设纳入国民经济和社会发展计划。

县级以上地方人民政府应当将本行政区域内的公共文化体育设施的建设纳入当地国民经济和社会发展计划。

第十条 公共文化体育设施的数量、种类、规模以及布局,应当根据国民经济和社会发展水平、人口结构、环境条件以及文化体育事业发展的需要,统筹兼顾,优化配置,并符合国家关于城乡公共文化体育设施用地定额指标的规定。

公共文化体育设施用地定额指标,由国务院土地行政主管部门、建设行政主管部门分别会同国务院文化行政主管部门、体育行政主管部门制定。

第十一条 公共文化体育设施的建设选址,应当符合人口集中、交通便利的原则。

第十二条 公共文化体育设施的设计,应当符合实用、安全、科学、美观等要求,并采取无障碍措施,方便残疾人使用。具体设计规范由国务院建设行政主管部门会同国务院文化行政主管部门、体育行政主管部门制定。

第十三条 建设公共文化体育设施使用国有土地的,经依法批准可以以划拨方式取得。

第十四条 公共文化体育设施的建设预留地,由县级以上地方人民政府土地行政主管部门、城乡规划行政主管部门按照国家有关用地定额指标,纳入土地利用总体规划和城乡规划,并依照法定程序审批。任何单位或者个人不得侵占公共文化体育设施建设预留地或者改变其用途。

因特殊情况需要调整公共文化体育设施建设预留地的,应当依法调整城乡规划,并依照前款规定重新确定建设预留地。重新确定的公共文化体育设施建设预留地不得少于原有面积。

第十五条 新建、改建、扩建居民住宅区,应当按照国家有关规定规划和建设相应的文化体育设施。

居民住宅区配套建设的文化体育设施,应当与居民住宅区的主体工程同时设计、同时施工、同时投入使用。任何单位或者个人不得擅自改变文化体育设施的建设项目和功能,不得缩小其建设规模和降低其用地指标。

第三章 使用和服务

第十六条 公共文化体育设施管理单位应当完善服务条件,建立、健全服务规范,开展与公共文化体育设施功能、特点相适应的服务,保障公共文化体育设施用于开展文明、健康的文化体育活动。

第十七条 公共文化体育设施应当根据其功能、特点向公众开放,开放时间应当与当地公众的工作时间、学习时间适当错开。

公共文化体育设施的开放时间,不得少于省、自治区、直辖市规定的最低时限。国家法定节假日和学校寒暑假期间,应当适当延长开放时间。

学校寒暑假期间,公共文化体育设施管理单位应当增设适合学生特点的文化体育活动。

第十八条 公共文化体育设施管理单位应当向公众公示其服务内容和开放时间。公共文化体育设施因维修等原因需要暂时停止开放的,应当提前7日向公众公示。

第十九条 公共文化体育设施管理单位应当在醒目位置标明设施的使用方法和注意事项。

第二十条 公共文化体育设施管理单位提供服务可以适当收取费用,收费项目和标准应当经县级以上人民政府有关部门批准。

第二十一条 需要收取费用的公共文化体育设施管理单位,应当根据设施的功能、特点对学生、老年人、残疾人等免费或者优惠开放,具体办法由省、自治区、直辖市制定。

第二十二条 公共文化设施管理单位可以将设施出租用于举办文物展览、美术展览、艺术培训等文化活动。

公共体育设施管理单位不得将设施的主体部分用于非体育活动。但是,因举办公益性活动或者大型文化活动等特殊情况临时出租的除外。临时出租时间一般不得超过10日;租用期满,租用者应当恢复原状,不得影响该设施的功能、用途。

第二十三条 公众在使用公共文化体育设施时,应当遵守公共秩序,爱护公共文化体育设施。任何单位或者个人不得损坏公共文化体育设施。

第四章 管理和保护

第二十四条 公共文化体育设施管理单位应当将公共文化体育设施的名称、地址、服务项目等内容报所在地县级人民政府文化行政主管部门、体育行政主管部门备案。

县级人民政府文化行政主管部门、体育行政主管部门应当向公众公布公共文化体育设施名录。

第二十五条 公共文化体育设施管理单位应当建立、健全安全管理制度,依法配备安全保护设施、人员,保证公共文化体育设施的完好,确保公众安全。

公共体育设施内设置的专业性强、技术要求高的体育项目,应当符合国家规定的安全服务技术要求。

第二十六条 公共文化体育设施管理单位的各项收入,应当用于公共文化体育设施的维护、管理和事业发展,不得挪作他用。

文化行政主管部门、体育行政主管部门、财政部门和其他有关部门,应当依法加强对公共文化体育设施管理单位收支的监督管理。

第二十七条 因城乡建设确需拆除公共文化体育设施或者改变其功能、用途的,有关地方人民政府在作出决定前,应当组织专家论证,并征得上一级人民政府文化行政主管部门、体育行政主管部门同意,报上一级人民政府批准。

涉及大型公共文化体育设施的,上一级人民政府在批准前,应当举行听证会,听取公众意见。

经批准拆除公共文化体育设施或者改变其功能、用途的,应当依照国家有关法律、行政法规的规定择地重建。重新建设的公共文化体育设施,应当符合规划要求,一般不得小于原有规模。迁建工作应当坚持先建设后拆除或者建设拆除同时进行的原则。迁建所需费用由造成迁建的单位承担。

第五章　法　律　责　任

第二十八条　文化、体育、城乡规划、建设、土地等有关行政主管部门及其工作人员，不依法履行职责或者发现违法行为不予依法查处的，对负有责任的主管人员和其他直接责任人员，依法给予行政处分；构成犯罪的，依法追究刑事责任。

第二十九条　侵占公共文化体育设施建设预留地或者改变其用途的，由土地行政主管部门、城乡规划行政主管部门依据各自职责责令限期改正；逾期不改正的，由作出决定的机关依法申请人民法院强制执行。

第三十条　公共文化体育设施管理单位有下列行为之一的，由文化行政主管部门、体育行政主管部门依据各自职责责令限期改正；造成严重后果的，对负有责任的主管人员和其他直接责任人员，依法给予行政处分：

（一）未按照规定的最低时限对公众开放的；
（二）未公示其服务项目、开放时间等事项的；
（三）未在醒目位置标明设施的使用方法或者注意事项的；
（四）未建立、健全公共文化体育设施的安全管理制度的；
（五）未将公共文化体育设施的名称、地址、服务项目等内容报文化行政主管部门、体育行政主管部门备案的。

第三十一条　公共文化体育设施管理单位，有下列行为之一的，由文化行政主管部门、体育行政主管部门依据各自职责责令限期改正，没收违法所得，违法所得5000元以上的，并处违法所得2倍以上5倍以下的罚款；没有违法所得或者违法所得5000元以下的，可以处1万元以下的罚款；对负有责任的主管人员和其他直接责任人员，依法给予行政处分：

（一）开展与公共文化体育设施功能、用途不相适应的服务活动的；
（二）违反本条例规定出租公共文化体育设施的。

第三十二条　公共文化体育设施管理单位及其工作人员违反本条例规定，挪用公共文化体育设施管理单位的各项收入或者有条件维护而不履行维护义务的，由文化行政主管部门、体育行政主管部门依据各自职责责令限期改正；对负有责任的主管人员和其他直接责任人员，依法给予行政处分;构成犯罪的,依法追究刑事责任。

第六章 附 则

第三十三条 国家机关、学校等单位内部的文化体育设施向公众开放的,由国务院文化行政主管部门、体育行政主管部门会同有关部门依据本条例的原则另行制定管理办法。

第三十四条 本条例自2003年8月1日起施行。

互联网上网服务营业场所管理条例(节录)

1. 2002年9月29日国务院令第363号公布
2. 根据2011年1月8日国务院令第588号《关于废止和修改部分行政法规的决定》第一次修订
3. 根据2016年2月6日国务院令第666号《关于修改部分行政法规的决定》第二次修订
4. 根据2019年3月24日国务院令第710号《关于修改部分行政法规的决定》第三次修订
5. 根据2022年3月29日国务院令第752号《关于修改和废止部分行政法规的决定》第四次修订

第九条 中学、小学校园周围200米范围内和居民住宅楼(院)内不得设立互联网上网服务营业场所。

第二十一条 互联网上网服务营业场所经营单位不得接纳未成年人进入营业场所。

互联网上网服务营业场所经营单位应当在营业场所入口处的显著位置悬挂未成年人禁入标志。

第二十三条 互联网上网服务营业场所经营单位应当对上网消费者的身份证等有效证件进行核对、登记,并记录有关上网信息。登记内容和记录备份保存时间不得少于60日,并在文化行政部门、公安机关依法查询时予以提供。登记内容和记录备份在保存期内不得修改或者删除。

第三十一条 互联网上网服务营业场所经营单位违反本条例的规定,有下列行为之一的,由文化行政部门给予警告,可以并处15000元以下的罚款;情节严重的,责令停业整顿,直至吊销《网络文化经营许可证》:
（一）在规定的营业时间以外营业的;
（二）接纳未成年人进入营业场所的;
（三）经营非网络游戏的;
（四）擅自停止实施经营管理技术措施的;
（五）未悬挂《网络文化经营许可证》或者未成年人禁入标志的。

禁止使用童工规定

1. 2002年10月1日国务院令第364号公布
2. 自2002年12月1日起施行

第一条 为保护未成年人的身心健康,促进义务教育制度的实施,维护未成年人的合法权益,根据宪法和劳动法、未成年人保护法,制定本规定。

第二条 国家机关、社会团体、企业事业单位、民办非企业单位或者个体工商户（以下统称用人单位）均不得招用不满16周岁的未成年人（招用不满16周岁的未成年人,以下统称使用童工）。

禁止任何单位或者个人为不满16周岁的未成年人介绍就业。

禁止不满16周岁的未成年人开业从事个体经营活动。

第三条 不满16周岁的未成年人的父母或者其他监护人应当保护其身心健康,保障其接受义务教育的权利,不得允许其被用人单位非法招用。

不满16周岁的未成年人的父母或者其他监护人允许其被用人单位非法招用的,所在地的乡（镇）人民政府、城市街道办事处以及村民委员会、居民委员会应当给予批评教育。

第四条 用人单位招用人员时,必须核查被招用人员的身份证;对不满16周岁的未成年人,一律不得录用。用人单位录用人员的录用登记、核查材料应当妥善保管。

第五条 县级以上各级人民政府劳动保障行政部门负责本规定执行情况

的监督检查。

县级以上各级人民政府公安、工商行政管理、教育、卫生等行政部门在各自职责范围内对本规定的执行情况进行监督检查，并对劳动保障行政部门的监督检查给予配合。

工会、共青团、妇联等群众组织应当依法维护未成年人的合法权益。

任何单位或者个人发现使用童工的，均有权向县级以上人民政府劳动保障行政部门举报。

第六条 用人单位使用童工的，由劳动保障行政部门按照每使用一名童工每月处 5000 元罚款的标准给予处罚；在使用有毒物品的作业场所使用童工的，按照《使用有毒物品作业场所劳动保护条例》规定的罚款幅度，或者按照每使用一名童工每月处 5000 元罚款的标准，从重处罚。劳动保障行政部门并应当责令用人单位限期将童工送回原居住地交其父母或者其他监护人，所需交通和食宿费用全部由用人单位承担。

用人单位经劳动保障行政部门依照前款规定责令限期改正，逾期仍不将童工送交其父母或者其他监护人的，从责令限期改正之日起，由劳动保障行政部门按照每使用一名童工每月处 1 万元罚款的标准处罚，并由工商行政管理部门吊销其营业执照或者由民政部门撤销民办非企业单位登记；用人单位是国家机关、事业单位的，由有关单位依法对直接负责的主管人员和其他直接责任人员给予降级或者撤职的行政处分或者纪律处分。

第七条 单位或者个人为不满 16 周岁的未成年人介绍就业的，由劳动保障行政部门按照每介绍一人处 5000 元罚款的标准给予处罚；职业中介机构为不满 16 周岁的未成年人介绍就业的，并由劳动保障行政部门吊销其职业介绍许可证。

第八条 用人单位未按照本规定第四条的规定保存录用登记材料，或者伪造录用登记材料的，由劳动保障行政部门处 1 万元的罚款。

第九条 无营业执照、被依法吊销营业执照的单位以及未依法登记、备案的单位使用童工或者介绍童工就业的，依照本规定第六条、第七条、第八条规定的标准加一倍罚款，该非法单位由有关的行政主管部门予以取缔。

第十条 童工患病或者受伤的,用人单位应当负责送到医疗机构治疗,并负担治疗期间的全部医疗和生活费用。

童工伤残或者死亡的,用人单位由工商行政管理部门吊销营业执照或者由民政部门撤销民办非企业单位登记;用人单位是国家机关、事业单位的,由有关单位依法对直接负责的主管人员和其他直接责任人员给予降级或者撤职的行政处分或者纪律处分;用人单位还应当一次性地对伤残的童工、死亡童工的直系亲属给予赔偿,赔偿金额按照国家工伤保险的有关规定计算。

第十一条 拐骗童工,强迫童工劳动,使用童工从事高空、井下、放射性、高毒、易燃易爆以及国家规定的第四级体力劳动强度的劳动,使用不满14周岁的童工,或者造成童工死亡或者严重伤残的,依照刑法关于拐卖儿童罪、强迫劳动罪或者其他罪的规定,依法追究刑事责任。

第十二条 国家行政机关工作人员有下列行为之一的,依法给予记大过或者降级的行政处分;情节严重的,依法给予撤职或者开除的行政处分;构成犯罪的,依照刑法关于滥用职权罪、玩忽职守罪或者其他罪的规定,依法追究刑事责任:

(一)劳动保障等有关部门工作人员在禁止使用童工的监督检查工作中发现使用童工的情况,不予制止、纠正、查处的;

(二)公安机关的人民警察违反规定发放身份证或者在身份证上登录虚假出生年月的;

(三)工商行政管理部门工作人员发现申请人是不满16周岁的未成年人,仍然为其从事个体经营发放营业执照的。

第十三条 文艺、体育单位经未成年人的父母或者其他监护人同意,可以招用不满16周岁的专业文艺工作者、运动员。用人单位应当保障被招用的不满16周岁的未成年人的身心健康,保障其接受义务教育的权利。文艺、体育单位招用不满16周岁的专业文艺工作者、运动员的办法,由国务院劳动保障行政部门会同国务院文化、体育行政部门制定。

学校、其他教育机构以及职业培训机构按照国家有关规定组织不满16周岁的未成年人进行不影响其人身安全和身心健康的教育实践劳动、职业技能培训劳动,不属于使用童工。

第十四条 本规定自 2002 年 12 月 1 日起施行。1991 年 4 月 15 日国务院发布的《禁止使用童工规定》同时废止。

未成年工特殊保护规定

1. 1994 年 12 月 9 日劳动部发布
2. 劳部发〔1994〕498 号
3. 自 1995 年 1 月 1 日起施行

第一条 为维护未成年工的合法权益,保护其在生产劳动中的健康,根据《中华人民共和国劳动法》的有关规定,制定本规定。

第二条 未成年工是指年满 16 周岁,未满 18 周岁的劳动者。

未成年工的特殊保护是针对未成年工处于生长发育期的特点,以及接受义务教育的需要,采取的特殊劳动保护措施。

第三条 用人单位不得安排未成年工从事以下范围的劳动:

(一)《生产性粉尘作业危害程度分级》国家标准中第一级以上的接尘作业;

(二)《有毒作业分级》国家标准中第一级以上的有毒作业;

(三)《高处作业分级》国家标准中第二级以上的高处作业;

(四)《冷水作业分级》国家标准中第二级以上的冷水作业;

(五)《高温作业分级》国家标准中第三级以上的高温作业;

(六)《低温作业分级》国家标准中第三级以上的低温作业;

(七)《体力劳动强度分级》国家标准中第四级体力劳动强度的作业;

(八)矿山井下及矿山地面采石作业;

(九)森林业中的伐木、流放及守林作业;

(十)工作场所接触放射性物质的作业;

(十一)有易燃易爆、化学性烧伤和热烧伤等危险性大的作业;

(十二)地质勘探和资源勘探的野外作业;

(十三)潜水、涵洞、涵道作业和海拔 3000 米以上的高原作业(不包括世居高原者)；

（十四）连续负重每小时在六次以上并每次超过20公斤,间断负重每次超过25公斤的作业；

（十五）使用凿岩机、捣固机、气镐、气铲、铆钉机、电锤的作业；

（十六）工作中需要长时间保持低头、弯腰、上举、下蹲等强迫体位和动作频率每分钟大于五十次的流水线作业；

（十七）锅炉司炉。

第四条 未成年工患有某种疾病或具有某些生理缺陷（非残疾型）时,用人单位不得安排其从事以下范围的劳动：

（一）《高处作业分级》国家标准中第一级以上的高处作业；

（二）《低温作业分级》国家标准中第二级以上的低温作业；

（三）《高温作业分级》国家标准中第二级以上的高温作业；

（四）《体力劳动强度分级》国家标准中第三级以上体力劳动强度的作业；

（五）接触铅、苯、汞、甲醛、二硫化碳等易引起过敏反应的作业。

第五条 患有某种疾病或具有某些生理缺陷（非残疾型）的未成年工,是指有以下一种或一种以上情况者：

（一）心血管系统

1. 先天性心脏病；
2. 克山病；
3. 收缩期或舒张期二级以上心脏杂音。

（二）呼吸系统

1. 中度以上气管炎或支气管哮喘；
2. 呼吸音明显减弱；
3. 各类结核病；
4. 体弱儿,呼吸道反复感染者。

（三）消化系统

1. 各类肝炎；
2. 肝、脾肿大；
3. 胃、十二指肠溃疡；
4. 各种消化道疝。

(四)泌尿系统
1. 急、慢性肾炎;
2. 泌尿系感染。
(五)内分泌系统
1. 甲状腺机能亢进;
2. 中度以上糖尿病。
(六)精神神经系统
1. 智力明显低下;
2. 精神忧郁或狂暴。
(七)肌肉、骨骼运动系统
1. 身高和体重低于同龄人标准;
2. 一个及一个以上肢体存在明显功能障碍;
3. 躯干1/4以上部位活动受限,包括强直或不能旋转。
(八)其他
1. 结核性胸膜炎;
2. 各类重度关节炎;
3. 血吸虫病;
4. 严重贫血,其血色素每升低于95克(9.5g/dL)。

第六条 用人单位应按下列要求对未成年工定期进行健康检查:
(一)安排工作岗位之前;
(二)工作满1年;
(三)年满18周岁,距前一次的体检时间已超过半年。

第七条 未成年工的健康检查,应按本规定所附《未成年工健康检查表》列出的项目进行。

第八条 用人单位应根据未成年工的健康检查结果安排其从事适合的劳动,对不能胜任原劳动岗位的,应根据医务部门的证明,予以减轻劳动量或安排其他劳动。

第九条 对未成年工的使用和特殊保护实行登记制度。
(一)用人单位招收使用未成年工,除符合一般用工要求外,还须向所在地的县级以上劳动行政部门办理登记。劳动行政部门根据《未成年工健康检查表》、《未成年工登记表》,核发《未成年工登记证》。

(二)各级劳动行政部门须按本规定第三、四、五、七条的有关规定,审核体检情况和拟安排的劳动范围。
(三)未成年工须持《未成年工登记证》上岗。
(四)《未成年工登记证》由国务院劳动行政部门统一印制。

第十条 未成年工上岗前用人单位应对其进行有关的职业安全卫生教育、培训;未成年工体检和登记,由用人单位统一办理和承担费用。

第十一条 县级以上劳动行政部门对用人单位执行本规定的情况进行监督检查,对违反本规定的行为依照有关法规进行处罚。

各级工会组织对本规定的执行情况进行监督。

第十二条 省、自治区、直辖市劳动行政部门可以根据本规定制定实施办法。

第十三条 本规定自 1995 年 1 月 1 日起施行。

未成年人节目管理规定

1. 2019 年 3 月 29 日国家广播电视总局令第 3 号公布
2. 根据 2021 年 10 月 8 日国家广播电视总局令第 9 号《关于第三批修改的部门规章的决定》修订

第一章 总 则

第一条 为了规范未成年人节目,保护未成年人身心健康,保障未成年人合法权益,教育引导未成年人,培育和弘扬社会主义核心价值观,根据《中华人民共和国未成年人保护法》《广播电视管理条例》等法律、行政法规,制定本规定。

第二条 从事未成年人节目的制作、传播活动,适用本规定。

本规定所称未成年人节目,包括未成年人作为主要参与者或者以未成年人为主要接收对象的广播电视节目和网络视听节目。

第三条 从事未成年人节目制作、传播活动,应当以培养能够担当民族复兴大任的时代新人为着眼点,以培育和弘扬社会主义核心价值观为根本任务,弘扬中华优秀传统文化、革命文化和社会主义先进文化,坚持创新发展,增强原创能力,自觉保护未成年人合法权益,尊重未成年人发展和成长规律,促进未成年人健康成长。

第四条 未成年人节目管理工作应当坚持正确导向,注重保护尊重未成年人的隐私和人格尊严等合法权益,坚持教育保护并重,实行社会共治,防止未成年人节目出现商业化、成人化和过度娱乐化倾向。

第五条 国务院广播电视主管部门负责全国未成年人节目的监督管理工作。

县级以上地方人民政府广播电视主管部门负责本行政区域内未成年人节目的监督管理工作。

第六条 广播电视和网络视听行业组织应当结合行业特点,依法制定未成年人节目行业自律规范,加强职业道德教育,切实履行社会责任,促进业务交流,维护成员合法权益。

第七条 广播电视主管部门对在培育和弘扬社会主义核心价值观、强化正面教育、贴近现实生活、创新内容形式、产生良好社会效果等方面表现突出的未成年人节目,以及在未成年人节目制作、传播活动中做出突出贡献的组织、个人,按照有关规定予以表彰、奖励。

第二章 节目规范

第八条 国家支持、鼓励含有下列内容的未成年人节目的制作、传播:

(一)培育和弘扬社会主义核心价值观;

(二)弘扬中华优秀传统文化、革命文化和社会主义先进文化;

(三)引导树立正确的世界观、人生观、价值观;

(四)发扬中华民族传统家庭美德,树立优良家风;

(五)符合未成年人身心发展规律和特点;

(六)保护未成年人合法权益和情感,体现人文关怀;

(七)反映未成年人健康生活和积极向上的精神面貌;

(八)普及自然和社会科学知识;

(九)其他符合国家支持、鼓励政策的内容。

第九条 未成年人节目不得含有下列内容:

(一)渲染暴力、血腥、恐怖,教唆犯罪或者传授犯罪方法;

(二)除健康、科学的性教育之外的涉性话题、画面;

（三）肯定、赞许未成年人早恋；

（四）诋毁、歪曲或者以不当方式表现中华优秀传统文化、革命文化、社会主义先进文化；

（五）歪曲民族历史或者民族历史人物，歪曲、丑化、亵渎、否定英雄烈士事迹和精神；

（六）宣扬、美化、崇拜曾经对我国发动侵略战争和实施殖民统治的国家、事件、人物；

（七）宣扬邪教、迷信或者消极颓废的思想观念；

（八）宣扬或者肯定不良的家庭观、婚恋观、利益观；

（九）过分强调或者过度表现财富、家庭背景、社会地位；

（十）介绍或者展示自杀、自残和其他易被未成年人模仿的危险行为及游戏项目等；

（十一）表现吸毒、滥用麻醉药品、精神药品和其他违禁药物；

（十二）表现吸烟、售烟和酗酒；

（十三）表现违反社会公共道德、扰乱社会秩序等不良举止行为；

（十四）渲染帮会、黑社会组织的各类仪式；

（十五）宣传、介绍不利于未成年人身心健康的网络游戏；

（十六）法律、行政法规禁止的其他内容。

以科普、教育、警示为目的，制作、传播的节目中确有必要出现上述内容的，应当根据节目内容采取明显图像或者声音等方式予以提示，在显著位置设置明确提醒，并对相应画面、声音进行技术处理，避免过分展示。

第十条 不得制作、传播利用未成年人或者未成年人角色进行商业宣传的非广告类节目。

制作、传播未成年人参与的歌唱类选拔节目、真人秀节目、访谈脱口秀节目应当符合国务院广播电视主管部门的要求。

第十一条 广播电视播出机构、网络视听节目服务机构、节目制作机构应当根据不同年龄段未成年人身心发展状况，制作、传播相应的未成年人节目，并采取明显图像或者声音等方式予以提示。

第十二条 邀请未成年人参与节目制作，应当事先经其法定监护人同意。不得以恐吓、诱骗或者收买等方式迫使、引诱未成年人参与节目制作。

制作未成年人节目应当保障参与制作的未成年人人身和财产安全,以及充足的学习和休息时间。

第十三条　未成年人节目制作过程中,不得泄露或者质问、引诱未成年人泄露个人及其近亲属的隐私信息,不得要求未成年人表达超过其判断能力的观点。

对确需报道的未成年人违法犯罪案件,不得披露犯罪案件中未成年人当事人的姓名、住所、照片、图像等个人信息,以及可能推断出未成年人当事人身份的资料。对于不可避免含有上述内容的画面和声音,应当采取技术处理,达到不可识别的标准。

第十四条　邀请未成年人参与节目制作,其服饰、表演应当符合未成年人年龄特征和时代特点,不得诱导未成年人谈论名利、情爱等话题。

未成年人节目不得宣扬童星效应或者包装、炒作明星子女。

第十五条　未成年人节目应当严格控制设置竞赛排名,不得设置过高物质奖励,不得诱导未成年人现场拉票或者询问未成年人失败退出的感受。

情感故事类、矛盾调解类等节目应当尊重和保护未成年人情感,不得就家庭矛盾纠纷采访未成年人,不得要求未成年人参与节目录制和现场调解,避免未成年人亲眼目睹家庭矛盾冲突和情感纠纷。

未成年人节目不得以任何方式对未成年人进行品行、道德方面的测试,放大不良现象和非理性情绪。

第十六条　未成年人节目的主持人应当依法取得职业资格,言行妆容不得引起未成年人心理不适,并在节目中切实履行引导把控职责。

未成年人节目设置嘉宾,应当按照国务院广播电视主管部门的规定,将道德品行作为首要标准,严格遴选、加强培训,不得选用因丑闻劣迹、违法犯罪等行为造成不良社会影响的人员,并提高基层群众作为节目嘉宾的比重。

第十七条　国产原创未成年人节目应当积极体现中华文化元素,使用外国的人名、地名、服装、形象、背景等应当符合剧情需要。

未成年人节目中的用语用字应当符合有关通用语言文字的法律规定。

第十八条　未成年人节目前后播出广告或者播出过程中插播广告,应当遵守以下规定：

（一）未成年人专门频率、频道、专区、链接、页面不得播出医疗、药品、保健食品、医疗器械、化妆品、酒类、美容广告、不利于未成年人身心健康的网络游戏广告，以及其他不适宜未成年人观看的广告，其他未成年人节目前后不得播出上述广告；

（二）针对不满十四周岁的未成年人的商品或者服务的广告，不得含有劝诱其要求家长购买广告商品或者服务、可能引发其模仿不安全行为的内容；

（三）不得利用不满十周岁的未成年人作为广告代言人；

（四）未成年人广播电视节目每小时播放广告不得超过12分钟；

（五）未成年人网络视听节目播出或者暂停播出过程中，不得插播、展示广告，内容切换过程中的广告时长不得超过30秒。

第三章 传 播 规 范

第十九条　未成年人专门频率、频道应当通过自制、外购、节目交流等多种方式，提高制作、播出未成年人节目的能力，提升节目质量和频率、频道专业化水平，满足未成年人收听收看需求。

网络视听节目服务机构应当以显著方式在显著位置对所传播的未成年人节目建立专区，专门播放适宜未成年人收听收看的节目。

未成年人专门频率频道、网络专区不得播出未成年人不宜收听收看的节目。

第二十条　广播电视播出机构、网络视听节目服务机构对所播出的录播或者用户上传的未成年人节目，应当按照有关规定履行播前审查义务；对直播节目，应当采取直播延时、备用节目替换等必要的技术手段，确保所播出的未成年人节目中不得含有本规定第九条第一款禁止内容。

第二十一条　广播电视播出机构、网络视听节目服务机构应当建立未成年人保护专员制度，安排具有未成年人保护工作经验或者教育背景的人员专门负责未成年人节目、广告的播前审查，并对不适合未成年人收听收看的节目、广告提出调整播出时段或者暂缓播出的建议，暂缓播出的建议由有关节目审查部门组织专家论证后实施。

第二十二条　广播电视播出机构、网络视听节目服务机构在未成年人节目播出过程中,应当至少每隔 30 分钟在显著位置发送易于辨认的休息提示信息。

第二十三条　广播电视播出机构在法定节假日和学校寒暑假每日 8:00 至 23:00,以及法定节假日和学校寒暑假之外时间每日 15:00 至 22:00,播出的节目应当适宜所有人群收听收看。

未成年人专门频率频道全天播出未成年人节目的比例应当符合国务院广播电视主管部门的要求,在每日 17:00—22:00 之间应当播出国产动画片或者其他未成年人节目,不得播出影视剧以及引进节目,确需在这一时段播出优秀未成年人影视剧的,应当符合国务院广播电视主管部门的要求。

未成年人专门频率频道、网络专区每日播出或者可供点播的国产动画片和引进动画片的比例应当符合国务院广播电视主管部门的规定。

第二十四条　网络用户上传含有未成年人形象、信息的节目且未经未成年人法定监护人同意的,未成年人的法定监护人有权通知网络视听节目服务机构采取删除、屏蔽、断开链接等必要措施。网络视听节目服务机构接到通知并确认其身份后应当及时采取相关措施。

第二十五条　网络视听节目服务机构应当对网络用户上传的未成年人节目建立公众监督举报制度。在接到公众书面举报后经审查发现节目含有本规定第九条第一款禁止内容或者属于第十条第一款禁止节目类型的,网络视听节目服务机构应当及时采取删除、屏蔽、断开链接等必要措施。

第二十六条　广播电视播出机构、网络视听节目服务机构应当建立由未成年人保护专家、家长代表、教师代表等组成的未成年人节目评估委员会,定期对未成年人节目、广告进行播前、播中、播后评估。必要时,可以邀请未成年人参加评估。评估意见应当作为节目继续播出或者调整的重要依据,有关节目审查部门应当对是否采纳评估意见作出书面说明。

第二十七条　广播电视播出机构、网络视听节目服务机构应当建立未成年人节目社会评价制度,并以适当方式及时公布所评价节目的改进情况。

第二十八条　广播电视播出机构、网络视听节目服务机构应当就未成年人保护情况每年度向当地人民政府广播电视主管部门提交书面年度报告。

评估委员会工作情况、未成年人保护专员履职情况和社会评价情况应当作为年度报告的重要内容。

第四章　监督管理

第二十九条　广播电视主管部门应当建立健全未成年人节目监听监看制度，运用日常监听监看、专项检查、实地抽查等方式，加强对未成年人节目的监督管理。

第三十条　广播电视主管部门应当设立未成年人节目违法行为举报制度，公布举报电话、邮箱等联系方式。

任何单位或者个人有权举报违反本规定的未成年人节目。广播电视主管部门接到举报，应当记录并及时依法调查、处理；对不属于本部门职责范围的，应当及时移送有关部门。

第三十一条　全国性广播电视、网络视听行业组织应当依据本规定，制定未成年人节目内容审核具体行业标准，加强从业人员培训，并就培训情况向国务院广播电视主管部门提交书面年度报告。

第五章　法律责任

第三十二条　违反本规定，制作、传播含有本规定第九条第一款禁止内容的未成年人节目的，或者在以科普、教育、警示为目的制作的节目中，包含本规定第九条第一款禁止内容但未设置明确提醒、进行技术处理的，或者制作、传播本规定第十条禁止的未成年人节目类型的，依照《广播电视管理条例》第四十九条的规定予以处罚。

第三十三条　违反本规定，播放、播出广告的时间超过规定或者播出国产动画片和引进动画片的比例不符合国务院广播电视主管部门规定的，依照《广播电视管理条例》第五十条的规定予以处罚。

第三十四条　违反本规定第十一条至第十七条、第十九条至第二十二条、第二十三条第一款和第二款、第二十四条至第二十八条的规定，由县级以上人民政府广播电视主管部门责令限期改正，给予警告，可以并处三万元以下的罚款。

违反第十八条第一项至第三项的规定,由有关部门依法予以处罚。

第三十五条　广播电视节目制作经营机构、广播电视播出机构、网络视听节目服务机构违反本规定,其主管部门或者有权处理单位,应当依法对负有责任的主管人员或者直接责任人员给予处分、处理;造成严重社会影响的,广播电视主管部门可以向被处罚单位的主管部门或者有权处理单位通报情况,提出对负有责任的主管人员或者直接责任人员的处分、处理建议,并可函询后续处分、处理结果。

第三十六条　广播电视主管部门工作人员滥用职权、玩忽职守、徇私舞弊或者未依照本规定履行职责的,对负有责任的主管人员和直接责任人员依法给予处分。

第六章　附　则

第三十七条　本规定所称网络视听节目服务机构,是指互联网视听节目服务机构和专网及定向传播视听节目服务机构。

本规定所称学校寒暑假是指广播电视播出机构所在地、网络视听节目服务机构注册地教育行政部门规定的时间段。

第三十八条　未构成本规定所称未成年人节目,但节目中含有未成年人形象、信息等内容,有关内容规范和法律责任参照本规定执行。

第三十九条　本规定自2019年4月30日起施行。

网络保护

中华人民共和国网络安全法

1. 2016年11月7日第十二届全国人民代表大会常务委员会第二十四次会议通过
2. 2016年11月7日中华人民共和国主席令第53号公布
3. 自2017年6月1日起施行

目　　录

第一章　总　　则
第二章　网络安全支持与促进
第三章　网络运行安全
　第一节　一般规定
　第二节　关键信息基础设施的运行安全
第四章　网络信息安全
第五章　监测预警与应急处置
第六章　法律责任
第七章　附　　则

第一章　总　　则

第一条　【立法目的】为了保障网络安全，维护网络空间主权和国家安全、社会公共利益，保护公民、法人和其他组织的合法权益，促进经济社会信息化健康发展，制定本法。

第二条　【适用范围】在中华人民共和国境内建设、运营、维护和使用网络，以及网络安全的监督管理，适用本法。

第三条　【方针体系】国家坚持网络安全与信息化发展并重，遵循积极利用、科学发展、依法管理、确保安全的方针，推进网络基础设施建设和互联互通，鼓励网络技术创新和应用，支持培养网络安全人才，建立健全网络安全保障体系，提高网络安全保护能力。

第四条　【国家制定完善网络安全战略】国家制定并不断完善网络安全战略，明确保障网络安全的基本要求和主要目标，提出重点领域的网络安全政策、工作任务和措施。

第五条　【国家采取措施维护安全和秩序】国家采取措施，监测、防御、处置来源于中华人民共和国境内外的网络安全风险和威胁，保护关键信息基础设施免受攻击、侵入、干扰和破坏，依法惩治网络违法犯罪活动，维护网络空间安全和秩序。

第六条　【国家倡导形成网络良好环境】国家倡导诚实守信、健康文明的网络行为，推动传播社会主义核心价值观，采取措施提高全社会的网络安全意识和水平，形成全社会共同参与促进网络安全的良好环境。

第七条　【国家建立网络治理体系】国家积极开展网络空间治理、网络技术研发和标准制定、打击网络违法犯罪等方面的国际交流与合作，推动构建和平、安全、开放、合作的网络空间，建立多边、民主、透明的网络治理体系。

第八条　【主管部门】国家网信部门负责统筹协调网络安全工作和相关监督管理工作。国务院电信主管部门、公安部门和其他有关机关依照本法和有关法律、行政法规的规定，在各自职责范围内负责网络安全保护和监督管理工作。

　　县级以上地方人民政府有关部门的网络安全保护和监督管理职责，按照国家有关规定确定。

第九条　【网络运营者基本义务】网络运营者开展经营和服务活动，必须遵守法律、行政法规，尊重社会公德，遵守商业道德，诚实信用，履行网络安全保护义务，接受政府和社会的监督，承担社会责任。

第十条　【维护网络数据完整性、保密性、可用性】建设、运营网络或者通过网络提供服务，应当依照法律、行政法规的规定和国家标准的强制性要求，采取技术措施和其他必要措施，保障网络安全、稳定运行，有效应对网络安全事件，防范网络违法犯罪活动，维护网络数据的完整性、保密性和可用性。

第十一条　【网络行业组织按章程促进发展】网络相关行业组织按照章

程,加强行业自律,制定网络安全行为规范,指导会员加强网络安全保护,提高网络安全保护水平,促进行业健康发展。

第十二条　【依法使用网络的权利保护与禁止行为】国家保护公民、法人和其他组织依法使用网络的权利,促进网络接入普及,提升网络服务水平,为社会提供安全、便利的网络服务,保障网络信息依法有序自由流动。

任何个人和组织使用网络应当遵守宪法法律,遵守公共秩序,尊重社会公德,不得危害网络安全,不得利用网络从事危害国家安全、荣誉和利益,煽动颠覆国家政权、推翻社会主义制度,煽动分裂国家、破坏国家统一,宣扬恐怖主义、极端主义,宣扬民族仇恨、民族歧视,传播暴力、淫秽色情信息,编造、传播虚假信息扰乱经济秩序和社会秩序,以及侵害他人名誉、隐私、知识产权和其他合法权益等活动。

第十三条　【为未成年人提供安全健康的网络环境】国家支持研究开发有利于未成年人健康成长的网络产品和服务,依法惩治利用网络从事危害未成年人身心健康的活动,为未成年人提供安全、健康的网络环境。

第十四条　【对危害网络安全的举报】任何个人和组织有权对危害网络安全的行为向网信、电信、公安等部门举报。收到举报的部门应当及时依法作出处理;不属于本部门职责的,应当及时移送有权处理的部门。

有关部门应当对举报人的相关信息予以保密,保护举报人的合法权益。

第二章　网络安全支持与促进

第十五条　【网络安全国家标准、行业标准】国家建立和完善网络安全标准体系。国务院标准化行政主管部门和国务院其他有关部门根据各自的职责,组织制定并适时修订有关网络安全管理以及网络产品、服务和运行安全的国家标准、行业标准。

国家支持企业、研究机构、高等学校、网络相关行业组织参与网络安全国家标准、行业标准的制定。

第十六条　【政府投入与扶持】国务院和省、自治区、直辖市人民政府应当统筹规划,加大投入,扶持重点网络安全技术产业和项目,支持网络安全技术的研究开发和应用,推广安全可信的网络产品和服务,保护网络技术知识产权,支持企业、研究机构和高等学校等参与国家网络安全技术创新项目。

第十七条　【国家推进体系建设,鼓励安全服务】国家推进网络安全社会化服务体系建设,鼓励有关企业、机构开展网络安全认证、检测和风险评估等安全服务。

第十八条　【国家鼓励开发数据保护和利用技术,支持创新网络安全管理方式】国家鼓励开发网络数据安全保护和利用技术,促进公共数据资源开放,推动技术创新和经济社会发展。

国家支持创新网络安全管理方式,运用网络新技术,提升网络安全保护水平。

第十九条　【网络安全宣传教育】各级人民政府及其有关部门应当组织开展经常性的网络安全宣传教育,并指导、督促有关单位做好网络安全宣传教育工作。

大众传播媒介应当有针对性地面向社会进行网络安全宣传教育。

第二十条　【国家支持网络安全人才培养】国家支持企业和高等学校、职业学校等教育培训机构开展网络安全相关教育与培训,采取多种方式培养网络安全人才,促进网络安全人才交流。

第三章　网络运行安全

第一节　一般规定

第二十一条　【网络安全等级保护制度】国家实行网络安全等级保护制度。网络运营者应当按照网络安全等级保护制度的要求,履行下列安全保护义务,保障网络免受干扰、破坏或者未经授权的访问,防止网络数据泄露或者被窃取、篡改:

(一)制定内部安全管理制度和操作规程,确定网络安全负责人,落实网络安全保护责任;

(二)采取防范计算机病毒和网络攻击、网络侵入等危害网络安全行为的技术措施;

(三)采取监测、记录网络运行状态、网络安全事件的技术措施,并按照规定留存相关的网络日志不少于六个月;

（四）采取数据分类、重要数据备份和加密等措施；

（五）法律、行政法规规定的其他义务。

第二十二条 【网络产品、服务应当符合国家标准强制性要求】网络产品、服务应当符合相关国家标准的强制性要求。网络产品、服务的提供者不得设置恶意程序；发现其网络产品、服务存在安全缺陷、漏洞等风险时，应当立即采取补救措施，按照规定及时告知用户并向有关主管部门报告。

网络产品、服务的提供者应当为其产品、服务持续提供安全维护；在规定或者当事人约定的期限内，不得终止提供安全维护。

网络产品、服务具有收集用户信息功能的，其提供者应当向用户明示并取得同意；涉及用户个人信息的，还应当遵守本法和有关法律、行政法规关于个人信息保护的规定。

第二十三条 【网络关键设备和网络安全专用产品的认证、检测】网络关键设备和网络安全专用产品应当按照相关国家标准的强制性要求，由具备资格的机构安全认证合格或者安全检测符合要求后，方可销售或者提供。国家网信部门会同国务院有关部门制定、公布网络关键设备和网络安全专用产品目录，并推动安全认证和安全检测结果互认，避免重复认证、检测。

第二十四条 【网络运营者应当要求用户提供真实身份信息】网络运营者为用户办理网络接入、域名注册服务，办理固定电话、移动电话等入网手续，或者为用户提供信息发布、即时通讯等服务，在与用户签订协议或者确认提供服务时，应当要求用户提供真实身份信息。用户不提供真实身份信息的，网络运营者不得为其提供相关服务。

国家实施网络可信身份战略，支持研究开发安全、方便的电子身份认证技术，推动不同电子身份认证之间的互认。

第二十五条 【网络运营者应当制定、实施应急预案】网络运营者应当制定网络安全事件应急预案，及时处置系统漏洞、计算机病毒、网络攻击、网络侵入等安全风险；在发生危害网络安全的事件时，立即启动应急预案，采取相应的补救措施，并按照规定向有关主管部门报告。

第二十六条 【开展网络安全活动、向社会发布安全信息，应遵守国家规定】开展网络安全认证、检测、风险评估等活动，向社会发布系统漏洞、计算机病毒、网络攻击、网络侵入等网络安全信息,应当遵守国家有关规定。

第二十七条　【任何人不得进行危害网络安全的活动】任何个人和组织不得从事非法侵入他人网络、干扰他人网络正常功能、窃取网络数据等危害网络安全的活动;不得提供专门用于从事侵入网络、干扰网络正常功能及防护措施、窃取网络数据等危害网络安全活动的程序、工具;明知他人从事危害网络安全的活动的,不得为其提供技术支持、广告推广、支付结算等帮助。

第二十八条　【网络运营者应为公安机关、国家安全机关提供技术支持和协助】网络运营者应当为公安机关、国家安全机关依法维护国家安全和侦查犯罪的活动提供技术支持和协助。

第二十九条　【国家支持网络运营者合作】国家支持网络运营者之间在网络安全信息收集、分析、通报和应急处置等方面进行合作,提高网络运营者的安全保障能力。

有关行业组织建立健全本行业的网络安全保护规范和协作机制,加强对网络安全风险的分析评估,定期向会员进行风险警示,支持、协助会员应对网络安全风险。

第三十条　【履行职责中获取的信息,不得用于其他用途】网信部门和有关部门在履行网络安全保护职责中获取的信息,只能用于维护网络安全的需要,不得用于其他用途。

第二节　关键信息基础设施的运行安全

第三十一条　【关键信息基础设施重点保护】国家对公共通信和信息服务、能源、交通、水利、金融、公共服务、电子政务等重要行业和领域,以及其他一旦遭到破坏、丧失功能或者数据泄露,可能严重危害国家安全、国计民生、公共利益的关键信息基础设施,在网络安全等级保护制度的基础上,实行重点保护。关键信息基础设施的具体范围和安全保护办法由国务院制定。

国家鼓励关键信息基础设施以外的网络运营者自愿参与关键信息基础设施保护体系。

第三十二条　【编制、实施关键信息基础设施安全规划】按照国务院规定的职责分工,负责关键信息基础设施安全保护工作的部门分别编制并组织实施本行业、本领域的关键信息基础设施安全规划,指导和监督关键信息基础设施运行安全保护工作。

第三十三条 【关键信息基础设施建设要求】建设关键信息基础设施应当确保其具有支持业务稳定、持续运行的性能,并保证安全技术措施同步规划、同步建设、同步使用。

第三十四条 【运营者的安全保护义务】除本法第二十一条的规定外,关键信息基础设施的运营者还应当履行下列安全保护义务:

(一)设置专门安全管理机构和安全管理负责人,并对该负责人和关键岗位的人员进行安全背景审查;

(二)定期对从业人员进行网络安全教育、技术培训和技能考核;

(三)对重要系统和数据库进行容灾备份;

(四)制定网络安全事件应急预案,并定期进行演练;

(五)法律、行政法规规定的其他义务。

第三十五条 【关键信息基础设施的国家安全审查】关键信息基础设施的运营者采购网络产品和服务,可能影响国家安全的,应当通过国家网信部门会同国务院有关部门组织的国家安全审查。

第三十六条 【安全保密协议的签订】关键信息基础设施的运营者采购网络产品和服务,应当按照规定与提供者签订安全保密协议,明确安全和保密义务与责任。

第三十七条 【收集和产生的个人信息和重要数据应当在境内储存】关键信息基础设施的运营者在中华人民共和国境内运营中收集和产生的个人信息和重要数据应当在境内存储。因业务需要,确需向境外提供的,应当按照国家网信部门会同国务院有关部门制定的办法进行安全评估;法律、行政法规另有规定的,依照其规定。

第三十八条 【网络安全及风险的检测评估】关键信息基础设施的运营者应当自行或者委托网络安全服务机构对其网络的安全性和可能存在的风险每年至少进行一次检测评估,并将检测评估情况和改进措施报送相关负责关键信息基础设施安全保护工作的部门。

第三十九条 【关键信息基础设施的安全保护措施】国家网信部门应当统筹协调有关部门对关键信息基础设施的安全保护采取下列措施:

（一）对关键信息基础设施的安全风险进行抽查检测，提出改进措施，必要时可以委托网络安全服务机构对网络存在的安全风险进行检测评估；

（二）定期组织关键信息基础设施的运营者进行网络安全应急演练，提高应对网络安全事件的水平和协同配合能力；

（三）促进有关部门、关键信息基础设施的运营者以及有关研究机构、网络安全服务机构等之间的网络安全信息共享；

（四）对网络安全事件的应急处置与网络功能的恢复等，提供技术支持和协助。

第四章　网络信息安全

第四十条　【建立用户信息保护制度】网络运营者应当对其收集的用户信息严格保密，并建立健全用户信息保护制度。

第四十一条　【网络运营者对个人信息的收集、使用】网络运营者收集、使用个人信息，应当遵循合法、正当、必要的原则，公开收集、使用规则，明示收集、使用信息的目的、方式和范围，并经被收集者同意。

网络运营者不得收集与其提供的服务无关的个人信息，不得违反法律、行政法规的规定和双方的约定收集、使用个人信息，并应当依照法律、行政法规的规定和与用户的约定，处理其保存的个人信息。

第四十二条　【网络运营者应确保其收集的个人信息安全】网络运营者不得泄露、篡改、毁损其收集的个人信息；未经被收集者同意，不得向他人提供个人信息。但是，经过处理无法识别特定个人且不能复原的除外。

网络运营者应当采取技术措施和其他必要措施，确保其收集的个人信息安全，防止信息泄露、毁损、丢失。在发生或者可能发生个人信息泄露、毁损、丢失的情况时，应当立即采取补救措施，按照规定及时告知用户并向有关主管部门报告。

第四十三条　【个人有权要求对其信息予以删除或更正】个人发现网络运营者违反法律、行政法规的规定或者双方的约定收集、使用其个人信息的，有权要求网络运营者删除其个人信息；发现网络运营者收集、存储的其个人信息有错误的，有权要求网络运营者予以更正。网络运营者应当采取措施予以删除或者更正。

第四十四条 【个人和组织不得非法获取、向他人提供个人信息】任何个人和组织不得窃取或者以其他非法方式获取个人信息,不得非法出售或者非法向他人提供个人信息。

第四十五条 【部门及其工作人员的保密义务】依法负有网络安全监督管理职责的部门及其工作人员,必须对在履行职责中知悉的个人信息、隐私和商业秘密严格保密,不得泄露、出售或者非法向他人提供。

第四十六条 【个人和组织不得利用网络实施违法犯罪活动】任何个人和组织应当对其使用网络的行为负责,不得设立用于实施诈骗,传授犯罪方法,制作或者销售违禁物品、管制物品等违法犯罪活动的网站、通讯群组,不得利用网络发布涉及实施诈骗,制作或者销售违禁物品、管制物品以及其他违法犯罪活动的信息。

第四十七条 【网络运营者应当对用户发布的信息进行管理】网络运营者应当加强对其用户发布的信息的管理,发现法律、行政法规禁止发布或者传输的信息的,应当立即停止传输该信息,采取消除等处置措施,防止信息扩散,保存有关记录,并向有关主管部门报告。

第四十八条 【电子信息、应用软件不得设置恶意程序,含有禁止信息】任何个人和组织发送的电子信息、提供的应用软件,不得设置恶意程序,不得含有法律、行政法规禁止发布或者传输的信息。

电子信息发送服务提供者和应用软件下载服务提供者,应当履行安全管理义务,知道其用户有前款规定行为的,应当停止提供服务,采取消除等处置措施,保存有关记录,并向有关主管部门报告。

第四十九条 【网络信息安全投诉、举报制度】网络运营者应当建立网络信息安全投诉、举报制度,公布投诉、举报方式等信息,及时受理并处理有关网络信息安全的投诉和举报。

网络运营者对网信部门和有关部门依法实施的监督检查,应当予以配合。

第五十条 【国家网信部门和有关部门对违法信息停止传播】国家网信部门和有关部门依法履行网络信息安全监督管理职责,发现法律、行政法规禁止发布或者传输的信息的,应当要求网络运营者停止传输,采取消除等处置措施,保存有关记录;对来源于中华人民共和国境外的上述信息,应当通知有关机构采取技术措施和其他必要措施阻断传播。

第五章 监测预警与应急处置

第五十一条 【网络安全监测预警和信息通报制度】国家建立网络安全监测预警和信息通报制度。国家网信部门应当统筹协调有关部门加强网络安全信息收集、分析和通报工作,按照规定统一发布网络安全监测预警信息。

第五十二条 【关键信息网络安全监测预警和信息通报制度】负责关键信息基础设施安全保护工作的部门,应当建立健全本行业、本领域的网络安全监测预警和信息通报制度,并按照规定报送网络安全监测预警信息。

第五十三条 【网络安全风险评估及应急预案】国家网信部门协调有关部门建立健全网络安全风险评估和应急工作机制,制定网络安全事件应急预案,并定期组织演练。

负责关键信息基础设施安全保护工作的部门应当制定本行业、本领域的网络安全事件应急预案,并定期组织演练。

网络安全事件应急预案应当按照事件发生后的危害程度、影响范围等因素对网络安全事件进行分级,并规定相应的应急处置措施。

第五十四条 【应对网络安全风险采取的措施】网络安全事件发生的风险增大时,省级以上人民政府有关部门应当按照规定的权限和程序,并根据网络安全风险的特点和可能造成的危害,采取下列措施:

(一)要求有关部门、机构和人员及时收集、报告有关信息,加强对网络安全风险的监测;

(二)组织有关部门、机构和专业人员,对网络安全风险信息进行分析评估,预测事件发生的可能性、影响范围和危害程度;

(三)向社会发布网络安全风险预警,发布避免、减轻危害的措施。

第五十五条 【网络安全事件的应对】发生网络安全事件,应当立即启动网络安全事件应急预案,对网络安全事件进行调查和评估,要求网络运营者采取技术措施和其他必要措施,消除安全隐患,防止危害扩大,并及时向社会发布与公众有关的警示信息。

第五十六条 【有关部门对网络运营者代表人或负责人约谈】省级以上

人民政府有关部门在履行网络安全监督管理职责中,发现网络存在较大安全风险或者发生安全事件的,可以按照规定的权限和程序对该网络的运营者的法定代表人或者主要负责人进行约谈。网络运营者应当按照要求采取措施,进行整改,消除隐患。

第五十七条 【处置的法律依据】因网络安全事件,发生突发事件或者生产安全事故的,应当依照《中华人民共和国突发事件应对法》、《中华人民共和国安全生产法》等有关法律、行政法规的规定处置。

第五十八条 【特定区域限制网络通信】因维护国家安全和社会公共秩序,处置重大突发社会安全事件的需要,经国务院决定或者批准,可以在特定区域对网络通信采取限制等临时措施。

第六章 法 律 责 任

第五十九条 【不履行安全保护义务的法律责任】网络运营者不履行本法第二十一条、第二十五条规定的网络安全保护义务的,由有关主管部门责令改正,给予警告;拒不改正或者导致危害网络安全等后果的,处一万元以上十万元以下罚款,对直接负责的主管人员处五千元以上五万元以下罚款。

关键信息基础设施的运营者不履行本法第三十三条、第三十四条、第三十六条、第三十八条规定的网络安全保护义务的,由有关主管部门责令改正,给予警告;拒不改正或者导致危害网络安全等后果的,处十万元以上一百万元以下罚款,对直接负责的主管人员处一万元以上十万元以下罚款。

第六十条 【设置恶意程序,对安全缺陷、漏洞未及时补救,擅自终止安全维护的法律责任】违反本法第二十二条第一款、第二款和第四十八条第一款规定,有下列行为之一的,由有关主管部门责令改正,给予警告;拒不改正或者导致危害网络安全等后果的,处五万元以上五十万元以下罚款,对直接负责的主管人员处一万元以上十万元以下罚款:

(一)设置恶意程序的;

(二)对其产品、服务存在的安全缺陷、漏洞等风险未立即采取补救措施,或者未按照规定及时告知用户并向有关主管部门报告的;

(三)擅自终止为其产品、服务提供安全维护的。

第六十一条　【违反真实身份信息制度的法律责任】网络运营者违反本法第二十四条第一款规定,未要求用户提供真实身份信息,或者对不提供真实身份信息的用户提供相关服务的,由有关主管部门责令改正;拒不改正或者情节严重的,处五万元以上五十万元以下罚款,并可以由有关主管部门责令暂停相关业务、停业整顿、关闭网站、吊销相关业务许可证或者吊销营业执照,对直接负责的主管人员和其他直接责任人员处一万元以上十万元以下罚款。

第六十二条　【违法开展网络安全活动,发布安全信息的法律责任】违反本法第二十六条规定,开展网络安全认证、检测、风险评估等活动,或者向社会发布系统漏洞、计算机病毒、网络攻击、网络侵入等网络安全信息的,由有关主管部门责令改正,给予警告;拒不改正或者情节严重的,处一万元以上十万元以下罚款,并可以由有关主管部门责令暂停相关业务、停业整顿、关闭网站、吊销相关业务许可证或者吊销营业执照,对直接负责的主管人员和其他直接责任人员处五千元以上五万元以下罚款。

第六十三条　【从事或者辅助危害网络安全活动的法律责任】违反本法第二十七条规定,从事危害网络安全的活动,或者提供专门用于从事危害网络安全活动的程序、工具,或者为他人从事危害网络安全的活动提供技术支持、广告推广、支付结算等帮助,尚不构成犯罪的,由公安机关没收违法所得,处五日以下拘留,可以并处五万元以上五十万元以下罚款;情节较重的,处五日以上十五日以下拘留,可以并处十万元以上一百万元以下罚款。

　　单位有前款行为的,由公安机关没收违法所得,处十万元以上一百万元以下罚款,并对直接负责的主管人员和其他直接责任人员依照前款规定处罚。

　　违反本法第二十七条规定,受到治安管理处罚的人员,五年内不得从事网络安全管理和网络运营关键岗位的工作;受到刑事处罚的人员,终身不得从事网络安全管理和网络运营关键岗位的工作。

第六十四条　【侵害个人信息的法律责任】网络运营者、网络产品或者服务的提供者违反本法第二十二条第三款、第四十一条至第四十三条规定,侵害个人信息依法得到保护的权利的,由有关主管部门责令改正,可以根据情节单处或者并处警告、没收违法所得、处违法所得一倍以上十倍以下罚款，没有违法所得的，处一百万元以下罚款，对直接负责的主管人员和其他直接责任人员处一万元以上十万元以下罚款；情节严重的，并可以责令暂停相关业务、停业整顿、关闭网站、吊销相关业务许可证或者吊销营业执照。

违反本法第四十四条规定，窃取或者以其他非法方式获取、非法出售或者非法向他人提供个人信息，尚不构成犯罪的，由公安机关没收违法所得，并处违法所得一倍以上十倍以下罚款，没有违法所得的，处一百万元以下罚款。

第六十五条 【使用未经或未通过安全审查的网络产品或服务的法律责任】关键信息基础设施的运营者违反本法第三十五条规定，使用未经安全审查或者安全审查未通过的网络产品或者服务的，由有关主管部门责令停止使用，处采购金额一倍以上十倍以下罚款；对直接负责的主管人员和其他直接责任人员处一万元以上十万元以下罚款。

第六十六条 【在境外存储或向境外提供网络数据的法律责任】关键信息基础设施的运营者违反本法第三十七条规定，在境外存储网络数据，或者向境外提供网络数据的，由有关主管部门责令改正，给予警告，没收违法所得，处五万元以上五十万元以下罚款，并可以责令暂停相关业务、停业整顿、关闭网站、吊销相关业务许可证或者吊销营业执照；对直接负责的主管人员和其他直接责任人员处一万元以上十万元以下罚款。

第六十七条 【设立用于实施违法犯罪活动的网站、通讯群组或发布违法犯罪活动信息的法律责任】违反本法第四十六条规定，设立用于实施违法犯罪活动的网站、通讯群组，或者利用网络发布涉及实施违法犯罪活动的信息，尚不构成犯罪的，由公安机关处五日以下拘留，可以并处一万元以上十万元以下罚款；情节较重的，处五日以上十五日以下拘留，可以并处五万元以上五十万元以下罚款。关闭用于实施违法犯罪活动的网站、通讯群组。

单位有前款行为的，由公安机关处十万元以上五十万元以下罚款，并对直接负责的主管人员和其他直接责任人员依照前款规定处罚。

第六十八条 【对法律法规禁止发布或传输的信息未采取处置措施的法律责任】网络运营者违反本法第四十七条规定，对法律、行政法规禁止发布或者传输的信息未停止传输、采取消除等处置措施、保存有关记录的,由有关主管部门责令改正,给予警告,没收违法所得;拒不改正或者情节严重的,处十万元以上五十万元以下罚款,并可以责令暂停相关业务、停业整顿、关闭网站、吊销相关业务许可证或者吊销营业执照,对直接负责的主管人员和其他直接责任人员处一万元以上十万元以下罚款。

电子信息发送服务提供者、应用软件下载服务提供者,不履行本法第四十八条第二款规定的安全管理义务的,依照前款规定处罚。

第六十九条 【不按要求采取处置措施,拒绝、阻碍监督检查,拒不提供技术支持协助的法律责任】 网络运营者违反本法规定,有下列行为之一的,由有关主管部门责令改正;拒不改正或者情节严重的,处五万元以上五十万元以下罚款,对直接负责的主管人员和其他直接责任人员,处一万元以上十万元以下罚款:

(一)不按照有关部门的要求对法律、行政法规禁止发布或者传输的信息,采取停止传输、消除等处置措施的;

(二)拒绝、阻碍有关部门依法实施的监督检查的;

(三)拒不向公安机关、国家安全机关提供技术支持和协助的。

第七十条 【发布或传输禁止信息的法律责任】 发布或者传输本法第十二条第二款和其他法律、行政法规禁止发布或者传输的信息的,依照有关法律、行政法规的规定处罚。

第七十一条 【违法行为记入信用档案】 有本法规定的违法行为的,依照有关法律、行政法规的规定记入信用档案,并予以公示。

第七十二条 【国家机关政务网络运营者不履行安全保护义务的法律责任】 国家机关政务网络的运营者不履行本法规定的网络安全保护义务的,由其上级机关或者有关机关责令改正;对直接负责的主管人员和其他直接责任人员依法给予处分。

第七十三条 【网信部门和有关部门违反信息使用用途及工作人员渎职的法律责任】 网信部门和有关部门违反本法第三十条规定,将在履行网络安全保护职责中获取的信息用于其他用途的,对直接负责的主管人员和其他直接责任人员依法给予处分。

网信部门和有关部门的工作人员玩忽职守、滥用职权、徇私舞弊,尚不构成犯罪的,依法给予处分。

第七十四条 【民事责任、治安处罚、刑事责任】违反本法规定,给他人造成损害的,依法承担民事责任。

违反本法规定,构成违反治安管理行为的,依法给予治安管理处罚;构成犯罪的,依法追究刑事责任。

第七十五条 【境外机构、组织、个人损害关键信息基础设施的法律责任】境外的机构、组织、个人从事攻击、侵入、干扰、破坏等危害中华人民共和国的关键信息基础设施的活动,造成严重后果的,依法追究法律责任;国务院公安部门和有关部门并可以决定对该机构、组织、个人采取冻结财产或者其他必要的制裁措施。

第七章 附 则

第七十六条 【用语定义】本法下列用语的含义:

(一)网络,是指由计算机或者其他信息终端及相关设备组成的按照一定的规则和程序对信息进行收集、存储、传输、交换、处理的系统。

(二)网络安全,是指通过采取必要措施,防范对网络的攻击、侵入、干扰、破坏和非法使用以及意外事故,使网络处于稳定可靠运行的状态,以及保障网络数据的完整性、保密性、可用性的能力。

(三)网络运营者,是指网络的所有者、管理者和网络服务提供者。

(四)网络数据,是指通过网络收集、存储、传输、处理和产生的各种电子数据。

(五)个人信息,是指以电子或者其他方式记录的能够单独或者与其他信息结合识别自然人个人身份的各种信息,包括但不限于自然人的姓名、出生日期、身份证件号码、个人生物识别信息、住址、电话号码等。

第七十七条 【涉密网络安全保护规定】存储、处理涉及国家秘密信息的网络的运行安全保护,除应当遵守本法外,还应当遵守保密法律、行政法规的规定。

第七十八条 【军事网络安全保护规定】军事网络的安全保护,由中央军事委员会另行规定。

第七十九条 【施行日期】本法自 2017 年 6 月 1 日起施行。

未成年人网络保护条例

1. 2023 年 10 月 16 日国务院令第 766 号公布
2. 自 2024 年 1 月 1 日起施行

第一章 总　　则

第一条　为了营造有利于未成年人身心健康的网络环境,保障未成年人合法权益,根据《中华人民共和国未成年人保护法》《中华人民共和国网络安全法》《中华人民共和国个人信息保护法》等法律,制定本条例。

第二条　未成年人网络保护工作应当坚持中国共产党的领导,坚持以社会主义核心价值观为引领,坚持最有利于未成年人的原则,适应未成年人身心健康发展和网络空间的规律和特点,实行社会共治。

第三条　国家网信部门负责统筹协调未成年人网络保护工作,并依据职责做好未成年人网络保护工作。

国家新闻出版、电影部门和国务院教育、电信、公安、民政、文化和旅游、卫生健康、市场监督管理、广播电视等有关部门依据各自职责做好未成年人网络保护工作。

县级以上地方人民政府及其有关部门依据各自职责做好未成年人网络保护工作。

第四条　共产主义青年团、妇女联合会、工会、残疾人联合会、关心下一代工作委员会、青年联合会、学生联合会、少年先锋队以及其他人民团体、有关社会组织、基层群众性自治组织,协助有关部门做好未成年人网络保护工作,维护未成年人合法权益。

第五条　学校、家庭应当教育引导未成年人参加有益身心健康的活动,科学、文明、安全、合理使用网络,预防和干预未成年人沉迷网络。

第六条　网络产品和服务提供者、个人信息处理者、智能终端产品制造者和销售者应当遵守法律、行政法规和国家有关规定,尊重社会公德,遵守商业道德,诚实信用,履行未成年人网络保护义务,承担社会责任。

第七条　网络产品和服务提供者、个人信息处理者、智能终端产品制造者和销售者应当接受政府和社会的监督,配合有关部门依法实施涉及未成年人网络保护工作的监督检查,建立便捷、合理、有效的投诉、举报渠道,通过显著方式公布投诉、举报途径和方法,及时受理并处理公众投诉、举报。

第八条　任何组织和个人发现违反本条例规定的,可以向网信、新闻出版、电影、教育、电信、公安、民政、文化和旅游、卫生健康、市场监督管理、广播电视等有关部门投诉、举报。收到投诉、举报的部门应当及时依法作出处理;不属于本部门职责的,应当及时移送有权处理的部门。

第九条　网络相关行业组织应当加强行业自律,制定未成年人网络保护相关行业规范,指导会员履行未成年人网络保护义务,加强对未成年人的网络保护。

第十条　新闻媒体应当通过新闻报道、专题栏目(节目)、公益广告等方式,开展未成年人网络保护法律法规、政策措施、典型案例和有关知识的宣传,对侵犯未成年人合法权益的行为进行舆论监督,引导全社会共同参与未成年人网络保护。

第十一条　国家鼓励和支持在未成年人网络保护领域加强科学研究和人才培养,开展国际交流与合作。

第十二条　对在未成年人网络保护工作中作出突出贡献的组织和个人,按照国家有关规定给予表彰和奖励。

第二章　网络素养促进

第十三条　国务院教育部门应当将网络素养教育纳入学校素质教育内容,并会同国家网信部门制定未成年人网络素养测评指标。

教育部门应当指导、支持学校开展未成年人网络素养教育,围绕网络道德意识形成、网络法治观念培养、网络使用能力建设、人身财产安全保护等,培育未成年人网络安全意识、文明素养、行为习惯和防护技能。

第十四条　县级以上人民政府应当科学规划、合理布局,促进公益性上网服务均衡协调发展,加强提供公益性上网服务的公共文化设施建设,改善未成年人上网条件。

县级以上地方人民政府应当通过为中小学校配备具有相应专业能力的指导教师、政府购买服务或者鼓励中小学校自行采购相关服务等方式,为学生提供优质的网络素养教育课程。

第十五条 学校、社区、图书馆、文化馆、青少年宫等场所为未成年人提供互联网上网服务设施的,应当通过安排专业人员、招募志愿者等方式,以及安装未成年人网络保护软件或者采取其他安全保护技术措施,为未成年人提供上网指导和安全、健康的上网环境。

第十六条 学校应当将提高学生网络素养等内容纳入教育教学活动,并合理使用网络开展教学活动,建立健全学生在校期间上网的管理制度,依法规范管理未成年学生带入学校的智能终端产品,帮助学生养成良好上网习惯,培养学生网络安全和网络法治意识,增强学生对网络信息的获取和分析判断能力。

第十七条 未成年人的监护人应当加强家庭家教家风建设,提高自身网络素养,规范自身使用网络的行为,加强对未成年人使用网络行为的教育、示范、引导和监督。

第十八条 国家鼓励和支持研发、生产和使用专门以未成年人为服务对象、适应未成年人身心健康发展规律和特点的网络保护软件、智能终端产品和未成年人模式、未成年人专区等网络技术、产品、服务,加强网络无障碍环境建设和改造,促进未成年人开阔眼界、陶冶情操、提高素质。

第十九条 未成年人网络保护软件、专门供未成年人使用的智能终端产品应当具有有效识别违法信息和可能影响未成年人身心健康的信息、保护未成年人个人信息权益、预防未成年人沉迷网络、便于监护人履行监护职责等功能。

国家网信部门会同国务院有关部门根据未成年人网络保护工作的需要,明确未成年人网络保护软件、专门供未成年人使用的智能终端产品的相关技术标准或者要求,指导监督网络相关行业组织按照有关技术标准和要求对未成年人网络保护软件、专门供未成年人使用的智能终端产品的使用效果进行评估。

智能终端产品制造者应当在产品出厂前安装未成年人网络保护软件,或者采用显著方式告知用户安装渠道和方法。智能终端产品销售者在产品销售前应当采用显著方式告知用户安装未成年人网络保护软件的情况以及安装渠道和方法。

未成年人的监护人应当合理使用并指导未成年人使用网络保护软件、智能终端产品等,创造良好的网络使用家庭环境。

第二十条 未成年人用户数量巨大或者对未成年人群体具有显著影响的网络平台服务提供者,应当履行下列义务:

(一)在网络平台服务的设计、研发、运营等阶段,充分考虑未成年人身心健康发展特点,定期开展未成年人网络保护影响评估;

(二)提供未成年人模式或者未成年人专区等,便利未成年人获取有益身心健康的平台内产品或者服务;

(三)按照国家规定建立健全未成年人网络保护合规制度体系,成立主要由外部成员组成的独立机构,对未成年人网络保护情况进行监督;

(四)遵循公开、公平、公正的原则,制定专门的平台规则,明确平台内产品或者服务提供者的未成年人网络保护义务,并以显著方式提示未成年人用户依法享有的网络保护权利和遭受网络侵害的救济途径;

(五)对违反法律、行政法规严重侵害未成年人身心健康或者侵犯未成年人其他合法权益的平台内产品或者服务提供者,停止提供服务;

(六)每年发布专门的未成年人网络保护社会责任报告,并接受社会监督。

前款所称的未成年人用户数量巨大或者对未成年人群体具有显著影响的网络平台服务提供者的具体认定办法,由国家网信部门会同有关部门另行制定。

第三章 网络信息内容规范

第二十一条 国家鼓励和支持制作、复制、发布、传播弘扬社会主义核心价值观和社会主义先进文化、革命文化、中华优秀传统文化,铸牢中华民族共同体意识,培养未成年人家国情怀和良好品德,引导未成年人养成良好生活习惯和行为习惯等的网络信息,营造有利于未成年人健康成长的清朗网络空间和良好网络生态。

第二十二条 任何组织和个人不得制作、复制、发布、传播含有宣扬淫秽、色情、暴力、邪教、迷信、赌博、引诱自残自杀、恐怖主义、分裂主义、极端主义等危害未成年人身心健康内容的网络信息。

任何组织和个人不得制作、复制、发布、传播或者持有有关未成年人的淫秽色情网络信息。

第二十三条　网络产品和服务中含有可能引发或者诱导未成年人模仿不安全行为、实施违反社会公德行为、产生极端情绪、养成不良嗜好等可能影响未成年人身心健康的信息的，制作、复制、发布、传播该信息的组织和个人应当在信息展示前予以显著提示。

国家网信部门会同国家新闻出版、电影部门和国务院教育、电信、公安、文化和旅游、广播电视等部门，在前款规定基础上确定可能影响未成年人身心健康的信息的具体种类、范围、判断标准和提示办法。

第二十四条　任何组织和个人不得在专门以未成年人为服务对象的网络产品和服务中制作、复制、发布、传播本条例第二十三条第一款规定的可能影响未成年人身心健康的信息。

网络产品和服务提供者不得在首页首屏、弹窗、热搜等处于产品或者服务醒目位置、易引起用户关注的重点环节呈现本条例第二十三条第一款规定的可能影响未成年人身心健康的信息。

网络产品和服务提供者不得通过自动化决策方式向未成年人进行商业营销。

第二十五条　任何组织和个人不得向未成年人发送、推送或者诱骗、强迫未成年人接触含有危害或者可能影响未成年人身心健康内容的网络信息。

第二十六条　任何组织和个人不得通过网络以文字、图片、音视频等形式，对未成年人实施侮辱、诽谤、威胁或者恶意损害形象等网络欺凌行为。

网络产品和服务提供者应当建立健全网络欺凌行为的预警预防、识别监测和处置机制，设置便利未成年人及其监护人保存遭受网络欺凌记录、行使通知权利的功能、渠道，提供便利未成年人设置屏蔽陌生用户、本人发布信息可见范围、禁止转载或者评论本人发布信息、禁止向本人发送信息等网络欺凌信息防护选项。

网络产品和服务提供者应当建立健全网络欺凌信息特征库，优化相关算法模型,采用人工智能、大数据等技术手段和人工审核相结合的方式加强对网络欺凌信息的识别监测。

第二十七条　任何组织和个人不得通过网络以文字、图片、音视频等形式,组织、教唆、胁迫、引诱、欺骗、帮助未成年人实施违法犯罪行为。

第二十八条　以未成年人为服务对象的在线教育网络产品和服务提供者,应当按照法律、行政法规和国家有关规定,根据不同年龄阶段未成年人身心发展特点和认知能力提供相应的产品和服务。

第二十九条　网络产品和服务提供者应当加强对用户发布信息的管理,采取有效措施防止制作、复制、发布、传播违反本条例第二十二条、第二十四条、第二十五条、第二十六条第一款、第二十七条规定的信息,发现违反上述条款规定的信息的,应当立即停止传输相关信息,采取删除、屏蔽、断开链接等处置措施,防止信息扩散,保存有关记录,向网信、公安等部门报告,并对制作、复制、发布、传播上述信息的用户采取警示、限制功能、暂停服务、关闭账号等处置措施。

网络产品和服务提供者发现用户发布、传播本条例第二十三条第一款规定的信息未予显著提示的,应当作出提示或者通知用户予以提示;未作出提示的,不得传输该信息。

第三十条　国家网信、新闻出版、电影部门和国务院教育、电信、公安、文化和旅游、广播电视等部门发现违反本条例第二十二条、第二十四条、第二十五条、第二十六条第一款、第二十七条规定的信息的,或者发现本条例第二十三条第一款规定的信息未予显著提示的,应当要求网络产品和服务提供者按照本条例第二十九条的规定予以处理;对来源于境外的上述信息,应当依法通知有关机构采取技术措施和其他必要措施阻断传播。

第四章　个人信息网络保护

第三十一条　网络服务提供者为未成年人提供信息发布、即时通讯等服务的,应当依法要求未成年人或者其监护人提供未成年人真实身份信息。未成年人或者其监护人不提供未成年人真实身份信息的,网络服务提供者不得为未成年人提供相关服务。

网络直播服务提供者应当建立网络直播发布者真实身份信息动态

核验机制，不得向不符合法律规定情形的未成年人用户提供网络直播发布服务。

第三十二条 个人信息处理者应当严格遵守国家网信部门和有关部门关于网络产品和服务必要个人信息范围的规定，不得强制要求未成年人或者其监护人同意非必要的个人信息处理行为，不得因为未成年人或者其监护人不同意处理未成年人非必要个人信息或者撤回同意，拒绝未成年人使用其基本功能服务。

第三十三条 未成年人的监护人应当教育引导未成年人增强个人信息保护意识和能力、掌握个人信息范围、了解个人信息安全风险，指导未成年人行使其在个人信息处理活动中的查阅、复制、更正、补充、删除等权利，保护未成年人个人信息权益。

第三十四条 未成年人或者其监护人依法请求查阅、复制、更正、补充、删除未成年人个人信息的，个人信息处理者应当遵守以下规定：

（一）提供便捷的支持未成年人或者其监护人查阅未成年人个人信息种类、数量等的方法和途径，不得对未成年人或者其监护人的合理请求进行限制；

（二）提供便捷的支持未成年人或者其监护人复制、更正、补充、删除未成年人个人信息的功能，不得设置不合理条件；

（三）及时受理并处理未成年人或者其监护人查阅、复制、更正、补充、删除未成年人个人信息的申请，拒绝未成年人或者其监护人行使权利的请求的，应当书面告知申请人并说明理由。

对未成年人或者其监护人依法提出的转移未成年人个人信息的请求，符合国家网信部门规定条件的，个人信息处理者应当提供转移的途径。

第三十五条 发生或者可能发生未成年人个人信息泄露、篡改、丢失的，个人信息处理者应当立即启动个人信息安全事件应急预案，采取补救措施，及时向网信等部门报告，并按照国家有关规定将事件情况以邮件、信函、电话、信息推送等方式告知受影响的未成年人及其监护人。

个人信息处理者难以逐一告知的，应当采取合理、有效的方式及时发布相关警示信息，法律、行政法规另有规定的除外。

第三十六条 个人信息处理者对其工作人员应当以最小授权为原则，严格设定信息访问权限,控制未成年人个人信息知悉范围。工作人员访问未成年人个人信息的,应当经过相关负责人或者其授权的管理人员审批,记录访问情况,并采取技术措施,避免违法处理未成年人个人信息。

第三十七条 个人信息处理者应当自行或者委托专业机构每年对其处理未成年人个人信息遵守法律、行政法规的情况进行合规审计,并将审计情况及时报告网信等部门。

第三十八条 网络服务提供者发现未成年人私密信息或者未成年人通过网络发布的个人信息中涉及私密信息的,应当及时提示,并采取停止传输等必要保护措施,防止信息扩散。

网络服务提供者通过未成年人私密信息发现未成年人可能遭受侵害的,应当立即采取必要措施保存有关记录,并向公安机关报告。

第五章 网络沉迷防治

第三十九条 对未成年人沉迷网络进行预防和干预,应当遵守法律、行政法规和国家有关规定。

教育、卫生健康、市场监督管理等部门依据各自职责对从事未成年人沉迷网络预防和干预活动的机构实施监督管理。

第四十条 学校应当加强对教师的指导和培训,提高教师对未成年学生沉迷网络的早期识别和干预能力。对于有沉迷网络倾向的未成年学生,学校应当及时告知其监护人,共同对未成年学生进行教育和引导,帮助其恢复正常的学习生活。

第四十一条 未成年人的监护人应当指导未成年人安全合理使用网络,关注未成年人上网情况以及相关生理状况、心理状况、行为习惯,防范未成年人接触危害或者可能影响其身心健康的网络信息,合理安排未成年人使用网络的时间,预防和干预未成年人沉迷网络。

第四十二条 网络产品和服务提供者应当建立健全防沉迷制度,不得向未成年人提供诱导其沉迷的产品和服务,及时修改可能造成未成年人沉迷的内容、功能和规则,并每年向社会公布防沉迷工作情况,接受社会监督。

第四十三条 网络游戏、网络直播、网络音视频、网络社交等网络服务提供者应当针对不同年龄阶段未成年人使用其服务的特点,坚持融合、友好、实用、有效的原则,设置未成年人模式,在使用时段、时长、功能和内容等方面按照国家有关规定和标准提供相应的服务,并以醒目便捷的方式为监护人履行监护职责提供时间管理、权限管理、消费管理等功能。

第四十四条　网络游戏、网络直播、网络音视频、网络社交等网络服务提供者应当采取措施,合理限制不同年龄阶段未成年人在使用其服务中的单次消费数额和单日累计消费数额,不得向未成年人提供与其民事行为能力不符的付费服务。

第四十五条　网络游戏、网络直播、网络音视频、网络社交等网络服务提供者应当采取措施,防范和抵制流量至上等不良价值倾向,不得设置以应援集资、投票打榜、刷量控评等为主题的网络社区、群组、话题,不得诱导未成年人参与应援集资、投票打榜、刷量控评等网络活动,并预防和制止其用户诱导未成年人实施上述行为。

第四十六条　网络游戏服务提供者应当通过统一的未成年人网络游戏电子身份认证系统等必要手段验证未成年人用户真实身份信息。

网络产品和服务提供者不得为未成年人提供游戏账号租售服务。

第四十七条　网络游戏服务提供者应当建立、完善预防未成年人沉迷网络的游戏规则,避免未成年人接触可能影响其身心健康的游戏内容或者游戏功能。

网络游戏服务提供者应当落实适龄提示要求,根据不同年龄阶段未成年人身心发展特点和认知能力,通过评估游戏产品的类型、内容与功能等要素,对游戏产品进行分类,明确游戏产品适合的未成年人用户年龄阶段,并在用户下载、注册、登录界面等位置予以显著提示。

第四十八条　新闻出版、教育、卫生健康、文化和旅游、广播电视、网信等部门应当定期开展预防未成年人沉迷网络的宣传教育,监督检查网络产品和服务提供者履行预防未成年人沉迷网络义务的情况,指导家庭、学校、社会组织互相配合,采取科学、合理的方式对未成年人沉迷网络进行预防和干预。

国家新闻出版部门牵头组织开展未成年人沉迷网络游戏防治工作,会同有关部门制定关于向未成年人提供网络游戏服务的时段、时长、消费上限等管理规定。

卫生健康、教育等部门依据各自职责指导有关医疗卫生机构、高等学校等,开展未成年人沉迷网络所致精神障碍和心理行为问题的基础研究和筛查评估、诊断、预防、干预等应用研究。

第四十九条　严禁任何组织和个人以虐待、胁迫等侵害未成年人身心健康的方式干预未成年人沉迷网络、侵犯未成年人合法权益。

第六章　法 律 责 任

第五十条　地方各级人民政府和县级以上有关部门违反本条例规定,不履行未成年人网络保护职责的,由其上级机关责令改正;拒不改正或者情节严重的,对负有责任的领导人员和直接责任人员依法给予处分。

第五十一条　学校、社区、图书馆、文化馆、青少年宫等违反本条例规定,不履行未成年人网络保护职责的,由教育、文化和旅游等部门依据各自职责责令改正;拒不改正或者情节严重的,对负有责任的领导人员和直接责任人员依法给予处分。

第五十二条　未成年人的监护人不履行本条例规定的监护职责或者侵犯未成年人合法权益的,由未成年人居住地的居民委员会、村民委员会、妇女联合会,监护人所在单位,中小学校、幼儿园等有关密切接触未成年人的单位依法予以批评教育、劝诫制止、督促其接受家庭教育指导等。

第五十三条　违反本条例第七条、第十九条第三款、第三十八条第二款规定的,由网信、新闻出版、电影、教育、电信、公安、民政、文化和旅游、市场监督管理、广播电视等部门依据各自职责责令改正;拒不改正或者情节严重的,处 5 万元以上 50 万元以下罚款,对直接负责的主管人员和其他直接责任人员处 1 万元以上 10 万元以下罚款。

第五十四条　违反本条例第二十条第一款规定的,由网信、新闻出版、电信、公安、文化和旅游、广播电视等部门依据各自职责责令改正,给予警告,没收违法所得;拒不改正的,并处 100 万元以下罚款,对直接负责的主管人员和其他直接责任人员处 1 万元以上 10 万元以下罚款。

违反本条例第二十条第一款第一项和第五项规定,情节严重的,由省级以上网信、新闻出版、电信、公安、文化和旅游、广播电视等部门依据各自职责责令改正,没收违法所得,并处 5000 万元以下或者上一年度营业额百分之五以下罚款,并可以责令暂停相关业务或者停业整顿、通报有关部门依法吊销相关业务许可证或者吊销营业执照;对直接负责的主管人员和其他直接责任人员处 10 万元以上 100 万元以下罚款,并可以决定禁止其在一定期限内担任相关企业的董事、监事、高级管理人员和未成年人保护负责人。

第五十五条　违反本条例第二十四条、第二十五条规定的,由网信、新闻出版、电影、电信、公安、文化和旅游、市场监督管理、广播电视等部门依据各自职责责令限期改正,给予警告,没收违法所得,可以并处 10 万元以下罚款;拒不改正或者情节严重的,责令暂停相关业务、停产停业或者吊销相关业务许可证、吊销营业执照,违法所得 100 万元以上的,并处违法所得 1 倍以上 10 倍以下罚款,没有违法所得或者违法所得不足 100 万元的,并处 10 万元以上 100 万元以下罚款。

第五十六条　违反本条例第二十六条第二款和第三款、第二十八条、第二十九条第一款、第三十一条第二款、第三十六条、第三十八条第一款、第四十二条至第四十五条、第四十六条第二款、第四十七条规定的,由网信、新闻出版、电影、教育、电信、公安、文化和旅游、广播电视等部门依据各自职责责令改正,给予警告,没收违法所得,违法所得 100 万元以上的,并处违法所得 1 倍以上 10 倍以下罚款,没有违法所得或者违法所得不足 100 万元的,并处 10 万元以上 100 万元以下罚款,对直接负责的主管人员和其他直接责任人员处 1 万元以上 10 万元以下罚款;拒不改正或者情节严重的,并可以责令暂停相关业务、停业整顿、关闭网站、吊销相关业务许可证或者吊销营业执照。

第五十七条　网络产品和服务提供者违反本条例规定,受到关闭网站、吊销相关业务许可证或者吊销营业执照处罚的,5 年内不得重新申请相关许可,其直接负责的主管人员和其他直接责任人员 5 年内不得从事同类网络产品和服务业务。

第五十八条　违反本条例规定,侵犯未成年人合法权益,给未成年人造成损害的,依法承担民事责任;构成违反治安管理行为的,依法给予治安管理处罚;构成犯罪的,依法追究刑事责任。

第七章　附　则

第五十九条　本条例所称智能终端产品,是指可以接入网络、具有操作系统、能够由用户自行安装应用软件的手机、计算机等网络终端产品。

第六十条　本条例自2024年1月1日起施行。

全国人民代表大会常务委员会
关于加强网络信息保护的决定

2012年12月28日第十一届全国人民代表大会常务委员会第三十次会议通过

为了保护网络信息安全,保障公民、法人和其他组织的合法权益,维护国家安全和社会公共利益,特作如下决定:

一、国家保护能够识别公民个人身份和涉及公民个人隐私的电子信息。

任何组织和个人不得窃取或者以其他非法方式获取公民个人电子信息,不得出售或者非法向他人提供公民个人电子信息。

二、网络服务提供者和其他企业事业单位在业务活动中收集、使用公民个人电子信息,应当遵循合法、正当、必要的原则,明示收集、使用信息的目的、方式和范围,并经被收集者同意,不得违反法律、法规的规定和双方的约定收集、使用信息。

网络服务提供者和其他企业事业单位收集、使用公民个人电子信息,应当公开其收集、使用规则。

三、网络服务提供者和其他企业事业单位及其工作人员对在业务活动中收集的公民个人电子信息必须严格保密,不得泄露、篡改、毁损,不得出售或者非法向他人提供。

四、网络服务提供者和其他企业事业单位应当采取技术措施和其他必要措施,确保信息安全,防止在业务活动中收集的公民个人电子信息泄露、毁损、丢失。在发生或者可能发生信息泄露、毁损、丢失的情况时,应当立即采取补救措施。

五、网络服务提供者应当加强对其用户发布的信息的管理,发现法律、法规禁止发布或者传输的信息的,应当立即停止传输该信息,采取消除等处置措施,保存有关记录,并向有关主管部门报告。

六、网络服务提供者为用户办理网站接入服务,办理固定电话、移动电话等入网手续,或者为用户提供信息发布服务,应当在与用户签订协议或者确认提供服务时,要求用户提供真实身份信息。

七、任何组织和个人未经电子信息接收者同意或者请求,或者电子信息接收者明确表示拒绝的,不得向其固定电话、移动电话或者个人电子邮箱发送商业性电子信息。

八、公民发现泄露个人身份、散布个人隐私等侵害其合法权益的网络信息,或者受到商业性电子信息侵扰的,有权要求网络服务提供者删除有关信息或者采取其他必要措施予以制止。

九、任何组织和个人对窃取或者以其他非法方式获取、出售或者非法向他人提供公民个人电子信息的违法犯罪行为以及其他网络信息违法犯罪行为,有权向有关主管部门举报、控告;接到举报、控告的部门应当依法及时处理。被侵权人可以依法提起诉讼。

十、有关主管部门应当在各自职权范围内依法履行职责,采取技术措施和其他必要措施,防范、制止和查处窃取或者以其他非法方式获取、出售或者非法向他人提供公民个人电子信息的违法犯罪行为以及其他网络信息违法犯罪行为。有关主管部门依法履行职责时,网络服务提供者应当予以配合,提供技术支持。

  国家机关及其工作人员对在履行职责中知悉的公民个人电子信息应当予以保密,不得泄露、篡改、毁损,不得出售或者非法向他人提供。

十一、对有违反本决定行为的,依法给予警告、罚款、没收违法所得、吊销许可证或者取消备案、关闭网站、禁止有关责任人员从事网络服务业务等处罚,记入社会信用档案并予以公布;构成违反治安管理行为的,依法给予治安管理处罚。构成犯罪的,依法追究刑事责任。侵害他人民事权益的,依法承担民事责任。

十二、本决定自公布之日起施行。

网络信息内容生态治理规定

1. 2019 年 12 月 15 日国家互联网信息办公室令第 5 号公布
2. 自 2020 年 3 月 1 日起施行

第一章 总 则

第一条 为了营造良好网络生态，保障公民、法人和其他组织的合法权益，维护国家安全和公共利益，根据《中华人民共和国国家安全法》《中华人民共和国网络安全法》《互联网信息服务管理办法》等法律、行政法规，制定本规定。

第二条 中华人民共和国境内的网络信息内容生态治理活动，适用本规定。

本规定所称网络信息内容生态治理，是指政府、企业、社会、网民等主体，以培育和践行社会主义核心价值观为根本，以网络信息内容为主要治理对象，以建立健全网络综合治理体系、营造清朗的网络空间、建设良好的网络生态为目标，开展的弘扬正能量、处置违法和不良信息等相关活动。

第三条 国家网信部门负责统筹协调全国网络信息内容生态治理和相关监督管理工作，各有关主管部门依据各自职责做好网络信息内容生态治理工作。

地方网信部门负责统筹协调本行政区域内网络信息内容生态治理和相关监督管理工作，地方各有关主管部门依据各自职责做好本行政区域内网络信息内容生态治理工作。

第二章 网络信息内容生产者

第四条 网络信息内容生产者应当遵守法律法规，遵循公序良俗，不得损害国家利益、公共利益和他人合法权益。

第五条 鼓励网络信息内容生产者制作、复制、发布含有下列内容的信息：

（一）宣传习近平新时代中国特色社会主义思想，全面准确生动解读中国特色社会主义道路、理论、制度、文化的；

（二）宣传党的理论路线方针政策和中央重大决策部署的；

（三）展示经济社会发展亮点，反映人民群众伟大奋斗和火热生活的；

（四）弘扬社会主义核心价值观，宣传优秀道德文化和时代精神，充分展现中华民族昂扬向上精神风貌的；

（五）有效回应社会关切，解疑释惑，析事明理，有助于引导群众形成共识的；

（六）有助于提高中华文化国际影响力，向世界展现真实立体全面的中国的；

（七）其他讲品味讲格调讲责任、讴歌真善美、促进团结稳定等的内容。

第六条 网络信息内容生产者不得制作、复制、发布含有下列内容的违法信息：

（一）反对宪法所确定的基本原则的；

（二）危害国家安全，泄露国家秘密，颠覆国家政权，破坏国家统一的；

（三）损害国家荣誉和利益的；

（四）歪曲、丑化、亵渎、否定英雄烈士事迹和精神，以侮辱、诽谤或者其他方式侵害英雄烈士的姓名、肖像、名誉、荣誉的；

（五）宣扬恐怖主义、极端主义或者煽动实施恐怖活动、极端主义活动的；

（六）煽动民族仇恨、民族歧视，破坏民族团结的；

（七）破坏国家宗教政策，宣扬邪教和封建迷信的；

（八）散布谣言，扰乱经济秩序和社会秩序的；

（九）散布淫秽、色情、赌博、暴力、凶杀、恐怖或者教唆犯罪的；

（十）侮辱或者诽谤他人，侵害他人名誉、隐私和其他合法权益的；

（十一）法律、行政法规禁止的其他内容。

第七条 网络信息内容生产者应当采取措施，防范和抵制制作、复制、发布含有下列内容的不良信息：

（一）使用夸张标题，内容与标题严重不符的；

(二)炒作绯闻、丑闻、劣迹等的;

(三)不当评述自然灾害、重大事故等灾难的;

(四)带有性暗示、性挑逗等易使人产生性联想的;

(五)展现血腥、惊悚、残忍等致人身心不适的;

(六)煽动人群歧视、地域歧视等的;

(七)宣扬低俗、庸俗、媚俗内容的;

(八)可能引发未成年人模仿不安全行为和违反社会公德行为、诱导未成年人不良嗜好等的;

(九)其他对网络生态造成不良影响的内容。

第三章 网络信息内容服务平台

第八条 网络信息内容服务平台应当履行信息内容管理主体责任,加强本平台网络信息内容生态治理,培育积极健康、向上向善的网络文化。

第九条 网络信息内容服务平台应当建立网络信息内容生态治理机制,制定本平台网络信息内容生态治理细则,健全用户注册、账号管理、信息发布审核、跟帖评论审核、版面页面生态管理、实时巡查、应急处置和网络谣言、黑色产业链信息处置等制度。

网络信息内容服务平台应当设立网络信息内容生态治理负责人,配备与业务范围和服务规模相适应的专业人员,加强培训考核,提升从业人员素质。

第十条 网络信息内容服务平台不得传播本规定第六条规定的信息,应当防范和抵制传播本规定第七条规定的信息。

网络信息内容服务平台应当加强信息内容的管理,发现本规定第六条、第七条规定的信息的,应当依法立即采取处置措施,保存有关记录,并向有关主管部门报告。

第十一条 鼓励网络信息内容服务平台坚持主流价值导向,优化信息推荐机制,加强版面页面生态管理,在下列重点环节(包括服务类型、位置版块等)积极呈现本规定第五条规定的信息:

(一)互联网新闻信息服务首页首屏、弹窗和重要新闻信息内容页面等;

(二)互联网用户公众账号信息服务精选、热搜等;

(三)博客、微博客信息服务热门推荐、榜单类、弹窗及基于地理位置的信息服务版块等；

(四)互联网信息搜索服务热搜词、热搜图及默认搜索等；

(五)互联网论坛社区服务首页首屏、榜单类、弹窗等；

(六)互联网音视频服务首页首屏、发现、精选、榜单类、弹窗等；

(七)互联网网址导航服务、浏览器服务、输入法服务首页首屏、榜单类、皮肤、联想词、弹窗等；

(八)数字阅读、网络游戏、网络动漫服务首页首屏、精选、榜单类、弹窗等；

(九)生活服务、知识服务平台首页首屏、热门推荐、弹窗等；

(十)电子商务平台首页首屏、推荐区等；

(十一)移动应用商店、移动智能终端预置应用软件和内置信息内容服务首屏、推荐区等；

(十二)专门以未成年人为服务对象的网络信息内容专栏、专区和产品等；

(十三)其他处于产品或者服务醒目位置、易引起网络信息内容服务使用者关注的重点环节。

网络信息内容服务平台不得在以上重点环节呈现本规定第七条规定的信息。

第十二条　网络信息内容服务平台采用个性化算法推荐技术推送信息的，应当设置符合本规定第十条、第十一条规定要求的推荐模型，建立健全人工干预和用户自主选择机制。

第十三条　鼓励网络信息内容服务平台开发适合未成年人使用的模式，提供适合未成年人使用的网络产品和服务，便利未成年人获取有益身心健康的信息。

第十四条　网络信息内容服务平台应当加强对本平台设置的广告位和在本平台展示的广告内容的审核巡查，对发布违法广告的，应当依法予以处理。

第十五条　网络信息内容服务平台应当制定并公开管理规则和平台公约，完善用户协议，明确用户相关权利义务，并依法依约履行相应管理职责。

网络信息内容服务平台应当建立用户账号信用管理制度,根据用户账号的信用情况提供相应服务。

第十六条　网络信息内容服务平台应当在显著位置设置便捷的投诉举报入口,公布投诉举报方式,及时受理处置公众投诉举报并反馈处理结果。

第十七条　网络信息内容服务平台应当编制网络信息内容生态治理工作年度报告,年度报告应当包括网络信息内容生态治理工作情况、网络信息内容生态治理负责人履职情况、社会评价情况等内容。

第四章　网络信息内容服务使用者

第十八条　网络信息内容服务使用者应当文明健康使用网络,按照法律法规的要求和用户协议约定,切实履行相应义务,在以发帖、回复、留言、弹幕等形式参与网络活动时,文明互动,理性表达,不得发布本规定第六条规定的信息,防范和抵制本规定第七条规定的信息。

第十九条　网络群组、论坛社区版块建立者和管理者应当履行群组、版块管理责任,依据法律法规、用户协议和平台公约等,规范群组、版块内信息发布等行为。

第二十条　鼓励网络信息内容服务使用者积极参与网络信息内容生态治理,通过投诉、举报等方式对网上违法和不良信息进行监督,共同维护良好网络生态。

第二十一条　网络信息内容服务使用者和网络信息内容生产者、网络信息内容服务平台不得利用网络和相关信息技术实施侮辱、诽谤、威胁、散布谣言以及侵犯他人隐私等违法行为,损害他人合法权益。

第二十二条　网络信息内容服务使用者和网络信息内容生产者、网络信息内容服务平台不得通过发布、删除信息以及其他干预信息呈现的手段侵害他人合法权益或者谋取非法利益。

第二十三条　网络信息内容服务使用者和网络信息内容生产者、网络信息内容服务平台不得利用深度学习、虚拟现实等新技术新应用从事法律、行政法规禁止的活动。

第二十四条　网络信息内容服务使用者和网络信息内容生产者、网络信息内容服务平台不得通过人工方式或者技术手段实施流量造假、流量劫持以及虚假注册账号、非法交易账号、操纵用户账号等行为,破坏网络生态秩序。

第二十五条　网络信息内容服务使用者和网络信息内容生产者、网络信息内容服务平台不得利用党旗、党徽、国旗、国徽、国歌等代表党和国家形象的标识及内容,或者借国家重大活动、重大纪念日和国家机关及其工作人员名义等,违法违规开展网络商业营销活动。

第五章　网络行业组织

第二十六条　鼓励行业组织发挥服务指导和桥梁纽带作用,引导会员单位增强社会责任感,唱响主旋律,弘扬正能量,反对违法信息,防范和抵制不良信息。

第二十七条　鼓励行业组织建立完善行业自律机制,制定网络信息内容生态治理行业规范和自律公约,建立内容审核标准细则,指导会员单位建立健全服务规范、依法提供网络信息内容服务、接受社会监督。

第二十八条　鼓励行业组织开展网络信息内容生态治理教育培训和宣传引导工作,提升会员单位、从业人员治理能力,增强全社会共同参与网络信息内容生态治理意识。

第二十九条　鼓励行业组织推动行业信用评价体系建设,依据章程建立行业评议等评价奖惩机制,加大对会员单位的激励和惩戒力度,强化会员单位的守信意识。

第六章　监　督　管　理

第三十条　各级网信部门会同有关主管部门,建立健全信息共享、会商通报、联合执法、案件督办、信息公开等工作机制,协同开展网络信息内容生态治理工作。

第三十一条　各级网信部门对网络信息内容服务平台履行信息内容管理主体责任情况开展监督检查,对存在问题的平台开展专项督查。

　　网络信息内容服务平台对网信部门和有关主管部门依法实施的监督检查,应当予以配合。

第三十二条　各级网信部门建立网络信息内容服务平台违法违规行为台账管理制度,并依法依规进行相应处理。

第三十三条　各级网信部门建立政府、企业、社会、网民等主体共同参与的监督评价机制,定期对本行政区域内网络信息内容服务平台生态治理情况进行评估。

第七章 法律责任

第三十四条 网络信息内容生产者违反本规定第六条规定的,网络信息内容服务平台应当依法依约采取警示整改、限制功能、暂停更新、关闭账号等处置措施,及时消除违法信息内容,保存记录并向有关主管部门报告。

第三十五条 网络信息内容服务平台违反本规定第十条、第三十一条第二款规定的,由网信等有关主管部门依据职责,按照《中华人民共和国网络安全法》《互联网信息服务管理办法》等法律、行政法规的规定予以处理。

第三十六条 网络信息内容服务平台违反本规定第十一条第二款规定的,由设区的市级以上网信部门依据职责进行约谈,给予警告,责令限期改正;拒不改正或者情节严重的,责令暂停信息更新,按照有关法律、行政法规的规定予以处理。

第三十七条 网络信息内容服务平台违反本规定第九条、第十二条、第十五条、第十六条、第十七条规定的,由设区的市级以上网信部门依据职责进行约谈,给予警告,责令限期改正;拒不改正或者情节严重的,责令暂停信息更新,按照有关法律、行政法规的规定予以处理。

第三十八条 违反本规定第十四条、第十八条、第十九条、第二十一条、第二十二条、第二十三条、第二十四条、第二十五条规定的,由网信等有关主管部门依据职责,按照有关法律、行政法规的规定予以处理。

第三十九条 网信部门根据法律、行政法规和国家有关规定,会同有关主管部门建立健全网络信息内容服务严重失信联合惩戒机制,对严重违反本规定的网络信息内容服务平台、网络信息内容生产者和网络信息内容使用者依法依规实施限制从事网络信息服务、网上行为限制、行业禁入等惩戒措施。

第四十条 违反本规定,给他人造成损害的,依法承担民事责任;构成犯罪的,依法追究刑事责任;尚不构成犯罪的,由有关主管部门依照有关法律、行政法规的规定予以处罚。

第八章　附　　则

第四十一条　本规定所称网络信息内容生产者,是指制作、复制、发布网络信息内容的组织或者个人。

本规定所称网络信息内容服务平台,是指提供网络信息内容传播服务的网络信息服务提供者。

本规定所称网络信息内容服务使用者,是指使用网络信息内容服务的组织或者个人。

第四十二条　本规定自2020年3月1日起施行。

国家新闻出版署关于防止未成年人沉迷网络游戏的通知

1. 2019年10月25日发布
2. 国新出发〔2019〕34号
3. 自2019年11月1日起施行

各省、自治区、直辖市新闻出版局,各网络游戏企业,有关行业组织:

近年来,网络游戏行业在满足群众休闲娱乐需要、丰富人民精神文化生活的同时,也出现一些值得高度关注的问题,特别是未成年人沉迷网络游戏、过度消费等现象,对未成年人身心健康和正常学习生活造成不良影响,社会反映强烈。规范网络游戏服务,引导网络游戏企业切实把社会效益放在首位,有效遏制未成年人沉迷网络游戏、过度消费等行为,保护未成年人身心健康成长,是贯彻落实习近平总书记关于青少年工作重要指示精神、促进网络游戏繁荣健康有序发展的有效举措。现就有关工作事项通知如下。

一、实行网络游戏用户账号实名注册制度。所有网络游戏用户均须使用有效身份信息方可进行游戏账号注册。自本通知施行之日起,网络游戏企业应建立并实施用户实名注册系统,不得以任何形式为未实名注册的新增用户提供游戏服务。自本通知施行之日起2个月内,网络游戏企业须要求已有用户全部完成实名注册,对未完成实名注册的用户停止提供游戏服务。对用户提供的实名注册信息,网络游戏企业必须严格按照有关法律法规妥善保存、保护,不得用作其他用途。

  网络游戏企业可以对其游戏服务设置不超过 1 小时的游客体验模式。在游客体验模式下,用户无须实名注册,不能充值和付费消费。对使用同一硬件设备的用户,网络游戏企业在 15 天内不得重复提供游客体验模式。

二、严格控制未成年人使用网络游戏时段、时长。每日 22 时至次日 8 时,网络游戏企业不得以任何形式为未成年人提供游戏服务。网络游戏企业向未成年人提供游戏服务的时长,法定节假日每日累计不得超过 3 小时,其他时间每日累计不得超过 1.5 小时。

三、规范向未成年人提供付费服务。网络游戏企业须采取有效措施,限制未成年人使用与其民事行为能力不符的付费服务。网络游戏企业不得为未满 8 周岁的用户提供游戏付费服务。同一网络游戏企业所提供的游戏付费服务,8 周岁以上未满 16 周岁的用户,单次充值金额不得超过 50 元人民币,每月充值金额累计不得超过 200 元人民币;16 周岁以上未满 18 周岁的用户,单次充值金额不得超过 100 元人民币,每月充值金额累计不得超过 400 元人民币。

四、切实加强行业监管。本通知前述各项要求,均为网络游戏上网出版运营的必要条件。各地出版管理部门要切实履行属地监管职责,严格按照本通知要求做好属地网络游戏企业及其网络游戏服务的监督管理工作。对未落实本通知要求的网络游戏企业,各地出版管理部门应责令限期改正;情节严重的,依法依规予以处理,直至吊销相关许可。各地出版管理部门协调有关执法机构做好监管执法工作。

五、探索实施适龄提示制度。网络游戏企业应从游戏内容和功能的心理接受程度、对抗激烈程度、可能引起认知混淆程度、可能导致危险模仿程度、付费消费程度等多维度综合衡量,探索对上网出版运营的网络游戏作出适合不同年龄段用户的提示,并在用户下载、注册、登录页面等位置显著标明。有关行业组织要探索实施适龄提示具体标准规范,督促网络游戏企业落实适龄提示制度。网络游戏企业应注意分析未成年人沉迷的成因,并及时对造成沉迷的游戏内容、功能或者规则进行修改。

六、积极引导家长、学校等社会各界力量履行未成年人监护守护责任,加强对未成年人健康合理使用网络游戏的教导,帮助未成年人树立正确的网络游戏消费观念和行为习惯。

七、本通知所称未成年人是指未满 18 周岁的公民,所称网络游戏企业含提供网络游戏服务的平台。

本通知自 2019 年 11 月 1 日起施行。

政府保护

儿童福利机构管理办法

1. 2018年10月30日民政部令第63号公布
2. 自2019年1月1日起施行

第一章 总 则

第一条 为了加强儿童福利机构管理,维护儿童的合法权益,根据《中华人民共和国民法总则》、《中华人民共和国未成年人保护法》等有关法律法规,制定本办法。

第二条 本办法所称儿童福利机构是指民政部门设立的,主要收留抚养由民政部门担任监护人的未满18周岁儿童的机构。

儿童福利机构包括按照事业单位法人登记的儿童福利院、设有儿童部的社会福利院等。

第三条 国务院民政部门负责指导、监督全国儿童福利机构管理工作。

县级以上地方人民政府民政部门负责本行政区域内儿童福利机构管理工作,依照有关法律法规和本办法的规定,对儿童福利机构进行监督和检查。

第四条 儿童福利机构应当坚持儿童利益最大化,依法保障儿童的生存权、发展权、受保护权、参与权等权利,不断提高儿童生活、医疗、康复和教育水平。

儿童福利机构及其工作人员不得歧视、侮辱、虐待儿童。

第五条 儿童福利机构的建设应当纳入县级以上地方人民政府国民经济和社会发展规划,建设水平应当与当地经济和社会发展相适应。

第六条 儿童福利机构所需经费由县级以上地方人民政府财政部门按照规定予以保障。

第七条 鼓励自然人、法人或者其他组织通过捐赠、设立公益慈善项目、提供志愿服务等方式,参与儿童福利机构相关服务。

第八条　对在儿童福利机构服务和管理工作中做出突出成绩的单位和个人,依照国家有关规定给予表彰和奖励。

第二章　服务对象

第九条　儿童福利机构应当收留抚养下列儿童:

（一）无法查明父母或者其他监护人的儿童;

（二）父母死亡或者宣告失踪且没有其他依法具有监护资格的人的儿童;

（三）父母没有监护能力且没有其他依法具有监护资格的人的儿童;

（四）人民法院指定由民政部门担任监护人的儿童;

（五）法律规定应当由民政部门担任监护人的其他儿童。

第十条　儿童福利机构收留抚养本办法第九条第（一）项规定的儿童的,应当区分情况登记保存以下材料:

（一）属于无法查明父母或者其他监护人的被遗弃儿童的,登记保存公安机关出具的经相关程序确认查找不到父母或者其他监护人的捡拾报案证明、儿童福利机构发布的寻亲公告、民政部门接收意见等材料。

（二）属于无法查明父母或者其他监护人的打拐解救儿童的,登记保存公安机关出具的打拐解救儿童临时照料通知书、DNA信息比对结果、暂时未查找到生父母或者其他监护人的证明,儿童福利机构发布的寻亲公告,民政部门接收意见以及其他与儿童有关的材料。

（三）属于超过3个月仍无法查明父母或者其他监护人的流浪乞讨儿童的,登记保存公安机关出具的DNA信息比对结果、未成年人救助保护机构发布的寻亲公告、民政部门接收意见以及其他与儿童有关的材料。

第十一条　儿童福利机构收留抚养本办法第九条第（二）项规定的儿童的,应当登记保存儿童户籍所在地乡镇人民政府（街道办事处）提交的儿童父母死亡证明或者宣告死亡、宣告失踪的判决书以及没有其他依法具有监护资格的人的情况报告,民政部门接收意见等材料。

第十二条　儿童福利机构收留抚养本办法第九条第(三)项规定的儿童的,应当登记保存儿童户籍所在地乡镇人民政府(街道办事处)提交的父母没有监护能力的情况报告、没有其他依法具有监护资格的人的情况报告,民政部门接收意见等材料。

　　父母一方死亡或者失踪的,还应当登记保存死亡或者失踪一方的死亡证明或者宣告死亡、宣告失踪的判决书。

第十三条　儿童福利机构收留抚养本办法第九条第(四)项规定的儿童的,应当登记保存人民法院生效判决书、民政部门接收意见等材料。

第十四条　儿童福利机构可以接受未成年人救助保护机构委托,收留抚养民政部门承担临时监护责任的儿童。儿童福利机构应当与未成年人救助保护机构签订委托协议。

　　儿童福利机构应当接收需要集中供养的未满16周岁的特困人员。

第三章　服务内容

第十五条　儿童福利机构接收儿童后,应当及时送医疗机构进行体检和传染病检查。确实无法送医疗机构的,应当先行隔离照料。

第十六条　儿童福利机构收留抚养本办法第九条第(一)项规定的儿童的,应当保存儿童随身携带的能够标识其身份或者具有纪念价值的物品。

第十七条　儿童福利机构收留抚养本办法第九条规定的儿童,应当及时到当地公安机关申请办理户口登记。

第十八条　儿童福利机构应当根据《儿童福利机构基本规范》等国家标准、行业标准,提供日常生活照料、基本医疗、基本康复等服务,依法保障儿童受教育的权利。

第十九条　儿童福利机构应当设置起居室、活动室、医疗室、隔离室、康复室、厨房、餐厅、值班室、卫生间、储藏室等功能区域,配备符合儿童安全保护要求的设施设备。

第二十条　儿童福利机构应当考虑儿童个体差异,组织专业人员进行评估,并制定个性化抚养方案。

第二十一条　儿童福利机构应当提供吃饭、穿衣、如厕、洗澡等生活照料服务。

除重度残疾儿童外,对于6周岁以上儿童,儿童福利机构应当按照性别区分生活区域。女童应当由女性工作人员提供前款规定的生活照料服务。

儿童福利机构提供的饮食应当符合卫生要求,有利于儿童营养平衡。

第二十二条　儿童福利机构应当保障儿童参加基本医疗保险,安排儿童定期体检、免疫接种,做好日常医疗护理、疾病预防控制等工作。

儿童福利机构可以通过设立医疗机构或者采取与定点医疗机构合作的方式,为儿童提供基本医疗服务。

发现儿童为疑似传染病病人或者精神障碍患者时,儿童福利机构应当依照传染病防治、精神卫生等相关法律法规的规定处理。

第二十三条　儿童福利机构应当根据儿童的残疾状况提供有针对性的康复服务。暂不具备条件的,可以与有资质的康复服务机构合作开展康复服务。

第二十四条　对符合入学条件的儿童,儿童福利机构应当依法保障其接受普通教育;对符合特殊教育学校入学条件的儿童,应当依法保障其接受特殊教育。

鼓励具备条件的儿童福利机构开展特殊教育服务。

第二十五条　儿童确需跨省级行政区域接受手术医治、康复训练、特殊教育的,儿童福利机构应当选择具备相应资质的机构,并经所属民政部门批准同意。

儿童福利机构应当动态掌握儿童情况,并定期实地探望。

第二十六条　对于符合条件、适合送养的儿童,儿童福利机构依法安排送养。送养儿童前,儿童福利机构应当将儿童的智力、精神健康、患病及残疾状况等重要事项如实告知收养申请人。

对于符合家庭寄养条件的儿童,儿童福利机构按照《家庭寄养管理办法》的规定办理。

第二十七条　出现下列情形,儿童福利机构应当为儿童办理离院手续:

(一)儿童父母或者其他监护人出现的;

(二)儿童父母恢复监护能力或者有其他依法具有监护资格的人的;

(三)儿童父母或者其他监护人恢复监护人资格的;

(四)儿童被依法收养的;

(五)儿童福利机构和未成年人救助保护机构签订的委托协议期满或者被解除的;

(六)其他情形应当离院的。

第二十八条　出现本办法第二十七条第(一)项情形的,儿童福利机构应当根据情况登记保存公安机关出具的打拐解救儿童送还通知书,儿童确属于走失、被盗抢或者被拐骗的结案证明,人民法院撤销宣告失踪或者宣告死亡的判决书,以及能够反映原监护关系的材料等。

出现本办法第二十七条第(二)项情形的,儿童福利机构应当登记保存儿童原户籍所在地乡镇人民政府(街道办事处)提交的父母恢复监护能力或者有其他依法具有监护资格的人的情况报告。

出现本办法第二十七条第(三)项情形的,儿童福利机构应当登记保存人民法院恢复监护人资格的判决书。

出现本办法第二十七条第(一)项至第(三)项情形的,儿童福利机构还应当登记保存父母、其他监护人或者其他依法具有监护资格的人提交的户口簿、居民身份证复印件等证明身份的材料以及民政部门离院意见等材料。

出现本办法第二十七条第(四)项情形的,儿童福利机构应当登记保存收养登记证复印件、民政部门离院意见等材料。

出现本办法第二十七条第(五)项情形的,儿童福利机构应当登记保存儿童福利机构和未成年人救助保护机构签订的委托协议或者解除委托协议的相关材料。

第二十九条　儿童离院的,儿童福利机构应当出具儿童离院确认书。

第三十条　由民政部门担任监护人的儿童年满18周岁后,儿童福利机构应当报请所属民政部门提请本级人民政府解决其户籍、就学、就业、住房、社会保障等安置问题,并及时办理离院手续。

第三十一条　儿童福利机构收留抚养的儿童正常死亡或者经医疗卫生机构救治非正常死亡的,儿童福利机构应当取得负责救治或者正常死亡调查的医疗卫生机构签发的《居民死亡医学证明(推断)书》;儿童未经医疗卫生机构救治非正常死亡的,儿童福利机构应当取得由公安司法部门按照规定及程序出具的死亡证明。

儿童福利机构应当及时将儿童死亡情况报告所属民政部门,并依法做好遗体处理、户口注销等工作。

第四章 内部管理

第三十二条 儿童福利机构应当按照国家有关规定建立健全安全、食品、应急、财务、档案管理、信息化等制度。

第三十三条 儿童福利机构应当落实岗位安全责任,在各出入口、接待大厅、楼道、食堂、观察室以及儿童康复、教育等区域安装具有存储功能的视频监控系统。监控录像资料保存期不少于3个月,载有特殊、重要资料的存储介质应当归档保存。

第三十四条 儿童福利机构应当实行24小时值班巡查制度。值班人员应当熟知机构内抚养儿童情况,做好巡查记录,在交接班时重点交接患病等特殊状况儿童。

第三十五条 儿童福利机构应当依法建立并落实逐级消防安全责任制,健全消防安全管理制度,按照国家标准、行业标准配置消防设施、器材,对消防设施、器材进行维护保养和检测,保障疏散通道、安全出口、消防车通道畅通,开展日常防火巡查、检查,定期组织消防安全教育培训和灭火、应急疏散演练。

第三十六条 儿童福利机构应当加强食品安全管理,保障儿童用餐安全卫生、营养健康。

儿童福利机构内设食堂的,应当取得市场监管部门的食品经营许可;儿童福利机构从供餐单位订餐以及外购预包装食品的,应当从取得食品生产经营许可的企业订购,并按照要求对订购的食品进行查验。

儿童福利机构应当按照有关规定对食品留样备查。

第三十七条 儿童福利机构应当制定疫情、火灾、食物中毒等突发事件应急预案。

突发事件发生后,儿童福利机构应当立即启动应急处理程序,根据突发事件应对管理职责分工向有关部门报告。

第三十八条 儿童福利机构应当执行国家统一的会计制度,依法使用资金,专款专用,不得挪用、截留孤儿基本生活费等专项经费。

第三十九条　儿童福利机构应当建立儿童个人档案,做到一人一档。

第四十条　儿童福利机构应当依托全国儿童福利信息管理系统,及时采集并录入儿童的基本情况及重要医疗、康复、教育等信息,并定期更新数据。

第四十一条　儿童福利机构应当根据工作需要设置岗位。从事医疗卫生等准入类职业的专业技术人员,应当持相关的国家职业资格证书上岗。鼓励其他专业人员接受职业技能培训。

第四十二条　儿童福利机构应当鼓励、支持工作人员参加职业资格考试或者职称评定,按照国家有关政策妥善解决医疗、康复、教育、社会工作等专业技术人员的职称、工资及福利待遇。

儿童福利机构工作人员着装应当整洁、统一。

第四十三条　儿童福利机构与境外组织开展活动和合作项目的,应当按照国家有关规定办理相关手续。

第五章　保障与监督

第四十四条　县级以上地方人民政府民政部门应当支持儿童福利机构发展,协调落实相关政策和保障措施。

第四十五条　鼓励县级以上地方人民政府民政部门通过引入专业社会工作机构、公益慈善项目等多种方式提高儿童福利机构专业服务水平。

第四十六条　县级以上地方人民政府民政部门应当加强儿童福利机构人员队伍建设,定期培训儿童福利机构相关人员。

第四十七条　县级以上地方人民政府民政部门应当建立健全日常监管制度,对其设立的儿童福利机构及工作人员履行下列监督管理职责:

（一）负责对儿童福利机构建立健全内部管理制度、规范服务流程、加强风险防控等情况进行监督检查;

（二）负责对执行儿童福利机构管理相关法律法规及本办法情况进行监督检查;

（三）负责对违反儿童福利机构管理相关法律法规及本办法行为,依法给予处分;

（四）负责儿童福利机构监督管理的其他事项。

上级民政部门应当加强对下级民政部门的指导和监督检查,及时处理儿童福利机构管理中的违法违规行为。

第四十八条　对私自收留抚养无法查明父母或者其他监护人的儿童的社会服务机构、宗教活动场所等组织,县级以上地方人民政府民政部门应当会同公安、宗教事务等有关部门责令其停止收留抚养活动,并将收留抚养的儿童送交儿童福利机构。

　　对现存的与民政部门签订委托代养协议的组织,民政部门应当加强监督管理。

第四十九条　儿童福利机构及其工作人员不依法履行收留抚养职责,或者歧视、侮辱、虐待儿童的,由所属民政部门责令改正,依法给予处分;构成犯罪的,依法追究刑事责任。

第五十条　民政部门及其工作人员在儿童福利机构管理工作中滥用职权、玩忽职守、徇私舞弊的,由有权机关责令改正,依法给予处分;构成犯罪的,依法追究刑事责任。

第六章　附　　则

第五十一条　本办法所称未成年人救助保护机构是指未成年人(救助)保护中心和设有未成年人救助保护科(室)的救助管理站。

第五十二条　本办法自2019年1月1日起施行。

收养评估办法(试行)

1. 2020年12月30日民政部印发
2. 自2021年1月1日起施行

第一条　为了加强收养登记管理,规范收养评估工作,保障被收养人的合法权益,根据《中华人民共和国民法典》,制定本办法。

第二条　中国内地居民在中国境内收养子女的,按照本办法进行收养评估。但是,收养继子女的除外。

第三条　本办法所称收养评估,是指民政部门对收养申请人是否具备抚养、教育和保护被收养人的能力进行调查、评估,并出具评估报告的专业服务行为。

第四条 收养评估应当遵循最有利于被收养人的原则,独立、客观、公正地对收养申请人进行评估,依法保护个人信息和隐私。

第五条 民政部门进行收养评估,可以自行组织,也可以委托第三方机构开展。

委托第三方机构开展收养评估的,民政部门应当与受委托的第三方机构签订委托协议。

第六条 民政部门自行组织开展收养评估的,应当组建收养评估小组。收养评估小组应有2名以上熟悉收养相关法律法规和政策的在编人员。

第七条 受委托的第三方机构应当同时具备下列条件:

(一)具有法人资格;

(二)组织机构健全,内部管理规范;

(三)业务范围包含社会调查或者评估,或者具备评估相关经验;

(四)有5名以上具有社会工作、医学、心理学等专业背景或者从事相关工作2年以上的专职工作人员;

(五)开展评估工作所需的其他条件。

第八条 收养评估内容包括收养申请人以下情况:收养动机、道德品行、受教育程度、健康状况、经济及住房条件、婚姻家庭关系、共同生活家庭成员意见、抚育计划、邻里关系、社区环境、与被收养人融合情况等。

收养申请人与被收养人融合的时间不少于30日。

第九条 收养评估流程包括书面告知、评估准备、实施评估、出具评估报告。

(一)书面告知。民政部门收到收养登记申请有关材料后,经初步审查收养申请人、送养人、被收养人符合《中华人民共和国民法典》、《中国公民收养子女登记办法》要求的,应当书面告知收养申请人将对其进行收养评估。委托第三方机构开展评估的,民政部门应当同时书面告知受委托的第三方机构。

(二)评估准备。收养申请人确认同意进行收养评估的,第三方机构应当选派2名以上具有社会工作、医学、心理学等专业背景或者从事相关工作2年以上的专职工作人员开展评估活动。

民政部门自行组织收养评估的,由收养评估小组开展评估活动。

(三)实施评估。评估人员根据评估需要,可以采取面谈、查阅资料、实地走访等多种方式进行评估,全面了解收养申请人的情况。

（四）出具报告。收养评估小组和受委托的第三方机构应当根据评估情况制作书面收养评估报告。收养评估报告包括正文和附件两部分：正文部分包括评估工作的基本情况、评估内容分析、评估结论等；附件部分包括记载评估过程的文字、语音、照片、影像等资料。委托第三方机构评估的,收养评估报告应当由参与评估人员签名,并加盖机构公章。民政部门自行组织评估的,收养评估报告应当由收养评估小组成员共同签名。

第十条　收养评估报告应当在收养申请人确认同意进行收养评估之日起60日内作出。收养评估期间不计入收养登记办理期限。

收养评估报告应当作为民政部门办理收养登记的参考依据。

第十一条　收养评估期间,收养评估小组或者受委托的第三方机构发现收养申请人及其共同生活家庭成员有下列情形之一的,应当向民政部门报告：

（一）弄虚作假、伪造、变造相关材料或者隐瞒相关事实的；

（二）参加非法组织、邪教组织的；

（三）买卖、性侵、虐待或者遗弃、非法送养未成年人,及其他侵犯未成年人身心健康的；

（四）有持续性、经常性的家庭暴力的；

（五）有故意犯罪行为,判处或者可能判处有期徒刑以上刑罚的；

（六）患有精神类疾病、传染性疾病、重度残疾或者智力残疾、重大疾病的；

（七）存在吸毒、酗酒、赌博、嫖娼等恶习的；

（八）故意或者过失导致正与其进行融合的未成年人受到侵害或者面临其他危险情形的；

（九）有其他不利于未成年人身心健康行为的。

存在前款规定第（八）项规定情形的,民政部门应当立即向公安机关报案。

第十二条　评估人员、受委托的第三方机构与收养申请人、送养人有利害关系的,应当回避。

第十三条　民政部门应当加强对收养评估小组的监督和管理。

委托第三方机构开展收养评估的,民政部门应当对受委托第三方履行协议情况进行监督。

第十四条 开展收养评估不得收取任何费用。地方收养评估工作所需经费应当纳入同级民政部门预算。

第十五条 华侨以及居住在香港、澳门、台湾地区的中国公民申请收养的,当地有权机构已经作出收养评估报告的,民政部门可以不再重复开展收养评估。没有收养评估报告的,民政部门可以依据当地有权机构出具的相关证明材料,对收养申请人进行收养评估。

外国人申请收养的,收养评估按照有关法律法规规定执行。

第十六条 省级民政部门可以结合当地情况细化、补充收养评估内容、流程,并报民政部备案。

第十七条 本办法自 2021 年 1 月 1 日起施行,《民政部关于印发〈收养能力评估工作指引〉的通知》(民发〔2015〕168 号)同时废止。

中国公民收养子女登记办法

1. 1999 年 5 月 12 日国务院批准
2. 1999 年 5 月 25 日民政部令第 14 号发布
3. 根据 2019 年 3 月 2 日国务院令第 709 号《关于修改部分行政法规的决定》第一次修订
4. 根据 2023 年 7 月 20 日国务院令第 764 号《关于修改和废止部分行政法规的决定》第二次修订

第一条 为了规范收养登记行为,根据《中华人民共和国民法典》(以下简称民法典),制定本办法。

第二条 中国公民在中国境内收养子女或者协议解除收养关系的,应当依照本办法的规定办理登记。

办理收养登记的机关是县级人民政府民政部门。

第三条 收养登记工作应当坚持中国共产党的领导,遵循最有利于被收养人的原则,保障被收养人和收养人的合法权益。

第四条 收养社会福利机构抚养的查找不到生父母的弃婴、儿童和孤儿的,在社会福利机构所在地的收养登记机关办理登记。

收养非社会福利机构抚养的查找不到生父母的弃婴和儿童的,在弃婴和儿童发现地的收养登记机关办理登记。

收养生父母有特殊困难无力抚养的子女或者由监护人监护的孤儿的,在被收养人生父母或者监护人常住户口所在地(组织作监护人的,在该组织所在地)的收养登记机关办理登记。

收养三代以内同辈旁系血亲的子女,以及继父或者继母收养继子女的,在被收养人生父或者生母常住户口所在地的收养登记机关办理登记。

第五条 收养关系当事人应当亲自到收养登记机关办理成立收养关系的登记手续。

夫妻共同收养子女的,应当共同到收养登记机关办理登记手续;一方因故不能亲自前往的,应当书面委托另一方办理登记手续,委托书应当经过村民委员会或者居民委员会证明或者经过公证。

第六条 收养人应当向收养登记机关提交收养申请书和下列证件、证明材料:

(一)收养人的居民户口簿和居民身份证;

(二)由收养人所在单位或者村民委员会、居民委员会出具的本人婚姻状况和抚养教育被收养人的能力等情况的证明,以及收养人出具的子女情况声明;

(三)县级以上医疗机构出具的未患有在医学上认为不应当收养子女的疾病的身体健康检查证明。

收养查找不到生父母的弃婴、儿童的,并应当提交收养人经常居住地卫生健康主管部门出具的收养人生育情况证明;其中收养非社会福利机构抚养的查找不到生父母的弃婴、儿童的,收养人应当提交下列证明材料:

(一)收养人经常居住地卫生健康主管部门出具的收养人生育情况证明;

(二)公安机关出具的捡拾弃婴、儿童报案的证明。

收养继子女的,可以只提交居民户口簿、居民身份证和收养人与被收养人生父或者生母结婚的证明。

对收养人出具的子女情况声明,登记机关可以进行调查核实。

第七条 送养人应当向收养登记机关提交下列证件和证明材料:

（一）送养人的居民户口簿和居民身份证（组织作监护人的,提交其负责人的身份证件）;

（二）民法典规定送养时应当征得其他有抚养义务的人同意的,并提交其他有抚养义务的人同意送养的书面意见。

社会福利机构为送养人的,并应当提交弃婴、儿童进入社会福利机构的原始记录,公安机关出具的捡拾弃婴、儿童报案的证明,或者孤儿的生父母死亡或者宣告死亡的证明。

监护人为送养人的,并应当提交实际承担监护责任的证明,孤儿的父母死亡或者宣告死亡的证明,或者被收养人生父母无完全民事行为能力并对被收养人有严重危害的证明。

生父母为送养人,有特殊困难无力抚养子女的,还应当提交送养人有特殊困难的声明;因丧偶或者一方下落不明由单方送养的,还应当提交配偶死亡或者下落不明的证明。对送养人有特殊困难的声明,登记机关可以进行调查核实;子女由三代以内同辈旁系血亲收养的,还应当提交公安机关出具的或者经过公证的与收养人有亲属关系的证明。

被收养人是残疾儿童的,并应当提交县级以上医疗机构出具的该儿童的残疾证明。

第八条 收养登记机关收到收养登记申请书及有关材料后,应当自次日起30日内进行审查。对符合民法典规定条件的,为当事人办理收养登记,发给收养登记证,收养关系自登记之日起成立;对不符合民法典规定条件的,不予登记,并对当事人说明理由。

收养查找不到生父母的弃婴、儿童的,收养登记机关应当在登记前公告查找其生父母;自公告之日起满60日,弃婴、儿童的生父母或者其他监护人未认领的,视为查找不到生父母的弃婴、儿童。公告期间不计算在登记办理期限内。

第九条 收养关系成立后,需要为被收养人办理户口登记或者迁移手续的,由收养人持收养登记证到户口登记机关按照国家有关规定办理。

第十条 收养关系当事人协议解除收养关系的,应当持居民户口簿、居民身份证、收养登记证和解除收养关系的书面协议,共同到被收养人常住户口所在地的收养登记机关办理解除收养关系登记。

第十一条　收养登记机关收到解除收养关系登记申请书及有关材料后,应当自次日起30日内进行审查;对符合民法典规定的,为当事人办理解除收养关系的登记,收回收养登记证,发给解除收养关系证明。

第十二条　为收养关系当事人出具证明材料的组织,应当如实出具有关证明材料。出具虚假证明材料的,由收养登记机关没收虚假证明材料,并建议有关组织对直接责任人员给予批评教育,或者依法给予行政处分、纪律处分。

第十三条　收养关系当事人弄虚作假骗取收养登记的,收养关系无效,由收养登记机关撤销登记,收缴收养登记证。

第十四条　本办法规定的收养登记证、解除收养关系证明的式样,由国务院民政部门制订。

第十五条　华侨以及居住在香港、澳门、台湾地区的中国公民在内地收养子女的,申请办理收养登记的管辖以及所需要出具的证件和证明材料,按照国务院民政部门的有关规定执行。

第十六条　本办法自发布之日起施行。

民政部、全国妇联关于做好家庭暴力受害人庇护救助工作的指导意见

1. 2015年9月24日印发
2. 民发〔2015〕189号

各省、自治区、直辖市民政厅(局)、妇联,新疆生产建设兵团民政局、妇联:

为加大反对家庭暴力工作力度,依法保护家庭暴力受害人,特别是遭受家庭暴力侵害的妇女、未成年人、老年人等弱势群体的人身安全和其他合法权益,根据《中华人民共和国妇女权益保障法》《中华人民共和国未成年人保护法》《中华人民共和国老年人权益保障法》《社会

救助暂行办法》等有关规定,现就民政部门和妇联组织做好家庭暴力受害人(以下简称受害人)庇护救助工作提出以下指导意见:

一、工作对象

家庭暴力受害人庇护救助工作对象是指常住人口及流动人口中,因遭受家庭暴力导致人身安全受到威胁,处于无处居住等暂时生活困境,需要进行庇护救助的未成年人和寻求庇护救助的成年受害人。寻求庇护救助的妇女可携带需要其照料的未成年子女同时申请庇护。

二、工作原则

(一)未成年人特殊、优先保护原则。为遭受家庭暴力侵害的未成年人提供特殊、优先保护,积极主动庇护救助未成年受害人。依法干预处置监护人侵害未成年人合法权益的行为,切实保护未成年人合法权益。

(二)依法庇护原则。依法为受害人提供临时庇护救助服务,充分尊重受害人合理意愿,严格保护其个人隐私。积极运用家庭暴力告诫书、人身安全保护裁定、调解诉讼等法治手段,保障受害人人身安全,维护其合法权益。

(三)专业化帮扶原则。积极购买社会工作、心理咨询等专业服务,鼓励受害人自主接受救助方案和帮扶方式,协助家庭暴力受害人克服心理阴影和行为障碍,协调解决婚姻、生活、学习、工作等方面的实际困难,帮助其顺利返回家庭、融入社会。

(四)社会共同参与原则。在充分发挥民政部门和妇联组织职能职责和工作优势的基础上,动员引导多方面社会力量参与受害人庇护救助服务和反对家庭暴力宣传等工作,形成多方参与、优势互补、共同协作的工作合力。

三、工作内容

(一)及时受理求助。妇联组织要及时接待受害人求助请求或相关人员的举报投诉,根据调查了解的情况向公安机关报告,请公安机关对家庭暴力行为进行调查处置。妇联组织、民政部门发现未成年人遭受虐待、暴力伤害等家庭暴力情形的,应当及时报请公安机关进行调查处置和干预保护。民政部门及救助管理机构应当及时接收公安机关、妇联等有关部门护送或主动寻求庇护救助的受害人,办理入站登记手续,根据性别、年龄实行分类分区救助,妥善安排食宿等临时救助服务并做好隐私保护工作。救助管理机构庇护救助成年受害人期限一般不超过10天,因特殊情况需要延长的,报主管民政部门备案。城乡社区服务机构可以为社区内遭受家庭暴力的居民提供应急庇护救助服务。

(二)按需提供转介服务。民政部门及救助管理机构和妇联组织可以通过与社会工作服务机构、心理咨询机构等专业力量合作方式对受害人进行安全评估和需求评估,根据受害人的身心状况和客观需求制定个案服务方案。要积极协调人民法院、司法行政、人力资源社会保障、卫生等部门、社会救助经办机构、医院和社会组织,为符合条件的受害人提供司法救助、法律援助、婚姻家庭纠纷调解、就业援助、医疗救助、心理康复等转介服务。对于实施家庭暴力的未成年人监护人,应通过家庭教育指导、监护监督等多种方式,督促监护人改善监护方式,提升监护能力;对于目睹家庭暴力的未成年人,要提供心理辅导和关爱服务。

(三)加强受害人人身安全保护。民政部门及救助管理机构或妇联组织可以根据需要协助受害人或代表未成年受害人向人民法院申请人身安全保护裁定,依法保护受害人的人身安全,避免其再次受到家庭暴力的侵害。成年受害人在庇护期间自愿离开救助管理机构的,应提出书面申请,说明离开原因,可自行离开、由受害人亲友接回或由当地村(居)民委员会、基层妇联组织护送回家。其他监护人、近亲属前来接领未成年受害人的,经公安机关或村(居)民委员会确认其身份后,救助管理机构可以将未成年受害人交由其照料,并与其办理书面交接手续。

(四)强化未成年受害人救助保护。民政部门和救助管理机构要按照《最高人民法院最高人民检察院公安部民政部关于依法处理监护人侵害未成年人权益行为若干问题的意见》(法发〔2014〕24号)要求,做好未成年受害人临时监护、调查评估、多方会商等工作。救助管理机构要将遭受家庭暴力侵害的未成年受害人安排在专门区域进行救助保护。对于年幼的未成年受害人,要安排专业社会工作者或专人予以陪护和精心照料,待其情绪稳定后可根据需要安排到爱心家庭寄养。未成年受害人接受司法机关调查时,民政部门或救助管理机构要安排专职社会工作者或专人予以陪伴,必要时请妇联组织派员参加,避免其受到"二次伤害"。对于遭受严重家庭暴力侵害的未成年人,民政部门或救助管理机构、妇联组织可以向人民法院提出申请,要求撤销施暴人监护资格,依法另行指定监护人。

四、工作要求

(一)健全工作机制。民政部门和妇联组织要建立有效的信息沟通渠道,建立健全定期会商、联合作业、协同帮扶等联动协作机制,细化具体任务职责和合作流程,共同做好受害人的庇护救助和权益维护工作。民政部门及救助管理机构要为妇联组织、司法机关开展受害人维权服务、司法调查等工作提供设施场所、业务协作等便利。妇联组织要依法为受害人提供维权服务。

(二)加强能力建设。民政部门及救助管理机构和妇联组织要选派政治素质高、业务能力强的工作人员参与受害人庇护救助工作,加强对工作人员的业务指导和能力培训。救助管理机构应开辟专门服务区域设立家庭暴力庇护场所,实现与流浪乞讨人员救助服务区域的相对隔离,有条件的地方可充分利用现有设施设置生活居室、社会工作室、心理访谈室、探访会客室等,设施陈列和环境布置要温馨舒适。救助管理机构要加强家庭暴力庇护工作的管理服务制度建设,建立健全来访会谈、出入登记、隐私保护、信息查阅等制度。妇联组织要加强"12338"法律维权热线和维权队伍建设,为受害人主动求助、法律咨询和依法维权提供便利渠道和服务。

(三)动员社会参与。民政部门和救助管理机构可以通过购买服务、项目合作、志愿服务等多种方式,鼓励支持社会组织、社会工作服务机构、法律服务机构参与家庭暴力受害人庇护救助服务,提供法律政策咨询、心理疏导、婚姻家庭纠纷调解、家庭关系辅导、法律援助等服务,并加强对社会力量的统筹协调。妇联组织可以发挥政治优势、组织优势和群众工作优势,动员引导爱心企业、爱心家庭和志愿者等社会力量通过慈善捐赠、志愿服务等方式参与家庭暴力受害人庇护救助服务。

(四)强化宣传引导。各级妇联组织和民政部门要积极调动舆论资源,主动借助新兴媒体,切实运用各类传播阵地,公布家庭暴力救助维权热线电话,开设反对家庭暴力专题栏目,传播介绍反对家庭暴力的法律法规;加强依法处理家庭暴力典型事例(案例)的法律解读、政策释义和宣传报道,引导受害人及时保存证据,依法维护自身合法权益;

城乡社区服务机构要积极开展反对家庭暴力宣传,提高社区居民参与反对家庭暴力工作的意识,鼓励社区居民主动发现和报告监护人虐待未成年人等家庭暴力线索。

儿童福利机构重大事故隐患判定标准

1. 2024年9月12日民政部办公厅公布施行
2. 民办发〔2024〕14号

第一条　为了科学排查、及时消除儿童福利机构重大事故隐患,根据《中华人民共和国安全生产法》、《中华人民共和国消防法》、《儿童福利机构管理办法》等法律法规和有关标准,制定本判定标准。

第二条　儿童福利机构(以下简称机构)重大事故隐患包括以下方面:
（一）房屋建筑重大事故隐患;
（二）设施设备重大事故隐患;
（三）相关资质不符合法定要求;
（四）日常管理重大事故隐患;
（五）其他重大事故隐患。

第三条　房屋建筑重大事故隐患包括:
（一）选址不符合国家有关规定,未与易燃易爆、有毒有害等危险品的生产、经营、储存场所保持安全距离,或者设置在自然资源等部门判定存在重大自然灾害高风险区域内;
（二）经鉴定属于C级、D级危房;
（三）未进行建设工程消防审验(备案),且经负有消防监管职责的部门检查或者第三方专业机构评估判定,不符合国家工程建设消防技术标准的规定;
（四）违规使用易燃可燃材料作为建筑构件、建筑材料和室内装修、装饰材料。

第四条　设施设备重大事故隐患包括:
（一）使用未取得生产许可、未经检验或者检验不合格、国家明令禁止、淘汰、已经报废的电梯、锅炉等特种设备；

（二）未按国家有关标准配置消防栓、灭火器等消防设施、器材；

（三）未按规定在使用燃气的厨房、浴室等区域配备可燃气体报警、燃气紧急切断等装置；

（四）经消防、燃气管理等部门检查或者第三方专业机构评估判定电器产品、燃气用具等设施设备不符合相关法律法规和有关标准要求。

第五条 相关资质不符合法定要求包括：

（一）委托未取得安全生产许可证的建筑施工企业从事建筑施工活动；

（二）委托不具备相应设计施工资质的机构或人员实施电器线路、燃气管路的设计、敷设；

（三）委托不具备相应资质的消防技术服务机构和人员开展消防设施维护保养检测、消防安全评估；

（四）使用未取得相应资格的人员担任动火作业、电工作业、电梯作业、锅炉作业等特种作业人员；

（五）使用未取得相应资格的人员担任消防控制室值班人员；

（六）使用未取得相应驾驶车型资格的人员担任接送儿童车辆驾驶员。

第六条 日常管理重大事故隐患包括：

（一）未建立消防、应急等安全管理制度，未落实相关安全生产责任制；

（二）未落实24小时值班巡查，未进行日常防火巡查检查，或者对巡查检查发现的突出安全问题未予以整改；

（三）未定期组织安全教育培训；

（四）未制定突发事件应急预案，或者未定期组织安全应急演练；

（五）因施工等特殊情况需要进行电焊等明火作业，未按规定办理动火审批手续。

第七条 其他重大事故隐患包括：

（一）儿童用房所在楼层位置不符合国家工程建设消防技术标准的规定；

（二）疏散通道、安全出口被占用、堵塞、封闭；

（三）设门禁装置的疏散门未安装紧急开启装置,或者在门窗上设置影响逃生和灭火救援的铁栅栏等障碍物且不能保证紧急情况及时开启;

（四）未经批准擅自关闭、占用或者破坏关系生产安全的监控、报警、防护、疏散等设施设备。

第八条　涉及房屋建筑、消防、特种设备、城镇燃气等方面重大事故隐患判定标准另有规定的,从其规定。

第九条　对于情况复杂,难以直接判定是否为重大事故隐患的,可依据相关法律法规和有关标准,研究论证后综合判定。

第十条　未成年人救助保护机构重大事故隐患判定参照本标准执行。

第十一条　本判定标准自公布之日起施行,有效期五年。

司法保护

中华人民共和国预防未成年人犯罪法

1. 1999年6月28日第九届全国人民代表大会常务委员会第十次会议通过
2. 根据2012年10月26日第十一届全国人民代表大会常务委员会第二十九次会议《关于修改〈中华人民共和国预防未成年人犯罪法〉的决定》修正
3. 2020年12月26日第十三届全国人民代表大会常务委员会第二十四次会议修订
4. 自2021年6月1日起施行

目 录

第一章　总　　则
第二章　预防犯罪的教育
第三章　对不良行为的干预
第四章　对严重不良行为的矫治
第五章　对重新犯罪的预防
第六章　法律责任
第七章　附　　则

第一章　总　　则

第一条　【立法目的】为了保障未成年人身心健康，培养未成年人良好品行，有效预防未成年人违法犯罪，制定本法。

第二条　【预防原则】预防未成年人犯罪，立足于教育和保护未成年人相结合，坚持预防为主、提前干预，对未成年人的不良行为和严重不良行为及时进行分级预防、干预和矫治。

第三条　【未成年人合法权益的保护】开展预防未成年人犯罪工作，应当尊重未成年人人格尊严，保护未成年人的名誉权、隐私权和个人信息等合法权益。

第四条 【综合治理】预防未成年人犯罪,在各级人民政府组织下,实行综合治理。

国家机关、人民团体、社会组织、企业事业单位、居民委员会、村民委员会、学校、家庭等各负其责、相互配合,共同做好预防未成年人犯罪工作,及时消除滋生未成年人违法犯罪行为的各种消极因素,为未成年人身心健康发展创造良好的社会环境。

第五条 【各级政府职责】各级人民政府在预防未成年人犯罪方面的工作职责是:

(一)制定预防未成年人犯罪工作规划;

(二)组织公安、教育、民政、文化和旅游、市场监督管理、网信、卫生健康、新闻出版、电影、广播电视、司法行政等有关部门开展预防未成年人犯罪工作;

(三)为预防未成年人犯罪工作提供政策支持和经费保障;

(四)对本法的实施情况和工作规划的执行情况进行检查;

(五)组织开展预防未成年人犯罪宣传教育;

(六)其他预防未成年人犯罪工作职责。

第六条 【专门教育】国家加强专门学校建设,对有严重不良行为的未成年人进行专门教育。专门教育是国民教育体系的组成部分,是对有严重不良行为的未成年人进行教育和矫治的重要保护处分措施。

省级人民政府应当将专门教育发展和专门学校建设纳入经济社会发展规划。县级以上地方人民政府成立专门教育指导委员会,根据需要合理设置专门学校。

专门教育指导委员会由教育、民政、财政、人力资源社会保障、公安、司法行政、人民检察院、人民法院、共产主义青年团、妇女联合会、关心下一代工作委员会、专门学校等单位,以及律师、社会工作者等人员组成,研究确定专门学校教学、管理等相关工作。

专门学校建设和专门教育具体办法,由国务院规定。

第七条 【专门机构或人员负责】公安机关、人民检察院、人民法院、司法行政部门应当由专门机构或者经过专业培训、熟悉未成年人身心特点的专门人员负责预防未成年人犯罪工作。

第八条 【培育社会力量】共产主义青年团、妇女联合会、工会、残疾人联合会、关心下一代工作委员会、青年联合会、学生联合会、少年先锋队以及有关社会组织,应当协助各级人民政府及其有关部门、人民检察院和人民法院做好预防未成年人犯罪工作,为预防未成年人犯罪培育社会力量,提供支持服务。

第九条 【社会组织参与】国家鼓励、支持和指导社会工作服务机构等社会组织参与预防未成年人犯罪相关工作,并加强监督。

第十条 【禁止教唆、胁迫、引诱】任何组织或者个人不得教唆、胁迫、引诱未成年人实施不良行为或者严重不良行为,以及为未成年人实施上述行为提供条件。

第十一条 【抵制不良行为的引诱侵害】未成年人应当遵守法律法规及社会公共道德规范,树立自尊、自律、自强意识,增强辨别是非和自我保护的能力,自觉抵制各种不良行为以及违法犯罪行为的引诱和侵害。

第十二条 【教育、关爱、矫治和对策研究】预防未成年人犯罪,应当结合未成年人不同年龄的生理、心理特点,加强青春期教育、心理关爱、心理矫治和预防犯罪对策的研究。

第十三条 【国际交流合作】国家鼓励和支持预防未成年人犯罪相关学科建设、专业设置、人才培养及科学研究,开展国际交流与合作。

第十四条 【表彰奖励】国家对预防未成年人犯罪工作有显著成绩的组织和个人,给予表彰和奖励。

第二章 预防犯罪的教育

第十五条 【预防犯罪教育】国家、社会、学校和家庭应当对未成年人加强社会主义核心价值观教育,开展预防犯罪教育,增强未成年人的法治观念,使未成年人树立遵纪守法和防范违法犯罪的意识,提高自我管控能力。

第十六条 【监护人责任】未成年人的父母或者其他监护人对未成年人的预防犯罪教育负有直接责任,应当依法履行监护职责,树立优良家风,培养未成年人良好品行;发现未成年人心理或者行为异常的,应当及时了解情况并进行教育、引导和劝诫,不得拒绝或者怠于履行监护职责。

第十七条 【学校教育】教育行政部门、学校应当将预防犯罪教育纳入学校教学计划,指导教职员工结合未成年人的特点,采取多种方式对未成年学生进行有针对性的预防犯罪教育。

第十八条　【法治教育人员的聘请】学校应当聘任从事法治教育的专职或者兼职教师,并可以从司法和执法机关、法学教育和法律服务机构等单位聘请法治副校长、校外法治辅导员。

第十九条　【心理健康教育】学校应当配备专职或者兼职的心理健康教育教师,开展心理健康教育。学校可以根据实际情况与专业心理健康机构合作,建立心理健康筛查和早期干预机制,预防和解决学生心理、行为异常问题。

学校应当与未成年学生的父母或者其他监护人加强沟通,共同做好未成年学生心理健康教育;发现未成年学生可能患有精神障碍的,应当立即告知其父母或者其他监护人送相关专业机构诊治。

第二十条　【学生欺凌防控制度】教育行政部门应当会同有关部门建立学生欺凌防控制度。学校应当加强日常安全管理,完善学生欺凌发现和处置的工作流程,严格排查并及时消除可能导致学生欺凌行为的各种隐患。

第二十一条　【聘请社会工作者协助教育】教育行政部门鼓励和支持学校聘请社会工作者长期或者定期进驻学校,协助开展道德教育、法治教育、生命教育和心理健康教育,参与预防和处理学生欺凌等行为。

第二十二条　【推广科学合理的教育方法】教育行政部门、学校应当通过举办讲座、座谈、培训等活动,介绍科学合理的教育方法,指导教职员工、未成年学生的父母或者其他监护人有效预防未成年人犯罪。

学校应当将预防犯罪教育计划告知未成年学生的父母或者其他监护人。未成年学生的父母或者其他监护人应当配合学校对未成年学生进行有针对性的预防犯罪教育。

第二十三条　【纳入学校年度考核】教育行政部门应当将预防犯罪教育的工作效果纳入学校年度考核内容。

第二十四条　【举办多种形式的宣教活动】各级人民政府及其有关部门、人民检察院、人民法院、共产主义青年团、少年先锋队、妇女联合会、残疾人联合会、关心下一代工作委员会等应当结合实际,组织、举办多种形式的预防未成年人犯罪宣传教育活动。有条件的地方可以建立青少年法治教育基地,对未成年人开展法治教育。

第二十五条 【基层组织法制宣传】居民委员会、村民委员会应当积极开展有针对性的预防未成年人犯罪宣传活动,协助公安机关维护学校周围治安,及时掌握本辖区内未成年人的监护、就学和就业情况,组织、引导社区社会组织参与预防未成年人犯罪工作。

第二十六条 【校外活动场所的宣传教育】青少年宫、儿童活动中心等校外活动场所应当把预防犯罪教育作为一项重要的工作内容,开展多种形式的宣传教育活动。

第二十七条 【职业培训】职业培训机构、用人单位在对已满十六周岁准备就业的未成年人进行职业培训时,应当将预防犯罪教育纳入培训内容。

第三章 对不良行为的干预

第二十八条 【不良行为】本法所称不良行为,是指未成年人实施的不利于其健康成长的下列行为:

（一）吸烟、饮酒；

（二）多次旷课、逃学；

（三）无故夜不归宿、离家出走；

（四）沉迷网络；

（五）与社会上具有不良习性的人交往,组织或者参加实施不良行为的团伙；

（六）进入法律法规规定未成年人不宜进入的场所；

（七）参与赌博、变相赌博,或者参加封建迷信、邪教等活动；

（八）阅览、观看或者收听宣扬淫秽、色情、暴力、恐怖、极端等内容的读物、音像制品或者网络信息等；

（九）其他不利于未成年人身心健康成长的不良行为。

第二十九条 【监护人义务】未成年人的父母或者其他监护人发现未成年人有不良行为的,应当及时制止并加强管教。

第三十条 【公安机关等部门义务】公安机关、居民委员会、村民委员会发现本辖区内未成年人有不良行为的,应当及时制止,并督促其父母或者其他监护人依法履行监护职责。

第三十一条 【学校的管理义务及措施】学校对有不良行为的未成年学生,应当加强管理教育,不得歧视;对拒不改正或者情节严重的,学校可以根据情况予以处分或者采取以下管理教育措施:
  (一)予以训导;
  (二)要求遵守特定的行为规范;
  (三)要求参加特定的专题教育;
  (四)要求参加校内服务活动;
  (五)要求接受社会工作者或者其他专业人员的心理辅导和行为干预;
  (六)其他适当的管理教育措施。

第三十二条 【家校合作机制】学校和家庭应当加强沟通,建立家校合作机制。学校决定对未成年学生采取管理教育措施的,应当及时告知其父母或者其他监护人;未成年学生的父母或者其他监护人应当支持、配合学校进行管理教育。

第三十三条 【对轻微不良行为的管教措施】未成年学生偷窃少量财物,或者有殴打、辱骂、恐吓、强行索要财物等学生欺凌行为,情节轻微的,可以由学校依照本法第三十一条规定采取相应的管理教育措施。

第三十四条 【对旷课逃学行为的处理】未成年学生旷课、逃学的,学校应当及时联系其父母或者其他监护人,了解有关情况;无正当理由的,学校和未成年学生的父母或者其他监护人应当督促其返校学习。

第三十五条 【监护人或学校对夜不归宿、离家出走行为的处理】未成年人无故夜不归宿、离家出走的,父母或者其他监护人、所在的寄宿制学校应当及时查找,必要时向公安机关报告。
  收留夜不归宿、离家出走未成年人的,应当及时联系其父母或者其他监护人、所在学校;无法取得联系的,应当及时向公安机关报告。

第三十六条 【公安机关等对夜不归宿、离家出走的未成年人采取保护措施】对夜不归宿、离家出走或者流落街头的未成年人,公安机关、公共场所管理机构等发现或者接到报告后,应当及时采取有效保护措施,并通知其父母或者其他监护人、所在的寄宿制学校,必要时应当护送其返回住所、学校;无法与其父母或者其他监护人、学校取得联系的,应当护送未成年人到救助保护机构接受救助。

第三十七条 【对不良行为团伙的处置】未成年人的父母或者其他监护人、学校发现未成年人组织或者参加实施不良行为的团伙,应当及时制止;发现该团伙有违法犯罪嫌疑的,应当立即向公安机关报告。

第四章 对严重不良行为的矫治

第三十八条 【严重不良行为】本法所称严重不良行为,是指未成年人实施的有刑法规定、因不满法定刑事责任年龄不予刑事处罚的行为,以及严重危害社会的下列行为:

(一)结伙斗殴,追逐、拦截他人,强拿硬要或者任意损毁、占用公私财物等寻衅滋事行为;

(二)非法携带枪支、弹药或者弩、匕首等国家规定的管制器具;

(三)殴打、辱骂、恐吓,或者故意伤害他人身体;

(四)盗窃、哄抢、抢夺或者故意损毁公私财物;

(五)传播淫秽的读物、音像制品或者信息等;

(六)卖淫、嫖娼,或者进行淫秽表演;

(七)吸食、注射毒品,或者向他人提供毒品;

(八)参与赌博赌资较大;

(九)其他严重危害社会的行为。

第三十九条 【对犯罪引诱和人身安全威胁行为的处理】未成年人的父母或者其他监护人、学校、居民委员会、村民委员会发现有人教唆、胁迫、引诱未成年人实施严重不良行为的,应当立即向公安机关报告。公安机关接到报告或者发现有上述情形的,应当及时依法查处;对人身安全受到威胁的未成年人,应当立即采取有效保护措施。

第四十条 【公安机关对严重不良行为的制止】公安机关接到举报或者发现未成年人有严重不良行为的,应当及时制止,依法调查处理,并可以责令其父母或者其他监护人消除或者减轻违法后果,采取措施严加管教。

第四十一条 【矫治教育措施】对有严重不良行为的未成年人,公安机关可以根据具体情况,采取以下矫治教育措施:

(一)予以训诫;

(二)责令赔礼道歉、赔偿损失;

(三)责令具结悔过;

(四)责令定期报告活动情况;

(五)责令遵守特定的行为规范,不得实施特定行为、接触特定人员或者进入特定场所;

(六)责令接受心理辅导、行为矫治;

(七)责令参加社会服务活动;

(八)责令接受社会观护,由社会组织、有关机构在适当场所对未成年人进行教育、监督和管束;

(九)其他适当的矫治教育措施。

第四十二条　【配合义务】公安机关在对未成年人进行矫治教育时,可以根据需要邀请学校、居民委员会、村民委员会以及社会工作服务机构等社会组织参与。

未成年人的父母或者其他监护人应当积极配合矫治教育措施的实施,不得妨碍阻挠或者放任不管。

第四十三条　【对有严重不良行为的未成年人专门教育】对有严重不良行为的未成年人,未成年人的父母或者其他监护人、所在学校无力管教或者管教无效的,可以向教育行政部门提出申请,经专门教育指导委员会评估同意后,由教育行政部门决定送入专门学校接受专门教育。

第四十四条　【实施严重危害社会行为的未成年人专门教育】未成年人有下列情形之一的,经专门教育指导委员会评估同意,教育行政部门会同公安机关可以决定将其送入专门学校接受专门教育:

(一)实施严重危害社会的行为,情节恶劣或者造成严重后果;

(二)多次实施严重危害社会的行为;

(三)拒不接受或者配合本法第四十一条规定的矫治教育措施;

(四)法律、行政法规规定的其他情形。

第四十五条　【专门矫治教育】未成年人实施刑法规定的行为、因不满法定刑事责任年龄不予刑事处罚的,经专门教育指导委员会评估同意,教育行政部门会同公安机关可以决定对其进行专门矫治教育。

省级人民政府应当结合本地的实际情况,至少确定一所专门学校按照分校区、分班级等方式设置专门场所,对前款规定的未成年人进行专门矫治教育。

前款规定的专门场所实行闭环管理,公安机关、司法行政部门负责未成年人的矫治工作,教育行政部门承担未成年人的教育工作。

第四十六条 【对接受专门教育的学生评估】专门学校应当在每个学期适时提请专门教育指导委员会对接受专门教育的未成年学生的情况进行评估。对经评估适合转回普通学校就读的,专门教育指导委员会应当向原决定机关提出书面建议,由原决定机关决定是否将未成年学生转回普通学校就读。

原决定机关决定将未成年学生转回普通学校的,其原所在学校不得拒绝接收;因特殊情况,不适宜转回原所在学校的,由教育行政部门安排转学。

第四十七条 【分级分类进行教育和矫治】专门学校应当对接受专门教育的未成年人分级分类进行教育和矫治,有针对性地开展道德教育、法治教育、心理健康教育,并根据实际情况进行职业教育;对没有完成义务教育的未成年人,应当保证其继续接受义务教育。

专门学校的未成年学生的学籍保留在原学校,符合毕业条件的,原学校应当颁发毕业证书。

第四十八条 【矫治和教育情况的定期反馈】专门学校应当与接受专门教育的未成年人的父母或者其他监护人加强联系,定期向其反馈未成年人的矫治和教育情况,为父母或者其他监护人、亲属等看望未成年人提供便利。

第四十九条 【行政复议或者行政诉讼】未成年人及其父母或者其他监护人对本章规定的行政决定不服的,可以依法提起行政复议或者行政诉讼。

第五章 对重新犯罪的预防

第五十条 【有针对性地进行法治教育】公安机关、人民检察院、人民法院办理未成年人刑事案件,应当根据未成年人的生理、心理特点和犯罪的情况,有针对性地进行法治教育。

对涉及刑事案件的未成年人进行教育,其法定代理人以外的成年亲属或者教师、辅导员等参与有利于感化、挽救未成年人的,公安机关、人民检察院、人民法院应当邀请其参加有关活动。

第五十一条 【社会调查和心理测评】公安机关、人民检察院、人民法院办理未成年人刑事案件,可以自行或者委托有关社会组织、机构对未成年犯罪嫌疑人或者被告人的成长经历、犯罪原因、监护、教育等情况进行社会调查;根据实际需要并经未成年犯罪嫌疑人、被告人及其法定代理人同意,可以对未成年犯罪嫌疑人、被告人进行心理测评。

社会调查和心理测评的报告可以作为办理案件和教育未成年人的参考。

第五十二条 【取保候审】公安机关、人民检察院、人民法院对于无固定住所、无法提供保证人的未成年人适用取保候审的,应当指定合适成年人作为保证人,必要时可以安排取保候审的未成年人接受社会观护。

第五十三条 【分别关押、管理和教育】对被拘留、逮捕以及在未成年犯管教所执行刑罚的未成年人,应当与成年人分别关押、管理和教育。对未成年人的社区矫正,应当与成年人分别进行。

对有上述情形且没有完成义务教育的未成年人,公安机关、人民检察院、人民法院、司法行政部门应当与教育行政部门相互配合,保证其继续接受义务教育。

第五十四条 【法治教育与职业教育】未成年犯管教所、社区矫正机构应当对未成年犯、未成年社区矫正对象加强法治教育,并根据实际情况对其进行职业教育。

第五十五条 【安置帮教】社区矫正机构应当告知未成年社区矫正对象安置帮教的有关规定,并配合安置帮教工作部门落实或者解决未成年社区矫正对象的就学、就业等问题。

第五十六条 【对刑满释放未成年人的安置】对刑满释放的未成年人,未成年犯管教所应当提前通知其父母或者其他监护人按时接回,并协助落实安置帮教措施。没有父母或者其他监护人、无法查明其父母或者其他监护人的,未成年犯管教所应当提前通知未成年人原户籍所在地或者居住地的司法行政部门安排人员按时接回,由民政部门或者居民委员会、村民委员会依法对其进行监护。

第五十七条 【采取有效的帮教措施】未成年人的父母或者其他监护人和学校、居民委员会、村民委员会对接受社区矫正、刑满释放的未成年人,应当采取有效的帮教措施,协助司法机关以及有关部门做好安置帮教工作。

居民委员会、村民委员会可以聘请思想品德优秀、作风正派、热心未成年人工作的离退休人员、志愿者或其他人员协助做好前款规定的安置帮教工作。

第五十八条 【禁止歧视】刑满释放和接受社区矫正的未成年人，在复学、升学、就业等方面依法享有与其他未成年人同等的权利，任何单位和个人不得歧视。

第五十九条 【犯罪记录信息的保密】未成年人的犯罪记录依法被封存的，公安机关、人民检察院、人民法院和司法行政部门不得向任何单位或者个人提供，但司法机关因办案需要或者有关单位根据国家有关规定进行查询的除外。依法进行查询的单位和个人应当对相关记录信息予以保密。

未成年人接受专门矫治教育、专门教育的记录，以及被行政处罚、采取刑事强制措施和不起诉的记录，适用前款规定。

第六十条 【检察院监督】人民检察院通过依法行使检察权，对未成年人重新犯罪预防工作等进行监督。

第六章 法律责任

第六十一条 【对不履行监护职责行为的处理】公安机关、人民检察院、人民法院在办理案件过程中发现实施严重不良行为的未成年人的父母或者其他监护人不依法履行监护职责的，应当予以训诫，并可以责令其接受家庭教育指导。

第六十二条 【对学校及其教职员工违法行为的处理】学校及其教职员工违反本法规定，不履行预防未成年人犯罪工作职责，或者虐待、歧视相关未成年人的，由教育行政等部门责令改正，通报批评；情节严重的，对直接负责的主管人员和其他直接责任人员依法给予处分。构成违反治安管理行为的，由公安机关依法予以治安管理处罚。

教职员工教唆、胁迫、引诱未成年人实施不良行为或者严重不良行为，以及品行不良、影响恶劣的，教育行政部门、学校应当依法予以解聘或者辞退。

第六十三条 【复学、升学、就业等方面歧视未成年人行为的处罚】违反本法规定,在复学、升学、就业等方面歧视相关未成年人的,由所在单位或者教育、人力资源社会保障等部门责令改正;拒不改正的,对直接负责的主管人员或者其他直接责任人员依法给予处分。

第六十四条 【虐待、歧视接受社会观护的未成年人行为的处罚】有关社会组织、机构及其工作人员虐待、歧视接受社会观护的未成年人,或者出具虚假社会调查、心理测评报告的,由民政、司法行政等部门对直接负责的主管人员或者其他直接责任人员依法给予处分,构成违反治安管理行为的,由公安机关予以治安管理处罚。

第六十五条 【对教唆、胁迫、引诱未成年人实施不良行为的处罚】教唆、胁迫、引诱未成年人实施不良行为或者严重不良行为,构成违反治安管理行为的,由公安机关依法予以治安管理处罚。

第六十六条 【国家机关工作人员渎职行为的处罚】国家机关及其工作人员在预防未成年人犯罪工作中滥用职权、玩忽职守、徇私舞弊的,对直接负责的主管人员和其他直接责任人员,依法给予处分。

第六十七条 【刑事责任】违反本法规定,构成犯罪的,依法追究刑事责任。

第七章 附 则

第六十八条 【施行日期】本法自2021年6月1日起施行。

中华人民共和国刑法(节录)

1. 1979年7月1日第五届全国人民代表大会第二次会议通过
2. 1997年3月14日第八届全国人民代表大会第五次会议修订
3. 根据1998年12月29日第九届全国人民代表大会常务委员会第六次会议通过的《关于惩治骗购外汇、逃汇和非法买卖外汇犯罪的决定》、1999年12月25日第九届全国人民代表大会常务委员会第十三次会议通过的《中华人民共和国刑法修正案》、2001年8月31日第九届全国人民代表大会常务委员会第二十三次会议通过的《中华人民共和国刑法修正案(二)》、2001年12月29日第九届全国人民代表大会常务委员会第二十五次会议通过的《中华人民共和国刑法修正案(三)》、2002年12月28日第九届全国人民代表大会常务委员会第三十一次会议通过的《中华人民共和国刑法修正案(四)》、2005年2月28日第十届全国人民代表大会常务委员会第十四次会议通过的《中华人民共和国刑法修正案(五)》、2006年6月29日第十届全国人民代表大会常务委员会第二十二次会议通过的《中华人民共和国刑法修正案(六)》、2009年2月28日第十一届全国人民代表大会常务委员会第七次会议通过的《中华人民共和国刑法修正案(七)》、2009年8月27日第十一届全国人民代表大会常务委员会第十次会议通过的《关于修改部分法律的决定》、2011年2月25日第十一届全国人民代表大会常务委员会第十九次会议通过的《中华人民共和国刑法修正案(八)》、2015年8月29日第十二届全国人民代表大会常务委员会第十六次会议通过的《中华人民共和国刑法修正案(九)》、2017年11月4日第十二届全国人民代表大会常务委员会第三十次会议通过的《中华人民共和国刑法修正案(十)》、2020年12月26日第十三届全国人民代表大会常务委员会第二十四次会议通过的《中华人民共和国刑法修正案(十一)》和2023年12月29日第十四届全国人民代表大会常务委员会第七次会议通过的《中华人民共和国刑法修正案(十二)》修正。①

第二百六十条 【虐待罪】虐待家庭成员,情节恶劣的,处二年以下有期徒刑、拘役或者管制。

犯前款罪,致使被害人重伤、死亡的,处二年以上七年以下有期徒刑。

第一款罪,告诉的才处理,但被害人没有能力告诉,或者因受到强制、威吓无法告诉的除外。

第二百六十条之一 【虐待被监护、看护人罪】对未成年人、老年人、患病的人、残疾人等负有监护、看护职责的人虐待被监护、看护的人,情节恶劣的,处三年以下有期徒刑或者拘役。

单位犯前款罪的,对单位判处罚金,并对其直接负责的主管人员和其他直接责任人员,依照前款的规定处罚。

有第一款行为,同时构成其他犯罪的,依照处罚较重的规定定罪处罚。

---

① 刑法、历次刑法修正案、涉及修改刑法的决定的施行日期,分别依据各法律所规定的施行日期确定。

中华人民共和国法律援助法

1. 2021年8月20日第十三届全国人民代表大会常务委员会第三十次会议通过
2. 2021年8月20日中华人民共和国主席令第93号公布
3. 自2022年1月1日起施行

目 录

第一章 总 则
第二章 机构和人员
第三章 形式和范围
第四章 程序和实施
第五章 保障和监督
第六章 法律责任
第七章 附 则

第一章 总 则

第一条 【立法目的】为了规范和促进法律援助工作,保障公民和有关当事人的合法权益,保障法律正确实施,维护社会公平正义,制定本法。

第二条 【概念】本法所称法律援助,是国家建立的为经济困难公民和符合法定条件的其他当事人无偿提供法律咨询、代理、刑事辩护等法律服务的制度,是公共法律服务体系的组成部分。

第三条 【基本原则】法律援助工作坚持中国共产党领导,坚持以人民为中心,尊重和保障人权,遵循公开、公平、公正的原则,实行国家保障与社会参与相结合。

第四条 【政府职责】县级以上人民政府应当将法律援助工作纳入国民经济和社会发展规划、基本公共服务体系,保障法律援助事业与经济社会协调发展。

县级以上人民政府应当健全法律援助保障体系,将法律援助相关经费列入本级政府预算,建立动态调整机制,保障法律援助工作需要,促进法律援助均衡发展。

第五条 【指导、监督部门与协作部门职责】国务院司法行政部门指导、监督全国的法律援助工作。县级以上地方人民政府司法行政部门指导、监督本行政区域的法律援助工作。

县级以上人民政府其他有关部门依照各自职责,为法律援助工作提供支持和保障。

第六条 【公检法机关的保障职责】人民法院、人民检察院、公安机关应当在各自职责范围内保障当事人依法获得法律援助,为法律援助人员开展工作提供便利。

第七条 【律师协会职责】律师协会应当指导和支持律师事务所、律师参与法律援助工作。

第八条 【群团组织、事业单位、社会组织】国家鼓励和支持群团组织、事业单位、社会组织在司法行政部门指导下,依法提供法律援助。

第九条 【社会力量捐赠】国家鼓励和支持企业事业单位、社会组织和个人等社会力量,依法通过捐赠等方式为法律援助事业提供支持;对符合条件的,给予税收优惠。

第十条 【宣传与监督】司法行政部门应当开展经常性的法律援助宣传教育,普及法律援助知识。

新闻媒体应当积极开展法律援助公益宣传,并加强舆论监督。

第十一条 【表彰与奖励】国家对在法律援助工作中做出突出贡献的组织和个人,按照有关规定给予表彰、奖励。

第二章 机构和人员

第十二条 【法律援助机构的设立和职能】县级以上人民政府司法行政部门应当设立法律援助机构。法律援助机构负责组织实施法律援助工作,受理、审查法律援助申请,指派律师、基层法律服务工作者、法律援助志愿者等法律援助人员提供法律援助,支付法律援助补贴。

第十三条 【安排相关人员提供法律援助以及设置工作站、联络点】法律援助机构根据工作需要,可以安排本机构具有律师资格或者法律职业资格的工作人员提供法律援助;可以设置法律援助工作站或者联络点,就近受理法律援助申请。

第十四条 【派驻值班律师】法律援助机构可以在人民法院、人民检察院和看守所等场所派驻值班律师,依法为没有辩护人的犯罪嫌疑人、被告人提供法律援助。

第十五条 【政府采购法律援助】司法行政部门可以通过政府采购等方式,择优选择律师事务所等法律服务机构为受援人提供法律援助。

第十六条 【义务主体】律师事务所、基层法律服务所、律师、基层法律服务工作者负有依法提供法律援助的义务。

律师事务所、基层法律服务所应当支持和保障本所律师、基层法律服务工作者履行法律援助义务。

第十七条 【法律援助志愿者】国家鼓励和规范法律援助志愿服务;支持符合条件的个人作为法律援助志愿者,依法提供法律援助。

高等院校、科研机构可以组织从事法学教育、研究工作的人员和法学专业学生作为法律援助志愿者,在司法行政部门指导下,为当事人提供法律咨询、代拟法律文书等法律援助。

法律援助志愿者具体管理办法由国务院有关部门规定。

第十八条 【跨区域法律援助】国家建立健全法律服务资源依法跨区域流动机制,鼓励和支持律师事务所、律师、法律援助志愿者等在法律服务资源相对短缺地区提供法律援助。

第十九条 【法律援助人员的职责】法律援助人员应当依法履行职责,及时为受援人提供符合标准的法律援助服务,维护受援人的合法权益。

第二十条 【法律援助人员的执业要求】法律援助人员应当恪守职业道德和执业纪律,不得向受援人收取任何财物。

第二十一条 【保密义务】法律援助机构、法律援助人员对提供法律援助过程中知悉的国家秘密、商业秘密和个人隐私应当予以保密。

第三章 形式和范围

第二十二条 【法律援助服务形式】法律援助机构可以组织法律援助人员依法提供下列形式的法律援助服务:

(一)法律咨询;

(二)代拟法律文书;

(三)刑事辩护与代理;

（四）民事案件、行政案件、国家赔偿案件的诉讼代理及非诉讼代理；

（五）值班律师法律帮助；

（六）劳动争议调解与仲裁代理；

（七）法律、法规、规章规定的其他形式。

第二十三条 【法律援助机构提供法律咨询服务和提示、告知义务】法律援助机构应当通过服务窗口、电话、网络等多种方式提供法律咨询服务；提示当事人享有依法申请法律援助的权利，并告知申请法律援助的条件和程序。

第二十四条 【犯罪嫌疑人、被告人申请刑事法律援助】刑事案件的犯罪嫌疑人、被告人因经济困难或者其他原因没有委托辩护人的，本人及其近亲属可以向法律援助机构申请法律援助。

第二十五条 【法定刑事法律援助】刑事案件的犯罪嫌疑人、被告人属于下列人员之一，没有委托辩护人的，人民法院、人民检察院、公安机关应当通知法律援助机构指派律师担任辩护人：

（一）未成年人；

（二）视力、听力、言语残疾人；

（三）不能完全辨认自己行为的成年人；

（四）可能被判处无期徒刑、死刑的人；

（五）申请法律援助的死刑复核案件被告人；

（六）缺席审判案件的被告人；

（七）法律法规规定的其他人员。

其他适用普通程序审理的刑事案件，被告人没有委托辩护人的，人民法院可以通知法律援助机构指派律师担任辩护人。

第二十六条 【重刑刑事法律援助】对可能被判处无期徒刑、死刑的人，以及死刑复核案件的被告人，法律援助机构收到人民法院、人民检察院、公安机关通知后，应当指派具有三年以上相关执业经历的律师担任辩护人。

第二十七条 【保障犯罪嫌疑人、被告人委托辩护权】人民法院、人民检察院、公安机关通知法律援助机构指派律师担任辩护人时，不得限制或者损害犯罪嫌疑人、被告人委托辩护人的权利。

第二十八条 【强制医疗法律援助】强制医疗案件的被申请人或者被告人没有委托诉讼代理人的,人民法院应当通知法律援助机构指派律师为其提供法律援助。

第二十九条 【被害人、原告人等申请涉刑事法律援助】刑事公诉案件的被害人及其法定代理人或者近亲属,刑事自诉案件的自诉人及其法定代理人,刑事附带民事诉讼案件的原告人及其法定代理人,因经济困难没有委托诉讼代理人的,可以向法律援助机构申请法律援助。

第三十条 【值班律师法律帮助】值班律师应当依法为没有辩护人的犯罪嫌疑人、被告人提供法律咨询、程序选择建议、申请变更强制措施、对案件处理提出意见等法律帮助。

第三十一条 【民事和行政法律援助事项范围】下列事项的当事人,因经济困难没有委托代理人的,可以向法律援助机构申请法律援助:
(一)依法请求国家赔偿;
(二)请求给予社会保险待遇或者社会救助;
(三)请求发给抚恤金;
(四)请求给付赡养费、抚养费、扶养费;
(五)请求确认劳动关系或者支付劳动报酬;
(六)请求认定公民无民事行为能力或者限制民事行为能力;
(七)请求工伤事故、交通事故、食品药品安全事故、医疗事故人身损害赔偿;
(八)请求环境污染、生态破坏损害赔偿;
(九)法律、法规、规章规定的其他情形。

第三十二条 【申请免予经济困难条件限制的情形】有下列情形之一,当事人申请法律援助的,不受经济困难条件的限制:
(一)英雄烈士近亲属为维护英雄烈士的人格权益;
(二)因见义勇为行为主张相关民事权益;
(三)再审改判无罪请求国家赔偿;
(四)遭受虐待、遗弃或者家庭暴力的受害人主张相关权益;
(五)法律、法规、规章规定的其他情形。

第三十三条 【申诉、再审案件法律援助】当事人不服司法机关生效裁判或者决定提出申诉或者申请再审,人民法院决定、裁定再审或者人民检察院提出抗诉，因经济困难没有委托辩护人或者诉讼代理人的，本人及其近亲属可以向法律援助机构申请法律援助。

第三十四条 【经济困难的标准】经济困难的标准，由省、自治区、直辖市人民政府根据本行政区域经济发展状况和法律援助工作需要确定，并实行动态调整。

第四章 程序和实施

第三十五条 【法律援助及时告知义务】人民法院、人民检察院、公安机关和有关部门在办理案件或者相关事务中，应当及时告知有关当事人有权依法申请法律援助。

第三十六条 【刑事案件法律援助的指派程序】人民法院、人民检察院、公安机关办理刑事案件，发现有本法第二十五条第一款、第二十八条规定情形的，应当在三日内通知法律援助机构指派律师。法律援助机构收到通知后，应当在三日内指派律师并通知人民法院、人民检察院、公安机关。

第三十七条 【值班律师的法律保障】人民法院、人民检察院、公安机关应当保障值班律师依法提供法律帮助，告知没有辩护人的犯罪嫌疑人、被告人有权约见值班律师，并依法为值班律师了解案件有关情况、阅卷、会见等提供便利。

第三十八条 【法律援助的管辖】对诉讼事项的法律援助，由申请人向办案机关所在地的法律援助机构提出申请；对非诉讼事项的法律援助，由申请人向争议处理机关所在地或者事由发生地的法律援助机构提出申请。

第三十九条 【转交法律援助申请的程序】被羁押的犯罪嫌疑人、被告人、服刑人员，以及强制隔离戒毒人员等提出法律援助申请的，办案机关、监管场所应当在二十四小时内将申请转交法律援助机构。

犯罪嫌疑人、被告人通过值班律师提出代理、刑事辩护等法律援助申请的，值班律师应当在二十四小时内将申请转交法律援助机构。

第四十条 【代为提出法律援助申请】无民事行为能力人或者限制民事行为能力人需要法律援助的，可以由其法定代理人代为提出申请。法定代理人侵犯无民事行为能力人、限制民事行为能力人合法权益的，其他法定代理人或者近亲属可以代为提出法律援助申请。

被羁押的犯罪嫌疑人、被告人、服刑人员,以及强制隔离戒毒人员,可以由其法定代理人或者近亲属代为提出法律援助申请。

第四十一条　【经济困难状况的说明及核查】因经济困难申请法律援助的,申请人应当如实说明经济困难状况。

法律援助机构核查申请人的经济困难状况,可以通过信息共享查询,或者由申请人进行个人诚信承诺。

法律援助机构开展核查工作,有关部门、单位、村民委员会、居民委员会和个人应当予以配合。

第四十二条　【免予核查经济困难状况的人员】法律援助申请人有材料证明属于下列人员之一的,免予核查经济困难状况:

（一）无固定生活来源的未成年人、老年人、残疾人等特定群体;

（二）社会救助、司法救助或者优抚对象;

（三）申请支付劳动报酬或者请求工伤事故人身损害赔偿的进城务工人员;

（四）法律、法规、规章规定的其他人员。

第四十三条　【对法律援助申请的审查】法律援助机构应当自收到法律援助申请之日起七日内进行审查,作出是否给予法律援助的决定。决定给予法律援助的,应当自作出决定之日起三日内指派法律援助人员为受援人提供法律援助;决定不给予法律援助的,应当书面告知申请人,并说明理由。

申请人提交的申请材料不齐全的,法律援助机构应当一次性告知申请人需要补充的材料或者要求申请人作出说明。申请人未按要求补充材料或者作出说明的,视为撤回申请。

第四十四条　【先行提供法律援助】法律援助机构收到法律援助申请后,发现有下列情形之一的,可以决定先行提供法律援助:

（一）距法定时效或者期限届满不足七日,需要及时提起诉讼或者申请仲裁、行政复议的;

（二）需要立即申请财产保全、证据保全或者先予执行的;

（三）法律、法规、规章规定的其他情形。

法律援助机构先行提供法律援助的,受援人应当及时补办有关手续,补充有关材料。

第四十五条 【法律援助服务便捷化】法律援助机构为老年人、残疾人提供法律援助服务的,应当根据实际情况提供无障碍设施设备和服务。

法律法规对向特定群体提供法律援助有其他特别规定的,依照其规定。

第四十六条 【法律援助人员提供援助及通报的义务】法律援助人员接受指派后,无正当理由不得拒绝、拖延或者终止提供法律援助服务。

法律援助人员应当按照规定向受援人通报法律援助事项办理情况,不得损害受援人合法权益。

第四十七条 【受援人的如实陈述及其配合义务】受援人应当向法律援助人员如实陈述与法律援助事项有关的情况,及时提供证据材料,协助、配合办理法律援助事项。

第四十八条 【终止法律援助的情形】有下列情形之一的,法律援助机构应当作出终止法律援助的决定:

(一)受援人以欺骗或者其他不正当手段获得法律援助;
(二)受援人故意隐瞒与案件有关的重要事实或者提供虚假证据;
(三)受援人利用法律援助从事违法活动;
(四)受援人的经济状况发生变化,不再符合法律援助条件;
(五)案件终止审理或者已经被撤销;
(六)受援人自行委托律师或者其他代理人;
(七)受援人有正当理由要求终止法律援助;
(八)法律法规规定的其他情形。

法律援助人员发现有前款规定情形的,应当及时向法律援助机构报告。

第四十九条 【异议的提出、处理与救济】申请人、受援人对法律援助机构不予法律援助、终止法律援助的决定有异议的,可以向设立该法律援助机构的司法行政部门提出。

司法行政部门应当自收到异议之日起五日内进行审查,作出维持法律援助机构决定或者责令法律援助机构改正的决定。

申请人、受援人对司法行政部门维持法律援助机构决定不服的,可以依法申请行政复议或者提起行政诉讼。

第五十条 【法律援助人员报告与提交材料】法律援助事项办理结束后,法律援助人员应当及时向法律援助机构报告,提交有关法律文书的副本或者复印件、办理情况报告等材料。

第五章 保障和监督

第五十一条 【法律援助信息共享和工作协同】国家加强法律援助信息化建设,促进司法行政部门与司法机关及其他有关部门实现信息共享和工作协同。

第五十二条 【法律援助补贴】法律援助机构应当依照有关规定及时向法律援助人员支付法律援助补贴。

法律援助补贴的标准,由省、自治区、直辖市人民政府司法行政部门会同同级财政部门,根据当地经济发展水平和法律援助的服务类型、承办成本、基本劳务费用等确定,并实行动态调整。

法律援助补贴免征增值税和个人所得税。

第五十三条 【对受援人和法律援助人员减免费用】人民法院应当根据情况对受援人缓收、减收或者免收诉讼费用;对法律援助人员复制相关材料等费用予以免收或者减收。

公证机构、司法鉴定机构应当对受援人减收或者免收公证费、鉴定费。

第五十四条 【法律援助人员培训制度】县级以上人民政府司法行政部门应当有计划地对法律援助人员进行培训,提高法律援助人员的专业素质和服务能力。

第五十五条 【受援人知情权、投诉权和请求变更权】受援人有权向法律援助机构、法律援助人员了解法律援助事项办理情况;法律援助机构、法律援助人员未依法履行职责的,受援人可以向司法行政部门投诉,并可以请求法律援助机构更换法律援助人员。

第五十六条 【法律援助工作投诉查处和结果告知】司法行政部门应当建立法律援助工作投诉查处制度;接到投诉后,应当依照有关规定受理和调查处理,并及时向投诉人告知处理结果。

第五十七条 【法律援助服务的监督、服务质量标准和质量考核】司法行政部门应当加强对法律援助服务的监督,制定法律援助服务质量标准,通过第三方评估等方式定期进行质量考核。

第五十八条 【法律援助信息公开制度】司法行政部门、法律援助机构应当建立法律援助信息公开制度,定期向社会公布法律援助资金使用、案件办理、质量考核结果等情况,接受社会监督。

第五十九条 【法律援助服务质量监督措施】法律援助机构应当综合运用庭审旁听、案卷检查、征询司法机关意见和回访受援人等措施,督促法律援助人员提升服务质量。

第六十条 【律师事务所、律师履行法律援助义务情况年度考核】律师协会应当将律师事务所、律师履行法律援助义务的情况纳入年度考核内容,对拒不履行或者怠于履行法律援助义务的律师事务所、律师,依照有关规定进行惩戒。

第六章 法 律 责 任

第六十一条 【法律援助机构及其工作人员法律责任】法律援助机构及其工作人员有下列情形之一的,由设立该法律援助机构的司法行政部门责令限期改正;有违法所得的,责令退还或者没收违法所得;对直接负责的主管人员和其他直接责任人员,依法给予处分:

（一）拒绝为符合法律援助条件的人员提供法律援助,或者故意为不符合法律援助条件的人员提供法律援助;

（二）指派不符合本法规定的人员提供法律援助;

（三）收取受援人财物;

（四）从事有偿法律服务;

（五）侵占、私分、挪用法律援助经费;

（六）泄露法律援助过程中知悉的国家秘密、商业秘密和个人隐私;

（七）法律法规规定的其他情形。

第六十二条 【律师事务所、基层法律服务所法律责任】律师事务所、基层法律服务所有下列情形之一的,由司法行政部门依法给予处罚:

（一）无正当理由拒绝接受法律援助机构指派;

（二）接受指派后,不及时安排本所律师、基层法律服务工作者办理法律援助事项或者拒绝为本所律师、基层法律服务工作者办理法律援助事项提供支持和保障；

（三）纵容或者放任本所律师、基层法律服务工作者怠于履行法律援助义务或者擅自终止提供法律援助；

（四）法律法规规定的其他情形。

第六十三条　【律师、基层法律服务工作者责任】律师、基层法律服务工作者有下列情形之一的，由司法行政部门依法给予处罚：

（一）无正当理由拒绝履行法律援助义务或者怠于履行法律援助义务；

（二）擅自终止提供法律援助；

（三）收取受援人财物；

（四）泄露法律援助过程中知悉的国家秘密、商业秘密和个人隐私；

（五）法律法规规定的其他情形。

第六十四条　【受援人法律责任】受援人以欺骗或者其他不正当手段获得法律援助的，由司法行政部门责令其支付已实施法律援助的费用，并处三千元以下罚款。

第六十五条　【冒用法律援助名义并谋利的法律责任】违反本法规定，冒用法律援助名义提供法律服务并谋取利益的，由司法行政部门责令改正，没收违法所得，并处违法所得一倍以上三倍以下罚款。

第六十六条　【国家机关及其工作人员渎职的处分】国家机关及其工作人员在法律援助工作中滥用职权、玩忽职守、徇私舞弊的，对直接负责的主管人员和其他直接责任人员，依法给予处分。

第六十七条　【刑事责任】违反本法规定，构成犯罪的，依法追究刑事责任。

第七章　附　　则

第六十八条　【群团组织开展法律援助的法律适用】工会、共产主义青年团、妇女联合会、残疾人联合会等群团组织开展法律援助工作，参照适用本法的相关规定。

第六十九条　【对外国人和无国籍人提供法律援助的法律适用】对外国人和无国籍人提供法律援助，我国法律有规定的，适用法律规定；我国法律没有规定的,可以根据我国缔结或者参加的国际条约,或者按照互惠原则,参照适用本法的相关规定。

第七十条　【军人军属法律援助办法的制定】对军人军属提供法律援助的具体办法,由国务院和中央军事委员会有关部门制定。

第七十一条　【施行日期】本法自 2022 年 1 月 1 日起施行。

未成年人法律援助服务指引(试行)

1. 2020 年 9 月 16 日司法部公共法律服务管理局、中华全国律师协会印发
2. 司公通〔2020〕12 号

第一章　总　　则

第一条　为有效保护未成年人合法权益,加强未成年人法律援助工作,规范未成年人法律援助案件的办理,依据《中华人民共和国民事诉讼法》《中华人民共和国刑事诉讼法》《中华人民共和国未成年人保护法》《法律援助条例》等法律、法规、规范性文件,制定本指引。

第二条　法律援助承办机构及法律援助承办人员办理未成年人法律援助案件,应当遵守《全国民事行政法律援助服务规范》《全国刑事法律援助服务规范》,参考本指引规定的工作原则和办案要求,提高未成年人法律援助案件的办案质量。

第三条　本指引适用于法律援助承办机构、法律援助承办人员办理性侵害未成年人法律援助案件、监护人侵害未成年人权益法律援助案件、学生伤害事故法律援助案件和其他侵害未成年人合法权益的法律援助案件。

其他接受委托办理涉及未成年人案件的律师,可以参照执行。

第四条　未成年人法律援助工作应当坚持最有利于未成年人的原则,遵循给予未成年人特殊、优先保护,尊重未成年人人格尊严,保护未成年人隐私权和个人信息,适应未成年人身心发展的规律和特点,听取未成年人的意见,保护与教育相结合等原则;兼顾未成年犯罪嫌疑人、被告人、被害人权益的双向保护,避免未成年人受到二次伤害,加强跨部门

多专业合作,积极寻求相关政府部门、专业机构的支持。

<h2 style="text-align:center">第二章 基 本 要 求</h2>

第五条 法律援助机构指派未成年人案件时,应当优先指派熟悉未成年人身心特点、熟悉未成年人法律业务的承办人员。未成年人为女性的性侵害案件,应当优先指派女性承办人员办理。重大社会影响或疑难复杂案件,法律援助机构可以指导、协助法律援助承办人员向办案机关寻求必要支持。有条件的地区,法律援助机构可以建立未成年人法律援助律师团队。

第六条 法律援助承办人员应当在收到指派通知书之日起5个工作日内会见受援未成年人及其法定代理人(监护人)或近亲属并进行以下工作:

(一)了解案件事实经过、司法程序处理背景、争议焦点和诉讼时效、受援未成年人及其法定代理人(监护人)诉求、案件相关证据材料及证据线索等基本情况;

(二)告知其法律援助承办人员的代理、辩护职责、受援未成年人及其法定代理人(监护人)在诉讼中的权利和义务、案件主要诉讼风险及法律后果;

(三)发现未成年人遭受暴力、虐待、遗弃、性侵害等侵害的,可以向公安机关进行报告,同时向法律援助机构报备,可以为其寻求救助庇护和专业帮助提供协助;

(四)制作谈话笔录,并由受援未成年人及其法定代理人(监护人)或近亲属共同签名确认。未成年人无阅读能力或尚不具备理解认知能力的,法律援助承办人员应当向其宣读笔录,由其法定代理人(监护人)或近亲属代签,并在笔录上载明;

(五)会见受援未成年人时,其法定代理人(监护人)或近亲属至少应有一人在场,会见在押未成年人犯罪嫌疑人、被告人除外;会见受援未成年人的法定代理人(监护人)时,如有必要,受援未成年人可以在场。

第七条 法律援助承办人员办理未成年人案件的工作要求:

(一)与未成年人沟通时不得使用批评性、指责性、侮辱性以及有

损人格尊严等性质的语言;

（二）会见未成年人,优先选择未成年人住所或者其他让未成年人感到安全的场所;

（三）会见未成年当事人或未成年证人,应当通知其法定代理人（监护人）或者其他成年亲属等合适成年人到场;

（四）保护未成年人隐私权和个人信息,不得公开涉案未成年人和未成年被害人的姓名、影像、住所、就读学校以及其他可能推断、识别身份信息的其他资料信息;

（五）重大、复杂、疑难案件,应当提请律师事务所或法律援助机构集体讨论,提请律师事务所讨论的,应当将讨论结果报告法律援助机构。

第三章　办理性侵害未成年人案件

第八条　性侵害未成年人犯罪,包括刑法第二百三十六条、第二百三十七条、第三百五十八条、第三百五十九条规定的针对未成年人实施的强奸罪、猥亵他人罪、猥亵儿童罪、组织卖淫罪、强迫卖淫罪、引诱、容留、介绍卖淫罪、引诱幼女卖淫罪等案件。

第九条　法律援助承办人员办理性侵害未成年人案件的工作要求：

（一）法律援助承办人员需要询问未成年被害人的,应当采取和缓、科学的询问方式,以一次、全面询问为原则,尽可能避免反复询问。法律援助承办人员可以建议办案机关在办理案件时,推行全程录音录像制度,以保证被害人陈述的完整性、准确性和真实性;

（二）法律援助承办人员应当向未成年被害人及其法定代理人（监护人）释明刑事附带民事诉讼的受案范围,协助未成年被害人提起刑事附带民事诉讼。法律援助承办人员应当根据未成年被害人的诉讼请求,指引、协助未成年被害人准备证据材料;

（三）法律援助承办人员办理性侵害未成年人案件时,应当于庭审前向人民法院确认案件不公开审理。

第十条　法律援助承办人员发现公安机关在处理性侵害未成年人犯罪案件应当立案而不立案的,可以协助未成年被害人及其法定代理人（监护人）向人民检察院申请立案监督或协助向人民法院提起自诉。

第十一条 法律援助承办人员可以建议办案机关对未成年被害人的心理伤害程度进行社会评估,辅以心理辅导、司法救助等措施,修复和弥补未成年被害人身心伤害;发现未成年被害人存在心理、情绪异常的,应当告知其法定代理人(监护人)为其寻求专业心理咨询与疏导。

第十二条 对于低龄被害人、证人的陈述的证据效力,法律援助承办人员可以建议办案机关结合被害人、证人的心智发育程度、表达能力,以及所处年龄段未成年人普遍的表达能力和认知能力进行客观的判断,对待证事实与其年龄、智力状况或者精神健康状况相适应的未成年人陈述、证言,应当建议办案机关依法予以采信,不能轻易否认其证据效力。

第十三条 在未成年被害人、证人确有必要出庭的案件中,法律援助承办人员应当建议人民法院采取必要保护措施,不暴露被害人、证人的外貌、真实声音,有条件的可以采取视频等方式播放被害人的陈述、证人证言,避免未成年被害人、证人与被告人接触。

第十四条 庭审前,法律援助承办人员应当认真做好下列准备工作:

(一)在举证期限内向人民法院提交证据清单及证据,准备证据材料;

(二)向人民法院确认是否存在证人、鉴定人等出庭作证情况,拟定对证人、鉴定人的询问提纲;

(三)向人民法院确认刑事附带民事诉讼被告人是否有证据提交,拟定质证意见;

(四)拟定对证言笔录、鉴定人的鉴定意见、勘验笔录和其他作为证据的文书的质证意见;

(五)准备辩论意见;

(六)向被害人及其法定代理人(监护人)了解是否有和解或调解方案,并充分向被害人及其法定代理人(监护人)进行法律释明后,向人民法院递交方案;

(七)向被害人及其法定代理人(监护人)介绍庭审程序,使其了解庭审程序、庭审布局和有关注意事项。

第十五条 法律援助承办人员办理性侵害未成年人案件,应当了解和审查以下关键事实:

(一)了解和严格审查未成年被害人是否已满十二周岁、十四周岁

的关键事实,正确判断犯罪嫌疑人、被告人是否"明知"或者"应当知道"未成年被害人为幼女的相关事实;

(二)了解和审查犯罪嫌疑人、被告人是否属于对未成年被害人负有"特殊职责的人员";

(三)准确了解性侵害未成年人案发的地点、场所等关键事实,正确判断是否属于"在公共场所当众"性侵害未成年人。

第十六条　办理利用网络对儿童实施猥亵行为的案件时,法律援助承办人员应指导未成年被害人及其法定代理人(监护人)及时收集、固定能够证明行为人出于满足性刺激的目的,利用网络采取诱骗、强迫或者其他方法要求被害人拍摄、传送暴露身体的不雅照片、视频供其观看等相关事实方面的电子数据,并向办案机关报告。

第十七条　性侵害未成年人犯罪具有《关于依法惩治性侵害未成年人犯罪的意见》第 25 条规定的情形之一以及第 26 条第二款规定的情形的,法律援助承办人员应当向人民法院提出依法从重从严惩处的建议。

第十八条　对于犯罪嫌疑人、被告人利用职业便利、违背职业要求的特定义务性侵害未成年人的,法律援助承办人员可以建议人民法院在作出判决时对其宣告从业禁止令。

第十九条　发生在家庭内部的性侵害案件,为确保未成年被害人的安全,法律援助承办人员可以建议办案机关依法对未成年被害人进行紧急安置,避免再次受到侵害。

第二十条　对监护人性侵害未成年人的案件,法律援助承办人员可以建议人民检察院、人民法院向有关部门发出检察建议或司法建议,建议有关部门依法申请撤销监护人资格,为未成年被害人另行指定其他监护人。

第二十一条　发生在学校的性侵害未成年人的案件,在未成年被害人不能正常在原学校就读时,法律援助承办人员可以建议其法定代理人(监护人)向教育主管部门申请为其提供教育帮助或安排转学。

第二十二条　未成年人在学校、幼儿园、教育培训机构等场所遭受性侵害,在依法追究犯罪人员法律责任的同时,法律援助承办人员可以帮助未成年被害人及其法定代理人(监护人)要求上述单位依法承担民事赔偿责任。

第二十三条 从事住宿、餐饮、娱乐等的组织和人员如果没有尽到合理限度范围内的安全保障义务,与未成年被害人遭受性侵害具有因果关系时,法律援助承办人员可以建议未成年被害人及其法定代理人(监护人)向安全保障义务人提起民事诉讼,要求其承担与其过错相应的民事补充赔偿责任。

第二十四条 法律援助承办人员办理性侵害未成年人附带民事诉讼案件,应当配合未成年被害人及其法定代理人(监护人)积极与犯罪嫌疑人、被告人协商、调解民事赔偿,为未成年被害人争取最大限度的民事赔偿。

犯罪嫌疑人、被告人以经济赔偿换取未成年被害人翻供或者撤销案件的,法律援助承办人员应当予以制止,并充分释明法律后果,告知未成年被害人及其法定代理人(监护人)法律风险。未成年被害人及其法定代理人(监护人)接受犯罪嫌疑人、被告人前述条件,法律援助承办人员可以拒绝为其提供法律援助服务,并向法律援助机构报告;法律援助机构核实后应当终止本次法律援助服务。

未成年被害人及其法定代理人(监护人)要求严惩犯罪嫌疑人、被告人,放弃经济赔偿的,法律援助承办人员应当尊重其决定。

第二十五条 未成年被害人及其法定代理人(监护人)提出精神损害赔偿的,法律援助承办人员应当注意收集未成年被害人因遭受性侵害导致精神疾病或者心理伤害的证据,将其精神损害和心理创伤转化为接受治疗、辅导而产生的医疗费用,依法向犯罪嫌疑人、被告人提出赔偿请求。

第二十六条 对未成年被害人因性侵害犯罪造成人身损害,不能及时获得有效赔偿,生活困难的,法律援助承办人员可以帮助未成年被害人及其法定代理人(监护人)、近亲属,依法向办案机关提出司法救助申请。

第四章 办理监护人侵害未成年人权益案件

第二十七条 监护人侵害未成年人权益案件,是指父母或者其他监护人(以下简称监护人)性侵害、出卖、遗弃、虐待、暴力伤害未成年人,教唆、利用未成年人实施违法犯罪行为,胁迫、诱骗、利用未成年人乞讨,以及不履行监护职责严重危害未成年人身心健康等行为。

第二十八条　法律援助承办人员发现监护侵害行为可能构成虐待罪、遗弃罪的,应当告知未成年人及其他监护人、近亲属或村(居)民委员会等有关组织有权告诉或代为告诉。

未成年被害人没有能力告诉,或者因受到强制、威吓无法告诉的,法律援助承办人员应当告知其近亲属或村(居)委员会等有关组织代为告诉或向公安机关报案。

第二十九条　法律援助承办人员发现公安机关处理监护侵害案件应当立案而不立案的,可以协助当事人向人民检察院申请立案监督或协助向人民法院提起自诉。

第三十条　办案过程中,法律援助承办人员发现未成年人身体受到严重伤害、面临严重人身安全威胁或者处于无人照料等危险状态的,应当建议公安机关将其带离实施监护侵害行为的监护人,就近护送至其他监护人、亲属、村(居)民委员会或者未成年人救助保护机构。

第三十一条　监护侵害行为情节较轻,依法不给予治安管理处罚的,法律援助承办人员可以协助未成年人的其他监护人、近亲属要求公安机关对加害人给予批评教育或者出具告诫书。

第三十二条　公安机关将告诫书送交加害人、未成年受害人,以及通知村(居)民委员会后,法律援助承办人员应当建议村(居)民委员会、公安派出所对收到告诫书的加害人、未成年受害人进行查访、监督加害人不再实施家庭暴力。

第三十三条　未成年人遭受监护侵害行为或者面临监护侵害行为的现实危险,法律援助承办人员应当协助其他监护人、近亲属,向未成年人住所地、监护人住所地或者侵害行为地基层人民法院,申请人身安全保护令。

第三十四条　法律援助承办人员应当协助受侵害未成年人搜集公安机关出警记录、告诫书、伤情鉴定意见等证据。

第三十五条　法律援助承办人员代理申请人身安全保护令时,可依法提出如下请求:

(一)禁止被申请人实施家庭暴力;

(二)禁止被申请人骚扰、跟踪、接触申请人及其相关近亲属;

(三)责令被申请人迁出申请人住所;

(四)保护申请人人身安全的其他措施。

第三十六条　人身安全保护令失效前,法律援助承办人员可以根据申请人要求,代理其向人民法院申请撤销、变更或者延长。

第三十七条　发现监护人具有民法典第三十六条、《关于依法处理监护人侵害未成年人权益行为若干问题的意见》第三十五条规定的情形之一的,法律援助承办人员可以建议其他具有监护资格的人、居(村)民委员会、学校、医疗机构、妇联、共青团、未成年人保护组织、民政部门等个人或组织,向未成年人住所地、监护人住所地或者侵害行为地基层人民法院申请撤销原监护人监护资格,依法另行指定监护人。

第三十八条　法律援助承办人员承办申请撤销监护人资格案件,可以协助申请人向人民检察院申请支持起诉。申请支持起诉的,应当向人民检察院提交申请支持起诉书、撤销监护人资格申请书、身份证明材料及案件所有证据材料复印件。

第三十九条　有关个人和组织向人民法院申请撤销监护人资格前,法律援助承办人员应当建议其听取有表达能力的未成年人的意见。

第四十条　法律援助承办人员承办申请撤销监护人资格案件,在接受委托后,应撰写撤销监护人资格申请书。申请书应当包括申请人及被申请人信息、申请事项、事实与理由等内容。

第四十一条　法律援助承办人员办理申请撤销监护人资格的案件,应当向人民法院提交相关证据,并协助社会服务机构递交调查评估报告。该报告应当包含未成年人基本情况,监护存在问题,监护人悔过情况,监护人接受教育、辅导情况,未成年人身心健康状况以及未成年人意愿等内容。

第四十二条　法律援助承办人员根据实际需要可以向人民法院申请聘请适当的社会人士对未成年人进行社会观护,引入心理疏导和测评机制,组织专业社会工作者、儿童心理问题专家等专业人员参与诉讼,为受侵害未成年人和被申请人提供心理辅导和测评服务。

第四十三条　法律援助承办人员应当建议人民法院根据最有利于未成年人的原则,在民法典第二十七条规定的人员和单位中指定监护人。没有依法具有监护资格的人的,建议人民法院依据民法典第三十二条规定指定民政部门担任监护人,也可以指定具备履行监护职责条件的被监护人住所地的村(居)民委员会担任监护人。

第四十四条　法律援助承办人员应当告知现任监护人有权向人民法院提起诉讼,要求被撤销监护人资格的父母继续负担被监护人的抚养费。

第四十五条　判决不撤销监护人资格的,法律援助承办人员根据《关于依法处理监护人侵害未成年人权益行为若干问题的意见》有关要求,可以协助有关个人和部门加强对未成年人的保护和对监护人的监督指导。

第四十六条　具有民法典第三十八条、《关于依法处理监护人侵害未成年人权益行为若干问题的意见》第四十条规定的情形之一的,法律援助承办人员可以向人民法院提出不得判决恢复其监护人资格的建议。

第五章　办理学生伤害事故案件

第四十七条　学生伤害事故案件,是指在学校、幼儿园或其他教育机构(以下简称教育机构)实施的教育教学活动或者组织的校外活动中,以及在教育机构负有管理责任的校舍、场地、其他教育教学设施、生活设施内发生的,造成在校学生人身损害后果的事故。

第四十八条　办理学生伤害事故案件,法律援助承办人员可以就以下事实进行审查:

（一）受侵害未成年人与学校、幼儿园或其他教育机构之间是否存在教育法律关系;

（二）是否存在人身损害结果和经济损失,教育机构、受侵害未成年人或者第三方是否存在过错,教育机构行为与受侵害未成年人损害结果之间是否存在因果关系;

（三）是否超过诉讼时效,是否存在诉讼时效中断、中止或延长的事由。

第四十九条　法律援助承办人员应当根据以下不同情形,告知未成年人及其法定代理人(监护人)相关的责任承担原则:

（一）不满八周岁的无民事行为能力人在教育机构学习、生活期间受到人身损害的,教育机构依据民法典第一千一百九十九条的规定承担过错推定责任;

（二）已满八周岁不满十八周岁的限制民事责任能力人在教育机构学习、生活期间受到人身损害的,教育机构依据民法典第一千二百条

的规定承担过错责任;

（三）因教育机构、学生或者其他相关当事人的过错造成的学生伤害事故，相关当事人应当根据其行为过错程度的比例及其与损害结果之间的因果关系承担相应的责任。

第五十条　办理学生伤害事故案件，法律援助承办人员应当调查了解教育机构是否具备办学许可资格，教师或者其他工作人员是否具备职业资格，注意审查和收集能够证明教育机构存在《学生伤害事故处理办法》第九条规定的过错情形的证据。

第五十一条　办理《学生伤害事故处理办法》第十条规定的学生伤害事故案件，法律援助承办人员应当如实告知未成年人及其法定代理人（监护人）可能存在由其承担法律责任的诉讼风险。

第五十二条　办理《学生伤害事故处理办法》第十二条、第十三条规定的学生伤害事故案件，法律援助承办人员应当注意审查和收集教育机构是否已经履行相应职责或行为有无不当。教育机构已经履行相应职责或行为并无不当的，法律援助承办人员应当告知未成年人及其法定代理人（监护人），案件可能存在教育机构不承担责任的诉讼风险。

第五十三条　未成年人在教育机构学习、生活期间，受到教育机构以外的人员人身损害的，法律援助承办人员应当告知未成年人及其法定代理人（监护人）由侵权人承担侵权责任，教育机构未尽到管理职责的，承担相应的补充责任。

第五十四条　办理涉及教育机构侵权案件，法律援助承办人员可以采取以下措施：

（一）关注未成年人的受教育权，发现未成年人因诉讼受到教育机构及教职员工不公正对待的，及时向教育行政主管部门和法律援助机构报告；

（二）根据案情需要，可以和校方协商，或者向教育行政主管部门申请调解，并注意疏导家属情绪，积极参与调解，避免激化矛盾；

（三）可以调查核实教育机构和未成年人各自参保及保险理赔情况。

第五十五条　涉及校园重大安全事故、严重体罚、虐待、学生欺凌、性侵害等可能构成刑事犯罪的案件，法律援助承办人员可以向公安机关报告，或者协助未成年人及其法定代理人(监护人)向公安机关报告,并向法律援助机构报备。

第六章 附 则

第五十六条 本指引由司法部公共法律服务管理局与中华全国律师协会负责解释,自公布之日起试行。

人民检察院办理未成年人刑事案件的规定

1. 2002 年 3 月 25 日最高人民检察院第九届检察委员会第 105 次会议通过
2. 2006 年 12 月 28 日最高人民检察院第十届检察委员会第 68 次会议第一次修订
3. 2013 年 12 月 19 日最高人民检察院第十二届检察委员会第 14 次会议第二次修订

第一章 总 则

第一条 为了切实保障未成年犯罪嫌疑人、被告人和未成年罪犯的合法权益,正确履行检察职责,根据《中华人民共和国刑法》、《中华人民共和国刑事诉讼法》、《中华人民共和国未成年人保护法》、《中华人民共和国预防未成年人犯罪法》、《人民检察院刑事诉讼规则(试行)》等有关规定,结合人民检察院办理未成年人刑事案件工作实际,制定本规定。

第二条 人民检察院办理未成年人刑事案件,实行教育、感化、挽救的方针,坚持教育为主、惩罚为辅和特殊保护的原则。在严格遵守法律规定的前提下,按照最有利于未成年人和适合未成年人身心特点的方式进行,充分保障未成年人合法权益。

第三条 人民检察院办理未成年人刑事案件,应当保障未成年人依法行使其诉讼权利,保障未成年人得到法律帮助。

第四条 人民检察院办理未成年人刑事案件,应当在依照法定程序和保证办案质量的前提下,快速办理,减少刑事诉讼对未成年人的不利影响。

第五条 人民检察院办理未成年人刑事案件,应当依法保护涉案未成年人的名誉,尊重其人格尊严,不得公开或者传播涉案未成年人的姓名、住所、照片、图像及可能推断出该未成年人的资料。

人民检察院办理刑事案件,应当依法保护未成年被害人、证人以及其他与案件有关的未成年人的合法权益。

第六条　人民检察院办理未成年人刑事案件,应当加强与公安机关、人民法院以及司法行政机关的联系,注意工作各环节的衔接和配合,共同做好对涉案未成年人的教育、感化、挽救工作。

人民检察院应当加强同政府有关部门、共青团、妇联、工会等人民团体,学校、基层组织以及未成年人保护组织的联系和配合,加强对违法犯罪的未成年人的教育和挽救,共同做好未成年人犯罪预防工作。

第七条　人民检察院办理未成年人刑事案件,发现有关单位或者部门在预防未成年人违法犯罪等方面制度不落实、不健全,存在管理漏洞的,可以采取检察建议等方式向有关单位或者部门提出预防违法犯罪的意见和建议。

第八条　省级、地市级人民检察院和未成年人刑事案件较多的基层人民检察院,应当设立独立的未成年人刑事检察机构。地市级人民检察院也可以根据当地实际,指定一个基层人民检察院设立独立机构,统一办理辖区范围内的未成年人刑事案件;条件暂不具备的,应当成立专门办案组或者指定专人办理。对于专门办案组或者专人,应当保证其集中精力办理未成年人刑事案件,研究未成年人犯罪规律,落实对涉案未成年人的帮教措施等工作。

各级人民检察院应当选任经过专门培训,熟悉未成年人身心特点,具有犯罪学、社会学、心理学、教育学等方面知识的检察人员承办未成年人刑事案件,并加强对力、案人员的培训和指导。

第九条　人民检察院根据情况可以对未成年犯罪嫌疑人的成长经历、犯罪原因、监护教育等情况进行调查,并制作社会调查报告,作为办案和教育的参考。

人民检察院开展社会调查,可以委托有关组织和机构进行。开展社会调查应当尊重和保护未成年人名誉,避免向不知情人员泄露未成年犯罪嫌疑人的涉罪信息。

人民检察院应当对公安机关移送的社会调查报告进行审查,必要时可以进行补充调查。

提起公诉的案件,社会调查报告应当随案移送人民法院。

第十条 人民检察院办理未成年人刑事案件,可以应犯罪嫌疑人家属、被害人及其家属的要求,告知其审查逮捕、审查起诉的进展情况,并对有关情况予以说明和解释。

第十一条 人民检察院受理案件后,应当向未成年犯罪嫌疑人及其法定代理人了解其委托辩护人的情况,并告知其有权委托辩护人。

未成年犯罪嫌疑人没有委托辩护人的,人民检察院应当书面通知法律援助机构指派律师为其提供辩护。

第十二条 人民检察院办理未成年人刑事案件,应当注重矛盾化解,认真听取被害人的意见,做好释法说理工作。对于符合和解条件的,要发挥检调对接平台作用,积极促使双方当事人达成和解。

人民检察院应当充分维护未成年被害人的合法权益。对于符合条件的被害人,应当及时启动刑事被害人救助程序,对其进行救助。对于未成年被害人,可以适当放宽救助条件、扩大救助的案件范围。

人民检察院根据需要,可以对未成年犯罪嫌疑人、未成年被害人进行心理疏导。必要时,经未成年犯罪嫌疑人及其法定代理人同意,可以对未成年犯罪嫌疑人进行心理测评。

在办理未成年人刑事案件时,人民检察院应当加强办案风险评估预警工作,主动采取适当措施,积极回应和引导社会舆论,有效防范执法办案风险。

第二章 未成年人刑事案件的审查逮捕

第十三条 人民检察院办理未成年犯罪嫌疑人审查逮捕案件,应当根据未成年犯罪嫌疑人涉嫌犯罪的事实、主观恶性、有无监护与社会帮教条件等,综合衡量其社会危险性,严格限制适用逮捕措施,可捕可不捕的不捕。

第十四条 审查逮捕未成年犯罪嫌疑人,应当重点审查其是否已满十四、十六、十八周岁。

对犯罪嫌疑人实际年龄难以判断,影响对该犯罪嫌疑人是否应当负刑事责任认定的,应当不批准逮捕。需要补充侦查的,同时通知公安机关。

第十五条　审查逮捕未成年犯罪嫌疑人,应当审查公安机关依法提供的证据和社会调查报告等材料。公安机关没有提供社会调查报告的,人民检察院根据案件情况可以要求公安机关提供,也可以自行或者委托有关组织和机构进行调查。

第十六条　审查逮捕未成年犯罪嫌疑人,应当注意是否有被胁迫、引诱的情节,是否存在成年人教唆犯罪、传授犯罪方法或者利用未成年人实施犯罪的情况。

第十七条　人民检察院办理未成年犯罪嫌疑人审查逮捕案件,应当讯问未成年犯罪嫌疑人,听取辩护律师的意见,并制作笔录附卷。

讯问未成年犯罪嫌疑人,应当根据该未成年人的特点和案件情况,制定详细的讯问提纲,采取适宜该未成年人的方式进行,讯问用语应当准确易懂。

讯问未成年犯罪嫌疑人,应当告知其依法享有的诉讼权利,告知其如实供述案件事实的法律规定和意义,核实其是否有自首、立功、坦白等情节,听取其有罪的供述或者无罪、罪轻的辩解。

讯问未成年犯罪嫌疑人,应当通知其法定代理人到场,告知法定代理人依法享有的诉讼权利和应当履行的义务。无法通知、法定代理人不能到场或者法定代理人是共犯的,也可以通知未成年犯罪嫌疑人的其他成年亲属,所在学校、单位或者居住地的村民委员会、居民委员会、未成年人保护组织的代表等合适成年人到场,并将有关情况记录在案。到场的法定代理人可以代为行使未成年犯罪嫌疑人的诉讼权利,行使时不得侵犯未成年犯罪嫌疑人的合法权益。

未成年犯罪嫌疑人明确拒绝法定代理人以外的合适成年人到场,人民检察院可以准许,但应当另行通知其他合适成年人到场。

到场的法定代理人或者其他人员认为办案人员在讯问中侵犯未成年犯罪嫌疑人合法权益的,可以提出意见。讯问笔录应当交由到场的法定代理人或者其他人员阅读或者向其宣读,并由其在笔录上签字、盖章或者捺指印确认。

讯问女性未成年犯罪嫌疑人,应当有女性检察人员参加。

询问未成年被害人、证人,适用本条第四款至第七款的规定。

第十八条　讯问未成年犯罪嫌疑人一般不得使用械具。对于确有人身危险性,必须使用械具的,在现实危险消除后,应当立即停止使用。

第十九条 对于罪行较轻,具备有效监护条件或者社会帮教措施,没有社会危险性或者社会危险性较小,不逮捕不致妨害诉讼正常进行的未成年犯罪嫌疑人,应当不批准逮捕。

对于罪行比较严重,但主观恶性不大,有悔罪表现,具备有效监护条件或者社会帮教措施,具有下列情形之一,不逮捕不致妨害诉讼正常进行的未成年犯罪嫌疑人,可以不批准逮捕:

(一)初次犯罪、过失犯罪的;

(二)犯罪预备、中止、未遂的;

(三)有自首或者立功表现的;

(四)犯罪后如实交待罪行,真诚悔罪,积极退赃,尽力减少和赔偿损失,被害人谅解的;

(五)不属于共同犯罪的主犯或者集团犯罪中的首要分子的;

(六)属于已满十四周岁不满十六周岁的未成年人或者系在校学生的;

(七)其他可以不批准逮捕的情形。

对于不予批准逮捕的案件,应当说明理由,连同案卷材料送达公安机关执行。需要补充侦查的,应当同时通知公安机关。必要时可以向被害方作说明解释。

第二十条 适用本规定第十九条的规定,在作出不批准逮捕决定前,应当审查其监护情况,参考其法定代理人、学校、居住地公安派出所及居民委员会、村民委员会的意见,并在审查逮捕意见书中对未成年犯罪嫌疑人是否具备有效监护条件或者社会帮教措施进行具体说明。

第二十一条 对未成年犯罪嫌疑人作出批准逮捕决定后,应当依法进行羁押必要性审查。对不需要继续羁押的,应当及时建议予以释放或者变更强制措施。

第三章 未成年人刑事案件的审查起诉与出庭支持公诉

第一节 审 查

第二十二条 人民检察院审查起诉未成年人刑事案件,自收到移送审查起诉的案件材料之日起三日以内,应当告知被害人及其法定代理人或者其近亲属、附带民事诉讼的当事人及其法定代理人有权委托诉讼代理人。

对未成年被害人或者其法定代理人提出聘请律师意向,但因经济困难或者其他原因没有委托诉讼代理人的,应当帮助其申请法律援助。

未成年犯罪嫌疑人被羁押的,人民检察院应当审查是否有必要继续羁押。对不需要继续羁押的,应当予以释放或者变更强制措施。

审查起诉未成年犯罪嫌疑人,应当听取其父母或者其他法定代理人、辩护人、被害人及其法定代理人的意见。

第二十三条　人民检察院审查起诉未成年人刑事案件,应当讯问未成年犯罪嫌疑人。讯问未成年犯罪嫌疑人适用本规定第十七条、第十八条的规定。

第二十四条　移送审查起诉的案件具备以下条件之一,且其法定代理人、近亲属等与本案无牵连的,经公安机关同意,检察人员可以安排在押的未成年犯罪嫌疑人与其法定代理人、近亲属等进行会见、通话:

(一)案件事实已基本查清,主要证据确实、充分,安排会见、通话不会影响诉讼活动正常进行;

(二)未成年犯罪嫌疑人有认罪、悔罪表现,或者虽尚未认罪、悔罪,但通过会见、通话有可能促使其转化,或者通过会见、通话有利于社会、家庭稳定;

(三)未成年犯罪嫌疑人的法定代理人、近亲属对其犯罪原因、社会危害性以及后果有一定的认识,并能配合司法机关进行教育。

第二十五条　在押的未成年犯罪嫌疑人同其法定代理人、近亲属等进行会见、通话时,检察人员应当告知其会见、通话不得有串供或者其他妨碍诉讼的内容。会见、通话时检察人员可以在场。会见、通话结束后,检察人员应当将有关内容及时整理并记录在案。

第二节　不　起　诉

第二十六条　对于犯罪情节轻微,具有下列情形之一,依照刑法规定不需要判处刑罚或者免除刑罚的未成年犯罪嫌疑人,一般应当依法作出不起诉决定:

(一)被胁迫参与犯罪的;

（二）犯罪预备、中止、未遂的；
（三）在共同犯罪中起次要或者辅助作用的；
（四）系又聋又哑的人或者盲人的；
（五）因防卫过当或者紧急避险过当构成犯罪的；
（六）有自首或者立功表现的；
（七）其他依照刑法规定不需要判处刑罚或者免除刑罚的情形。

第二十七条　对于未成年人实施的轻伤害案件、初次犯罪、过失犯罪、犯罪未遂的案件以及被诱骗或者被教唆实施的犯罪案件等，情节轻微，犯罪嫌疑人确有悔罪表现，当事人双方自愿就民事赔偿达成协议并切实履行或者经被害人同意并提供有效担保，符合刑法第三十七条规定的，人民检察院可以依照刑事诉讼法第一百七十三条第二款的规定作出不起诉决定，并可以根据案件的不同情况，予以训诫或者责令具结悔过、赔礼道歉、赔偿损失，或者由主管部门予以行政处罚。

第二十八条　不起诉决定书应当向被不起诉的未成年人及其法定代理人宣布，并阐明不起诉的理由和法律依据。

不起诉决定书应当送达公安机关，被不起诉的未成年人及其法定代理人、辩护人，被害人或者其近亲属及其诉讼代理人。

送达时，应当告知被害人或者其近亲属及其诉讼代理人，如果对不起诉决定不服，可以自收到不起诉决定书后七日以内向上一级人民检察院申诉，也可以不经申诉，直接向人民法院起诉；告知被不起诉的未成年人及其法定代理人，如果对不起诉决定不服，可以自收到不起诉决定书后七日以内向人民检察院申诉。

第三节　附条件不起诉

第二十九条　对于犯罪时已满十四周岁不满十八周岁的未成年人，同时符合下列条件的，人民检察院可以作出附条件不起诉决定：

（一）涉嫌刑法分则第四章、第五章、第六章规定的犯罪；
（二）根据具体犯罪事实、情节，可能被判处一年有期徒刑以下刑罚；
（三）犯罪事实清楚，证据确实、充分，符合起诉条件；
（四）具有悔罪表现。

第三十条　人民检察院在作出附条件不起诉的决定以前,应当听取公安机关、被害人、未成年犯罪嫌疑人的法定代理人、辩护人的意见,并制作笔录附卷。被害人是未成年人的,还应当听取被害人的法定代理人、诉讼代理人的意见。

第三十一条　公安机关或者被害人对附条件不起诉有异议或争议较大的案件,人民检察院可以召集侦查人员、被害人及其法定代理人、诉讼代理人、未成年犯罪嫌疑人及其法定代理人、辩护人举行不公开听证会,充分听取各方的意见和理由。

　　对于决定附条件不起诉可能激化矛盾或者引发不稳定因素的,人民检察院应当慎重适用。

第三十二条　适用附条件不起诉的审查意见,应当由办案人员在审查起诉期限届满十五日前提出,并根据案件的具体情况拟定考验期限和考察方案,连同案件审查报告、社会调查报告等,经部门负责人审核,报检察长或者检察委员会决定。

第三十三条　人民检察院作出附条件不起诉的决定后,应当制作附条件不起诉决定书,并在三日以内送达公安机关、被害人或者其近亲属及其诉讼代理人、未成年犯罪嫌疑人及其法定代理人、辩护人。

　　送达时,应当告知被害人或者其近亲属及其诉讼代理人,如果对附条件不起诉决定不服,可以自收到附条件不起诉决定书后七日以内向上一级人民检察院申诉。

　　人民检察院应当当面向未成年犯罪嫌疑人及其法定代理人宣布附条件不起诉决定,告知考验期限、在考验期内应当遵守的规定和违反规定应负的法律责任,以及可以对附条件不起诉决定提出异议,并制作笔录附卷。

第三十四条　未成年犯罪嫌疑人在押的,作出附条件不起诉决定后,人民检察院应当作出释放或者变更强制措施的决定。

第三十五条　公安机关认为附条件不起诉决定有错误,要求复议的,人民检察院未成年人刑事检察机构应当另行指定检察人员进行审查并提出审查意见,经部门负责人审核,报请检察长或者检察委员会决定。

　　人民检察院应当在收到要求复议意见书后的三十日以内作出复议决定,通知公安机关。

第三十六条　上一级人民检察院收到公安机关对附条件不起诉决定提请复核的意见书后,应当交由未成年人刑事检察机构办理。未成年人刑事检察机构应当指定检察人员进行审查并提出审查意见,经部门负责人审核,报请检察长或者检察委员会决定。

上一级人民检察院应当在收到提请复核意见书后的三十日以内作出决定,制作复核决定书送交提请复核的公安机关和下级人民检察院。经复核改变下级人民检察院附条件不起诉决定的,应当撤销下级人民检察院作出的附条件不起诉决定,交由下级人民检察院执行。

第三十七条　被害人不服附条件不起诉决定,在收到附条件不起诉决定书后七日以内申诉的,由作出附条件不起诉决定的人民检察院的上一级人民检察院未成年人刑事检察机构立案复查。

被害人向作出附条件不起诉决定的人民检察院提出申诉的,作出决定的人民检察院应当将申诉材料连同案卷一并报送上一级人民检察院受理。

被害人不服附条件不起诉决定,在收到附条件不起诉决定书七日后提出申诉的,由作出附条件不起诉决定的人民检察院未成年人刑事检察机构另行指定检察人员审查后决定是否立案复查。

未成年人刑事检察机构复查后应当提出复查意见,报请检察长决定。

复查决定书应当送达被害人、被附条件不起诉的未成年犯罪嫌疑人及其法定代理人和作出附条件不起诉决定的人民检察院。

上级人民检察院经复查作出起诉决定的,应当撤销下级人民检察院的附条件不起诉决定,由下级人民检察院提起公诉,并将复查决定抄送移送审查起诉的公安机关。

第三十八条　未成年犯罪嫌疑人及其法定代理人对人民检察院决定附条件不起诉有异议的,人民检察院应当作出起诉的决定。

第三十九条　人民检察院在作出附条件不起诉决定后,应当在十日内将附条件不起诉决定书报上级人民检察院主管部门备案。

上级人民检察院认为下级人民检察院作出的附条件不起诉决定不适当的,应当及时撤销下级人民检察院作出的附条件不起诉决定,下级人民检察院应当执行。

第四十条 人民检察院决定附条件不起诉的,应当确定考验期。考验期为六个月以上一年以下,从人民检察院作出附条件不起诉的决定之日起计算。考验期不计入案件审查起诉期限。

考验期的长短应当与未成年犯罪嫌疑人所犯罪行的轻重、主观恶性的大小和人身危险性的大小、一贯表现及帮教条件等相适应,根据未成年犯罪嫌疑人在考验期的表现,可以在法定期限范围内适当缩短或者延长。

第四十一条 被附条件不起诉的未成年犯罪嫌疑人,应当遵守下列规定:
（一）遵守法律法规,服从监督;
（二）按照考察机关的规定报告自己的活动情况;
（三）离开所居住的市、县或者迁居,应当报经考察机关批准;
（四）按照考察机关的要求接受矫治和教育。

第四十二条 人民检察院可以要求被附条件不起诉的未成年犯罪嫌疑人接受下列矫治和教育:
（一）完成戒瘾治疗、心理辅导或者其他适当的处遇措施;
（二）向社区或者公益团体提供公益劳动;
（三）不得进入特定场所,与特定的人员会见或者通信,从事特定的活动;
（四）向被害人赔偿损失、赔礼道歉等;
（五）接受相关教育;
（六）遵守其他保护被害人安全以及预防再犯的禁止性规定。

第四十三条 在附条件不起诉的考验期内,人民检察院应当对被附条件不起诉的未成年犯罪嫌疑人进行监督考察。未成年犯罪嫌疑人的监护人应当对未成年犯罪嫌疑人加强管教,配合人民检察院做好监督考察工作。

人民检察院可以会同未成年犯罪嫌疑人的监护人、所在学校、单位、居住地的村民委员会、居民委员会、未成年人保护组织等的有关人员定期对未成年犯罪嫌疑人进行考察、教育,实施跟踪帮教。

第四十四条 未成年犯罪嫌疑人经批准离开所居住的市、县或者迁居,作出附条件不起诉决定的人民检察院可以要求迁入地的人民检察院协助进行考察,并将考察结果函告作出附条件不起诉决定的人民检察院。

第四十五条　考验期届满,办案人员应当制作附条件不起诉考察意见书,提出起诉或者不起诉的意见,经部门负责人审核,报请检察长决定。

人民检察院应当在审查起诉期限内作出起诉或者不起诉的决定。

作出附条件不起诉决定的案件,审查起诉期限自人民检察院作出附条件不起诉决定之日起中止计算,自考验期限届满之日起或者人民检察院作出撤销附条件不起诉决定之日起恢复计算。

第四十六条　被附条件不起诉的未成年犯罪嫌疑人,在考验期内有下列情形之一的,人民检察院应当撤销附条件不起诉的决定,提起公诉:

(一)实施新的犯罪的;

(二)发现决定附条件不起诉以前还有其他犯罪需要追诉的;

(三)违反治安管理规定,造成严重后果,或者多次违反治安管理规定的;

(四)违反考察机关有关附条件不起诉的监督管理规定,造成严重后果,或者多次违反考察机关有关附条件不起诉的监督管理规定的。

第四十七条　对于未成年犯罪嫌疑人在考验期内实施新的犯罪或者在决定附条件不起诉以前还有其他犯罪需要追诉的,人民检察院应当移送侦查机关立案侦查。

第四十八条　被附条件不起诉的未成年犯罪嫌疑人,在考验期内没有本规定第四十六条规定的情形,考验期满的,人民检察院应当作出不起诉的决定。

第四十九条　对于附条件不起诉的案件,不起诉决定宣布后六个月内,办案人员可以对被不起诉的未成年人进行回访,巩固帮教效果,并做好相关记录。

第五十条　对人民检察院依照刑事诉讼法第一百七十三条第二款规定作出的不起诉决定和经附条件不起诉考验期满不起诉的,在向被不起诉的未成年人及其法定代理人宣布不起诉决定书时,应当充分阐明不起诉的理由和法律依据,并结合社会调查,围绕犯罪行为对被害人、对本人及家庭、对社会等造成的危害,导致犯罪行为发生的原因及应当吸取的教训等,对被不起诉的未成年人开展必要的教育。如果侦查人员、合适成年人、辩护人、社工等参加有利于教育被不起诉未成年人的,经被不起诉的未成年人及其法定代理人同意,可以邀请他们参加,但要严格控制参与人范围。

对于犯罪事实清楚,但因未达刑事责任年龄不起诉、年龄证据存疑而不起诉的未成年犯罪嫌疑人,参照上述规定举行不起诉宣布教育仪式。

第四节 提起公诉

第五十一条 人民检察院审查未成年人与成年人共同犯罪案件,一般应当将未成年人与成年人分案起诉。但是具有下列情形之一的,可以不分案起诉:

(一)未成年人系犯罪集团的组织者或者其他共同犯罪中的主犯的;

(二)案件重大、疑难、复杂,分案起诉可能妨碍案件审理的;

(三)涉及刑事附带民事诉讼,分案起诉妨碍附带民事诉讼部分审理的;

(四)具有其他不宜分案起诉情形的。

对分案起诉至同一人民法院的未成年人与成年人共同犯罪案件,由未成年人刑事检察机构一并办理更为适宜的,经检察长决定,可以由未成年人刑事检察机构一并办理。

分案起诉的未成年人与成年人共同犯罪案件,由不同机构分别办理的,应当相互了解案件情况,提出量刑建议时,注意全案的量刑平衡。

第五十二条 对于分案起诉的未成年人与成年人共同犯罪案件,一般应当同时移送人民法院。对于需要补充侦查的,如果补充侦查事项不涉及未成年犯罪嫌疑人所参与的犯罪事实,不影响对未成年犯罪嫌疑人提起公诉的,应当对未成年犯罪嫌疑人先予提起公诉。

第五十三条 对于分案起诉的未成年人与成年人共同犯罪案件,在审查起诉过程中可以根据全案情况制作一个审结报告,起诉书以及出庭预案等应当分别制作。

第五十四条 人民检察院对未成年人与成年人共同犯罪案件分别提起公诉后,在诉讼过程中出现不宜分案起诉情形的,可以建议人民法院并案审理。

第五十五条 对于符合适用简易程序审理条件的未成年人刑事案件,人民检察院应当在提起公诉时向人民法院提出适用简易程序审理的建议。

第五十六条 对提起公诉的未成年人刑事案件,应当认真做好下列出席法庭的准备工作:

(一)掌握未成年被告人的心理状态,并对其进行接受审判的教育,必要时,可以再次讯问被告人;

(二)与未成年被告人的法定代理人、合适成年人、辩护人交换意见,共同做好教育、感化工作;

(三)进一步熟悉案情,深入研究本案的有关法律政策问题,根据案件性质,结合社会调查情况,拟定讯问提纲、询问被害人、证人、鉴定人提纲、举证提纲、答辩提纲、公诉意见书和针对未成年被告人进行法制教育的书面材料。

第五十七条 公诉人出席未成年人刑事审判法庭,应当遵守公诉人出庭行为规范要求,发言时应当语调温和,并注意用语文明、准确,通俗易懂。

公诉人一般不提请未成年证人、被害人出庭作证。确有必要出庭作证的,应当建议人民法院采取相应的保护措施。

第五十八条 在法庭审理过程中,公诉人的讯问、询问、辩论等活动,应当注意未成年人的身心特点。对于未成年被告人情绪严重不稳定,不宜继续接受审判的,公诉人可以建议法庭休庭。

第五十九条 对于具有下列情形之一,依法可能判处拘役、三年以下有期徒刑,有悔罪表现,宣告缓刑对所居住社区没有重大不良影响,具备有效监护条件或者社会帮教措施、适用缓刑确实不致再危害社会的未成年被告人,人民检察院应当建议人民法院适用缓刑:

(一)犯罪情节较轻,未造成严重后果的;

(二)主观恶性不大的初犯或者胁从犯、从犯;

(三)被害人同意和解或者被害人有明显过错的;

(四)其他可以适用缓刑的情节。

建议宣告缓刑,可以根据犯罪情况,同时建议禁止未成年被告人在缓刑考验期限内从事特定活动,进入特定区域、场所,接触特定的人。

人民检察院提出对未成年被告人适用缓刑建议的,应当将未成年被告人能够获得有效监护、帮教的书面材料于判决前移送人民法院。

第六十条　公诉人在依法指控犯罪的同时,要剖析未成年被告人犯罪的原因、社会危害性,适时进行法制教育,促使其深刻反省,吸取教训。

第六十一条　人民检察院派员出席未成年人刑事案件二审法庭适用本节的相关规定。

第六十二条　犯罪的时候不满十八周岁,被判处五年有期徒刑以下刑罚的,人民检察院应当在收到人民法院生效判决后,对犯罪记录予以封存。

对于二审案件,上级人民检察院封存犯罪记录时,应当通知下级人民检察院对相关犯罪记录予以封存。

第六十三条　人民检察院应当将拟封存的未成年人犯罪记录、卷宗等相关材料装订成册,加密保存,不予公开,并建立专门的未成年人犯罪档案库,执行严格的保管制度。

第六十四条　除司法机关为办案需要或者有关单位根据国家规定进行查询的以外,人民检察院不得向任何单位和个人提供封存的犯罪记录,并不得提供未成年人有犯罪记录的证明。

司法机关或者有关单位需要查询犯罪记录的,应当向封存犯罪记录的人民检察院提出书面申请,人民检察院应当在七日以内作出是否许可的决定。

第六十五条　对被封存犯罪记录的未成年人,符合下列条件之一的,应当对其犯罪记录解除封存:

(一)实施新的犯罪,且新罪与封存记录之罪数罪并罚后被决定执行五年有期徒刑以上刑罚的;

(二)发现漏罪,且漏罪与封存记录之罪数罪并罚后被决定执行五年有期徒刑以上刑罚的。

第六十六条　人民检察院对未成年犯罪嫌疑人作出不起诉决定后,应当对相关记录予以封存。具体程序参照本规定第六十二条至第六十五条规定办理。

第四章　未成年人刑事案件的法律监督

第六十七条　人民检察院审查批准逮捕、审查起诉未成年犯罪嫌疑人,应

当同时依法监督侦查活动是否合法,发现有下列违法行为的,应当提出纠正意见;构成犯罪的,依法追究刑事责任:

(一)违法对未成年犯罪嫌疑人采取强制措施或者采取强制措施不当的;

(二)未依法实行对未成年犯罪嫌疑人与成年犯罪嫌疑人分别关押、管理的;

(三)对未成年犯罪嫌疑人采取刑事拘留、逮捕措施后,在法定时限内未进行讯问,或者未通知其家属的;

(四)讯问未成年犯罪嫌疑人或者询问未成年被害人、证人时,未依法通知其法定代理人或者合适成年人到场的;

(五)讯问或者询问女性未成年人时,没有女性检察人员参加;

(六)未依法告知未成年犯罪嫌疑人有权委托辩护人的;

(七)未依法通知法律援助机构指派律师为未成年犯罪嫌疑人提供辩护的;

(八)对未成年犯罪嫌疑人威胁、体罚、侮辱人格、游行示众,或者刑讯逼供、指供、诱供的;

(九)利用未成年人认知能力低而故意制造冤、假、错案的;

(十)对未成年被害人、证人以暴力、威胁、诱骗等非法手段收集证据或者侵害未成年被害人、证人的人格尊严及隐私权等合法权益的;

(十一)违反羁押和办案期限规定的;

(十二)已作出不批准逮捕、不起诉决定,公安机关不立即释放犯罪嫌疑人的;

(十三)在侦查中有其他侵害未成年人合法权益行为的。

第六十八条 对依法不应当公开审理的未成年人刑事案件公开审理的,人民检察院应当在开庭前提出纠正意见。

公诉人出庭支持公诉时,发现法庭审判有下列违反法律规定的诉讼程序的情形之一的,应当在休庭后及时向本院检察长报告,由人民检察院向人民法院提出纠正意见:

(一)开庭或者宣告判决时未通知未成年被告人的法定代理人到庭的;

(二)人民法院没有给聋、哑或者不通晓当地通用的语言文字的未成年被告人聘请或者指定翻译人员的；

（三）未成年被告人在审判时没有辩护人的；对未成年被告人及其法定代理人依照法律和有关规定拒绝辩护人为其辩护，合议庭未另行通知法律援助机构指派律师的；

（四）法庭未告知未成年被告人及其法定代理人依法享有的申请回避、辩护、提出新的证据、申请重新鉴定或者勘验、最后陈述、提出上诉等诉讼权利的；

（五）其他违反法律规定的诉讼程序的情形。

第六十九条 人民检察院发现有关机关对未成年人犯罪记录应当封存而未封存的，不应当允许查询而允许查询的或者不应当提供犯罪记录而提供的，应当依法提出纠正意见。

第七十条 人民检察院依法对未成年犯管教所实行驻所检察。在刑罚执行监督中，发现关押成年罪犯的监狱收押未成年罪犯的，未成年犯管教所违法收押成年罪犯的，或者对年满十八周岁时余刑在二年以上的罪犯留在未成年犯管教所执行剩余刑期的，应当依法提出纠正意见。

第七十一条 人民检察院在看守所检察中，发现没有对未成年犯罪嫌疑人、被告人与成年犯罪嫌疑人、被告人分别关押、管理或者对未成年犯留所执行刑罚的，应当依法提出纠正意见。

第七十二条 人民检察院应当加强对未成年犯管教所、看守所监管未成年罪犯活动的监督，依法保障未成年罪犯的合法权益，维护监管改造秩序和教学、劳动、生活秩序。

人民检察院配合未成年犯管教所、看守所加强对未成年罪犯的政治、法律、文化教育，促进依法、科学、文明监管。

第七十三条 人民检察院依法对未成年人的社区矫正进行监督，发现有下列情形之一的，应当依法向公安机关、人民法院、监狱、社区矫正机构等有关部门提出纠正意见：

（一）没有将未成年人的社区矫正与成年人分开进行的；

（二）对实行社区矫正的未成年人脱管、漏管或者没有落实帮教措施的；

（三）没有对未成年社区矫正人员给予身份保护，其矫正宣告公开进行，矫正档案未进行保密，公开或者传播其姓名、住所、照片等可能推

断出该未成年人的其他资料以及矫正资料等情形的;

（四）未成年社区矫正人员的矫正小组没有熟悉青少年成长特点的人员参加的;

（五）没有针对未成年人的年龄、心理特点和身心发育需要等特殊情况采取相应的监督管理和教育矫正措施的;

（六）其他违法情形。

第七十四条　人民检察院依法对未成年犯的减刑、假释、暂予监外执行等活动实行监督。对符合减刑、假释、暂予监外执行法定条件的,应当建议执行机关向人民法院、监狱管理机关或者公安机关提请;发现提请或者裁定、决定不当的,应当依法提出纠正意见;对徇私舞弊减刑、假释、暂予监外执行等构成犯罪的,依法追究刑事责任。

第五章　未成年人案件的刑事申诉检察

第七十五条　人民检察院依法受理未成年人及其法定代理人提出的刑事申诉案件和国家赔偿案件。

人民检察院对未成年人刑事申诉案件和国家赔偿案件,应当指定专人及时办理。

第七十六条　人民检察院复查未成年人刑事申诉案件,应当直接听取未成年人及其法定代理人的陈述或者辩解,认真审核、查证与案件有关的证据和线索,查清案件事实,依法作出处理。

案件复查终结作出处理决定后,应当向未成年人及其法定代理人当面送达法律文书,做好释法说理和教育工作。

第七十七条　对已复查纠正的未成年人刑事申诉案件,应当配合有关部门做好善后工作。

第七十八条　人民检察院办理未成年人国家赔偿案件,应当充分听取未成年人及其法定代理人的意见,对于依法应当赔偿的案件,应当及时作出和执行赔偿决定。

第六章　附　　则

第七十九条　本规定所称未成年人刑事案件,是指犯罪嫌疑人、被告人实施涉嫌犯罪行为时已满十四周岁、未满十八周岁的刑事案件,但在有关未成年人诉讼权利和体现对未成年人程序上特殊保护的条文中所称的未成年人,是指在诉讼过程中未满十八周岁的人。犯罪嫌疑人实施涉嫌犯罪行为时未满十八周岁,在诉讼过程中已满十八周岁的,人民检察院可以根据案件的具体情况适用本规定。

第八十条　实施犯罪行为的年龄,一律按公历的年、月、日计算。从周岁生日的第二天起,为已满××周岁。

第八十一条　未成年人刑事案件的法律文书和工作文书,应当注明未成年人的出生年月日、法定代理人或者到场的合适成年人、辩护人基本情况。

对未成年犯罪嫌疑人、被告人、未成年罪犯的有关情况和办案人员开展教育感化工作的情况,应当记录在卷,随案移送。

第八十二条　本规定由最高人民检察院负责解释。

第八十三条　本规定自发布之日起施行,最高人民检察院 2007 年 1 月 9 日发布的《人民检察院办理未成年人刑事案件的规定》同时废止。

最高人民法院、最高人民检察院 关于办理强奸、猥亵未成年人刑事案件 适用法律若干问题的解释

1. 2023 年 1 月 3 日最高人民法院审判委员会第 1878 次会议、2023 年 3 月 2 日最高人民检察院第十三届检察委员会第一百一十四次会议通过
2. 2023 年 5 月 24 日公布
3. 法释〔2023〕3 号
4. 自 2023 年 6 月 1 日起施行

为依法惩处强奸、猥亵未成年人犯罪,保护未成年人合法权益,根据《中华人民共和国刑法》等法律规定,现就办理此类刑事案件适用法律的若干问题解释如下:

第一条　奸淫幼女的,依照刑法第二百三十六条第二款的规定从重处罚。具有下列情形之一的,应当适用较重的从重处罚幅度:

(一)负有特殊职责的人员实施奸淫的;

（二）采用暴力、胁迫等手段实施奸淫的；

（三）侵入住宅或者学生集体宿舍实施奸淫的；

（四）对农村留守女童、严重残疾或者精神发育迟滞的被害人实施奸淫的；

（五）利用其他未成年人诱骗、介绍、胁迫被害人的；

（六）曾因强奸、猥亵犯罪被判处刑罚的。

强奸已满十四周岁的未成年女性，具有前款第一项、第三项至第六项规定的情形之一，或者致使被害人轻伤、患梅毒、淋病等严重性病的，依照刑法第二百三十六条第一款的规定定罪，从重处罚。

第二条 强奸已满十四周岁的未成年女性或者奸淫幼女，具有下列情形之一的，应当认定为刑法第二百三十六条第三款第一项规定的"强奸妇女、奸淫幼女情节恶劣"：

（一）负有特殊职责的人员多次实施强奸、奸淫的；

（二）有严重摧残、凌辱行为的；

（三）非法拘禁或者利用毒品诱骗、控制被害人的；

（四）多次利用其他未成年人诱骗、介绍、胁迫被害人的；

（五）长期实施强奸、奸淫的；

（六）奸淫精神发育迟滞的被害人致使怀孕的；

（七）对强奸、奸淫过程或者被害人身体隐私部位制作视频、照片等影像资料，以此胁迫对被害人实施强奸、奸淫，或者致使影像资料向多人传播，暴露被害人身份的；

（八）其他情节恶劣的情形。

第三条 奸淫幼女，具有下列情形之一的，应当认定为刑法第二百三十六条第三款第五项规定的"造成幼女伤害"：

（一）致使幼女轻伤的；

（二）致使幼女患梅毒、淋病等严重性病的；

（三）对幼女身心健康造成其他伤害的情形。

第四条 强奸已满十四周岁的未成年女性或者奸淫幼女，致使其感染艾滋病病毒的，应当认定为刑法第二百三十六第三款第六项规定的"致使被害人重伤"。

第五条 对已满十四周岁不满十六周岁的未成年女性负有特殊职责的人

员,与该未成年女性发生性关系,具有下列情形之一的,应当认定为刑法第二百三十六条之一规定的"情节恶劣":

(一)长期发生性关系的;

(二)与多名被害人发生性关系的;

(三)致使被害人感染艾滋病病毒或者患梅毒、淋病等严重性病的;

(四)对发生性关系的过程或者被害人身体隐私部位制作视频、照片等影像资料,致使影像资料向多人传播,暴露被害人身份的;

(五)其他情节恶劣的情形。

第六条　对已满十四周岁的未成年女性负有特殊职责的人员,利用优势地位或者被害人孤立无援的境地,迫使被害人与其发生性关系的,依照刑法第二百三十六条的规定,以强奸罪定罪处罚。

第七条　猥亵儿童,具有下列情形之一的,应当认定为刑法第二百三十七条第三款第三项规定的"造成儿童伤害或者其他严重后果":

(一)致使儿童轻伤以上的;

(二)致使儿童自残、自杀的;

(三)对儿童身心健康造成其他伤害或者严重后果的情形。

第八条　猥亵儿童,具有下列情形之一的,应当认定为刑法第二百三十七条第三款第四项规定的"猥亵手段恶劣或者有其他恶劣情节":

(一)以生殖器侵入肛门、口腔或者以生殖器以外的身体部位、物品侵入被害人生殖器、肛门等方式实施猥亵的;

(二)有严重摧残、凌辱行为的;

(三)对猥亵过程或者被害人身体隐私部位制作视频、照片等影像资料,以此胁迫对被害人实施猥亵,或者致使影像资料向多人传播,暴露被害人身份的;

(四)采取其他恶劣手段实施猥亵或者有其他恶劣情节的情形。

第九条　胁迫、诱骗未成年人通过网络视频聊天或者发送视频、照片等方式,暴露身体隐私部位或者实施淫秽行为,符合刑法第二百三十七条规定的,以强制猥亵罪或者猥亵儿童罪定罪处罚。

胁迫、诱骗未成年人通过网络直播方式实施前款行为,同时符合刑法第二百三十七条、第三百六十五条的规定,构成强制猥亵罪、猥亵儿童罪、组织淫秽表演罪的,依照处罚较重的规定定罪处罚。

第十条 实施猥亵未成年人犯罪,造成被害人轻伤以上后果,同时符合刑法第二百三十四条或者第二百三十二条的规定,构成故意伤害罪、故意杀人罪的,依照处罚较重的规定定罪处罚。

第十一条 强奸、猥亵未成年人的成年被告人认罪认罚的,是否从宽处罚及从宽幅度应当从严把握。

第十二条 对强奸未成年人的成年被告人判处刑罚时,一般不适用缓刑。

对于判处刑罚同时宣告缓刑的,可以根据犯罪情况,同时宣告禁止令,禁止犯罪分子在缓刑考验期限内从事与未成年人有关的工作、活动,禁止其进入中小学校、幼儿园及其他未成年人集中的场所。确因本人就学、居住等原因,经执行机关批准的除外。

第十三条 对于利用职业便利实施强奸、猥亵未成年人等犯罪的,人民法院应当依法适用从业禁止。

第十四条 对未成年人实施强奸、猥亵等犯罪造成人身损害的,应当赔偿医疗费、护理费、交通费、营养费、住院伙食补助费等为治疗和康复支付的合理费用,以及因误工减少的收入。

根据鉴定意见、医疗诊断书等证明需要对未成年人进行精神心理治疗和康复,所需的相关费用,应当认定为前款规定的合理费用。

第十五条 本解释规定的"负有特殊职责的人员",是指对未成年人负有监护、收养、看护、教育、医疗等职责的人员,包括与未成年人具有共同生活关系且事实上负有照顾、保护等职责的人员。

第十六条 本解释自2023年6月1日起施行。

最高人民检察院关于对涉嫌盗窃的不满十六周岁未成年人采取刑事拘留强制措施是否违法问题的批复

1. 2011年1月10日最高人民检察院第十一届检察委员会第54次会议通过
2. 2011年1月25日公布
3. 高检发释字〔2011〕1号
4. 自2011年1月25日起施行

北京市人民检察院：

你院京检字〔2010〕107号《关于对涉嫌盗窃的不满16周岁未成年人采取刑事拘留强制措施是否违法的请示》收悉。经研究，批复如下：

根据刑法、刑事诉讼法、未成年人保护法等有关法律规定，对于实施犯罪时未满16周岁的未成年人，且未犯刑法第十七条第二款规定之罪的，公安机关查明犯罪嫌疑人实施犯罪时年龄确系未满16周岁依法不负刑事责任后仍予以刑事拘留的，检察机关应当及时提出纠正意见。

此复。

最高人民法院关于审理未成年人刑事案件具体应用法律若干问题的解释

1. 2005年12月12日最高人民法院审判委员会第1373次会议通过
2. 2006年1月11日公布
3. 法释〔2006〕1号
4. 自2006年1月23日起施行

为正确审理未成年人刑事案件，贯彻"教育为主，惩罚为辅"的原则，根据刑法等有关法律的规定，现就审理未成年人刑事案件具体应用法律的若干问题解释如下：

第一条 本解释所称未成年人刑事案件,是指被告人实施被指控的犯罪时已满十四周岁不满十八周岁的案件。

第二条 刑法第十七条规定的"周岁",按照公历的年、月、日计算,从周岁生日的第二天起算。

第三条 审理未成年人刑事案件,应当查明被告人实施被指控的犯罪时的年龄。裁判文书中应当写明被告人出生的年、月、日。

第四条 对于没有充分证据证明被告人实施被指控的犯罪时已经达到法定刑事责任年龄且确实无法查明的,应当推定其没有达到相应法定刑事责任年龄。

相关证据足以证明被告人实施被指控的犯罪时已经达到法定刑事责任年龄,但是无法准确查明被告人具体出生日期的,应当认定其达到相应法定刑事责任年龄。

第五条 已满十四周岁不满十六周岁的人实施刑法第十七条第二款规定以外的行为,如果同时触犯了刑法第十七条第二款规定的,应当依照刑法第十七条第二款的规定确定罪名,定罪处罚。

第六条 已满十四周岁不满十六周岁的人偶尔与幼女发生性行为,情节轻微、未造成严重后果的,不认为是犯罪。

第七条 已满十四周岁不满十六周岁的人使用轻微暴力或者威胁,强行索要其他未成年人随身携带的生活、学习用品或者钱财数量不大,且未造成被害人轻微伤以上或者不敢正常到校学习、生活等危害后果的,不认为是犯罪。

已满十六周岁不满十八周岁的人具有前款规定情形的,一般也不认为是犯罪。

第八条 已满十六周岁不满十八周岁的人出于以大欺小、以强凌弱或者寻求精神刺激,随意殴打其他未成年人、多次对其他未成年人强拿硬要或者任意损毁公私财物,扰乱学校及其他公共场所秩序,情节严重的,以寻衅滋事罪定罪处罚。

第九条 已满十六周岁不满十八周岁的人实施盗窃行为未超过三次,盗窃数额虽已达到"数额较大"标准,但案发后能如实供述全部盗窃事实并积极退赃,且具有下列情形之一的,可以认定为"情节显著轻微危害

不大",不认为是犯罪:

(一)系又聋又哑的人或者盲人;

(二)在共同盗窃中起次要或者辅助作用,或者被胁迫;

(三)具有其他轻微情节的。

已满十六周岁不满十八周岁的人盗窃未遂或者中止的,可不认为是犯罪。

已满十六周岁不满十八周岁的人盗窃自己家庭或者近亲属财物,或者盗窃其他亲属财物但其他亲属要求不予追究的,可不按犯罪处理。

第十条　已满十四周岁不满十六周岁的人盗窃、诈骗、抢夺他人财物,为窝藏赃物、抗拒抓捕或者毁灭罪证,当场使用暴力,故意伤害致人重伤或者死亡,或者故意杀人的,应当分别以故意伤害罪或者故意杀人罪定罪处罚。

已满十六周岁不满十八周岁的人犯盗窃、诈骗、抢夺罪,为窝藏赃物、抗拒抓捕或者毁灭罪证而当场使用暴力或者以暴力相威胁的,应当依照刑法第二百六十九条的规定定罪处罚;情节轻微的,可不以抢劫罪定罪处罚。

第十一条　对未成年罪犯适用刑罚,应当充分考虑是否有利于未成年罪犯的教育和矫正。

对未成年罪犯量刑应当依照刑法第六十一条的规定,并充分考虑未成年人实施犯罪行为的动机和目的、犯罪时的年龄、是否初次犯罪、犯罪后的悔罪表现、个人成长经历和一贯表现等因素。对符合管制、缓刑、单处罚金或者免予刑事处罚适用条件的未成年罪犯,应当依法适用管制、缓刑、单处罚金或者免予刑事处罚。

第十二条　行为人在达到法定刑事责任年龄前后均实施了危害社会行为,只能依法追究其达到法定刑事责任年龄后实施的危害社会行为的刑事责任。

行为人在年满十八周岁前后实施了不同种犯罪行为,对其年满十八周岁以前实施的犯罪应当依法从轻或者减轻处罚。行为人在年满十八周岁前后实施了同种犯罪行为,在量刑时应当考虑对年满十八周岁以前实施的犯罪,适当给予从轻或者减轻处罚。

第十三条　未成年人犯罪只有罪行极其严重的,才可以适用无期徒刑。

对已满十四周岁不满十六周岁的人犯罪一般不判处无期徒刑。

第十四条 除刑法规定"应当"附加剥夺政治权利外,对未成年罪犯一般不判处附加剥夺政治权利。

如果对未成年罪犯判处附加剥夺政治权利的,应当依法从轻判处。

对实施被指控犯罪时未成年、审判时已成年的罪犯判处附加剥夺政治权利,适用前款的规定。

第十五条 对未成年罪犯实施刑法规定的"并处"没收财产或者罚金的犯罪,应当依法判处相应的财产刑;对未成年罪犯实施刑法规定的"可以并处"没收财产或者罚金的犯罪,一般不判处财产刑。

对未成年罪犯判处罚金刑时,应当依法从轻或者减轻判处,并根据犯罪情节,综合考虑其缴纳罚金的能力,确定罚金数额。但罚金的最低数额不得少于五百元人民币。

对被判处罚金刑的未成年罪犯,其监护人或者其他人自愿代为垫付罚金的,人民法院应当允许。

第十六条 对未成年罪犯符合刑法第七十二条第一款规定的,可以宣告缓刑。如果同时具有下列情形之一,对其适用缓刑确实不致再危害社会的,应当宣告缓刑:

(一)初次犯罪;

(二)积极退赃或赔偿被害人经济损失;

(三)具备监护、帮教条件。

第十七条 未成年罪犯根据其所犯罪行,可能被判处拘役、三年以下有期徒刑,如果悔罪表现好,并具有下列情形之一的,应当依照刑法第三十七条的规定免予刑事处罚:

(一)系又聋又哑的人或者盲人;

(二)防卫过当或者避险过当;

(三)犯罪预备、中止或者未遂;

(四)共同犯罪中从犯、胁从犯;

(五)犯罪后自首或者有立功表现;

(六)其他犯罪情节轻微不需要判处刑罚的。

第十八条 对未成年罪犯的减刑、假释,在掌握标准上可以比照成年罪犯依法适度放宽。

未成年罪犯能认罪服法，遵守监规，积极参加学习、劳动的，即可视为"确有悔改表现"予以减刑，其减刑的幅度可以适当放宽，间隔的时间可以相应缩短。符合刑法第八十一条第一款规定的，可以假释。

未成年罪犯在服刑期间已经成年的，对其减刑、假释可以适用上述规定。

第十九条　刑事附带民事案件的未成年被告人有个人财产的，应当由本人承担民事赔偿责任，不足部分由监护人予以赔偿，但单位担任监护人的除外。

被告人对被害人物质损失的赔偿情况，可以作为量刑情节予以考虑。

第二十条　本解释自公布之日起施行。

《最高人民法院关于办理未成年人刑事案件适用法律的若干问题的解释》（法发〔1995〕9号）自本解释公布之日起不再执行。

最高人民法院、最高人民检察院、公安部、司法部关于办理性侵害未成年人刑事案件的意见

1. 2023年5月24日发布
2. 高检发〔2023〕4号
3. 自2023年6月1日起施行

为深入贯彻习近平法治思想，依法惩治性侵害未成年人犯罪，规范办理性侵害未成年人刑事案件，加强未成年人司法保护，根据《中华人民共和国刑法》《中华人民共和国刑事诉讼法》《中华人民共和国未成年人保护法》等相关法律规定，结合司法实际，制定本意见。

一、总　　则

第一条　本意见所称性侵害未成年人犯罪，包括《中华人民共和国刑法》第二百三十六条、第二百三十六条之一、第二百三十七条、第三百五十八条、第三百五十九条规定的针对未成年人实施的强奸罪，负有照护职责人员性侵罪，强制猥亵、侮辱罪，猥亵儿童罪，组织卖淫罪，强迫卖淫

罪,协助组织卖淫罪,引诱、容留、介绍卖淫罪,引诱幼女卖淫罪等。

第二条　办理性侵害未成年人刑事案件,应当坚持以下原则:

（一）依法从严惩处性侵害未成年人犯罪;

（二）坚持最有利于未成年人原则,充分考虑未成年人身心发育尚未成熟、易受伤害等特点,切实保障未成年人的合法权益;

（三）坚持双向保护原则,对于未成年人实施性侵害未成年人犯罪的,在依法保护未成年被害人的合法权益时,也要依法保护未成年犯罪嫌疑人、未成年被告人的合法权益。

第三条　人民法院、人民检察院、公安机关应当确定专门机构或者指定熟悉未成年人身心特点的专门人员,负责办理性侵害未成年人刑事案件。未成年被害人系女性的,应当有女性工作人员参与。

法律援助机构应当指派熟悉未成年人身心特点的律师为未成年人提供法律援助。

第四条　人民法院、人民检察院在办理性侵害未成年人刑事案件中发现社会治理漏洞的,依法提出司法建议、检察建议。

人民检察院依法对涉及性侵害未成年人的诉讼活动等进行监督,发现违法情形的,应当及时提出监督意见。发现未成年人合法权益受到侵犯,涉及公共利益的,应当依法提起公益诉讼。

二、案件办理

第五条　公安机关接到未成年人被性侵害的报案、控告、举报,应当及时受理,迅速审查。符合刑事立案条件的,应当立即立案侦查,重大、疑难、复杂案件立案审查期限原则上不超过七日。具有下列情形之一,公安机关应当在受理后直接立案侦查:

（一）精神发育明显迟滞的未成年人或者不满十四周岁的未成年人怀孕、妊娠终止或者分娩的;

（二）未成年人的生殖器官或者隐私部位遭受明显非正常损伤的;

（三）未成年人被组织、强迫、引诱、容留、介绍卖淫的;

（四）其他有证据证明性侵害未成年人犯罪发生的。

第六条　公安机关发现可能有未成年人被性侵害或者接报相关线索的,无论案件是否属于本单位管辖,都应当及时采取制止侵害行为、保护被害人、保护现场等紧急措施。必要时,应当通报有关部门对被害人予以临时安置、救助。

第七条　公安机关受理案件后,经过审查,认为有犯罪事实需要追究刑事责任,但因犯罪地、犯罪嫌疑人无法确定,管辖权不明的,受理案件的公安机关应当先立案侦查,经过侦查明确管辖后,及时将案件及证据材料移送有管辖权的公安机关。

第八条　人民检察院、公安机关办理性侵害未成年人刑事案件,应当坚持分工负责、互相配合、互相制约,加强侦查监督与协作配合,健全完善信息双向共享机制,形成合力。在侦查过程中,公安机关可以商请人民检察院就案件定性、证据收集、法律适用、未成年人保护要求等提出意见建议。

第九条　人民检察院认为公安机关应当立案侦查而不立案侦查的,或者被害人及其法定代理人、对未成年人负有特殊职责的人员据此向人民检察院提出异议,经审查其诉求合理的,人民检察院应当要求公安机关说明不立案的理由。人民检察院认为不立案理由不成立的,应当通知公安机关立案,公安机关接到通知后应当立案。

第十条　对性侵害未成年人的成年犯罪嫌疑人、被告人,应当依法从严把握适用非羁押强制措施,依法追诉,从严惩处。

第十一条　公安机关办理性侵害未成年人刑事案件,在提请批准逮捕、移送起诉时,案卷材料中应当包含证明案件来源与案发过程的有关材料和犯罪嫌疑人归案(抓获)情况的说明等。

第十二条　人民法院、人民检察院办理性侵害未成年人案件,应当及时告知未成年被害人及其法定代理人或者近亲属有权委托诉讼代理人,并告知其有权依法申请法律援助。

第十三条　人民法院、人民检察院、公安机关办理性侵害未成年人刑事案件,除有碍案件办理的情形外,应当将案件进展情况、案件处理结果及时告知未成年被害人及其法定代理人,并对有关情况予以说明。

第十四条　人民法院确定性侵害未成年人刑事案件开庭日期后,应当将开庭的时间、地点通知未成年被害人及其法定代理人。

第十五条　人民法院开庭审理性侵害未成年人刑事案件,未成年被害人、证人一般不出庭作证。确有必要出庭的,应当根据案件情况采取不暴露外貌、真实声音等保护措施,或者采取视频等方式播放询问未成年人的录音录像,播放视频亦应当采取技术处理等保护措施。

被告人及其辩护人当庭发问的方式或者内容不当,可能对未成年被害人、证人造成身心伤害的,审判长应当及时制止。未成年被害人、证人在庭审中出现恐慌、紧张、激动、抗拒等影响庭审正常进行的情形的,审判长应当宣布休庭,并采取相应的情绪安抚疏导措施,评估未成年被害人、证人继续出庭作证的必要性。

第十六条 办理性侵害未成年人刑事案件,对于涉及未成年人的身份信息及可能推断出身份信息的资料和涉及性侵害的细节等内容,审判人员、检察人员、侦查人员、律师及参与诉讼、知晓案情的相关人员应当保密。

对外公开的诉讼文书,不得披露未成年人身份信息及可能推断出身份信息的其他资料,对性侵害的事实必须以适当方式叙述。

办案人员到未成年人及其亲属所在学校、单位、住所调查取证的,应当避免驾驶警车、穿着制服或者采取其他可能暴露未成年人身份、影响未成年人名誉、隐私的方式。

第十七条 知道或者应当知道对方是不满十四周岁的幼女,而实施奸淫等性侵害行为的,应当认定行为人"明知"对方是幼女。

对不满十二周岁的被害人实施奸淫等性侵害行为的,应当认定行为人"明知"对方是幼女。

对已满十二周岁不满十四周岁的被害人,从其身体发育状况、言谈举止、衣着特征、生活作息规律等观察可能是幼女,而实施奸淫等性侵害行为的,应当认定行为人"明知"对方是幼女。

第十八条 在校园、游泳馆、儿童游乐场、学生集体宿舍等公共场所对未成年人实施强奸、猥亵犯罪,只要有其他多人在场,不论在场人员是否实际看到,均可以依照刑法第二百三十六条第三款、第二百三十七条的规定,认定为在公共场所"当众"强奸、猥亵。

第十九条 外国人在中华人民共和国领域内实施强奸、猥亵未成年人等犯罪的,在依法判处刑罚时,可以附加适用驱逐出境。对于尚不构成犯罪但构成违反治安管理行为的,或者有性侵害未成年人犯罪记录不适宜在境内继续停留居留的,公安机关可以依法适用限期出境或者驱逐出境。

第二十条　对性侵害未成年人的成年犯罪分子严格把握减刑、假释、暂予监外执行的适用条件。纳入社区矫正的,应当严管严控。

<h3 style="text-align:center">三、证据收集与审查判断</h3>

第二十一条　公安机关办理性侵害未成年人刑事案件,应当依照法定程序,及时、全面收集固定证据。对与犯罪有关的场所、物品、人身等及时进行勘验、检查,提取与案件有关的痕迹、物证、生物样本;及时调取与案件有关的住宿、通行、银行交易记录等书证,现场监控录像等视听资料,手机短信、即时通讯记录、社交软件记录、手机支付记录、音视频、网盘资料等电子数据。视听资料、电子数据等证据因保管不善灭失的,应当向原始数据存储单位重新调取,或者提交专业机构进行技术性恢复、修复。

第二十二条　未成年被害人陈述、未成年证人证言中提到其他犯罪线索,属于公安机关管辖的,公安机关应当及时调查核实;属于其他机关管辖的,应当移送有管辖权的机关。

　　具有密切接触未成年人便利条件的人员涉嫌性侵害未成年人犯罪的,公安机关应当注意摸排犯罪嫌疑人可能接触到的其他未成年人,以便全面查清犯罪事实。

　　对于发生在犯罪嫌疑人住所周边或者相同、类似场所且犯罪手法雷同的性侵害案件,符合并案条件的,应当及时并案侦查,防止遗漏犯罪事实。

第二十三条　询问未成年被害人,应当选择"一站式"取证场所、未成年人住所或者其他让未成年人心理上感到安全的场所进行,并通知法定代理人到场。法定代理人不能到场或者不宜到场的,应当通知其他合适成年人到场,并将相关情况记录在案。

　　询问未成年被害人,应当采取和缓的方式,以未成年人能够理解和接受的语言进行。坚持一次询问原则,尽可能避免多次反复询问,造成次生伤害。确有必要再次询问的,应当针对确有疑问需要核实的内容进行。

　　询问女性未成年被害人应当由女性工作人员进行。

第二十四条　询问未成年被害人应当进行同步录音录像。录音录像应当全程不间断进行，不得选择性录制，不得剪接、删改。录音录像声音、图像应当清晰稳定，被询问人面部应当清楚可辨，能够真实反映未成年被害人回答询问的状态。录音录像应当随案移送。

第二十五条　询问未成年被害人应当问明与性侵害犯罪有关的事实及情节，包括被害人的年龄等身份信息、与犯罪嫌疑人、被告人交往情况、侵害方式、时间、地点、次数、后果等。

　　询问尽量让被害人自由陈述，不得诱导，并将提问和未成年被害人的回答记录清楚。记录应当保持未成年人的语言特点，不得随意加工或者归纳。

第二十六条　未成年被害人陈述和犯罪嫌疑人、被告人供述中具有特殊性、非亲历不可知的细节，包括身体特征、行为特征和环境特征等，办案机关应当及时通过人身检查、现场勘查等调查取证方法固定证据。

第二十七条　能够证实未成年被害人和犯罪嫌疑人、被告人相识交往、矛盾纠纷及其异常表现、特殊癖好等情况，对完善证据链条、查清全部案情具有证明作用的证据，应当全面收集。

第二十八条　能够证实未成年人被性侵害后心理状况或者行为表现的证据，应当全面收集。未成年被害人出现心理创伤、精神抑郁或者自杀、自残等伤害后果的，应当及时检查、鉴定。

第二十九条　认定性侵害未成年人犯罪，应当坚持事实清楚，证据确实、充分，排除合理怀疑的证明标准。对案件事实的认定要立足证据，结合经验常识，考虑性侵害案件的特殊性和未成年人的身心特点，准确理解和把握证明标准。

第三十条　对未成年被害人陈述，应当着重审查陈述形成的时间、背景、被害人年龄、认知、记忆和表达能力，生理和精神状态是否影响陈述的自愿性、完整性，陈述与其他证据之间能否相互印证，有无矛盾。

　　低龄未成年人对被侵害细节前后陈述存在不一致的，应当考虑其身心特点，综合判断其陈述的主要事实是否客观、真实。

　　未成年被害人陈述了与犯罪嫌疑人、被告人或者性侵害事实相关的非亲历不可知的细节，并且可以排除指证、诱证、诬告、陷害可能的，一般应当采信。

未成年被害人询问笔录记载的内容与询问同步录音录像记载的内容不一致的,应当结合同步录音录像记载准确客观认定。

对未成年证人证言的审查判断,依照本条前四款规定进行。

第三十一条　对十四周岁以上未成年被害人真实意志的判断,不以其明确表示反对或者同意为唯一证据,应当结合未成年被害人的年龄、身体状况、被侵害前后表现以及双方关系、案发环境、案发过程等进行综合判断。

四、未成年被害人保护与救助

第三十二条　人民法院、人民检察院、公安机关办理性侵害未成年人刑事案件,应当根据未成年被害人的实际需要及当地情况,协调有关部门为未成年被害人提供心理疏导、临时照料、医疗救治、转学安置、经济帮扶等救助保护措施。

第三十三条　犯罪嫌疑人到案后,办案人员应当第一时间了解其有无艾滋病,发现犯罪嫌疑人患有艾滋病的,在征得未成年被害人监护人同意后,应当及时配合或者会同有关部门对未成年被害人采取阻断治疗等保护措施。

第三十四条　人民法院、人民检察院、公安机关办理性侵害未成年人刑事案件,发现未成年人的父母或者其他监护人不依法履行监护职责或者侵犯未成年人合法权益的,应当予以训诫,并书面督促其依法履行监护职责。必要时,可以责令未成年人父母或者其他监护人接受家庭教育指导。

第三十五条　未成年人受到监护人性侵害,其他具有监护资格的人员、民政部门等有关单位和组织向人民法院提出申请,要求撤销监护人资格,另行指定监护人的,人民法院依法予以支持。

有关个人和组织未及时向人民法院申请撤销监护人资格的,人民检察院可以依法督促、支持其提起诉讼。

第三十六条　对未成年人因被性侵害而造成人身损害,不能及时获得有效赔偿,生活困难的,人民法院、人民检察院、公安机关可会同有关部门,优先考虑予以救助。

五、其 他

第三十七条 人民法院、人民检察院、公安机关、司法行政机关应当积极推动侵害未成年人案件强制报告制度落实。未履行报告义务造成严重后果的，应当依照《中华人民共和国未成年人保护法》等法律法规追究责任。

第三十八条 人民法院、人民检察院、公安机关、司法行政机关应当推动密切接触未成年人相关行业依法建立完善准入查询性侵害违法犯罪信息制度，建立性侵害违法犯罪人员信息库，协助密切接触未成年人单位开展信息查询工作。

第三十九条 办案机关应当建立完善性侵害未成年人案件"一站式"办案救助机制，通过设立专门场所、配置专用设备、完善工作流程和引入专业社会力量等方式，尽可能一次性完成询问、人身检查、生物样本采集、侦查辨认等取证工作，同步开展救助保护工作。

六、附 则

第四十条 本意见自2023年6月1日起施行。本意见施行后，《最高人民法院 最高人民检察院 公安部 司法部关于依法惩治性侵害未成年人犯罪的意见》（法发〔2013〕12号）同时废止。

最高人民法院关于进一步加强少年法庭工作的意见

1. 2010年7月23日印发
2. 法发〔2010〕32号

为正确贯彻《中华人民共和国未成年人保护法》、《中华人民共和国预防未成年人犯罪法》，切实执行对违法犯罪未成年人"教育、感化、挽救"的方针和"教育为主、惩罚为辅"的原则，努力实现少年司法审判制度改革的工作目标，积极促进少年法庭工作的规范发展，大力推动中国特色社会主义少年司法制度的建立和完善，现对今后一个时期加强少年法庭工作提出如下意见。

一、提高思想认识，高度重视少年法庭工作

1. 未成年人是国家和民族的未来与希望，党和国家历来高度重视未成年人的保护工作，始终把这项工作作为党和国家事业的重要组成部分。维护未成年人合法权益，预防、矫治未成年人犯罪，保障未成年人健康成长，是人民法院的重要职责之一。少年法庭工作是人民法院开展未成年人司法维权、积极参与社会治安综合治理的重要平台。当前和今后一个时期，少年法庭工作只能加强，不能削弱。

2. 各级法院应当从实践"三个至上"工作指导思想、落实科学发展观、构建和谐社会的高度，充分认识加强少年法庭工作的重要性和必要性，切实贯彻好"坚持、完善、改革、发展"的工作指导方针，把少年法庭工作摆到重要位置。

二、加强组织领导，建立健全少年法庭机构

3. 各级法院应当进一步加强对少年法庭工作的组织领导和业务指导，切实关心和支持少年法庭机构建设，为少年法庭工作全面、健康发展创造良好条件。

4. 最高人民法院设"少年法庭指导小组"，并在研究室设"少年法庭工作办公室"，负责全国法院少年法庭的日常指导工作。

5. 高级人民法院设"少年法庭指导小组"，组长由副院长担任，小组成员应当包括涉及未成年人案件的各相关审判庭和行政部门负责人。高级人民法院少年法庭指导小组下设"少年法庭工作办公室"，负责本辖区内少年法庭的日常指导工作。"少年法庭工作办公室"设在研究室或者审判庭内。高级人民法院可以在刑事审判庭和民事审判庭内分别设立未成年人案件合议庭。暂未设立合议庭的，应当指定专职办理未成年人案件的法官。

6. 中级人民法院应当根据未成年人案件的审判需要，逐步完善未成年人案件审判机构建设。有条件的中级人民法院可以设独立建制的未成年人案件综合审判庭（以下简称少年审判庭）。暂未设独立建制少年审判庭的中级人民法院，应当在刑事审判庭和民事审判庭内分别设立未成年人案件合议庭，或者指定专职办理未成年人案件的法官。

7. 有条件的基层人民法院可以设独立建制的少年审判庭，也可以

根据中级人民法院指定管辖的要求,设立统一受理未成年人案件的审判庭。未设独立建制少年审判庭或者未设立统一受理未成年人案件审判庭的基层人民法院,应当在刑事审判庭和民事审判庭内分别设立未成年人案件合议庭,或者指定专职办理未成年人案件的法官。

8. 高级人民法院少年法庭指导小组、少年法庭工作办公室及未成年人案件合议庭的设立、变更情况,应当报告最高人民法院少年法庭工作办公室。中级人民法院和基层人民法院未成年人案件审判机构的设立、变更情况,应当逐级报告高级人民法院少年法庭工作办公室。

三、注重队伍建设,提升少年法庭法官的整体素质

9. 各级法院应当高度重视少年法庭法官队伍建设,着重选拔政治素质高、业务能力强,熟悉未成年人身心特点,热爱未成年人权益保护工作和善于做未成年人思想教育工作的法官,负责审理未成年人案件。

10. 各级法院应当从共青团、妇联、工会、学校等组织的工作人员中选任审理未成年人案件的人民陪审员。审理未成年人案件的人民陪审员应当熟悉未成年人身心特点,具备一定的青少年教育学、心理学知识,并经过必要的培训。

11. 各级法院应当加强少年法庭法官的培训工作,不断提升少年法庭法官队伍的整体素质。最高人民法院、高级人民法院每年至少组织一次少年法庭法官业务培训。中级人民法院和基层人民法院也应当以多种形式定期开展少年法庭法官的业务培训。

四、完善工作制度,强化少年法庭的职能作用

12. 各级法院应当总结完善审判实践中行之有效的特色工作制度,强化少年法庭的职能作用,提高工作的实效性。

13. 有条件的人民法院在审理未成年人刑事案件时,对有关组织或者个人调查形成的反映未成年人性格特点、家庭情况、社会交往、成长经历以及实施被指控犯罪前后的表现等情况的调查报告,应当进行庭审质证,认真听取控辩双方对调查报告的意见,量刑时予以综合考虑。必要时人民法院也可以委托有关社会组织就上述情况进行调查或者自行调查。

人民法院应当在总结少年审判工作经验的基础上,结合实际情况,积极规范、完善社会调查报告制度,切实解决有关社会调查人员主体资格、调查报告内容及工作程序等方面的问题,充分发挥社会调查报告在审判中的作用。

14. 人民法院对未成年人与成年人共同犯罪案件,一般应当分案审理。对应当分案起诉而未分案起诉的案件,人民法院可以向检察机关提出建议。

15. 人民法院根据未成年人身心特点,对未成年被告人轻微犯罪或者过失犯罪案件、未成年人为一方当事人的民事和行政案件,可以采取圆桌审判方式。

16. 人民法院审理未成年人刑事案件,应当注重对未成年被告人的法庭教育。法庭教育的主要内容包括对相关法律法规的理解,未成年人实施被指控行为的原因剖析,应当吸取的教训,犯罪行为对社会、家庭、个人的危害和是否应当受刑罚处罚,如何正确对待人民法院裁判以及接受社区矫正或者在监管场所服刑应当注意的问题等。人民法院可以邀请有利于教育、感化、挽救未成年罪犯的人员参加法庭教育。

人民法院审理未成年人民事和行政案件,应当注意从有利于未成年人权益保护及解决矛盾纠纷的角度对当事人进行有针对性的教育和引导。

17. 对犯罪情节轻微,或者系初犯、偶犯的未成年罪犯,符合适用非监禁刑条件的,应当依法适用非监禁刑。对非本地户籍的未成年罪犯,人民法院应当加强与本辖区社区矫正部门的联系,或者通过未成年罪犯户籍地的人民法院与当地社区矫正部门联系,确保非监禁刑的依法适用。

18. 对判决、裁定已经发生法律效力的未成年罪犯,人民法院在向执行机关移送执行的法律文书时,应当同时附送社会调查报告、案件审理中的表现等材料。对正在未成年犯管教所服刑或者接受社区矫正的未成年罪犯,人民法院应当协助未成年犯管教所或者社区矫正部门做好帮教工作。

人民法院应当做好未成年人民事和行政案件判后回访工作,努力为未成年人的健康成长创造良好环境。

人民法院应当对判后跟踪帮教和回访情况作出记录或者写出报告,记录或者报告存入卷宗。

五、深化改革探索，推动少年法庭工作有序发展

19. 各级法院应当积极开展少年司法理论成果和工作经验的交流活动，进一步深化少年司法改革。

20. 各级法院应当从维护未成年人的合法权益，预防、矫治和减少未成年人犯罪的实际需要出发，积极探索异地社会调查、心理评估干预、刑事案件和解、量刑规范化、社区矫正与司法救助、轻罪犯罪记录封存等适合未成年人案件特点的审理、执行方式。

21. 各级法院应当坚持"特殊、优先"保护原则，大胆探索实践社会观护、圆桌审判、诉讼教育引导等未成年人民事和行政案件特色审判制度，不断开拓未成年人民事和行政案件审判的新思路、新方法。

六、积极协调配合，构建少年法庭工作配套机制

22. 各级法院应当在党委政法委的领导、协调下，加强与同级公安、检察、司法行政等部门的工作沟通，积极建立和完善"政法一条龙"工作机制，形成有效预防、矫治和减少未成年人违法犯罪的合力。

23. 各级法院应当加强与有关职能部门、社会组织和团体的协调合作，积极建立和完善"社会一条龙"工作机制，努力调动社会力量，推动未成年罪犯的安置、帮教措施的落实，确保未成年人民事和行政案件得到妥善处理，推动涉诉未成年人救助制度的建立和完善。

24. 各级法院应当加强未成年人保护的法制宣传教育工作，促进全社会树立尊重、保护、教育未成年人的良好风尚，教育和帮助未成年人维护自己的合法权益，增强自我保护的意识和能力。

25. 各级法院应当在党委政法委的领导、协调下，积极与有关部门协商，推动制定本地区关于未成年人社会调查、司法救助、复学安置等问题的规范性文件，切实解决相关问题。

七、完善考核保障，夯实少年法庭工作基础

26. 各级法院应当根据本地区少年法庭工作实际，将庭审以外的延伸帮教、参与社会治安综合治理等工作作为绩效考核指标，纳入绩效考察的范围。

27. 各级法院应当针对未成年人案件审判特点，加大少年法庭在经费、装备和人员编制方面的投入，为少年法庭开展庭审以外的延伸帮教、法制宣传教育工作以及参与社会治安综合治理工作提供必要保障。

最高人民法院关于加强新时代
未成年人审判工作的意见

1. 2020年12月24日印发
2. 法发〔2020〕45号

为深入贯彻落实习近平新时代中国特色社会主义思想，认真学习贯彻习近平法治思想，切实做好未成年人保护和犯罪预防工作，不断提升未成年人审判工作能力水平，促进完善中国特色社会主义少年司法制度，根据《中华人民共和国未成年人保护法》《中华人民共和国预防未成年人犯罪法》等相关法律法规，结合人民法院工作实际，就加强新时代未成年人审判工作提出如下意见。

一、提高政治站位，充分认识做好新时代未成年人审判工作的重大意义

1. 未成年人是国家的未来、民族的希望。近年来，随着经济社会发展，未成年人的成长环境出现新的特点。进入新时代，以习近平同志为核心的党中央更加重视未成年人的健康成长，社会各界对未成年人保护和犯罪预防问题更加关切。维护未成年人权益，预防和矫治未成年人犯罪，是人民法院的重要职责。加强新时代未成年人审判工作，是人民法院积极参与国家治理、有效回应社会关切的必然要求。

2. 未成年人审判工作只能加强、不能削弱。要站在保障亿万家庭幸福安宁、全面建设社会主义现代化国家、实现中华民族伟大复兴中国梦的高度，充分认识做好新时代未成年人审判工作的重大意义，强化使命担当，勇于改革创新，切实做好未成年人保护和犯罪预防工作。

3. 加强新时代未成年人审判工作，要坚持党对司法工作的绝对领导，坚定不移走中国特色社会主义法治道路，坚持以人民为中心的发展思想，坚持未成年人利益最大化原则，确保未成年人依法得到特殊、优先保护。对未成年人犯罪要坚持"教育、感化、挽救"方针和"教育为主、惩罚为辅"原则。

4. 对未成年人权益要坚持双向、全面保护。坚持双向保护，既依法保障未成年被告人的权益,又要依法保护未成年被害人的权益,对各类侵害未成年人的违法犯罪要依法严惩。坚持全面保护,既要加强对未成年人的刑事保护,又要加强对未成年人的民事、行政权益的保护,努力实现对未成年人权益的全方位保护。

二、深化综合审判改革,全面加强未成年人权益司法保护

5.深化涉及未成年人案件综合审判改革,将与未成年人权益保护和犯罪预防关系密切的涉及未成年人的刑事、民事及行政诉讼案件纳入少年法庭受案范围。少年法庭包括专门审理涉及未成年人刑事、民事、行政案件的审判庭、合议庭、审判团队以及法官。

有条件的人民法院,可以根据未成年人案件审判工作需要,在机构数量限额内设立专门审判庭,审理涉及未成年人刑事、民事、行政案件。不具备单独设立未成年人案件审判机构条件的法院,应当指定专门的合议庭、审判团队或者法官审理涉及未成年人案件。

6.被告人实施被指控的犯罪时不满十八周岁且人民法院立案时不满二十周岁的刑事案件,应当由少年法庭审理。

7.下列刑事案件可以由少年法庭审理:

(1)人民法院立案时不满二十二周岁的在校学生犯罪案件;

(2)强奸、猥亵等性侵未成年人犯罪案件;

(3)杀害、伤害、绑架、拐卖、虐待、遗弃等严重侵犯未成年人人身权利的犯罪案件;

(4)上述刑事案件罪犯的减刑、假释、暂予监外执行、撤销缓刑等刑罚执行变更类案件;

(5)涉及未成年人,由少年法庭审理更为适宜的其他刑事案件。

未成年人与成年人共同犯罪案件,一般应当分案审理。

8.下列民事案件由少年法庭审理:

(1)涉及未成年人抚养、监护、探望等事宜的婚姻家庭纠纷案件,以及适宜由少年法庭审理的离婚案件;

(2)一方或双方当事人为未成年人的人格权纠纷案件;

(3)侵权人为未成年人的侵权责任纠纷案件,以及被侵权人为未成年人,由少年法庭审理更为适宜的侵权责任纠纷案件;

(4)涉及未成年人的人身安全保护令案件;

(5)涉及未成年人权益保护的其他民事案件。

9.当事人为未成年人的行政诉讼案件,有条件的法院,由少年法庭审理。

10.人民法院审理涉及未成年人案件,应当根据案件情况开展好社会调查、社会观护、心理疏导、法庭教育、家庭教育、司法救助、回访帮教等延伸工作,提升案件办理的法律效果和社会效果。

三、加强审判机制和组织建设,推进未成年人审判专业化发展

11.坚持未成年人审判的专业化发展方向,加强未成年人审判工作的组织领导和业务指导,加强审判专业化、队伍职业化建设。

12.大力推动未成年人审判与家事审判融合发展,更好维护未成年人合法权益,促进家庭和谐、社会安定,预防、矫治未成年人犯罪。未成年人审判与家事审判要在各自相对独立的基础上相互促进、协调发展。

13.最高人民法院建立未成年人审判领导工作机制,加大对全国法院未成年人审判工作的组织领导、统筹协调、调查研究、业务指导。高级人民法院相应设立未成年人审判领导工作机制,中级人民法院和有条件的基层人民法院可以根据情况和需要,设立未成年人审判领导工作机制。

14.地方各级人民法院要结合内设机构改革,落实《中华人民共和国未成年人保护法》《中华人民共和国预防未成年人犯罪法》关于应当确定专门机构或者指定专门人员办理涉及未成年人案件、负责预防未成年人犯罪工作的要求,充实未成年人审判工作力量,加强未成年人审判组织建设。

15.探索通过对部分城区人民法庭改造或者加挂牌子的方式设立少年法庭,审理涉及未成年人的刑事、民事、行政案件,开展延伸帮教、法治宣传等工作。

16.上级法院应当加强对辖区内下级法院未成年人审判组织建设工作的监督、指导和协调,实现未成年人审判工作的上下统一归口管理。

四、加强专业队伍建设,夯实未成年人审判工作基础

17.各级人民法院应当高度重视未成年人审判队伍的培养和建设工作。要选用政治素质高、业务能力强、熟悉未成年人身心特点、热爱

未成年人权益保护工作和善于做未成年人思想教育工作的法官负责审理涉及未成年人案件，采取措施保持未成年人审判队伍的稳定性。

18. 各级人民法院应当根据未成年人审判的工作特点和需要，为少年法庭配备专门的员额法官和司法辅助人员。加强法官及其他工作人员的业务培训，每年至少组织一次专题培训，不断提升、拓展未成年人审判队伍的司法能力。

19. 各级人民法院可以从共青团、妇联、关工委、工会、学校等组织的工作人员中依法选任人民陪审员，参与审理涉及未成年人案件。审理涉及未成年人案件的人民陪审员应当熟悉未成年人身心特点，具备一定的青少年教育学、心理学知识，并经过必要的业务培训。

20. 加强国际交流合作，拓展未成年人审判的国际视野，及时掌握未成年人审判的发展动态，提升新时代未成年人审判工作水平。

五、加强审判管理，推动未成年人审判工作实现新发展

21. 对涉及未成年人的案件实行专门统计。建立符合未成年人审判工作特点的司法统计指标体系，掌握分析涉及未成年人案件的规律，有针对性地制定和完善少年司法政策。

22. 对未成年人审判进行专门的绩效考核。要落实《中华人民共和国未成年人保护法》关于实行与未成年人保护工作相适应的评价考核标准的要求，将社会调查、心理疏导、法庭教育、延伸帮教、法治宣传、参与社会治安综合治理等工作纳入绩效考核范围，不能仅以办案数量进行考核。要科学评价少年法庭的业绩，调动、激励工作积极性。

23. 完善未成年人审判档案管理制度。将审判延伸、判后帮教、法治教育、犯罪记录封存等相关工作记录在案，相关材料订卷归档。

六、加强协作配合，增强未成年人权益保护和犯罪预防的工作合力

24. 加强与公安、检察、司法行政等部门的协作配合，健全完善"政法一条龙"工作机制，严厉打击侵害未成年人犯罪，有效预防、矫治未成年人违法犯罪，全面保护未成年人合法权益。

25. 加强与有关职能部门、社会组织和团体的协调合作，健全完善"社会一条龙"工作机制，加强未成年人审判社会支持体系建设。通过政府购买社会服务等方式，调动社会力量，推动未成年被害人救助、未成年罪犯安置帮教、未成年人民事权益保护等措施有效落实。

26. 加强法治宣传教育工作，特别是校园法治宣传。充分发挥法治副校长作用，通过法治进校园、组织模拟法庭、开设法治网课等活动，教育引导未成年人遵纪守法，增强自我保护的意识和能力，促进全社会更加关心关爱未成年人健康成长。

七、加强调查研究，总结推广先进经验和创新成果

27. 深化未成年人审判理论研究。充分发挥中国审判理论研究会少年审判专业委员会、最高人民法院少年司法研究基地作用，汇聚各方面智慧力量，加强新时代未成年人审判重大理论和实践问题研究，为有效指导司法实践、进一步完善中国特色社会主义少年司法制度提供理论支持。

28. 加强调查研究工作。针对未成年人保护和犯罪预防的热点、难点问题，适时研究制定司法解释、司法政策或者发布指导性案例、典型案例，明确法律适用、政策把握，有效回应社会关切。

29. 加强司法建议工作。结合案件审判，针对未成年人保护和犯罪预防的薄弱环节，有针对性、建设性地提出完善制度、改进管理的建议，促进完善社会治理体系。

30. 认真总结、深入宣传未成年人审判工作经验和改革创新成果。各级人民法院要结合本地实际，在法律框架内积极探索有利于强化未成年人权益保护和犯罪预防的新机制、新方法。通过专题片、微电影、新闻发布会、法治节目访谈、典型案例、重大司法政策文件发布、优秀法官表彰等多种形式，强化未成年人审判工作宣传报道，培树未成年人审判工作先进典型。

最高人民法院、最高人民检察院、公安部、司法部关于未成年人犯罪记录封存的实施办法

1. 2022 年 5 月 24 日发布
2. 自 2022 年 5 月 30 日起施行

第一条 为了贯彻对违法犯罪未成年人教育、感化、挽救的方针，加强对

未成年人的特殊、优先保护,坚持最有利于未成年人原则,根据刑法、刑事诉讼法、未成年人保护法、预防未成年人犯罪法等有关法律规定,结合司法工作实际,制定本办法。

第二条　本办法所称未成年人犯罪记录,是指国家专门机关对未成年犯罪人员情况的客观记载。应当封存的未成年人犯罪记录,包括侦查、起诉、审判及刑事执行过程中形成的有关未成年人犯罪或者涉嫌犯罪的全部案卷材料与电子档案信息。

第三条　不予刑事处罚、不追究刑事责任、不起诉、采取刑事强制措施的记录,以及对涉罪未成年人进行社会调查、帮教考察、心理疏导、司法救助等工作的记录,按照本办法规定的内容和程序进行封存。

第四条　犯罪的时候不满十八周岁,被判处五年有期徒刑以下刑罚以及免予刑事处罚的未成年人犯罪记录,应当依法予以封存。

　　对在年满十八周岁前后实施数个行为,构成一罪或者一并处理的数罪,主要犯罪行为是在年满十八岁周岁前实施的,被判处或者决定执行五年有期徒刑以下刑罚以及免予刑事处罚的未成年人犯罪记录,应当对全案依法予以封存。

第五条　对于分案办理的未成年人与成年人共同犯罪案件,在封存未成年人案卷材料和信息的同时,应当在未封存的成年人卷宗封面标注"含犯罪记录封存信息"等明显标识,并对相关信息采取必要保密措施。对于未分案办理的未成年人与成年人共同犯罪案件,应当在全案卷宗封面标注"含犯罪记录封存信息"等明显标识,并对相关信息采取必要保密措施。

第六条　其他刑事、民事、行政及公益诉讼案件,因办案需要使用了被封存的未成年人犯罪记录信息的,应当在相关卷宗封面标明"含犯罪记录封存信息",并对相关信息采取必要保密措施。

第七条　未成年人因事实不清、证据不足被宣告无罪的案件,应当对涉罪记录予以封存;但未成年被告人及其法定代理人申请不予封存或者解除封存的,经人民法院同意,可以不予封存或者解除封存。

第八条　犯罪记录封存决定机关在作出案件处理决定时,应当同时向案件被告人或犯罪嫌疑人及其法定代理人或近亲属释明未成年人犯罪记录封存制度,并告知其相关权利义务。

第九条　未成年人犯罪记录封存应当贯彻及时、有效的原则。对于犯罪记录被封存的未成年人，在入伍、就业时免除犯罪记录的报告义务。

被封存犯罪记录的未成年人因涉嫌再次犯罪接受司法机关调查时，应当主动、如实地供述其犯罪记录情况，不得回避、隐瞒。

第十条　对于需要封存的未成年人犯罪记录，应当遵循《中华人民共和国个人信息保护法》不予公开，并建立专门的未成年人犯罪档案库，执行严格的保管制度。

对于电子信息系统中需要封存的未成年人犯罪记录数据，应当加设封存标记，未经法定查询程序，不得进行信息查询、共享及复用。

封存的未成年人犯罪记录数据不得向外部平台提供或对接。

第十一条　人民法院依法对犯罪时不满十八周岁的被告人判处五年有期徒刑以下刑罚以及免予刑事处罚的，判决生效后，应当将刑事裁判文书、《犯罪记录封存通知书》及时送达被告人，并同时送达同级人民检察院、公安机关，同级人民检察院、公安机关在收到上述文书后应当在三日内统筹相关各级检察机关、公安机关将涉案未成年人的犯罪记录整体封存。

第十二条　人民检察院依法对犯罪时不满十八周岁的犯罪嫌疑人决定不起诉后，应当将《不起诉决定书》、《犯罪记录封存通知书》及时送达被不起诉人，并同时送达同级公安机关，同级公安机关收到上述文书后应当在三日内将涉案未成年人的犯罪记录封存。

第十三条　对于被判处管制、宣告缓刑、假释或者暂予监外执行的未成年罪犯，依法实行社区矫正，执行地社区矫正机构应当在刑事执行完毕后三日内将涉案未成年人的犯罪记录封存。

第十四条　公安机关、人民检察院、人民法院和司法行政机关分别负责受理、审核和处理各自职权范围内有关犯罪记录的封存、查询工作。

第十五条　被封存犯罪记录的未成年人本人或者其法定代理人申请为其出具无犯罪记录证明的，受理单位应当在三个工作日内出具无犯罪记录的证明。

第十六条　司法机关为办案需要或者有关单位根据国家规定查询犯罪记录的，应当向封存犯罪记录的司法机关提出书面申请，列明查询理由、依据和使用范围等，查询人员应当出示单位公函和身份证明等材料。

经审核符合查询条件的,受理单位应当在三个工作日内开具有/无犯罪记录证明。许可查询的,查询后,档案管理部门应当登记相关查询情况,并按照档案管理规定将有关申请、审批材料、保密承诺书等一同存入卷宗归档保存。依法不许可查询的,应当在三个工作日内向查询单位出具不许可查询决定书,并说明理由。

对司法机关为办理案件、开展重新犯罪预防工作需要申请查询的,封存机关可以依法允许其查阅、摘抄、复制相关案卷材料和电子信息。对司法机关以外的单位根据国家规定申请查询的,可以根据查询的用途、目的与实际需要告知被查询对象是否受过刑事处罚、被判处的罪名、刑期等信息,必要时,可以提供相关法律文书复印件。

第十七条 对于许可查询被封存的未成年人犯罪记录的,应当告知查询犯罪记录的单位及相关人员严格按照查询目的和使用范围使用有关信息,严格遵守保密义务,并要求其签署保密承诺书。不按规定使用所查询的犯罪记录或者违反规定泄露相关信息,情节严重或者造成严重后果的,应当依法追究相关人员的责任。

因工作原因获知未成年人封存信息的司法机关、教育行政部门、未成年人所在学校、社区等单位组织及其工作人员、诉讼参与人、社会调查员、合适成年人等,应当做好保密工作,不得泄露被封存的犯罪记录,不得向外界披露该未成年人的姓名、住所、照片,以及可能推断出该未成年人身份的其他资料。违反法律规定披露被封存信息的单位或个人,应当依法追究其法律责任。

第十八条 对被封存犯罪记录的未成年人,符合下列条件之一的,封存机关应当对其犯罪记录解除封存:

(一)在未成年时实施新的犯罪,且新罪与封存记录之罪数罪并罚后被决定执行刑罚超过五年有期徒刑的;

(二)发现未成年时实施的漏罪,且漏罪与封存记录之罪数罪并罚后被决定执行刑罚超过五年有期徒刑的;

(三)经审判监督程序改判五年有期徒刑以上刑罚的。

被封存犯罪记录的未成年人,成年后又故意犯罪的,人民法院应当在裁判文书中载明其之前的犯罪记录。

第十九条 符合解除封存条件的案件,自解除封存条件成立之日起,不再受未成年人犯罪记录封存相关规定的限制。

第二十条　承担犯罪记录封存以及保护未成年人隐私、信息工作的公职人员,不当泄露未成年人犯罪记录或者隐私、信息的,应当予以处分;造成严重后果,给国家、个人造成重大损失或者恶劣影响的,依法追究刑事责任。

第二十一条　涉案未成年人应当封存的信息被不当公开,造成未成年人在就学、就业、生活保障等方面未受到同等待遇的,未成年人及其法定代理人可以向相关机关、单位提出封存申请,或者向人民检察院申请监督。

第二十二条　人民检察院对犯罪记录封存工作进行法律监督。对犯罪记录应当封存而未封存,或者封存不当,或者未成年人及其法定代理人提出异议的,人民检察院应当进行审查,对确实存在错误的,应当及时通知有关单位予以纠正。

　　有关单位应当自收到人民检察院的纠正意见后及时审查处理。经审查无误的,应当向人民检察院说明理由;经审查确实有误的,应当及时纠正,并将纠正措施与结果告知人民检察院。

第二十三条　对于2012年12月31日以前办结的案件符合犯罪记录封存条件的,应当按照本办法的规定予以封存。

第二十四条　本办法所称"五年有期徒刑以下"含本数。

第二十五条　本办法由最高人民法院、最高人民检察院、公安部、司法部共同负责解释。

第二十六条　本办法自2022年5月30日起施行。

　　　附件:1. 无犯罪记录证明(略)
　　　　　2. 保密承诺书(略)

最高人民法院、最高人民检察院、公安部、民政部关于依法处理监护人侵害未成年人权益行为若干问题的意见

1. 2014年12月18日印发
2. 法发〔2014〕24号
3. 自2015年1月1日起施行

为切实维护未成年人合法权益,加强未成年人行政保护和司法保护工作,确保未成年人得到妥善监护照料,根据民法通则、民事诉讼法、未成年人保护法等法律规定,现就处理监护人侵害未成年人权益行为(以下简称监护侵害行为)的有关工作制定本意见。

一、一般规定

1. 本意见所称监护侵害行为,是指父母或者其他监护人(以下简称监护人)性侵害、出卖、遗弃、虐待、暴力伤害未成年人,教唆、利用未成年人实施违法犯罪行为,胁迫、诱骗、利用未成年人乞讨,以及不履行监护职责严重危害未成年人身心健康等行为。

2. 处理监护侵害行为,应当遵循未成年人最大利益原则,充分考虑未成年人身心特点和人格尊严,给予未成年人特殊、优先保护。

3. 对于监护侵害行为,任何组织和个人都有权劝阻、制止或者举报。

公安机关应当采取措施,及时制止在工作中发现以及单位、个人举报的监护侵害行为,情况紧急时将未成年人带离监护人。

民政部门应当设立未成年人救助保护机构(包括救助管理站、未成年人救助保护中心),对因受到监护侵害进入机构的未成年人承担临时监护责任,必要时向人民法院申请撤销监护人资格。

人民法院应当依法受理人身安全保护裁定申请和撤销监护人资格案件并作出裁判。

人民检察院对公安机关、人民法院处理监护侵害行为的工作依法

实行法律监督。

人民法院、人民检察院、公安机关设有办理未成年人案件专门工作机构的,应当优先由专门工作机构办理监护侵害案件。

4. 人民法院、人民检察院、公安机关、民政部门应当充分履行职责,加强指导和培训,提高保护未成年人的能力和水平;加强沟通协作,建立信息共享机制,实现未成年人行政保护和司法保护的有效衔接。

5. 人民法院、人民检察院、公安机关、民政部门应当加强与妇儿工委、教育部门、卫生部门、共青团、妇联、关工委、未成年人住所地村(居)民委员会等的联系和协作,积极引导、鼓励、支持法律服务机构、社会工作服务机构、公益慈善组织和志愿者等社会力量,共同做好受监护侵害的未成年人的保护工作。

二、报告和处置

6. 学校、医院、村(居)民委员会、社会工作服务机构等单位及其工作人员,发现未成年人受到监护侵害的,应当及时向公安机关报案或者举报。

其他单位及其工作人员、个人发现未成年人受到监护侵害的,也应当及时向公安机关报案或者举报。

7. 公安机关接到涉及监护侵害行为的报案、举报后,应当立即出警处置,制止正在发生的侵害行为并迅速进行调查。符合刑事立案条件的,应当立即立案侦查。

8. 公安机关在办理监护侵害案件时,应当依照法定程序,及时、全面收集固定证据,保证办案质量。

询问未成年人,应当考虑未成年人的身心特点,采取和缓的方式进行,防止造成进一步伤害。

未成年人有其他监护人的,应当通知其他监护人到场。其他监护人无法通知或者未能到场的,可以通知未成年人的其他成年亲属、所在学校、村(居)民委员会、未成年人保护组织的代表以及专业社会工作者等到场。

9. 监护人的监护侵害行为构成违反治安管理行为的,公安机关应当依法给予治安管理处罚,但情节特别轻微不予治安管理处罚的,应当给予批评教育并通报当地村(居)民委员会;构成犯罪的,依法追究刑事责任。

10. 对于疑似患有精神障碍的监护人,已实施危害未成年人安全的行为或者有危害未成年人安全危险的,其近亲属、所在单位、当地公安机关应当立即采取措施予以制止,并将其送往医疗机构进行精神障碍诊断。

11. 公安机关在出警过程中,发现未成年人身体受到严重伤害、面临严重人身安全威胁或者处于无人照料等危险状态的,应当将其带离实施监护侵害行为的监护人,就近护送至其他监护人、亲属、村(居)民委员会或者未成年人救助保护机构,并办理书面交接手续。未成年人有表达能力的,应当就护送地点征求未成年人意见。

负责接收未成年人的单位和人员(以下简称临时照料人)应当对未成年人予以临时紧急庇护和短期生活照料,保护未成年人的人身安全,不得侵害未成年人合法权益。

公安机关应当书面告知临时照料人有权依法向人民法院申请人身安全保护裁定和撤销监护人资格。

12. 对身体受到严重伤害需要医疗的未成年人,公安机关应当先行送医救治,同时通知其他有监护资格的亲属照料,或者通知当地未成年人救助保护机构开展后续救助工作。

监护人应当依法承担医疗救治费用。其他亲属和未成年人救助保护机构等垫付医疗救治费用的,有权向监护人追偿。

13. 公安机关将受监护侵害的未成年人护送至未成年人救助保护机构的,应当在五个工作日内提供案件侦办查处情况说明。

14. 监护侵害行为可能构成虐待罪的,公安机关应当告知未成年人及其近亲属有权告诉或者代为告诉,并通报所在地同级人民检察院。

未成年人及其近亲属没有告诉的,由人民检察院起诉。

三、临时安置和人身安全保护裁定

15. 未成年人救助保护机构应当接收公安机关护送来的受监护侵害的未成年人,履行临时监护责任。

未成年人救助保护机构履行临时监护责任一般不超过一年。

16. 未成年人救助保护机构可以采取家庭寄养、自愿助养、机构代养或者委托政府指定的寄宿学校安置等方式,对未成年人进行临时照料,并为未成年人提供心理疏导、情感抚慰等服务。

未成年人因临时监护需要转学、异地入学接受义务教育的,教育行政部门应当予以保障。

17. 未成年人的其他监护人、近亲属要求照料未成年人的,经公安机关或者村(居)民委员会确认其身份后,未成年人救助保护机构可以将未成年人交由其照料,终止临时监护。

关系密切的其他亲属、朋友要求照料未成年人的,经未成年人父、母所在单位或者村(居)民委员会同意,未成年人救助保护机构可以将未成年人交由其照料,终止临时监护。

未成年人救助保护机构将未成年人送交亲友临时照料的,应当办理书面交接手续,并书面告知临时照料人有权依法向人民法院申请人身安全保护裁定和撤销监护人资格。

18. 未成年人救助保护机构可以组织社会工作服务机构等社会力量,对监护人开展监护指导、心理疏导等教育辅导工作,并对未成年人的家庭基本情况、监护情况、监护人悔过情况、未成年人身心健康状况以及未成年人意愿等进行调查评估。监护人接受教育辅导及后续表现情况应当作为调查评估报告的重要内容。

有关单位和个人应当配合调查评估工作的开展。

19. 未成年人救助保护机构应当与公安机关、村(居)民委员会、学校以及未成年人亲属等进行会商,根据案件侦办查处情况说明、调查评估报告和监护人接受教育辅导等情况,并征求有表达能力的未成年人意见,形成会商结论。

经会商认为本意见第11条第1款规定的危险状态已消除,监护人能够正确履行监护职责的,未成年人救助保护机构应当及时通知监护人领回未成年人。监护人应当在三日内领回未成年人并办理书面交接手续。会商形成结论前,未成年人救助保护机构不得将未成年人交由监护人领回。

经会商认为监护侵害行为属于本意见第35条规定情形的,未成年人救助保护机构应当向人民法院申请撤销监护人资格。

20. 未成年人救助保护机构通知监护人领回未成年人的,应当将相关情况通报未成年人所在学校、辖区公安派出所、村(居)民委员会,并告知其对通报内容负有保密义务。

21. 监护人领回未成年人的,未成年人救助保护机构应当指导村(居)民委员会对监护人的监护情况进行随访,开展教育辅导工作。

未成年人救助保护机构也可以组织社会工作服务机构等社会力量,开展前款工作。

22. 未成年人救助保护机构或者其他临时照料人可以根据需要,在诉讼前向未成年人住所地、监护人住所地或者侵害行为地人民法院申请人身安全保护裁定。

未成年人救助保护机构或者其他临时照料人也可以在诉讼中向人民法院申请人身安全保护裁定。

23. 人民法院接受人身安全保护裁定申请后,应当按照民事诉讼法第一百条、第一百零一条、第一百零二条的规定作出裁定。经审查认为存在侵害未成年人人身安全危险的,应当作出人身安全保护裁定。

人民法院接受诉讼前人身安全保护裁定申请后,应当在四十八小时内作出裁定。接受诉讼中人身安全保护裁定申请,情况紧急的,也应当在四十八小时内作出裁定。人身安全保护裁定应当立即执行。

24. 人身安全保护裁定可以包括下列内容中的一项或者多项:

(一)禁止被申请人暴力伤害、威胁未成年人及其临时照料人;

(二)禁止被申请人跟踪、骚扰、接触未成年人及其临时照料人;

(三)责令被申请人迁出未成年人住所;

(四)保护未成年人及其临时照料人人身安全的其他措施。

25. 被申请人拒不履行人身安全保护裁定,危及未成年人及其临时照料人人身安全或者扰乱未成年人救助保护机构工作秩序的,未成年人、未成年人救助保护机构或者其他临时照料人有权向公安机关报告,由公安机关依法处理。

被申请人有其他拒不履行人身安全保护裁定行为的,未成年人、未成年人救助保护机构或者其他临时照料人有权向人民法院报告,人民法院根据民事诉讼法第一百一十一条、第一百一十五条、第一百一十六条的规定,视情节轻重处以罚款、拘留;构成犯罪的,依法追究刑事责任。

26. 当事人对人身安全保护裁定不服的,可以申请复议一次。复议期间不停止裁定的执行。

四、申请撤销监护人资格诉讼

27. 下列单位和人员(以下简称有关单位和人员)有权向人民法院申请撤销监护人资格:

(一)未成年人的其他监护人,祖父母、外祖父母、兄、姐,关系密切的其他亲属、朋友;

(二)未成年人住所地的村(居)民委员会,未成年人父、母所在单位;

(三)民政部门及其设立的未成年人救助保护机构;

(四)共青团、妇联、关工委、学校等团体和单位。

申请撤销监护人资格,一般由前款中负责临时照料未成年人的单位和人员提出,也可以由前款中其他单位和人员提出。

28. 有关单位和人员向人民法院申请撤销监护人资格的,应当提交相关证据。

有包含未成年人基本情况、监护存在问题、监护人悔过情况、监护人接受教育辅导情况、未成年人身心健康状况以及未成年人意愿等内容的调查评估报告的,应当一并提交。

29. 有关单位和人员向公安机关、人民检察院申请出具相关案件证明材料的,公安机关、人民检察院应当提供证明案件事实的基本材料或者书面说明。

30. 监护人因监护侵害行为被提起公诉的案件,人民检察院应当书面告知未成年人及其临时照料人有权依法申请撤销监护人资格。

对于监护侵害行为符合本意见第35条规定情形而相关单位和人员没有提起诉讼的,人民检察院应当书面建议当地民政部门或者未成年人救助保护机构向人民法院申请撤销监护人资格。

31. 申请撤销监护人资格案件,由未成年人住所地、监护人住所地或者侵害行为地基层人民法院管辖。

人民法院受理撤销监护人资格案件,不收取诉讼费用。

五、撤销监护人资格案件审理和判后安置

32. 人民法院审理撤销监护人资格案件,比照民事诉讼法规定的特别程序进行,在一个月内审理结案。有特殊情况需要延长的,由本院院长批准。

33. 人民法院应当全面审查调查评估报告等证据材料,听取被申请人、有表达能力的未成年人以及村(居)民委员会、学校、邻居等的意见。

34. 人民法院根据案件需要可以聘请适当的社会人士对未成年人进行社会观护,并可以引入心理疏导和测评机制,组织专业社会工作者、儿童心理问题专家等专业人员参与诉讼,为未成年人和被申请人提供心理辅导和测评服务。

35. 被申请人有下列情形之一的,人民法院可以判决撤销其监护人资格:

(一)性侵害、出卖、遗弃、虐待、暴力伤害未成年人,严重损害未成年人身心健康的;

(二)将未成年人置于无人监管和照看的状态,导致未成年人面临死亡或者严重伤害危险,经教育不改的;

(三)拒不履行监护职责长达六个月以上,导致未成年人流离失所或者生活无着的;

(四)有吸毒、赌博、长期酗酒等恶习无法正确履行监护职责或者因服刑等原因无法履行监护职责,且拒绝将监护职责部分或者全部委托给他人,致使未成年人处于困境或者危险状态的;

(五)胁迫、诱骗、利用未成年人乞讨,经公安机关和未成年人救助保护机构等部门三次以上批评教育拒不改正,严重影响未成年人正常生活和学习的;

(六)教唆、利用未成年人实施违法犯罪行为,情节恶劣的;

(七)有其他严重侵害未成年人合法权益行为的。

36. 判决撤销监护人资格,未成年人有其他监护人的,应当由其他监护人承担监护职责。其他监护人应当采取措施避免未成年人继续受到侵害。

没有其他监护人的,人民法院根据最有利于未成年人的原则,在民法通则第十六条第二款、第四款规定的人员和单位中指定监护人。指定个人担任监护人的,应当综合考虑其意愿、品行、身体状况、经济条件、与未成年人的生活情感联系以及有表达能力的未成年人的意愿等。

没有合适人员和其他单位担任监护人的,人民法院应当指定民政部门担任监护人,由其所属儿童福利机构收留抚养。

37. 判决不撤销监护人资格的,人民法院可以根据需要走访未成年人及其家庭,也可以向当地民政部门、辖区公安派出所、村(居)民委员会、共青团、妇联、未成年人所在学校、监护人所在单位等发出司法建议,加强对未成年人的保护和对监护人的监督指导。

38. 被撤销监护人资格的侵害人,自监护人资格被撤销之日起三个月至一年内,可以书面向人民法院申请恢复监护人资格,并应当提交相关证据。

人民法院应当将前款内容书面告知侵害人和其他监护人、指定监护人。

39. 人民法院审理申请恢复监护人资格案件,按照变更监护关系的案件审理程序进行。

人民法院应当征求未成年人现任监护人和有表达能力的未成年人的意见,并可以委托申请人住所地的未成年人救助保护机构或者其他未成年人保护组织,对申请人监护意愿、悔改表现、监护能力、身心状况、工作生活情况等进行调查,形成调查评估报告。

申请人正在服刑或者接受社区矫正的,人民法院应当征求刑罚执行机关或者社区矫正机构的意见。

40. 人民法院经审理认为申请人确有悔改表现并且适宜担任监护人的,可以判决恢复其监护人资格,原指定监护人的监护人资格终止。

申请人具有下列情形之一的,一般不得判决恢复其监护人资格:

(一)性侵害、出卖未成年人的;

(二)虐待、遗弃未成年人六个月以上、多次遗弃未成年人,并且造成重伤以上严重后果的;

(三)因监护侵害行为被判处五年有期徒刑以上刑罚的。

41. 撤销监护人资格诉讼终结后六个月内,未成年人及其现任监护人可以向人民法院申请人身安全保护裁定。

42. 被撤销监护人资格的父、母应当继续负担未成年人的抚养费用和因监护侵害行为产生的各项费用。相关单位和人员起诉的,人民法院应予支持。

43. 民政部门应当根据有关规定,将符合条件的受监护侵害的未成年人纳入社会救助和相关保障范围。

44.民政部门担任监护人的,承担抚养职责的儿童福利机构可以送养未成年人。

送养未成年人应当在人民法院作出撤销监护人资格判决一年后进行。侵害人有本意见第40条第2款规定情形的,不受一年后送养的限制。

最高人民检察院、国家监察委员会、教育部、公安部、民政部、司法部、国家卫生健康委员会、中国共产主义青年团中央委员会、中华全国妇女联合会关于建立侵害未成年人案件强制报告制度的意见(试行)

1. 2020年5月7日发布试行
2. 高检发〔2020〕9号

第一条　为切实加强对未成年人的全面综合司法保护,及时有效惩治侵害未成年人违法犯罪,根据《中华人民共和国刑事诉讼法》《中华人民共和国未成年人保护法》《中华人民共和国反家庭暴力法》《中华人民共和国执业医师法》及相关法律法规,结合未成年人保护工作实际,制定本意见。

第二条　侵害未成年人案件强制报告,是指国家机关、法律法规授权行使公权力的各类组织及法律规定的公职人员,密切接触未成年人行业的各类组织及其从业人员,在工作中发现未成年人遭受或者疑似遭受不法侵害以及面临不法侵害危险的,应当立即向公安机关报案或举报。

第三条　本意见所称密切接触未成年人行业的各类组织,是指依法对未成年人负有教育、看护、医疗、救助、监护等特殊职责,或者虽不负有特殊职责但具有密切接触未成年人条件的企事业单位、基层群众自治组织、社会组织。主要包括:居(村)民委员会;中小学校、幼儿园、校外培训机构、未成年人校外活动场所等教育机构及校车服务提供者;托儿所等托育服务机构;医院、妇幼保健院、急救中心、诊所等医疗机构;儿童福利机构、救助管理机构、未成年人救助保护机构、社会工作服务机构、旅店、宾馆等。

第四条　本意见所称在工作中发现未成年人遭受或者疑似遭受不法侵害以及面临不法侵害危险的情况包括：

（一）未成年人的生殖器官或隐私部位遭受或疑似遭受非正常损伤的；

（二）不满十四周岁的女性未成年人遭受或疑似遭受性侵害、怀孕、流产的；

（三）十四周岁以上女性未成年人遭受或疑似遭受性侵害所致怀孕、流产的；

（四）未成年人身体存在多处损伤、严重营养不良、意识不清，存在或疑似存在受到家庭暴力、欺凌、虐待、殴打或者被人麻醉等情形的；

（五）未成年人因自杀、自残、工伤、中毒、被人麻醉、殴打等非正常原因导致伤残、死亡情形的；

（六）未成年人被遗弃或长期处于无人照料状态的；

（七）发现未成年人来源不明、失踪或者被拐卖、收买的；

（八）发现未成年人被组织乞讨的；

（九）其他严重侵害未成年人身心健康的情形或未成年人正在面临不法侵害危险的。

第五条　根据本意见规定情形向公安机关报案或举报的，应按照主管行政机关要求报告备案。

第六条　具备先期核实条件的相关单位、机构、组织及人员，可以对未成年人疑似遭受不法侵害的情况进行初步核实，并在报案或举报时将相关材料一并提交公安机关。

第七条　医疗机构及其从业人员在收治遭受或疑似遭受人身、精神损害的未成年人时，应当保持高度警惕，按规定书写、记录和保存相关病历资料。

第八条　公安机关接到疑似侵害未成年人权益的报案或举报后，应当立即接受，问明案件初步情况，并制作笔录。根据案件的具体情况，涉嫌违反治安管理的，依法受案审查；涉嫌犯罪的，依法立案侦查。对不属于自己管辖的，及时移送有管辖权的公安机关。

第九条 公安机关侦查未成年人被侵害案件,应当依照法定程序,及时、全面收集固定证据。对于严重侵害未成年人的暴力犯罪案件、社会高度关注的重大、敏感案件,公安机关、人民检察院应当加强办案中的协商、沟通与配合。

公安机关、人民检察院依法向报案人员或者单位调取指控犯罪所需要的处理记录、监控资料、证人证言等证据时,相关单位及其工作人员应当积极予以协助配合,并按照有关规定全面提供。

第十条 公安机关应当在受案或者立案后三日内向报案单位反馈案件进展,并在移送审查起诉前告知报案单位。

第十一条 人民检察院应当切实加强对侵害未成年人案件的立案监督。认为公安机关应当立案而不立案的,应当要求公安机关说明不立案的理由。认为不立案理由不能成立的,应当通知公安机关立案,公安机关接到通知后应当立即立案。

第十二条 公安机关、人民检察院发现未成年人需要保护救助的,应当委托或者联合民政部门或共青团、妇联等群团组织,对未成年人及其家庭实施必要的经济救助、医疗救治、心理干预、调查评估等保护措施。未成年被害人生活特别困难的,司法机关应当及时启动司法救助。

公安机关、人民检察院发现未成年人父母或者其他监护人不依法履行监护职责,或者侵害未成年人合法权益的,应当予以训诫或者责令其接受家庭教育指导。经教育仍不改正,情节严重的,应当依法依规予以惩处。

公安机关、妇联、居民委员会、村民委员会、救助管理机构、未成年人救助保护机构发现未成年人遭受家庭暴力或面临家庭暴力的现实危险,可以依法向人民法院代为申请人身安全保护令。

第十三条 公安机关、人民检察院和司法行政机关及教育、民政、卫生健康等主管行政机关应当对报案人的信息予以保密。违法窃取、泄露报告事项、报告受理情况以及报告人信息的,依法依规予以严惩。

第十四条 相关单位、组织及其工作人员应当注意保护未成年人隐私,对于涉案未成年人身份、案情等信息资料予以严格保密,严禁通过互联网或者以其他方式进行传播。私自传播的,依法给予治安处罚或追究其刑事责任。

第十五条　依法保障相关单位及其工作人员履行强制报告责任,对根据规定报告侵害未成年人案件而引发的纠纷,报告人不予承担相应法律责任;对于干扰、阻碍报告的组织或个人,依法追究法律责任。

第十六条　负有报告义务的单位及其工作人员未履行报告职责,造成严重后果的,由其主管行政机关或者本单位依法对直接负责的主管人员或者其他直接责任人员给予相应处分;构成犯罪的,依法追究刑事责任。相关单位或者单位主管人员阻止工作人员报告的,予以从重处罚。

第十七条　对于行使公权力的公职人员长期不重视强制报告工作,不按规定落实强制报告制度要求的,根据其情节、后果等情况,监察委员会应当依法对相关单位和失职失责人员进行问责,对涉嫌职务违法犯罪的依法调查处理。

第十八条　人民检察院依法对本意见的执行情况进行法律监督。对于工作中发现相关单位对本意见执行、监管不力的,可以通过发出检察建议书等方式进行监督纠正。

第十九条　对于因及时报案使遭受侵害未成年人得到妥善保护、犯罪分子受到依法惩处的,公安机关、人民检察院、民政部门应及时向其主管部门反馈相关情况,单独或联合给予相关机构、人员奖励、表彰。

第二十条　强制报告责任单位的主管部门应当在本部门职能范围内指导、督促责任单位严格落实本意见,并通过年度报告、不定期巡查等方式,对本意见执行情况进行检查。注重加强指导和培训,切实提高相关单位和人员的未成年人保护意识和能力水平。

第二十一条　各级监察委员会、人民检察院、公安机关、司法行政机关、教育、民政、卫生健康部门和妇联、共青团组织应当加强沟通交流,定期通报工作情况,及时研究实践中出现的新情况、新问题。

　　各部门建立联席会议制度,明确强制报告工作联系人,畅通联系渠道,加强工作衔接和信息共享。人民检察院负责联席会议制度日常工作安排。

第二十二条　相关单位应加强对侵害未成年人案件强制报告的政策和法治宣传,强化全社会保护未成年人、与侵害未成年人违法犯罪行为作斗争的意识,争取理解与支持,营造良好社会氛围。

第二十三条　本意见自印发之日起试行。

其他相关法律文件

中华人民共和国民法典(节录)

1. 2020年5月28日第十三届全国人民代表大会第三次会议通过
2. 2020年5月28日中华人民共和国主席令第45号公布
3. 自2021年1月1日起施行

第一编 总　则
第一章　基本规定

第一条　【立法目的和依据】为了保护民事主体的合法权益,调整民事关系,维护社会和经济秩序,适应中国特色社会主义发展要求,弘扬社会主义核心价值观,根据宪法,制定本法。

第二条　【调整范围】民法调整平等主体的自然人、法人和非法人组织之间的人身关系和财产关系。

第三条　【民事权益受法律保护】民事主体的人身权利、财产权利以及其他合法权益受法律保护,任何组织或者个人不得侵犯。

第四条　【平等原则】民事主体在民事活动中的法律地位一律平等。

第五条　【自愿原则】民事主体从事民事活动,应当遵循自愿原则,按照自己的意思设立、变更、终止民事法律关系。

第六条　【公平原则】民事主体从事民事活动,应当遵循公平原则,合理确定各方的权利和义务。

第七条　【诚信原则】民事主体从事民事活动,应当遵循诚信原则,秉持诚实,恪守承诺。

第八条　【守法与公序良俗原则】民事主体从事民事活动,不得违反法律,不得违背公序良俗。

第九条　【绿色原则】民事主体从事民事活动,应当有利于节约资源、保护生态环境。

第十条 【处理民事纠纷依据】处理民事纠纷,应当依照法律;法律没有规定的,可以适用习惯,但是不得违背公序良俗。

第十一条 【优先适用特别法】其他法律对民事关系有特别规定的,依照其规定。

第十二条 【效力范围】中华人民共和国领域内的民事活动,适用中华人民共和国法律。法律另有规定的,依照其规定。

第二章 自 然 人

第一节 民事权利能力和民事行为能力

第十三条 【自然人民事权利能力的起止】自然人从出生时起到死亡时止,具有民事权利能力,依法享有民事权利,承担民事义务。

第十四条 【自然人民事权利能力平等】自然人的民事权利能力一律平等。

第十五条 【自然人出生和死亡时间的判断标准】自然人的出生时间和死亡时间,以出生证明、死亡证明记载的时间为准;没有出生证明、死亡证明的,以户籍登记或者其他有效身份登记记载的时间为准。有其他证据足以推翻以上记载时间的,以该证据证明的时间为准。

第十六条 【胎儿利益的特殊保护】涉及遗产继承、接受赠与等胎儿利益保护的,胎儿视为具有民事权利能力。但是,胎儿娩出时为死体的,其民事权利能力自始不存在。

第十七条 【成年人与未成年人的年龄标准】十八周岁以上的自然人为成年人。不满十八周岁的自然人为未成年人。

第十八条 【完全民事行为能力人】成年人为完全民事行为能力人,可以独立实施民事法律行为。

十六周岁以上的未成年人,以自己的劳动收入为主要生活来源的,视为完全民事行为能力人。

第十九条 【限制民事行为能力的未成年人】八周岁以上的未成年人为限制民事行为能力人,实施民事法律行为由其法定代理人代理或者经其法定代理人同意、追认;但是,可以独立实施纯获利益的民事法律行为或者与其年龄、智力相适应的民事法律行为。

第二十条 【无民事行为能力的未成年人】不满八周岁的未成年人为无

民事行为能力人,由其法定代理人代理实施民事法律行为。

第二十一条 【无民事行为能力的成年人】不能辨认自己行为的成年人为无民事行为能力人,由其法定代理人代理实施民事法律行为。

八周岁以上的未成年人不能辨认自己行为的,适用前款规定。

第二十二条 【限制民事行为能力的成年人】不能完全辨认自己行为的成年人为限制民事行为能力人,实施民事法律行为由其法定代理人代理或者经其法定代理人同意、追认;但是,可以独立实施纯获利益的民事法律行为或者与其智力、精神健康状况相适应的民事法律行为。

第二十三条 【法定代理人】无民事行为能力人、限制民事行为能力人的监护人是其法定代理人。

第二十四条 【无民事行为能力人或限制民事行为能力人的认定与恢复】不能辨认或者不能完全辨认自己行为的成年人,其利害关系人或者有关组织,可以向人民法院申请认定该成年人为无民事行为能力人或者限制民事行为能力人。

被人民法院认定为无民事行为能力人或者限制民事行为能力人的,经本人、利害关系人或者有关组织申请,人民法院可以根据其智力、精神健康恢复的状况,认定该成年人恢复为限制民事行为能力人或者完全民事行为能力人。

本条规定的有关组织包括:居民委员会、村民委员会、学校、医疗机构、妇女联合会、残疾人联合会、依法设立的老年人组织、民政部门等。

第二十五条 【自然人的住所】自然人以户籍登记或者其他有效身份登记记载的居所为住所;经常居所与住所不一致的,经常居所视为住所。

第二节 监 护

第二十六条 【父母子女之间的法律义务】父母对未成年子女负有抚养、教育和保护的义务。

成年子女对父母负有赡养、扶助和保护的义务。

第二十七条 【未成年人的监护人】父母是未成年子女的监护人。

未成年人的父母已经死亡或者没有监护能力的,由下列有监护能力的人按顺序担任监护人:

(一)祖父母、外祖父母;

(二)兄、姐;

(三)其他愿意担任监护人的个人或者组织,但是须经未成年人住所地的居民委员会、村民委员会或者民政部门同意。

第二十八条 【无、限制民事行为能力的成年人的监护人】无民事行为能力或者限制民事行为能力的成年人,由下列有监护能力的人按顺序担任监护人:

(一)配偶;

(二)父母、子女;

(三)其他近亲属;

(四)其他愿意担任监护人的个人或者组织,但是须经被监护人住所地的居民委员会、村民委员会或者民政部门同意。

第二十九条 【遗嘱指定监护人】被监护人的父母担任监护人的,可以通过遗嘱指定监护人。

第三十条 【协议确定监护人】依法具有监护资格的人之间可以协议确定监护人。协议确定监护人应当尊重被监护人的真实意愿。

第三十一条 【监护争议解决程序】对监护人的确定有争议的,由被监护人住所地的居民委员会、村民委员会或者民政部门指定监护人,有关当事人对指定不服的,可以向人民法院申请指定监护人;有关当事人也可以直接向人民法院申请指定监护人。

居民委员会、村民委员会、民政部门或者人民法院应当尊重被监护人的真实意愿,按照最有利于被监护人的原则在依法具有监护资格的人中指定监护人。

依据本条第一款规定指定监护人前,被监护人的人身权利、财产权利以及其他合法权益处于无人保护状态的,由被监护人住所地的居民委员会、村民委员会、法律规定的有关组织或者民政部门担任临时监护人。

监护人被指定后,不得擅自变更;擅自变更的,不免除被指定的监护人的责任。

第三十二条 【公职监护人】没有依法具有监护资格的人的,监护人由民政部门担任,也可以由具备履行监护职责条件的被监护人住所地的居民委员会、村民委员会担任。

第三十三条 【意定监护】具有完全民事行为能力的成年人,可以与其近亲属、其他愿意担任监护人的个人或者组织事先协商,以书面形式确定自己的监护人,在自己丧失或者部分丧失民事行为能力时,由该监护人履行监护职责。

第三十四条 【监护人的职责与权利及临时生活照料措施】监护人的职责是代理被监护人实施民事法律行为,保护被监护人的人身权利、财产权利以及其他合法权益等。

监护人依法履行监护职责产生的权利,受法律保护。

监护人不履行监护职责或者侵害被监护人合法权益的,应当承担法律责任。

因发生突发事件等紧急情况,监护人暂时无法履行监护职责,被监护人的生活处于无人照料状态的,被监护人住所地的居民委员会、村民委员会或者民政部门应当为被监护人安排必要的临时生活照料措施。

第三十五条 【监护人履行职责的原则与要求】监护人应当按照最有利于被监护人的原则履行监护职责。监护人除为维护被监护人利益外,不得处分被监护人的财产。

未成年人的监护人履行监护职责,在作出与被监护人利益有关的决定时,应当根据被监护人的年龄和智力状况,尊重被监护人的真实意愿。

成年人的监护人履行监护职责,应当最大程度地尊重被监护人的真实意愿,保障并协助被监护人实施与其智力、精神健康状况相适应的民事法律行为。对被监护人有能力独立处理的事务,监护人不得干涉。

第三十六条 【撤销监护人资格】监护人有下列情形之一的,人民法院根据有关个人或者组织的申请,撤销其监护人资格,安排必要的临时监护措施,并按照最有利于被监护人的原则依法指定监护人:

(一)实施严重损害被监护人身心健康的行为;

(二)怠于履行监护职责,或者无法履行监护职责且拒绝将监护职责部分或者全部委托给他人,导致被监护人处于危困状态;

(三)实施严重侵害被监护人合法权益的其他行为。

本条规定的有关个人、组织包括:其他依法具有监护资格的人,居民委员会、村民委员会、学校、医疗机构、妇女联合会、残疾人联合会、未成年人保护组织、依法设立的老年人组织、民政部门等。

前款规定的个人和民政部门以外的组织未及时向人民法院申请撤销监护人资格的,民政部门应当向人民法院申请。

第三十七条 【监护人资格被撤销后负担义务不免除】依法负担被监护人抚养费、赡养费、扶养费的父母、子女、配偶等,被人民法院撤销监护人资格后,应当继续履行负担的义务。

第三十八条 【恢复监护人资格】被监护人的父母或者子女被人民法院撤销监护人资格后,除对被监护人实施故意犯罪的外,确有悔改表现的,经其申请,人民法院可以在尊重被监护人真实意愿的前提下,视情况恢复其监护人资格,人民法院指定的监护人与被监护人的监护关系同时终止。

第三十九条 【监护关系终止的情形】有下列情形之一的,监护关系终止:

(一)被监护人取得或者恢复完全民事行为能力;
(二)监护人丧失监护能力;
(三)被监护人或者监护人死亡;
(四)人民法院认定监护关系终止的其他情形。

监护关系终止后,被监护人仍然需要监护的,应当依法另行确定监护人。

第三节 宣告失踪和宣告死亡

第四十条 【宣告失踪的条件】自然人下落不明满二年的,利害关系人可以向人民法院申请宣告该自然人为失踪人。

第四十一条 【下落不明的时间计算】自然人下落不明的时间自其失去音讯之日起计算。战争期间下落不明的,下落不明的时间自战争结束之日或者有关机关确定的下落不明之日起计算。

第四十二条 【失踪人的财产代管人】失踪人的财产由其配偶、成年子女、父母或者其他愿意担任财产代管人的人代管。

代管有争议,没有前款规定的人,或者前款规定的人无代管能力的,由人民法院指定的人代管。

第四十三条 【财产代管人的职责】财产代管人应当妥善管理失踪人的

财产,维护其财产权益。

失踪人所欠税款、债务和应付的其他费用,由财产代管人从失踪人的财产中支付。

财产代管人因故意或者重大过失造成失踪人财产损失的,应当承担赔偿责任。

第四十四条　【财产代管人的变更】财产代管人不履行代管职责、侵害失踪人财产权益或者丧失代管能力的,失踪人的利害关系人可以向人民法院申请变更财产代管人。

财产代管人有正当理由的,可以向人民法院申请变更财产代管人。

人民法院变更财产代管人的,变更后的财产代管人有权请求原财产代管人及时移交有关财产并报告财产代管情况。

第四十五条　【失踪宣告的撤销】失踪人重新出现,经本人或者利害关系人申请,人民法院应当撤销失踪宣告。

失踪人重新出现,有权请求财产代管人及时移交有关财产并报告财产代管情况。

第四十六条　【宣告死亡的条件】自然人有下列情形之一的,利害关系人可以向人民法院申请宣告该自然人死亡:

(一)下落不明满四年;

(二)因意外事件,下落不明满二年。

因意外事件下落不明,经有关机关证明该自然人不可能生存的,申请宣告死亡不受二年时间的限制。

第四十七条　【宣告死亡的优先适用】对同一自然人,有的利害关系人申请宣告死亡,有的利害关系人申请宣告失踪,符合本法规定的宣告死亡条件的,人民法院应当宣告死亡。

第四十八条　【被宣告死亡的人死亡日期的确定】被宣告死亡的人,人民法院宣告死亡的判决作出之日视为其死亡的日期;因意外事件下落不明宣告死亡的,意外事件发生之日视为其死亡的日期。

第四十九条　【被宣告死亡人实际生存时的行为效力】自然人被宣告死亡但是并未死亡的,不影响该自然人在被宣告死亡期间实施的民事法律行为的效力。

第五十条　【死亡宣告的撤销】被宣告死亡的人重新出现,经本人或者利害关系人申请,人民法院应当撤销死亡宣告。

第五十一条 【宣告死亡、撤销死亡宣告对婚姻关系的影响】被宣告死亡的人的婚姻关系,自死亡宣告之日起消除。死亡宣告被撤销的,婚姻关系自撤销死亡宣告之日起自行恢复。但是,其配偶再婚或者向婚姻登记机关书面声明不愿意恢复的除外。

第五十二条 【撤销死亡宣告对收养关系的影响】被宣告死亡的人在被宣告死亡期间,其子女被他人依法收养的,在死亡宣告被撤销后,不得以未经本人同意为由主张收养行为无效。

第五十三条 【死亡宣告撤销后的财产返还】被撤销死亡宣告的人有权请求依照本法第六编取得其财产的民事主体返还财产;无法返还的,应当给予适当补偿。

利害关系人隐瞒真实情况,致使他人被宣告死亡而取得其财产的,除应当返还财产外,还应当对由此造成的损失承担赔偿责任。

第四节 个体工商户和农村承包经营户

第五十四条 【个体工商户的定义】自然人从事工商业经营,经依法登记,为个体工商户。个体工商户可以起字号。

第五十五条 【农村承包经营户的定义】农村集体经济组织的成员,依法取得农村土地承包经营权,从事家庭承包经营的,为农村承包经营户。

第五十六条 【债务承担规则】个体工商户的债务,个人经营的,以个人财产承担;家庭经营的,以家庭财产承担;无法区分的,以家庭财产承担。

农村承包经营户的债务,以从事农村土地承包经营的农户财产承担;事实上由农户部分成员经营的,以该部分成员的财产承担。

第三章 法 人
第一节 一 般 规 定

第五十七条 【法人的定义】法人是具有民事权利能力和民事行为能力,依法独立享有民事权利和承担民事义务的组织。

第五十八条 【法人成立的条件】法人应当依法成立。

法人应当有自己的名称、组织机构、住所、财产或者经费。法人成立的具体条件和程序,依照法律、行政法规的规定。

设立法人,法律、行政法规规定须经有关机关批准的,依照其规定。

第五十九条 【法人民事权利能力和民事行为能力的起止】法人的民事权利能力和民事行为能力,从法人成立时产生,到法人终止时消灭。

第六十条 【法人民事责任承担】法人以其全部财产独立承担民事责任。

第六十一条 【法定代表人的定义及行为的法律后果】依照法律或者法人章程的规定,代表法人从事民事活动的负责人,为法人的法定代表人。

法定代表人以法人名义从事的民事活动,其法律后果由法人承受。

法人章程或者法人权力机构对法定代表人代表权的限制,不得对抗善意相对人。

第六十二条 【法定代表人职务侵权行为的责任承担】法定代表人因执行职务造成他人损害的,由法人承担民事责任。

法人承担民事责任后,依照法律或者法人章程的规定,可以向有过错的法定代表人追偿。

第六十三条 【法人的住所】法人以其主要办事机构所在地为住所。依法需要办理法人登记的,应当将主要办事机构所在地登记为住所。

第六十四条 【法人变更登记】法人存续期间登记事项发生变化的,应当依法向登记机关申请变更登记。

第六十五条 【法人实际情况与登记事项不一致的法律后果】法人的实际情况与登记的事项不一致的,不得对抗善意相对人。

第六十六条 【公示登记信息】登记机关应当依法及时公示法人登记的有关信息。

第六十七条 【法人合并、分立后权利义务的享有和承担】法人合并的,其权利和义务由合并后的法人享有和承担。

法人分立的,其权利和义务由分立后的法人享有连带债权,承担连带债务,但是债权人和债务人另有约定的除外。

第六十八条 【法人终止的原因】有下列原因之一并依法完成清算、注销登记的,法人终止:

(一)法人解散;

(二)法人被宣告破产;

(三)法律规定的其他原因。

法人终止,法律、行政法规规定须经有关机关批准的,依照其规定。

第六十九条 【法人解散的情形】有下列情形之一的,法人解散:

(一)法人章程规定的存续期间届满或者法人章程规定的其他解散事由出现;

(二)法人的权力机构决议解散;

(三)因法人合并或者分立需要解散;

(四)法人依法被吊销营业执照、登记证书,被责令关闭或者被撤销;

(五)法律规定的其他情形。

第七十条 【法人解散后的清算】法人解散的,除合并或者分立的情形外,清算义务人应当及时组成清算组进行清算。

法人的董事、理事等执行机构或者决策机构的成员为清算义务人。法律、行政法规另有规定的,依照其规定。

清算义务人未及时履行清算义务,造成损害的,应当承担民事责任;主管机关或者利害关系人可以申请人民法院指定有关人员组成清算组进行清算。

第七十一条 【清算适用的法律依据】法人的清算程序和清算组职权,依照有关法律的规定;没有规定的,参照适用公司法律的有关规定。

第七十二条 【清算中法人地位、清算后剩余财产的处理和法人终止】清算期间法人存续,但是不得从事与清算无关的活动。

法人清算后的剩余财产,按照法人章程的规定或者法人权力机构的决议处理。法律另有规定的,依照其规定。

清算结束并完成法人注销登记时,法人终止;依法不需要办理法人登记的,清算结束时,法人终止。

第七十三条 【法人破产】法人被宣告破产的,依法进行破产清算并完成法人注销登记时,法人终止。

第七十四条 【法人分支机构及其责任承担】法人可以依法设立分支机构。法律、行政法规规定分支机构应当登记的,依照其规定。

分支机构以自己的名义从事民事活动,产生的民事责任由法人承担;也可以先以该分支机构管理的财产承担,不足以承担的,由法人承担。

第七十五条 【法人设立行为的法律后果】设立人为设立法人从事的民事活动,其法律后果由法人承受;法人未成立的,其法律后果由设立人承受,设立人为二人以上的,享有连带债权,承担连带债务。

设立人为设立法人以自己的名义从事民事活动产生的民事责任,第三人有权选择请求法人或者设立人承担。

第二节 营利法人

第七十六条 【营利法人的定义及类型】以取得利润并分配给股东等出资人为目的成立的法人,为营利法人。

营利法人包括有限责任公司、股份有限公司和其他企业法人等。

第七十七条 【营利法人的成立】营利法人经依法登记成立。

第七十八条 【营利法人的营业执照】依法设立的营利法人,由登记机关发给营利法人营业执照。营业执照签发日期为营利法人的成立日期。

第七十九条 【营利法人的章程】设立营利法人应当依法制定法人章程。

第八十条 【营利法人的权力机构】营利法人应当设权力机构。

权力机构行使修改法人章程,选举或者更换执行机构、监督机构成员,以及法人章程规定的其他职权。

第八十一条 【营利法人的执行机构】营利法人应当设执行机构。

执行机构行使召集权力机构会议,决定法人的经营计划和投资方案,决定法人内部管理机构的设置,以及法人章程规定的其他职权。

执行机构为董事会或者执行董事的,董事长、执行董事或者经理按照法人章程的规定担任法定代表人;未设董事会或者执行董事的,法人章程规定的主要负责人为其执行机构和法定代表人。

第八十二条 【营利法人的监督机构】营利法人设监事会或者监事等监督机构的,监督机构依法行使检查法人财务,监督执行机构成员、高级管理人员执行法人职务的行为,以及法人章程规定的其他职权。

第八十三条 【出资人滥用权利的责任承担】营利法人的出资人不得滥用出资人权利损害法人或者其他出资人的利益;滥用出资人权利造成法人或者其他出资人损失的,应当依法承担民事责任。

营利法人的出资人不得滥用法人独立地位和出资人有限责任损害法人债权人的利益;滥用法人独立地位和出资人有限责任,逃避债务,严重损害法人债权人的利益的,应当对法人债务承担连带责任。

第八十四条　【限制不当利用关联关系】营利法人的控股出资人、实际控制人、董事、监事、高级管理人员不得利用其关联关系损害法人的利益;利用关联关系造成法人损失的,应当承担赔偿责任。

第八十五条　【决议的撤销】营利法人的权力机构、执行机构作出决议的会议召集程序、表决方式违反法律、行政法规、法人章程,或者决议内容违反法人章程的,营利法人的出资人可以请求人民法院撤销该决议。但是,营利法人依据该决议与善意相对人形成的民事法律关系不受影响。

第八十六条　【营利法人应履行的义务】营利法人从事经营活动,应当遵守商业道德,维护交易安全,接受政府和社会的监督,承担社会责任。

第三节　非营利法人

第八十七条　【非营利法人的定义及类型】为公益目的或者其他非营利目的成立,不向出资人、设立人或者会员分配所取得利润的法人,为非营利法人。

非营利法人包括事业单位、社会团体、基金会、社会服务机构等。

第八十八条　【事业单位法人资格的取得】具备法人条件,为适应经济社会发展需要,提供公益服务设立的事业单位,经依法登记成立,取得事业单位法人资格;依法不需要办理法人登记的,从成立之日起,具有事业单位法人资格。

第八十九条　【事业单位法人的组织机构及法定代表人】事业单位法人设理事会的,除法律另有规定外,理事会为其决策机构。事业单位法人的法定代表人依照法律、行政法规或者法人章程的规定产生。

第九十条　【社会团体法人资格的取得】具备法人条件,基于会员共同意愿,为公益目的或者会员共同利益等非营利目的设立的社会团体,经依法登记成立,取得社会团体法人资格;依法不需要办理法人登记的,从成立之日起,具有社会团体法人资格。

第九十一条　【社会团体法人的章程及组织机构】设立社会团体法人应当依法制定法人章程。

社会团体法人应当设会员大会或者会员代表大会等权力机构。

社会团体法人应当设理事会等执行机构。理事长或者会长等负责人按照法人章程的规定担任法定代表人。

第九十二条 【捐助法人资格的取得】具备法人条件,为公益目的以捐助财产设立的基金会、社会服务机构等,经依法登记成立,取得捐助法人资格。

依法设立的宗教活动场所,具备法人条件的,可以申请法人登记,取得捐助法人资格。法律、行政法规对宗教活动场所有规定的,依照其规定。

第九十三条 【捐助法人的章程及组织机构】设立捐助法人应当依法制定法人章程。

捐助法人应当设理事会、民主管理组织等决策机构,并设执行机构。理事长等负责人按照法人章程的规定担任法定代表人。

捐助法人应当设监事会等监督机构。

第九十四条 【捐助人的权利】捐助人有权向捐助法人查询捐助财产的使用、管理情况,并提出意见和建议,捐助法人应当及时、如实答复。

捐助法人的决策机构、执行机构或者法定代表人作出决定的程序违反法律、行政法规、法人章程,或者决定内容违反法人章程的,捐助人等利害关系人或者主管机关可以请求人民法院撤销该决定。但是,捐助法人依据该决定与善意相对人形成的民事法律关系不受影响。

第九十五条 【非营利法人终止时剩余财产的处理】为公益目的成立的非营利法人终止时,不得向出资人、设立人或者会员分配剩余财产。剩余财产应当按照法人章程的规定或者权力机构的决议用于公益目的;无法按照法人章程的规定或者权力机构的决议处理的,由主管机关主持转给宗旨相同或者相近的法人,并向社会公告。

第四节 特别法人

第九十六条 【特别法人的类型】本节规定的机关法人、农村集体经济组织法人、城镇农村的合作经济组织法人、基层群众性自治组织法人,为特别法人。

第九十七条 【机关法人资格的取得】有独立经费的机关和承担行政职能的法定机构从成立之日起,具有机关法人资格,可以从事为履行职能所需要的民事活动。

第九十八条 【机关法人终止后权利义务的享有和承担】机关法人被撤销，法人终止，其民事权利和义务由继任的机关法人享有和承担；没有继任的机关法人的，由作出撤销决定的机关法人享有和承担。

第九十九条 【农村集体经济组织法人】农村集体经济组织依法取得法人资格。

法律、行政法规对农村集体经济组织有规定的，依照其规定。

第一百条 【城镇农村的合作经济组织法人】城镇农村的合作经济组织依法取得法人资格。

法律、行政法规对城镇农村的合作经济组织有规定的，依照其规定。

第一百零一条 【基层群众性自治组织法人】居民委员会、村民委员会具有基层群众性自治组织法人资格，可以从事为履行职能所需要的民事活动。

未设立村集体经济组织的，村民委员会可以依法代行村集体经济组织的职能。

第四章 非法人组织

第一百零二条 【非法人组织的定义及类型】非法人组织是不具有法人资格，但是能够依法以自己的名义从事民事活动的组织。

非法人组织包括个人独资企业、合伙企业、不具有法人资格的专业服务机构等。

第一百零三条 【非法人组织的设立程序】非法人组织应当依照法律的规定登记。

设立非法人组织，法律、行政法规规定须经有关机关批准的，依照其规定。

第一百零四条 【非法人组织的债务承担】非法人组织的财产不足以清偿债务的，其出资人或者设立人承担无限责任。法律另有规定的，依照其规定。

第一百零五条 【非法人组织的代表人】非法人组织可以确定一人或者数人代表该组织从事民事活动。

第一百零六条　【非法人组织解散的情形】有下列情形之一的,非法人组织解散:

（一）章程规定的存续期间届满或者章程规定的其他解散事由出现;

（二）出资人或者设立人决定解散;

（三）法律规定的其他情形。

第一百零七条　【非法人组织的清算】非法人组织解散的,应当依法进行清算。

第一百零八条　【参照适用】非法人组织除适用本章规定外,参照适用本编第三章第一节的有关规定。

第五章　民事权利

第一百零九条　【人身自由、人格尊严受法律保护】自然人的人身自由、人格尊严受法律保护。

第一百一十条　【民事主体的人格权】自然人享有生命权、身体权、健康权、姓名权、肖像权、名誉权、荣誉权、隐私权、婚姻自主权等权利。

法人、非法人组织享有名称权、名誉权和荣誉权。

第一百一十一条　【个人信息受法律保护】自然人的个人信息受法律保护。任何组织或者个人需要获取他人个人信息的,应当依法取得并确保信息安全,不得非法收集、使用、加工、传输他人个人信息,不得非法买卖、提供或者公开他人个人信息。

第一百一十二条　【因婚姻家庭关系等产生的人身权利受保护】自然人因婚姻家庭关系等产生的人身权利受法律保护。

第一百一十三条　【财产权利平等保护】民事主体的财产权利受法律平等保护。

第一百一十四条　【物权的定义及类型】民事主体依法享有物权。

物权是权利人依法对特定的物享有直接支配和排他的权利,包括所有权、用益物权和担保物权。

第一百一十五条　【物权客体】物包括不动产和动产。法律规定权利作为物权客体的,依照其规定。

第一百一十六条　【物权法定原则】物权的种类和内容,由法律规定。

第一百一十七条 【征收、征用】为了公共利益的需要,依照法律规定的权限和程序征收、征用不动产或者动产的,应当给予公平、合理的补偿。

第一百一十八条 【债权的定义】民事主体依法享有债权。

债权是因合同、侵权行为、无因管理、不当得利以及法律的其他规定,权利人请求特定义务人为或者不为一定行为的权利。

第一百一十九条 【合同的约束力】依法成立的合同,对当事人具有法律约束力。

第一百二十条 【侵权责任的承担】民事权益受到侵害的,被侵权人有权请求侵权人承担侵权责任。

第一百二十一条 【无因管理】没有法定的或者约定的义务,为避免他人利益受损失而进行管理的人,有权请求受益人偿还由此支出的必要费用。

第一百二十二条 【不当得利】因他人没有法律根据,取得不当利益,受损失的人有权请求其返还不当利益。

第一百二十三条 【知识产权】民事主体依法享有知识产权。

知识产权是权利人依法就下列客体享有的专有的权利:

(一)作品;
(二)发明、实用新型、外观设计;
(三)商标;
(四)地理标志;
(五)商业秘密;
(六)集成电路布图设计;
(七)植物新品种;
(八)法律规定的其他客体。

第一百二十四条 【继承权】自然人依法享有继承权。

自然人合法的私有财产,可以依法继承。

第一百二十五条 【投资性权利】民事主体依法享有股权和其他投资性权利。

第一百二十六条 【其他民事权益】民事主体享有法律规定的其他民事权利和利益。

第一百二十七条 【数据、网络虚拟财产的保护】法律对数据、网络虚拟财产的保护有规定的,依照其规定。

第一百二十八条　【民事权利的特别保护】法律对未成年人、老年人、残疾人、妇女、消费者等的民事权利保护有特别规定的,依照其规定。

第一百二十九条　【民事权利的取得方式】民事权利可以依据民事法律行为、事实行为、法律规定的事件或者法律规定的其他方式取得。

第一百三十条　【按照自己的意愿依法行使民事权利】民事主体按照自己的意愿依法行使民事权利,不受干涉。

第一百三十一条　【权利义务一致】民事主体行使权利时,应当履行法律规定的和当事人约定的义务。

第一百三十二条　【不得滥用民事权利】民事主体不得滥用民事权利损害国家利益、社会公共利益或者他人合法权益。

第六章　民事法律行为

第一节　一般规定

第一百三十三条　【民事法律行为的定义】民事法律行为是民事主体通过意思表示设立、变更、终止民事法律关系的行为。

第一百三十四条　【民事法律行为的成立】民事法律行为可以基于双方或者多方的意思表示一致成立,也可以基于单方的意思表示成立。

法人、非法人组织依照法律或者章程规定的议事方式和表决程序作出决议的,该决议行为成立。

第一百三十五条　【民事法律行为的形式】民事法律行为可以采用书面形式、口头形式或者其他形式;法律、行政法规规定或者当事人约定采用特定形式的,应当采用特定形式。

第一百三十六条　【民事法律行为的生效时间】民事法律行为自成立时生效,但是法律另有规定或者当事人另有约定的除外。

行为人非依法律规定或者未经对方同意,不得擅自变更或者解除民事法律行为。

第二节　意思表示

第一百三十七条　【有相对人的意思表示生效时间】以对话方式作出的意思表示,相对人知道其内容时生效。

以非对话方式作出的意思表示,到达相对人时生效。以非对话方式作出的采用数据电文形式的意思表示,相对人指定特定系统接收数据电文的,该数据电文进入该特定系统时生效;未指定特定系统的,相对人知道或者应当知道该数据电文进入其系统时生效。当事人对采用数据电文形式的意思表示的生效时间另有约定的,按照其约定。

第一百三十八条　【无相对人的意思表示生效时间】无相对人的意思表示,表示完成时生效。法律另有规定的,依照其规定。

第一百三十九条　【以公告方式作出的意思表示生效时间】以公告方式作出的意思表示,公告发布时生效。

第一百四十条　【意思表示的作出方式】行为人可以明示或者默示作出意思表示。

沉默只有在有法律规定、当事人约定或者符合当事人之间的交易习惯时,才可以视为意思表示。

第一百四十一条　【意思表示的撤回】行为人可以撤回意思表示。撤回意思表示的通知应当在意思表示到达相对人前或者与意思表示同时到达相对人。

第一百四十二条　【意思表示的解释】有相对人的意思表示的解释,应当按照所使用的词句,结合相关条款、行为的性质和目的、习惯以及诚信原则,确定意思表示的含义。

无相对人的意思表示的解释,不能完全拘泥于所使用的词句,而应当结合相关条款、行为的性质和目的、习惯以及诚信原则,确定行为人的真实意思。

第三节　民事法律行为的效力

第一百四十三条　【民事法律行为有效的条件】具备下列条件的民事法律行为有效:

(一)行为人具有相应的民事行为能力;
(二)意思表示真实;
(三)不违反法律、行政法规的强制性规定,不违背公序良俗。

第一百四十四条　【无民事行为能力人实施的民事法律行为的效力】无民事行为能力人实施的民事法律行为无效。

第一百四十五条　【限制民事行为能力人实施的民事法律行为的效力】

限制民事行为能力人实施的纯获利益的民事法律行为或者与其年龄、智力、精神健康状况相适应的民事法律行为有效；实施的其他民事法律行为经法定代理人同意或者追认后有效。

相对人可以催告法定代理人自收到通知之日起三十日内予以追认。法定代理人未作表示的，视为拒绝追认。民事法律行为被追认前，善意相对人有撤销的权利。撤销应当以通知的方式作出。

第一百四十六条 【虚假表示与隐藏行为的效力】行为人与相对人以虚假的意思表示实施的民事法律行为无效。

以虚假的意思表示隐藏的民事法律行为的效力，依照有关法律规定处理。

第一百四十七条 【基于重大误解实施的民事法律行为的效力】基于重大误解实施的民事法律行为，行为人有权请求人民法院或者仲裁机构予以撤销。

第一百四十八条 【以欺诈手段实施的民事法律行为的效力】一方以欺诈手段，使对方在违背真实意思的情况下实施的民事法律行为，受欺诈方有权请求人民法院或者仲裁机构予以撤销。

第一百四十九条 【受第三人欺诈的民事法律行为的效力】第三人实施欺诈行为，使一方在违背真实意思的情况下实施的民事法律行为，对方知道或者应当知道该欺诈行为的，受欺诈方有权请求人民法院或者仲裁机构予以撤销。

第一百五十条 【以胁迫手段实施的民事法律行为的效力】一方或者第三人以胁迫手段，使对方在违背真实意思的情况下实施的民事法律行为，受胁迫方有权请求人民法院或者仲裁机构予以撤销。

第一百五十一条 【显失公平的民事法律行为的效力】一方利用对方处于危困状态、缺乏判断能力等情形，致使民事法律行为成立时显失公平的，受损害方有权请求人民法院或者仲裁机构予以撤销。

第一百五十二条 【撤销权的消灭】有下列情形之一的，撤销权消灭：

（一）当事人自知道或者应当知道撤销事由之日起一年内、重大误解的当事人自知道或者应当知道撤销事由之日起九十日内没有行使撤销权；

（二）当事人受胁迫，自胁迫行为终止之日起一年内没有行使撤销权；

（三）当事人知道撤销事由后明确表示或者以自己的行为表明放弃撤销权。

当事人自民事法律行为发生之日起五年内没有行使撤销权的，撤销权消灭。

第一百五十三条　**【违反强制性规定及违背公序良俗的民事法律行为的效力】**违反法律、行政法规的强制性规定的民事法律行为无效。但是，该强制性规定不导致该民事法律行为无效的除外。

违背公序良俗的民事法律行为无效。

第一百五十四条　**【恶意串通的民事法律行为的效力】**行为人与相对人恶意串通，损害他人合法权益的民事法律行为无效。

第一百五十五条　**【无效、被撤销的民事法律行为自始无效】**无效的或者被撤销的民事法律行为自始没有法律约束力。

第一百五十六条　**【民事法律行为部分无效】**民事法律行为部分无效，不影响其他部分效力的，其他部分仍然有效。

第一百五十七条　**【民事法律行为无效、被撤销或确定不发生效力的法律后果】**民事法律行为无效、被撤销或者确定不发生效力后，行为人因该行为取得的财产，应当予以返还；不能返还或者没有必要返还的，应当折价补偿。有过错的一方应当赔偿对方由此所受到的损失；各方都有过错的，应当各自承担相应的责任。法律另有规定的，依照其规定。

第四节　民事法律行为的附条件和附期限

第一百五十八条　**【附条件的民事法律行为】**民事法律行为可以附条件，但是根据其性质不得附条件的除外。附生效条件的民事法律行为，自条件成就时生效。附解除条件的民事法律行为，自条件成就时失效。

第一百五十九条　**【条件成就和不成就的拟制】**附条件的民事法律行为，当事人为自己的利益不正当地阻止条件成就的，视为条件已经成就；不正当地促成条件成就的，视为条件不成就。

第一百六十条　**【附期限的民事法律行为】**民事法律行为可以附期限，但是根据其性质不得附期限的除外。附生效期限的民事法律行为，自期限届至时生效。附终止期限的民事法律行为，自期限届满时失效。

第七章 代 理

第一节 一般规定

第一百六十一条 【代理适用范围】民事主体可以通过代理人实施民事法律行为。

依照法律规定、当事人约定或者民事法律行为的性质,应当由本人亲自实施的民事法律行为,不得代理。

第一百六十二条 【代理的效力】代理人在代理权限内,以被代理人名义实施的民事法律行为,对被代理人发生效力。

第一百六十三条 【代理的类型】代理包括委托代理和法定代理。

委托代理人按照被代理人的委托行使代理权。法定代理人依照法律的规定行使代理权。

第一百六十四条 【代理人不当行为的法律后果】代理人不履行或者不完全履行职责,造成被代理人损害的,应当承担民事责任。

代理人和相对人恶意串通,损害被代理人合法权益的,代理人和相对人应当承担连带责任。

第二节 委托代理

第一百六十五条 【授权委托书】委托代理授权采用书面形式的,授权委托书应当载明代理人的姓名或者名称、代理事项、权限和期限,并由被代理人签名或者盖章。

第一百六十六条 【共同代理】数人为同一代理事项的代理人的,应当共同行使代理权,但是当事人另有约定的除外。

第一百六十七条 【违法代理及其法律后果】代理人知道或者应当知道代理事项违法仍然实施代理行为,或者被代理人知道或者应当知道代理人的代理行为违法未作反对表示的,被代理人和代理人应当承担连带责任。

第一百六十八条 【禁止自己代理和双方代理及例外】代理人不得以被代理人的名义与自己实施民事法律行为,但是被代理人同意或者追认的除外。

代理人不得以被代理人的名义与自己同时代理的其他人实施民事法律行为,但是被代理的双方同意或者追认的除外。

第一百六十九条 【复代理】代理人需要转委托第三人代理的,应当取得被代理人的同意或者追认。

转委托代理经被代理人同意或者追认的,被代理人可以就代理事务直接指示转委托的第三人,代理人仅就第三人的选任以及对第三人的指示承担责任。

转委托代理未经被代理人同意或者追认的,代理人应当对转委托的第三人的行为承担责任;但是,在紧急情况下代理人为了维护被代理人的利益需要转委托第三人代理的除外。

第一百七十条 【职务代理】执行法人或者非法人组织工作任务的人员,就其职权范围内的事项,以法人或者非法人组织的名义实施的民事法律行为,对法人或者非法人组织发生效力。

法人或者非法人组织对执行其工作任务的人员职权范围的限制,不得对抗善意相对人。

第一百七十一条 【无权代理】行为人没有代理权、超越代理权或者代理权终止后,仍然实施代理行为,未经被代理人追认的,对被代理人不发生效力。

相对人可以催告被代理人自收到通知之日起三十日内予以追认。被代理人未作表示的,视为拒绝追认。行为人实施的行为被追认前,善意相对人有撤销的权利。撤销应当以通知的方式作出。

行为人实施的行为未被追认的,善意相对人有权请求行为人履行债务或者就其受到的损害请求行为人赔偿。但是,赔偿的范围不得超过被代理人追认时相对人所能获得的利益。

相对人知道或者应当知道行为人无权代理的,相对人和行为人按照各自的过错承担责任。

第一百七十二条 【表见代理】行为人没有代理权、超越代理权或者代理权终止后,仍然实施代理行为,相对人有理由相信行为人有代理权的,代理行为有效。

第三节 代理终止

第一百七十三条 【委托代理终止的情形】有下列情形之一的,委托代理终止:

（一）代理期限届满或者代理事务完成；
（二）被代理人取消委托或者代理人辞去委托；
（三）代理人丧失民事行为能力；
（四）代理人或者被代理人死亡；
（五）作为代理人或者被代理人的法人、非法人组织终止。

第一百七十四条 【委托代理终止的例外】被代理人死亡后，有下列情形之一的，委托代理人实施的代理行为有效：
（一）代理人不知道且不应当知道被代理人死亡；
（二）被代理人的继承人予以承认；
（三）授权中明确代理权在代理事务完成时终止；
（四）被代理人死亡前已经实施，为了被代理人的继承人的利益继续代理。

作为被代理人的法人、非法人组织终止的，参照适用前款规定。

第一百七十五条 【法定代理终止的情形】有下列情形之一的，法定代理终止：
（一）被代理人取得或者恢复完全民事行为能力；
（二）代理人丧失民事行为能力；
（三）代理人或者被代理人死亡；
（四）法律规定的其他情形。

第八章 民事责任

第一百七十六条 【民事义务与责任】民事主体依照法律规定或者按照当事人约定，履行民事义务，承担民事责任。

第一百七十七条 【按份责任】二人以上依法承担按份责任，能够确定责任大小的，各自承担相应的责任；难以确定责任大小的，平均承担责任。

第一百七十八条 【连带责任】二人以上依法承担连带责任的，权利人有权请求部分或者全部连带责任人承担责任。

连带责任人的责任份额根据各自责任大小确定；难以确定责任大小的，平均承担责任。实际承担责任超过自己责任份额的连带责任人，有权向其他连带责任人追偿。

连带责任，由法律规定或者当事人约定。

第一百七十九条 【承担民事责任的方式】承担民事责任的方式主要有：

(一)停止侵害；

(二)排除妨碍；

(三)消除危险；

(四)返还财产；

(五)恢复原状；

(六)修理、重作、更换；

(七)继续履行；

(八)赔偿损失；

(九)支付违约金；

(十)消除影响、恢复名誉；

(十一)赔礼道歉。

法律规定惩罚性赔偿的，依照其规定。

本条规定的承担民事责任的方式，可以单独适用，也可以合并适用。

第一百八十条 【不可抗力】因不可抗力不能履行民事义务的，不承担民事责任。法律另有规定的，依照其规定。

不可抗力是不能预见、不能避免且不能克服的客观情况。

第一百八十一条 【正当防卫】因正当防卫造成损害的，不承担民事责任。

正当防卫超过必要的限度，造成不应有的损害的，正当防卫人应当承担适当的民事责任。

第一百八十二条 【紧急避险】因紧急避险造成损害的，由引起险情发生的人承担民事责任。

危险由自然原因引起的，紧急避险人不承担民事责任，可以给予适当补偿。

紧急避险采取措施不当或者超过必要的限度，造成不应有的损害的，紧急避险人应当承担适当的民事责任。

第一百八十三条 【因保护他人民事权益受损时的责任承担与补偿办法】因保护他人民事权益使自己受到损害的，由侵权人承担民事责任，受益人可以给予适当补偿。没有侵权人、侵权人逃逸或者无力承担民事责任,受害人请求补偿的,受益人应当给予适当补偿。

第一百八十四条 【自愿实施紧急救助行为不承担民事责任】因自愿实施紧急救助行为造成受助人损害的,救助人不承担民事责任。

第一百八十五条 【侵害英烈等的姓名、肖像、名誉、荣誉的民事责任】侵害英雄烈士等的姓名、肖像、名誉、荣誉,损害社会公共利益的,应当承担民事责任。

第一百八十六条 【责任竞合】因当事人一方的违约行为,损害对方人身权益、财产权益的,受损害方有权选择请求其承担违约责任或者侵权责任。

第一百八十七条 【民事责任优先承担】民事主体因同一行为应当承担民事责任、行政责任和刑事责任的,承担行政责任或者刑事责任不影响承担民事责任;民事主体的财产不足以支付的,优先用于承担民事责任。

第九章 诉讼时效

第一百八十八条 【普通诉讼时效、最长权利保护期间】向人民法院请求保护民事权利的诉讼时效期间为三年。法律另有规定的,依照其规定。

诉讼时效期间自权利人知道或者应当知道权利受到损害以及义务人之日起计算。法律另有规定的,依照其规定。但是,自权利受到损害之日起超过二十年的,人民法院不予保护,有特殊情况的,人民法院可以根据权利人的申请决定延长。

第一百八十九条 【分期履行债务的诉讼时效】当事人约定同一债务分期履行的,诉讼时效期间自最后一期履行期限届满之日起计算。

第一百九十条 【对法定代理人请求权的诉讼时效】无民事行为能力人或者限制民事行为能力人对其法定代理人的请求权的诉讼时效期间,自该法定代理终止之日起计算。

第一百九十一条 【受性侵未成年人赔偿请求权的诉讼时效】未成年人遭受性侵害的损害赔偿请求权的诉讼时效期间,自受害人年满十八周岁之日起计算。

第一百九十二条 【诉讼时效期间届满的法律效果】诉讼时效期间届满的,义务人可以提出不履行义务的抗辩。

诉讼时效期间届满后,义务人同意履行的,不得以诉讼时效期间届满为由抗辩;义务人已经自愿履行的,不得请求返还。

第一百九十三条 【诉讼时效援用】人民法院不得主动适用诉讼时效的规定。

第一百九十四条 【诉讼时效中止的情形】在诉讼时效期间的最后六个月内,因下列障碍,不能行使请求权的,诉讼时效中止:
（一）不可抗力;
（二）无民事行为能力人或者限制民事行为能力人没有法定代理人,或者法定代理人死亡、丧失民事行为能力、丧失代理权;
（三）继承开始后未确定继承人或者遗产管理人;
（四）权利人被义务人或者其他人控制;
（五）其他导致权利人不能行使请求权的障碍。
自中止时效的原因消除之日起满六个月,诉讼时效期间届满。

第一百九十五条 【诉讼时效中断的情形】有下列情形之一的,诉讼时效中断,从中断、有关程序终结时起,诉讼时效期间重新计算:
（一）权利人向义务人提出履行请求;
（二）义务人同意履行义务;
（三）权利人提起诉讼或者申请仲裁;
（四）与提起诉讼或者申请仲裁具有同等效力的其他情形。

第一百九十六条 【不适用诉讼时效的情形】下列请求权不适用诉讼时效的规定:
（一）请求停止侵害、排除妨碍、消除危险;
（二）不动产物权和登记的动产物权的权利人请求返还财产;
（三）请求支付抚养费、赡养费或者扶养费;
（四）依法不适用诉讼时效的其他请求权。

第一百九十七条 【诉讼时效法定、时效利益预先放弃无效】诉讼时效的期间、计算方法以及中止、中断的事由由法律规定,当事人约定无效。
当事人对诉讼时效利益的预先放弃无效。

第一百九十八条 【仲裁时效】法律对仲裁时效有规定的,依照其规定;没有规定的,适用诉讼时效的规定。

第一百九十九条 【除斥期间】法律规定或者当事人约定的撤销权、解除权等权利的存续期间,除法律另有规定外,自权利人知道或者应当知道权利产生之日起计算,不适用有关诉讼时效中止、中断和延长的规定。存续期间届满,撤销权、解除权等权利消灭。

第十章 期间计算

第二百条 【期间计算单位】民法所称的期间按照公历年、月、日、小时计算。

第二百零一条 【期间起算】按照年、月、日计算期间的,开始的当日不计入,自下一日开始计算。

按照小时计算期间的,自法律规定或者当事人约定的时间开始计算。

第二百零二条 【期间结束】按照年、月计算期间的,到期月的对应日为期间的最后一日;没有对应日的,月末日为期间的最后一日。

第二百零三条 【期间结束日顺延和末日结束点】期间的最后一日是法定休假日的,以法定休假日结束的次日为期间的最后一日。

期间的最后一日的截止时间为二十四时;有业务时间的,停止业务活动的时间为截止时间。

第二百零四条 【期间的法定或约定】期间的计算方法依照本法的规定,但是法律另有规定或者当事人另有约定的除外。

第四编 人格权

第一章 一般规定

第九百八十九条 【人格权编的调整范围】本编调整因人格权的享有和保护产生的民事关系。

第九百九十条 【人格权类型】人格权是民事主体享有的生命权、身体权、健康权、姓名权、名称权、肖像权、名誉权、荣誉权、隐私权等权利。

除前款规定的人格权外,自然人享有基于人身自由、人格尊严产生的其他人格权益。

第九百九十一条 【人格权受法律保护】民事主体的人格权受法律保护,任何组织或者个人不得侵害。

第九百九十二条 【人格权禁止性规定】人格权不得放弃、转让或者继承。

第九百九十三条　【人格标识许可使用】民事主体可以将自己的姓名、名称、肖像等许可他人使用，但是依照法律规定或者根据其性质不得许可的除外。

第九百九十四条　【死者人格利益保护】死者的姓名、肖像、名誉、荣誉、隐私、遗体等受到侵害的，其配偶、子女、父母有权依法请求行为人承担民事责任；死者没有配偶、子女且父母已经死亡的，其他近亲属有权依法请求行为人承担民事责任。

第九百九十五条　【不适用诉讼时效的请求权】人格权受到侵害的，受害人有权依照本法和其他法律的规定请求行为人承担民事责任。受害人的停止侵害、排除妨碍、消除危险、消除影响、恢复名誉、赔礼道歉请求权，不适用诉讼时效的规定。

第九百九十六条　【责任竞合情形下精神损害赔偿】因当事人一方的违约行为，损害对方人格权并造成严重精神损害，受损害方选择请求其承担违约责任的，不影响受损害方请求精神损害赔偿。

第九百九十七条　【人格权行为禁令】民事主体有证据证明行为人正在实施或者即将实施侵害其人格权的违法行为，不及时制止将使其合法权益受到难以弥补的损害的，有权依法向人民法院申请采取责令行为人停止有关行为的措施。

第九百九十八条　【认定人格侵权责任应考虑的主要因素】认定行为人承担侵害除生命权、身体权和健康权外的人格权的民事责任，应当考虑行为人和受害人的职业、影响范围、过错程度，以及行为的目的、方式、后果等因素。

第九百九十九条　【人格权的合理使用】为公共利益实施新闻报道、舆论监督等行为的，可以合理使用民事主体的姓名、名称、肖像、个人信息等；使用不合理侵害民事主体人格权的，应当依法承担民事责任。

第一千条　【消除影响、恢复名誉、赔礼道歉等民事责任的承担】行为人因侵害人格权承担消除影响、恢复名誉、赔礼道歉等民事责任的，应当与行为的具体方式和造成的影响范围相当。

　　行为人拒不承担前款规定的民事责任的，人民法院可以采取在报刊、网络等媒体上发布公告或者公布生效裁判文书等方式执行，产生的费用由行为人负担。

第一千零一条 【身份权的法律适用】对自然人因婚姻家庭关系等产生的身份权利的保护,适用本法第一编、第五编和其他法律的相关规定;没有规定的,可以根据其性质参照适用本编人格权保护的有关规定。

第二章 生命权、身体权和健康权

第一千零二条 【生命权】自然人享有生命权。自然人的生命安全和生命尊严受法律保护。任何组织或者个人不得侵害他人的生命权。

第一千零三条 【身体权】自然人享有身体权。自然人的身体完整和行动自由受法律保护。任何组织或者个人不得侵害他人的身体权。

第一千零四条 【健康权】自然人享有健康权。自然人的身心健康受法律保护。任何组织或者个人不得侵害他人的健康权。

第一千零五条 【法定救助义务】自然人的生命权、身体权、健康权受到侵害或者处于其他危难情形的,负有法定救助义务的组织或者个人应当及时施救。

第一千零六条 【人体捐献】完全民事行为能力人有权依法自主决定无偿捐献其人体细胞、人体组织、人体器官、遗体。任何组织或者个人不得强迫、欺骗、利诱其捐献。

完全民事行为能力人依据前款规定同意捐献的,应当采用书面形式,也可以订立遗嘱。

自然人生前未表示不同意捐献的,该自然人死亡后,其配偶、成年子女、父母可以共同决定捐献,决定捐献应当采用书面形式。

第一千零七条 【禁止人体买卖】禁止以任何形式买卖人体细胞、人体组织、人体器官、遗体。

违反前款规定的买卖行为无效。

第一千零八条 【人体临床试验】为研制新药、医疗器械或者发展新的预防和治疗方法,需要进行临床试验的,应当依法经相关主管部门批准并经伦理委员会审查同意,向受试者或者受试者的监护人告知试验目的、用途和可能产生的风险等详细情况,并经其书面同意。

进行临床试验的,不得向受试者收取试验费用。

第一千零九条 【与人体基因、人体胚胎等有关的医学科研活动】从事与人体基因、人体胚胎等有关的医学和科研活动,应当遵守法律、行政法规和国家有关规定,不得危害人体健康,不得违背伦理道德,不得损害公共利益。

第一千零一十条　【性骚扰】违背他人意愿,以言语、文字、图像、肢体行为等方式对他人实施性骚扰的,受害人有权依法请求行为人承担民事责任。

　　机关、企业、学校等单位应当采取合理的预防、受理投诉、调查处置等措施,防止和制止利用职权、从属关系等实施性骚扰。

第一千零一十一条　【侵害行动自由和非法搜查身体】以非法拘禁等方式剥夺、限制他人的行动自由,或者非法搜查他人身体的,受害人有权依法请求行为人承担民事责任。

第三章　姓名权和名称权

第一千零一十二条　【姓名权】自然人享有姓名权,有权依法决定、使用、变更或者许可他人使用自己的姓名,但是不得违背公序良俗。

第一千零一十三条　【名称权】法人、非法人组织享有名称权,有权依法决定、使用、变更、转让或者许可他人使用自己的名称。

第一千零一十四条　【姓名权或名称权不得被非法侵害】任何组织或者个人不得以干涉、盗用、假冒等方式侵害他人的姓名权或者名称权。

第一千零一十五条　【自然人选取姓氏】自然人应当随父姓或者母姓,但是有下列情形之一的,可以在父姓和母姓之外选取姓氏:

　　(一)选取其他直系长辈血亲的姓氏;

　　(二)因由法定扶养人以外的人扶养而选取扶养人姓氏;

　　(三)有不违背公序良俗的其他正当理由。

　　少数民族自然人的姓氏可以遵从本民族的文化传统和风俗习惯。

第一千零一十六条　【决定、变更姓名、名称或转让名称的法定程序及法律效力】自然人决定、变更姓名,或者法人、非法人组织决定、变更、转让名称的,应当依法向有关机关办理登记手续,但是法律另有规定的除外。

　　民事主体变更姓名、名称的,变更前实施的民事法律行为对其具有法律约束力。

第一千零一十七条　【笔名、艺名等的保护】具有一定社会知名度,被他人使用足以造成公众混淆的笔名、艺名、网名、译名、字号、姓名和名称的简称等,参照适用姓名权和名称权保护的有关规定。

第四章 肖像权

第一千零一十八条 【肖像权及肖像】自然人享有肖像权,有权依法制作、使用、公开或者许可他人使用自己的肖像。

肖像是通过影像、雕塑、绘画等方式在一定载体上所反映的特定自然人可以被识别的外部形象。

第一千零一十九条 【肖像权的保护】任何组织或者个人不得以丑化、污损,或者利用信息技术手段伪造等方式侵害他人的肖像权。未经肖像权人同意,不得制作、使用、公开肖像权人的肖像,但是法律另有规定的除外。

未经肖像权人同意,肖像作品权利人不得以发表、复制、发行、出租、展览等方式使用或者公开肖像权人的肖像。

第一千零二十条 【肖像权的合理使用】合理实施下列行为的,可以不经肖像权人同意:

(一)为个人学习、艺术欣赏、课堂教学或者科学研究,在必要范围内使用肖像权人已经公开的肖像;

(二)为实施新闻报道,不可避免地制作、使用、公开肖像权人的肖像;

(三)为依法履行职责,国家机关在必要范围内制作、使用、公开肖像权人的肖像;

(四)为展示特定公共环境,不可避免地制作、使用、公开肖像权人的肖像;

(五)为维护公共利益或者肖像权人合法权益,制作、使用、公开肖像权人的肖像的其他行为。

第一千零二十一条 【肖像许可使用合同解释规则】当事人对肖像许可使用合同中关于肖像使用条款的理解有争议的,应当作出有利于肖像权人的解释。

第一千零二十二条 【肖像许可使用合同解除权】当事人对肖像许可使用期限没有约定或者约定不明确的,任何一方当事人可以随时解除肖像许可使用合同,但是应当在合理期限之前通知对方。

当事人对肖像许可使用期限有明确约定,肖像权人有正当理由的,可以解除肖像许可使用合同,但是应当在合理期限之前通知对方。因解除合同造成对方损失的,除不可归责于肖像权人的事由外,应当赔偿损失。

第一千零二十三条　【姓名许可和声音保护的参照适用】对姓名等的许可使用,参照适用肖像许可使用的有关规定。

对自然人声音的保护,参照适用肖像权保护的有关规定。

第五章　名誉权和荣誉权

第一千零二十四条　【名誉权及名誉】民事主体享有名誉权。任何组织或者个人不得以侮辱、诽谤等方式侵害他人的名誉权。

名誉是对民事主体的品德、声望、才能、信用等的社会评价。

第一千零二十五条　【实施新闻报道、舆论监督等行为与保护名誉权关系】行为人为公共利益实施新闻报道、舆论监督等行为,影响他人名誉的,不承担民事责任,但是有下列情形之一的除外:

（一）捏造、歪曲事实;

（二）对他人提供的严重失实内容未尽到合理核实义务;

（三）使用侮辱性言辞等贬损他人名誉。

第一千零二十六条　【合理核实义务的认定因素】认定行为人是否尽到前条第二项规定的合理核实义务,应当考虑下列因素:

（一）内容来源的可信度;

（二）对明显可能引发争议的内容是否进行了必要的调查;

（三）内容的时限性;

（四）内容与公序良俗的关联性;

（五）受害人名誉受贬损的可能性;

（六）核实能力和核实成本。

第一千零二十七条　【文艺作品侵害名誉权】行为人发表的文学、艺术作品以真人真事或者特定人为描述对象,含有侮辱、诽谤内容,侵害他人名誉权的,受害人有权依法请求该行为人承担民事责任。

行为人发表的文学、艺术作品不以特定人为描述对象,仅其中的情节与该特定人的情况相似的,不承担民事责任。

第一千零二十八条　【媒体报道内容失实侵害名誉权的补救】民事主体有证据证明报刊、网络等媒体报道的内容失实,侵害其名誉权的,有权请求该媒体及时采取更正或者删除等必要措施。

第一千零二十九条　【信用评价】民事主体可以依法查询自己的信用评价;发现信用评价不当的,有权提出异议并请求采取更正、删除等必要措施。信用评价人应当及时核查,经核查属实的,应当及时采取必要措施。

第一千零三十条　【民事主体与信用信息处理者之间关系的法律适用】民事主体与征信机构等信用信息处理者之间的关系,适用本编有关个人信息保护的规定和其他法律、行政法规的有关规定。

第一千零三十一条　【荣誉权】民事主体享有荣誉权。任何组织或者个人不得非法剥夺他人的荣誉称号,不得诋毁、贬损他人的荣誉。

获得的荣誉称号应当记载而没有记载的,民事主体可以请求记载;获得的荣誉称号记载错误的,民事主体可以请求更正。

第六章　隐私权和个人信息保护

第一千零三十二条　【隐私权及隐私】自然人享有隐私权。任何组织或者个人不得以刺探、侵扰、泄露、公开等方式侵害他人的隐私权。

隐私是自然人的私人生活安宁和不愿为他人知晓的私密空间、私密活动、私密信息。

第一千零三十三条　【隐私权侵害行为】除法律另有规定或者权利人明确同意外,任何组织或者个人不得实施下列行为:

（一）以电话、短信、即时通讯工具、电子邮件、传单等方式侵扰他人的私人生活安宁;

（二）进入、拍摄、窥视他人的住宅、宾馆房间等私密空间;

（三）拍摄、窥视、窃听、公开他人的私密活动;

（四）拍摄、窥视他人身体的私密部位;

（五）处理他人的私密信息;

（六）以其他方式侵害他人的隐私权。

第一千零三十四条　【个人信息的定义】自然人的个人信息受法律保护。

个人信息是以电子或者其他方式记录的能够单独或者与其他信息结合识别特定自然人的各种信息,包括自然人的姓名、出生日期、身份证件号码、生物识别信息、住址、电话号码、电子邮箱、健康信息、行踪信息等。

个人信息中的私密信息,适用有关隐私权的规定;没有规定的,适用有关个人信息保护的规定。

第一千零三十五条 【个人信息处理的原则和条件】处理个人信息的,应当遵循合法、正当、必要原则,不得过度处理,并符合下列条件:

(一)征得该自然人或者其监护人同意,但是法律、行政法规另有规定的除外;

(二)公开处理信息的规则;

(三)明示处理信息的目的、方式和范围;

(四)不违反法律、行政法规的规定和双方的约定。

个人信息的处理包括个人信息的收集、存储、使用、加工、传输、提供、公开等。

第一千零三十六条 【处理个人信息免责事由】处理个人信息,有下列情形之一的,行为人不承担民事责任:

(一)在该自然人或者其监护人同意的范围内合理实施的行为;

(二)合理处理该自然人自行公开的或者其他已经合法公开的信息,但是该自然人明确拒绝或者处理该信息侵害其重大利益的除外;

(三)为维护公共利益或者该自然人合法权益,合理实施的其他行为。

第一千零三十七条 【个人信息主体的权利】自然人可以依法向信息处理者查阅或者复制其个人信息;发现信息有错误的,有权提出异议并请求及时采取更正等必要措施。

自然人发现信息处理者违反法律、行政法规的规定或者双方的约定处理其个人信息的,有权请求信息处理者及时删除。

第一千零三十八条 【信息处理者的信息安全保护义务】信息处理者不得泄露或者篡改其收集、存储的个人信息;未经自然人同意,不得向他人非法提供其个人信息,但是经过加工无法识别特定个人且不能复原的除外。

信息处理者应当采取技术措施和其他必要措施,确保其收集、存储的个人信息安全,防止信息泄露、篡改、丢失;发生或者可能发生个人信息泄露、篡改、丢失的,应当及时采取补救措施,按照规定告知自然人并向有关主管部门报告。

第一千零三十九条 【国家机关、承担行政职能的法定机构及其工作人员的保密义务】国家机关、承担行政职能的法定机构及其工作人员对于履行职责过程中知悉的自然人的隐私和个人信息,应当予以保密,不得泄露或者向他人非法提供。

第五编　婚姻家庭
第一章　一般规定

第一千零四十条 【婚姻家庭编的调整范围】本编调整因婚姻家庭产生的民事关系。

第一千零四十一条 【基本原则】婚姻家庭受国家保护。

实行婚姻自由、一夫一妻、男女平等的婚姻制度。

保护妇女、未成年人、老年人、残疾人的合法权益。

第一千零四十二条 【婚姻家庭的禁止性规定】禁止包办、买卖婚姻和其他干涉婚姻自由的行为。禁止借婚姻索取财物。

禁止重婚。禁止有配偶者与他人同居。

禁止家庭暴力。禁止家庭成员间的虐待和遗弃。

第一千零四十三条 【婚姻家庭的倡导性规定】家庭应当树立优良家风,弘扬家庭美德,重视家庭文明建设。

夫妻应当互相忠实,互相尊重,互相关爱;家庭成员应当敬老爱幼,互相帮助,维护平等、和睦、文明的婚姻家庭关系。

第一千零四十四条 【收养的基本原则】收养应当遵循最有利于被收养人的原则,保障被收养人和收养人的合法权益。

禁止借收养名义买卖未成年人。

第一千零四十五条 【亲属、近亲属及家庭成员】亲属包括配偶、血亲和姻亲。

配偶、父母、子女、兄弟姐妹、祖父母、外祖父母、孙子女、外孙子女为近亲属。

配偶、父母、子女和其他共同生活的近亲属为家庭成员。

第二章 结 婚

第一千零四十六条 【结婚自愿】结婚应当男女双方完全自愿，禁止任何一方对另一方加以强迫，禁止任何组织或者个人加以干涉。

第一千零四十七条 【法定结婚年龄】结婚年龄，男不得早于二十二周岁，女不得早于二十周岁。

第一千零四十八条 【禁止结婚的情形】直系血亲或者三代以内的旁系血亲禁止结婚。

第一千零四十九条 【结婚登记】要求结婚的男女双方应当亲自到婚姻登记机关申请结婚登记。符合本法规定的，予以登记，发给结婚证。完成结婚登记，即确立婚姻关系。未办理结婚登记的，应当补办登记。

第一千零五十条 【婚后双方互为家庭成员】登记结婚后，按照男女双方约定，女方可以成为男方家庭的成员，男方可以成为女方家庭的成员。

第一千零五十一条 【婚姻无效的情形】有下列情形之一的，婚姻无效：

（一）重婚；

（二）有禁止结婚的亲属关系；

（三）未到法定婚龄。

第一千零五十二条 【胁迫的可撤销婚姻】因胁迫结婚的，受胁迫的一方可以向人民法院请求撤销婚姻。

请求撤销婚姻的，应当自胁迫行为终止之日起一年内提出。

被非法限制人身自由的当事人请求撤销婚姻的，应当自恢复人身自由之日起一年内提出。

第一千零五十三条 【隐瞒疾病的可撤销婚姻】一方患有重大疾病的，应当在结婚登记前如实告知另一方；不如实告知的，另一方可以向人民法院请求撤销婚姻。

请求撤销婚姻的，应当自知道或者应当知道撤销事由之日起一年内提出。

第一千零五十四条 【婚姻无效和被撤销的法律后果】无效的或者被撤销的婚姻自始没有法律约束力，当事人不具有夫妻的权利和义务。同居期间所得的财产，由当事人协议处理；协议不成的，由人民法院根据照顾无过错方的原则判决。对重婚导致的无效婚姻的财产处理,不得侵害合法婚姻当事人的财产权益。当事人所生的子女,适用本法关于父母子女的规定。

婚姻无效或者被撤销的,无过错方有权请求损害赔偿。

第三章 家庭关系
第一节 夫妻关系

第一千零五十五条 【夫妻地位平等】夫妻在婚姻家庭中地位平等。

第一千零五十六条 【夫妻姓名权】夫妻双方都有各自使用自己姓名的权利。

第一千零五十七条 【夫妻人身自由权】夫妻双方都有参加生产、工作、学习和社会活动的自由,一方不得对另一方加以限制或者干涉。

第一千零五十八条 【夫妻抚养、教育和保护子女的权利义务平等】夫妻双方平等享有对未成年子女抚养、教育和保护的权利,共同承担对未成年子女抚养、教育和保护的义务。

第一千零五十九条 【夫妻相互扶养义务】夫妻有相互扶养的义务。

需要扶养的一方,在另一方不履行扶养义务时,有要求其给付扶养费的权利。

第一千零六十条 【日常家事代理权】夫妻一方因家庭日常生活需要而实施的民事法律行为,对夫妻双方发生效力,但是夫妻一方与相对人另有约定的除外。

夫妻之间对一方可以实施的民事法律行为范围的限制,不得对抗善意相对人。

第一千零六十一条 【夫妻相互继承权】夫妻有相互继承遗产的权利。

第一千零六十二条 【夫妻共同财产】夫妻在婚姻关系存续期间所得的下列财产,为夫妻的共同财产,归夫妻共同所有:

(一)工资、奖金、劳务报酬;

(二)生产、经营、投资的收益;

(三)知识产权的收益;

(四)继承或者受赠的财产,但是本法第一千零六十三条第三项规定的除外;

（五）其他应当归共同所有的财产。

夫妻对共同财产，有平等的处理权。

第一千零六十三条 【夫妻个人财产】下列财产为夫妻一方的个人财产：

（一）一方的婚前财产；

（二）一方因受到人身损害获得的赔偿或者补偿；

（三）遗嘱或者赠与合同中确定只归一方的财产；

（四）一方专用的生活用品；

（五）其他应当归一方的财产。

第一千零六十四条 【夫妻共同债务】夫妻双方共同签名或者夫妻一方事后追认等共同意思表示所负的债务，以及夫妻一方在婚姻关系存续期间以个人名义为家庭日常生活需要所负的债务，属于夫妻共同债务。

夫妻一方在婚姻关系存续期间以个人名义超出家庭日常生活需要所负的债务，不属于夫妻共同债务；但是，债权人能够证明该债务用于夫妻共同生活、共同生产经营或者基于夫妻双方共同意思表示的除外。

第一千零六十五条 【夫妻约定财产制】男女双方可以约定婚姻关系存续期间所得的财产以及婚前财产归各自所有、共同所有或者部分各自所有、部分共同所有。约定应当采用书面形式。没有约定或者约定不明确的，适用本法第一千零六十二条、第一千零六十三条的规定。

夫妻对婚姻关系存续期间所得的财产以及婚前财产的约定，对双方具有法律约束力。

夫妻对婚姻关系存续期间所得的财产约定归各自所有，夫或者妻一方对外所负的债务，相对人知道该约定的，以夫或者妻一方的个人财产清偿。

第一千零六十六条 【婚姻关系存续期间夫妻共同财产的分割】婚姻关系存续期间，有下列情形之一的，夫妻一方可以向人民法院请求分割共同财产：

（一）一方有隐藏、转移、变卖、毁损、挥霍夫妻共同财产或者伪造夫妻共同债务等严重损害夫妻共同财产利益的行为；

（二）一方负有法定扶养义务的人患重大疾病需要医治，另一方不同意支付相关医疗费用。

第二节　父母子女关系和其他近亲属关系

第一千零六十七条　【父母的抚养义务和子女的赡养义务】父母不履行抚养义务的,未成年子女或者不能独立生活的成年子女,有要求父母给付抚养费的权利。

成年子女不履行赡养义务的,缺乏劳动能力或者生活困难的父母,有要求成年子女给付赡养费的权利。

第一千零六十八条　【父母教育、保护未成年子女的权利义务】父母有教育、保护未成年子女的权利和义务。未成年子女造成他人损害的,父母应当依法承担民事责任。

第一千零六十九条　【子女应尊重父母的婚姻权利】子女应当尊重父母的婚姻权利,不得干涉父母离婚、再婚以及婚后的生活。子女对父母的赡养义务,不因父母的婚姻关系变化而终止。

第一千零七十条　【父母子女相互继承权】父母和子女有相互继承遗产的权利。

第一千零七十一条　【非婚生子女的权利】非婚生子女享有与婚生子女同等的权利,任何组织或者个人不得加以危害和歧视。

不直接抚养非婚生子女的生父或者生母,应当负担未成年子女或者不能独立生活的成年子女的抚养费。

第一千零七十二条　【继父母与继子女间的权利义务关系】继父母与继子女间,不得虐待或者歧视。

继父或者继母和受其抚养教育的继子女间的权利义务关系,适用本法关于父母子女关系的规定。

第一千零七十三条　【亲子关系异议之诉】对亲子关系有异议且有正当理由的,父或者母可以向人民法院提起诉讼,请求确认或者否认亲子关系。

对亲子关系有异议且有正当理由的,成年子女可以向人民法院提起诉讼,请求确认亲子关系。

第一千零七十四条　【祖孙之间的抚养、赡养义务】有负担能力的祖父母、外祖父母,对于父母已经死亡或者父母无力抚养的未成年孙子女、外孙子女,有抚养的义务。

有负担能力的孙子女、外孙子女,对于子女已经死亡或者子女无力赡养的祖父母、外祖父母,有赡养的义务。

第一千零七十五条 【兄弟姐妹间的扶养义务】有负担能力的兄、姐,对于父母已经死亡或者父母无力抚养的未成年弟、妹,有扶养的义务。

由兄、姐扶养长大的有负担能力的弟、妹,对于缺乏劳动能力又缺乏生活来源的兄、姐,有扶养的义务。

第四章 离 婚

第一千零七十六条 【协议离婚】夫妻双方自愿离婚的,应当签订书面离婚协议,并亲自到婚姻登记机关申请离婚登记。

离婚协议应当载明双方自愿离婚的意思表示和对子女抚养、财产以及债务处理等事项协商一致的意见。

第一千零七十七条 【离婚冷静期】自婚姻登记机关收到离婚登记申请之日起三十日内,任何一方不愿意离婚的,可以向婚姻登记机关撤回离婚登记申请。

前款规定期限届满后三十日内,双方应当亲自到婚姻登记机关申请发给离婚证;未申请的,视为撤回离婚登记申请。

第一千零七十八条 【协议离婚登记】婚姻登记机关查明双方确实是自愿离婚,并已经对子女抚养、财产以及债务处理等事项协商一致的,予以登记,发给离婚证。

第一千零七十九条 【诉讼离婚】夫妻一方要求离婚的,可以由有关组织进行调解或者直接向人民法院提起离婚诉讼。

人民法院审理离婚案件,应当进行调解;如果感情确已破裂,调解无效的,应当准予离婚。

有下列情形之一,调解无效的,应当准予离婚:

(一)重婚或者与他人同居;

(二)实施家庭暴力或者虐待、遗弃家庭成员;

(三)有赌博、吸毒等恶习屡教不改;

(四)因感情不和分居满二年;

(五)其他导致夫妻感情破裂的情形。

一方被宣告失踪,另一方提起离婚诉讼的,应当准予离婚。

经人民法院判决不准离婚后,双方又分居满一年,一方再次提起离婚诉讼的,应当准予离婚。

第一千零八十条 【婚姻关系解除时间】完成离婚登记,或者离婚判决书、调解书生效,即解除婚姻关系。

第一千零八十一条 【军婚的保护】现役军人的配偶要求离婚,应当征得军人同意,但是军人一方有重大过错的除外。

第一千零八十二条 【男方离婚诉权的限制】女方在怀孕期间、分娩后一年内或者终止妊娠后六个月内,男方不得提出离婚;但是,女方提出离婚或者人民法院认为确有必要受理男方离婚请求的除外。

第一千零八十三条 【复婚登记】离婚后,男女双方自愿恢复婚姻关系的,应当到婚姻登记机关重新进行结婚登记。

第一千零八十四条 【离婚后的父母子女关系】父母与子女间的关系,不因父母离婚而消除。离婚后,子女无论由父或者母直接抚养,仍是父母双方的子女。

离婚后,父母对于子女仍有抚养、教育、保护的权利和义务。

离婚后,不满两周岁的子女,以由母亲直接抚养为原则。已满两周岁的子女,父母双方对抚养问题协议不成的,由人民法院根据双方的具体情况,按照最有利于未成年子女的原则判决。子女已满八周岁的,应当尊重其真实意愿。

第一千零八十五条 【离婚后子女抚养费的负担】离婚后,子女由一方直接抚养的,另一方应当负担部分或者全部抚养费。负担费用的多少和期限的长短,由双方协议;协议不成的,由人民法院判决。

前款规定的协议或者判决,不妨碍子女在必要时向父母任何一方提出超过协议或者判决原定数额的合理要求。

第一千零八十六条 【父母的探望权】离婚后,不直接抚养子女的父或者母,有探望子女的权利,另一方有协助的义务。

行使探望权利的方式、时间由当事人协议;协议不成的,由人民法院判决。

父或者母探望子女,不利于子女身心健康的,由人民法院依法中止探望;中止的事由消失后,应当恢复探望。

第一千零八十七条 【离婚时夫妻共同财产的处理】离婚时,夫妻的共同财产由双方协议处理;协议不成的,由人民法院根据财产的具体情况,按照照顾子女、女方和无过错方权益的原则判决。

对夫或者妻在家庭土地承包经营中享有的权益等,应当依法予以保护。

第一千零八十八条 【离婚经济补偿】夫妻一方因抚育子女、照料老年人、协助另一方工作等负担较多义务的,离婚时有权向另一方请求补偿,另一方应当给予补偿。具体办法由双方协议;协议不成的,由人民法院判决。

第一千零八十九条 【离婚时夫妻共同债务清偿】离婚时,夫妻共同债务应当共同偿还。共同财产不足清偿或者财产归各自所有的,由双方协议清偿;协议不成的,由人民法院判决。

第一千零九十条 【离婚经济帮助】离婚时,如果一方生活困难,有负担能力的另一方应当给予适当帮助。具体办法由双方协议;协议不成的,由人民法院判决。

第一千零九十一条 【离婚过错赔偿】有下列情形之一,导致离婚的,无过错方有权请求损害赔偿:

(一)重婚;

(二)与他人同居;

(三)实施家庭暴力;

(四)虐待、遗弃家庭成员;

(五)有其他重大过错。

第一千零九十二条 【一方侵害夫妻共同财产的法律后果】夫妻一方隐藏、转移、变卖、毁损、挥霍夫妻共同财产,或者伪造夫妻共同债务企图侵占另一方财产的,在离婚分割夫妻共同财产时,对该方可以少分或者不分。离婚后,另一方发现有上述行为的,可以向人民法院提起诉讼,请求再次分割夫妻共同财产。

第五章 收 养

第一节 收养关系的成立

第一千零九十三条 【被收养人的范围】下列未成年人,可以被收养:

(一)丧失父母的孤儿;

(二)查找不到生父母的未成年人;

(三)生父母有特殊困难无力抚养的子女。

第一千零九十四条 【送养人的范围】下列个人、组织可以作送养人：

(一)孤儿的监护人；

(二)儿童福利机构；

(三)有特殊困难无力抚养子女的生父母。

第一千零九十五条 【监护人送养未成年人的特殊规定】未成年人的父母均不具备完全民事行为能力且可能严重危害该未成年人的，该未成年人的监护人可以将其送养。

第一千零九十六条 【监护人送养孤儿的特殊规定】监护人送养孤儿的，应当征得有抚养义务的人同意。有抚养义务的人不同意送养、监护人不愿意继续履行监护职责的，应当依照本法第一编的规定另行确定监护人。

第一千零九十七条 【生父母送养】生父母送养子女，应当双方共同送养。生父母一方不明或者查找不到的，可以单方送养。

第一千零九十八条 【收养人的条件】收养人应当同时具备下列条件：

(一)无子女或者只有一名子女；

(二)有抚养、教育和保护被收养人的能力；

(三)未患有在医学上认为不应当收养子女的疾病；

(四)无不利于被收养人健康成长的违法犯罪记录；

(五)年满三十周岁。

第一千零九十九条 【收养三代以内旁系同辈血亲子女的特殊规定】收养三代以内旁系同辈血亲的子女，可以不受本法第一千零九十三条第三项、第一千零九十四条第三项和第一千一百零二条规定的限制。

华侨收养三代以内旁系同辈血亲的子女，还可以不受本法第一千零九十八条第一项规定的限制。

第一千一百条 【收养子女的人数】无子女的收养人可以收养两名子女；有子女的收养人只能收养一名子女。

收养孤儿、残疾未成年人或者儿童福利机构抚养的查找不到生父母的未成年人，可以不受前款和本法第一千零九十八条第一项规定的限制。

第一千一百零一条 【共同收养】有配偶者收养子女，应当夫妻共同收养。

第一千一百零二条 【无配偶者收养异性子女】无配偶者收养异性子女的，收养人与被收养人的年龄应当相差四十周岁以上。

第一千一百零三条 【继父母收养继子女的特殊规定】继父或者继母经继子女的生父母同意，可以收养继子女，并可以不受本法第一千零九十三条第三项、第一千零九十四条第三项、第一千零九十八条和第一千一百条第一款规定的限制。

第一千一百零四条 【收养、送养自愿】收养人收养与送养人送养，应当双方自愿。收养八周岁以上未成年人的，应当征得被收养人的同意。

第一千一百零五条 【收养登记、收养公告、收养协议、收养公证、收养评估】收养应当向县级以上人民政府民政部门登记。收养关系自登记之日起成立。

收养查找不到生父母的未成年人的，办理登记的民政部门应当在登记前予以公告。

收养关系当事人愿意签订收养协议的，可以签订收养协议。

收养关系当事人各方或者一方要求办理收养公证的，应当办理收养公证。

县级以上人民政府民政部门应当依法进行收养评估。

第一千一百零六条 【被收养人户口登记】收养关系成立后，公安机关应当按照国家有关规定为被收养人办理户口登记。

第一千一百零七条 【生父母的亲属、朋友抚养不适用收养】孤儿或者生父母无力抚养的子女，可以由生父母的亲属、朋友抚养；抚养人与被抚养人的关系不适用本章规定。

第一千一百零八条 【抚养优先权】配偶一方死亡，另一方送养未成年子女的，死亡一方的父母有优先抚养的权利。

第一千一百零九条 【涉外收养】外国人依法可以在中华人民共和国收养子女。

外国人在中华人民共和国收养子女，应当经其所在国主管机关依照该国法律审查同意。收养人应当提供由其所在国有权机构出具的有关其年龄、婚姻、职业、财产、健康、有无受过刑事处罚等状况的证明材料，并与送养人签订书面协议，亲自向省、自治区、直辖市人民政府民政部门登记。

前款规定的证明材料应当经收养人所在国外交机关或者外交机关授权的机构认证,并经中华人民共和国驻该国使领馆认证,但是国家另有规定的除外。

第一千一百一十条　【收养保密义务】收养人、送养人要求保守收养秘密的,其他人应当尊重其意愿,不得泄露。

第二节　收养的效力

第一千一百一十一条　【收养拟制效力】自收养关系成立之日起,养父母与养子女间的权利义务关系,适用本法关于父母子女关系的规定;养子女与养父母的近亲属间的权利义务关系,适用本法关于子女与父母的近亲属关系的规定。

养子女与生父母以及其他近亲属间的权利义务关系,因收养关系的成立而消除。

第一千一百一十二条　【养子女的姓氏】养子女可以随养父或者养母的姓氏,经当事人协商一致,也可以保留原姓氏。

第一千一百一十三条　【无效收养行为】有本法第一编关于民事法律行为无效规定情形或者违反本编规定的收养行为无效。

无效的收养行为自始没有法律约束力。

第三节　收养关系的解除

第一千一百一十四条　【当事人协议解除及诉讼解除收养关系】收养人在被收养人成年以前,不得解除收养关系,但是收养人、送养人双方协议解除的除外。养子女八周岁以上的,应当征得本人同意。

收养人不履行抚养义务,有虐待、遗弃等侵害未成年养子女合法权益行为的,送养人有权要求解除养父母与养子女间的收养关系。送养人、收养人不能达成解除收养关系协议的,可以向人民法院提起诉讼。

第一千一百一十五条　【养父母与成年养子女解除收养关系】养父母与成年养子女关系恶化、无法共同生活的,可以协议解除收养关系。不能达成协议的,可以向人民法院提起诉讼。

第一千一百一十六条　【解除收养关系登记】当事人协议解除收养关系的,应当到民政部门办理解除收养关系登记。

第一千一百一十七条 【解除收养关系后的身份效力】收养关系解除后，养子女与养父母以及其他近亲属间的权利义务关系即行消除，与生父母以及其他近亲属间的权利义务关系自行恢复。但是，成年养子女与生父母以及其他近亲属间的权利义务关系是否恢复，可以协商确定。

第一千一百一十八条 【解除收养关系后的财产效力】收养关系解除后，经养父母抚养的成年养子女，对缺乏劳动能力又缺乏生活来源的养父母，应当给付生活费。因养子女成年后虐待、遗弃养父母而解除收养关系的，养父母可以要求养子女补偿收养期间支出的抚养费。

生父母要求解除收养关系的，养父母可以要求生父母适当补偿收养期间支出的抚养费；但是，因养父母虐待、遗弃养子女而解除收养关系的除外。

第六编 继 承

第一章 一般规定

第一千一百一十九条 【继承编的调整范围】本编调整因继承产生的民事关系。

第一千一百二十条 【继承权受国家保护】国家保护自然人的继承权。

第一千一百二十一条 【继承开始的时间及死亡先后的推定】继承从被继承人死亡时开始。

相互有继承关系的数人在同一事件中死亡，难以确定死亡时间的，推定没有其他继承人的人先死亡。都有其他继承人，辈份不同的，推定长辈先死亡；辈份相同的，推定同时死亡，相互不发生继承。

第一千一百二十二条 【遗产的定义】遗产是自然人死亡时遗留的个人合法财产。

依照法律规定或者根据其性质不得继承的遗产，不得继承。

第一千一百二十三条 【法定继承、遗嘱继承、遗赠和遗赠扶养协议的效力】继承开始后，按照法定继承办理；有遗嘱的，按照遗嘱继承或者遗赠办理；有遗赠扶养协议的，按照协议办理。

第一千一百二十四条 【继承、受遗赠的接受和放弃】继承开始后，继承人放弃继承的，应当在遗产处理前，以书面形式作出放弃继承的表示；没有表示的，视为接受继承。

受遗赠人应当在知道受遗赠后六十日内,作出接受或者放弃受遗赠的表示;到期没有表示的,视为放弃受遗赠。

第一千一百二十五条 【继承权的丧失和恢复】继承人有下列行为之一的,丧失继承权:

(一)故意杀害被继承人;

(二)为争夺遗产而杀害其他继承人;

(三)遗弃被继承人,或者虐待被继承人情节严重;

(四)伪造、篡改、隐匿或者销毁遗嘱,情节严重;

(五)以欺诈、胁迫手段迫使或者妨碍被继承人设立、变更或者撤回遗嘱,情节严重。

继承人有前款第三项至第五项行为,确有悔改表现,被继承人表示宽恕或者事后在遗嘱中将其列为继承人的,该继承人不丧失继承权。

受遗赠人有本条第一款规定行为的,丧失受遗赠权。

第二章 法 定 继 承

第一千一百二十六条 【男女平等享有继承权】继承权男女平等。

第一千一百二十七条 【法定继承人的范围及继承顺序】遗产按照下列顺序继承:

(一)第一顺序:配偶、子女、父母;

(二)第二顺序:兄弟姐妹、祖父母、外祖父母。

继承开始后,由第一顺序继承人继承,第二顺序继承人不继承;没有第一顺序继承人继承的,由第二顺序继承人继承。

本编所称子女,包括婚生子女、非婚生子女、养子女和有扶养关系的继子女。

本编所称父母,包括生父母、养父母和有扶养关系的继父母。

本编所称兄弟姐妹,包括同父母的兄弟姐妹、同父异母或者同母异父的兄弟姐妹、养兄弟姐妹、有扶养关系的继兄弟姐妹。

第一千一百二十八条 【代位继承】被继承人的子女先于被继承人死亡的,由被继承人的子女的直系晚辈血亲代位继承。

被继承人的兄弟姐妹先于被继承人死亡的,由被继承人的兄弟姐妹的子女代位继承。

代位继承人一般只能继承被代位继承人有权继承的遗产份额。

第一千一百二十九条 【丧偶儿媳、丧偶女婿的继承权】丧偶儿媳对公婆,丧偶女婿对岳父母,尽了主要赡养义务的,作为第一顺序继承人。

第一千一百三十条 【遗产分配的原则】同一顺序继承人继承遗产的份额,一般应当均等。

对生活有特殊困难又缺乏劳动能力的继承人,分配遗产时,应当予以照顾。

对被继承人尽了主要扶养义务或者与被继承人共同生活的继承人,分配遗产时,可以多分。

有扶养能力和有扶养条件的继承人,不尽扶养义务的,分配遗产时,应当不分或者少分。

继承人协商同意的,也可以不均等。

第一千一百三十一条 【酌情分得遗产权】对继承人以外的依靠被继承人扶养的人,或者继承人以外的对被继承人扶养较多的人,可以分给适当的遗产。

第一千一百三十二条 【继承处理方式】继承人应当本着互谅互让、和睦团结的精神,协商处理继承问题。遗产分割的时间、办法和份额,由继承人协商确定;协商不成的,可以由人民调解委员会调解或者向人民法院提起诉讼。

第三章 遗嘱继承和遗赠

第一千一百三十三条 【遗嘱处分个人财产】自然人可以依照本法规定立遗嘱处分个人财产,并可以指定遗嘱执行人。

自然人可以立遗嘱将个人财产指定由法定继承人中的一人或者数人继承。

自然人可以立遗嘱将个人财产赠与国家、集体或者法定继承人以外的组织、个人。

自然人可以依法设立遗嘱信托。

第一千一百三十四条 【自书遗嘱】自书遗嘱由遗嘱人亲笔书写,签名,注明年、月、日。

第一千一百三十五条 【代书遗嘱】代书遗嘱应当有两个以上见证人在

场见证，由其中一人代书，并由遗嘱人、代书人和其他见证人签名，注明年、月、日。

第一千一百三十六条 【打印遗嘱】打印遗嘱应当有两个以上见证人在场见证。遗嘱人和见证人应当在遗嘱每一页签名，注明年、月、日。

第一千一百三十七条 【录音录像遗嘱】以录音录像形式立的遗嘱，应当有两个以上见证人在场见证。遗嘱人和见证人应当在录音录像中记录其姓名或者肖像，以及年、月、日。

第一千一百三十八条 【口头遗嘱】遗嘱人在危急情况下，可以立口头遗嘱。口头遗嘱应当有两个以上见证人在场见证。危急情况消除后，遗嘱人能够以书面或者录音录像形式立遗嘱的，所立的口头遗嘱无效。

第一千一百三十九条 【公证遗嘱】公证遗嘱由遗嘱人经公证机构办理。

第一千一百四十条 【遗嘱见证人资格的限制性规定】下列人员不能作为遗嘱见证人：

（一）无民事行为能力人、限制民事行为能力人以及其他不具有见证能力的人；

（二）继承人、受遗赠人；

（三）与继承人、受遗赠人有利害关系的人。

第一千一百四十一条 【必留份】遗嘱应当为缺乏劳动能力又没有生活来源的继承人保留必要的遗产份额。

第一千一百四十二条 【遗嘱的撤回、变更以及遗嘱效力顺位】遗嘱人可以撤回、变更自己所立的遗嘱。

立遗嘱后，遗嘱人实施与遗嘱内容相反的民事法律行为的，视为对遗嘱相关内容的撤回。

立有数份遗嘱，内容相抵触的，以最后的遗嘱为准。

第一千一百四十三条 【遗嘱无效】无民事行为能力人或者限制民事行为能力人所立的遗嘱无效。

遗嘱必须表示遗嘱人的真实意思，受欺诈、胁迫所立的遗嘱无效。

伪造的遗嘱无效。

遗嘱被篡改的，篡改的内容无效。

第一千一百四十四条 【附义务遗嘱】遗嘱继承或者遗赠附有义务的，继承人或者受遗赠人应当履行义务。没有正当理由不履行义务的，经利害关系人或者有关组织请求,人民法院可以取消其接受附义务部分遗产的权利。

第四章 遗产的处理

第一千一百四十五条 【遗产管理人的选任】继承开始后,遗嘱执行人为遗产管理人;没有遗嘱执行人的,继承人应当及时推选遗产管理人;继承人未推选的,由继承人共同担任遗产管理人;没有继承人或者继承人均放弃继承的,由被继承人生前住所地的民政部门或者村民委员会担任遗产管理人。

第一千一百四十六条 【遗产管理人的指定】对遗产管理人的确定有争议的,利害关系人可以向人民法院申请指定遗产管理人。

第一千一百四十七条 【遗产管理人的职责】遗产管理人应当履行下列职责:

（一）清理遗产并制作遗产清单;
（二）向继承人报告遗产情况;
（三）采取必要措施防止遗产毁损、灭失;
（四）处理被继承人的债权债务;
（五）按照遗嘱或者依照法律规定分割遗产;
（六）实施与管理遗产有关的其他必要行为。

第一千一百四十八条 【遗产管理人未尽职责的民事责任】遗产管理人应当依法履行职责,因故意或者重大过失造成继承人、受遗赠人、债权人损害的,应当承担民事责任。

第一千一百四十九条 【遗产管理人的报酬】遗产管理人可以依照法律规定或者按照约定获得报酬。

第一千一百五十条 【继承开始后的通知】继承开始后,知道被继承人死亡的继承人应当及时通知其他继承人和遗嘱执行人。继承人中无人知道被继承人死亡或者知道被继承人死亡而不能通知的,由被继承人生前所在单位或者住所地的居民委员会、村民委员会负责通知。

第一千一百五十一条 【遗产的保管】存有遗产的人,应当妥善保管遗产,任何组织或者个人不得侵吞或者争抢。

第一千一百五十二条 【转继承】继承开始后,继承人于遗产分割前死亡,并没有放弃继承的,该继承人应当继承的遗产转给其继承人,但是遗嘱另有安排的除外。

第一千一百五十三条 【遗产的确定】夫妻共同所有的财产,除有约定的外,遗产分割时,应当先将共同所有的财产的一半分出为配偶所有,其余的为被继承人的遗产。

遗产在家庭共有财产之中的,遗产分割时,应当先分出他人的财产。

第一千一百五十四条 【法定继承的适用范围】有下列情形之一的,遗产中的有关部分按照法定继承办理:

(一)遗嘱继承人放弃继承或者受遗赠人放弃受遗赠;

(二)遗嘱继承人丧失继承权或者受遗赠人丧失受遗赠权;

(三)遗嘱继承人、受遗赠人先于遗嘱人死亡或者终止;

(四)遗嘱无效部分所涉及的遗产;

(五)遗嘱未处分的遗产。

第一千一百五十五条 【胎儿预留份】遗产分割时,应当保留胎儿的继承份额。胎儿娩出时是死体的,保留的份额按照法定继承办理。

第一千一百五十六条 【遗产分割的原则和方法】遗产分割应当有利于生产和生活需要,不损害遗产的效用。

不宜分割的遗产,可以采取折价、适当补偿或者共有等方法处理。

第一千一百五十七条 【再婚时对所继承遗产的处分权】夫妻一方死亡后另一方再婚的,有权处分所继承的财产,任何组织或者个人不得干涉。

第一千一百五十八条 【遗赠扶养协议】自然人可以与继承人以外的组织或者个人签订遗赠扶养协议。按照协议,该组织或者个人承担该自然人生养死葬的义务,享有受遗赠的权利。

第一千一百五十九条 【遗产分割时的义务】分割遗产,应当清偿被继承人依法应当缴纳的税款和债务;但是,应当为缺乏劳动能力又没有生活来源的继承人保留必要的遗产。

第一千一百六十条 【无人继承遗产的归属】无人继承又无人受遗赠的遗产,归国家所有,用于公益事业;死者生前是集体所有制组织成员的,归所在集体所有制组织所有。

第一千一百六十一条 【继承人对遗产债务的清偿责任】继承人以所得遗产实际价值为限清偿被继承人依法应当缴纳的税款和债务。超过遗产实际价值部分，继承人自愿偿还的不在此限。

继承人放弃继承的，对被继承人依法应当缴纳的税款和债务可以不负清偿责任。

第一千一百六十二条 【遗赠与遗产税款、债务清偿】执行遗赠不得妨碍清偿遗赠人依法应当缴纳的税款和债务。

第一千一百六十三条 【既有法定继承又有遗嘱继承、遗赠时税款和债务的清偿】既有法定继承又有遗嘱继承、遗赠的，由法定继承人清偿被继承人依法应当缴纳的税款和债务；超过法定继承遗产实际价值部分，由遗嘱继承人和受遗赠人按比例以所得遗产清偿。

第七编　侵权责任

第一章　一般规定

第一千一百六十四条 【侵权责任编的调整范围】本编调整因侵害民事权益产生的民事关系。

第一千一百六十五条 【过错责任与过错推定责任原则】行为人因过错侵害他人民事权益造成损害的，应当承担侵权责任。

依照法律规定推定行为人有过错，其不能证明自己没有过错的，应当承担侵权责任。

第一千一百六十六条 【无过错责任原则】行为人造成他人民事权益损害，不论行为人有无过错，法律规定应当承担侵权责任的，依照其规定。

第一千一百六十七条 【危及他人人身、财产安全的责任承担方式】侵权行为危及他人人身、财产安全的，被侵权人有权请求侵权人承担停止侵害、排除妨碍、消除危险等侵权责任。

第一千一百六十八条 【共同侵权】二人以上共同实施侵权行为，造成他人损害的，应当承担连带责任。

第一千一百六十九条 【教唆侵权、帮助侵权】教唆、帮助他人实施侵权行为的，应当与行为人承担连带责任。

教唆、帮助无民事行为能力人、限制民事行为能力人实施侵权行为的，应当承担侵权责任；该无民事行为能力人、限制民事行为能力人的监护人未尽到监护职责的,应当承担相应的责任。

第一千一百七十条 【共同危险行为】二人以上实施危及他人人身、财产安全的行为,其中一人或者数人的行为造成他人损害,能够确定具体侵权人的,由侵权人承担责任;不能确定具体侵权人的,行为人承担连带责任。

第一千一百七十一条 【分别侵权承担连带责任】二人以上分别实施侵权行为造成同一损害,每个人的侵权行为都足以造成全部损害的,行为人承担连带责任。

第一千一百七十二条 【分别侵权承担按份责任】二人以上分别实施侵权行为造成同一损害,能够确定责任大小的,各自承担相应的责任;难以确定责任大小的,平均承担责任。

第一千一百七十三条 【与有过错】被侵权人对同一损害的发生或者扩大有过错的,可以减轻侵权人的责任。

第一千一百七十四条 【受害人故意】损害是因受害人故意造成的,行为人不承担责任。

第一千一百七十五条 【第三人过错】损害是因第三人造成的,第三人应当承担侵权责任。

第一千一百七十六条 【自甘风险】自愿参加具有一定风险的文体活动,因其他参加者的行为受到损害的,受害人不得请求其他参加者承担侵权责任;但是,其他参加者对损害的发生有故意或者重大过失的除外。

活动组织者的责任适用本法第一千一百九十八条至第一千二百零一条的规定。

第一千一百七十七条 【自助行为】合法权益受到侵害,情况紧迫且不能及时获得国家机关保护,不立即采取措施将使其合法权益受到难以弥补的损害的,受害人可以在保护自己合法权益的必要范围内采取扣留侵权人的财物等合理措施;但是,应当立即请求有关国家机关处理。

受害人采取的措施不当造成他人损害的,应当承担侵权责任。

第一千一百七十八条 【优先适用特别规定】本法和其他法律对不承担责任或者减轻责任的情形另有规定的,依照其规定。

第二章　损 害 赔 偿

第一千一百七十九条　【人身损害赔偿范围】侵害他人造成人身损害的,应当赔偿医疗费、护理费、交通费、营养费、住院伙食补助费等为治疗和康复支出的合理费用,以及因误工减少的收入。造成残疾的,还应当赔偿辅助器具费和残疾赔偿金;造成死亡的,还应当赔偿丧葬费和死亡赔偿金。

第一千一百八十条　【以相同数额确定死亡赔偿金】因同一侵权行为造成多人死亡的,可以以相同数额确定死亡赔偿金。

第一千一百八十一条　【被侵权人死亡后请求权主体的确定】被侵权人死亡的,其近亲属有权请求侵权人承担侵权责任。被侵权人为组织,该组织分立、合并的,承继权利的组织有权请求侵权人承担侵权责任。

被侵权人死亡的,支付被侵权人医疗费、丧葬费等合理费用的人有权请求侵权人赔偿费用,但是侵权人已经支付该费用的除外。

第一千一百八十二条　【侵害他人人身权益造成财产损失的赔偿数额的确定】侵害他人人身权益造成财产损失的,按照被侵权人因此受到的损失或者侵权人因此获得的利益赔偿;被侵权人因此受到的损失以及侵权人因此获得的利益难以确定,被侵权人和侵权人就赔偿数额协商不一致,向人民法院提起诉讼的,由人民法院根据实际情况确定赔偿数额。

第一千一百八十三条　【精神损害赔偿】侵害自然人人身权益造成严重精神损害的,被侵权人有权请求精神损害赔偿。

因故意或者重大过失侵害自然人具有人身意义的特定物造成严重精神损害的,被侵权人有权请求精神损害赔偿。

第一千一百八十四条　【财产损失计算方式】侵害他人财产的,财产损失按照损失发生时的市场价格或者其他合理方式计算。

第一千一百八十五条　【侵害知识产权的惩罚性赔偿】故意侵害他人知识产权,情节严重的,被侵权人有权请求相应的惩罚性赔偿。

第一千一百八十六条　【公平责任原则】受害人和行为人对损害的发生都没有过错的,依照法律的规定由双方分担损失。

第一千一百八十七条　【赔偿费用支付方式】损害发生后,当事人可以协商赔偿费用的支付方式。协商不一致的,赔偿费用应当一次性支付;一次性支付确有困难的,可以分期支付,但是被侵权人有权请求提供相应的担保。

第三章 责任主体的特殊规定

第一千一百八十八条 【监护人责任】无民事行为能力人、限制民事行为能力人造成他人损害的,由监护人承担侵权责任。监护人尽到监护职责的,可以减轻其侵权责任。

有财产的无民事行为能力人、限制民事行为能力人造成他人损害的,从本人财产中支付赔偿费用;不足部分,由监护人赔偿。

第一千一百八十九条 【委托监护责任】无民事行为能力人、限制民事行为能力人造成他人损害,监护人将监护职责委托给他人的,监护人应当承担侵权责任;受托人有过错的,承担相应的责任。

第一千一百九十条 【丧失意识侵权责任】完全民事行为能力人对自己的行为暂时没有意识或者失去控制造成他人损害有过错的,应当承担侵权责任;没有过错的,根据行为人的经济状况对受害人适当补偿。

完全民事行为能力人因醉酒、滥用麻醉药品或者精神药品对自己的行为暂时没有意识或者失去控制造成他人损害的,应当承担侵权责任。

第一千一百九十一条 【用人单位责任和劳务派遣单位、劳务用工单位责任】用人单位的工作人员因执行工作任务造成他人损害的,由用人单位承担侵权责任。用人单位承担侵权责任后,可以向有故意或者重大过失的工作人员追偿。

劳务派遣期间,被派遣的工作人员因执行工作任务造成他人损害的,由接受劳务派遣的用工单位承担侵权责任;劳务派遣单位有过错的,承担相应的责任。

第一千一百九十二条 【个人劳务关系中的侵权责任】个人之间形成劳务关系,提供劳务一方因劳务造成他人损害的,由接受劳务一方承担侵权责任。接受劳务一方承担侵权责任后,可以向有故意或者重大过失的提供劳务一方追偿。提供劳务一方因劳务受到损害的,根据双方各自的过错承担相应的责任。

提供劳务期间,因第三人的行为造成提供劳务一方损害的,提供劳务一方有权请求第三人承担侵权责任，也有权请求接受劳务一方给予补偿。接受劳务一方补偿后，可以向第三人追偿。

第一千一百九十三条　【承揽关系中的侵权责任】承揽人在完成工作过程中造成第三人损害或者自己损害的，定作人不承担侵权责任。但是，定作人对定作、指示或者选任有过错的，应当承担相应的责任。

第一千一百九十四条　【网络侵权责任】网络用户、网络服务提供者利用网络侵害他人民事权益的，应当承担侵权责任。法律另有规定的，依照其规定。

第一千一百九十五条　【网络服务提供者侵权补救措施与责任承担】网络用户利用网络服务实施侵权行为的，权利人有权通知网络服务提供者采取删除、屏蔽、断开链接等必要措施。通知应当包括构成侵权的初步证据及权利人的真实身份信息。

网络服务提供者接到通知后，应当及时将该通知转送相关网络用户，并根据构成侵权的初步证据和服务类型采取必要措施；未及时采取必要措施的，对损害的扩大部分与该网络用户承担连带责任。

权利人因错误通知造成网络用户或者网络服务提供者损害的，应当承担侵权责任。法律另有规定的，依照其规定。

第一千一百九十六条　【不侵权声明】网络用户接到转送的通知后，可以向网络服务提供者提交不存在侵权行为的声明。声明应当包括不存在侵权行为的初步证据及网络用户的真实身份信息。

网络服务提供者接到声明后，应当将该声明转送发出通知的权利人，并告知其可以向有关部门投诉或者向人民法院提起诉讼。网络服务提供者在转送声明到达权利人后的合理期限内，未收到权利人已经投诉或者提起诉讼通知的，应当及时终止所采取的措施。

第一千一百九十七条　【网络服务提供者的连带责任】网络服务提供者知道或者应当知道网络用户利用其网络服务侵害他人民事权益，未采取必要措施的，与该网络用户承担连带责任。

第一千一百九十八条　【安全保障义务人责任】宾馆、商场、银行、车站、机场、体育场馆、娱乐场所等经营场所、公共场所的经营者、管理者或者群众性活动的组织者，未尽到安全保障义务，造成他人损害的，应当承担侵权责任。

因第三人的行为造成他人损害的,由第三人承担侵权责任;经营者、管理者或者组织者未尽到安全保障义务的,承担相应的补充责任。经营者、管理者或者组织者承担补充责任后,可以向第三人追偿。

第一千一百九十九条 【教育机构的过错推定责任】无民事行为能力人在幼儿园、学校或者其他教育机构学习、生活期间受到人身损害的,幼儿园、学校或者其他教育机构应当承担侵权责任;但是,能够证明尽到教育、管理职责的,不承担侵权责任。

第一千二百条 【教育机构的过错责任】限制民事行为能力人在学校或者其他教育机构学习、生活期间受到人身损害,学校或者其他教育机构未尽到教育、管理职责的,应当承担侵权责任。

第一千二百零一条 【在教育机构内第三人侵权时的责任分担】无民事行为能力人或者限制民事行为能力人在幼儿园、学校或者其他教育机构学习、生活期间,受到幼儿园、学校或者其他教育机构以外的第三人人身损害的,由第三人承担侵权责任;幼儿园、学校或者其他教育机构未尽到管理职责的,承担相应的补充责任。幼儿园、学校或者其他教育机构承担补充责任后,可以向第三人追偿。

第四章 产品责任

第一千二百零二条 【产品生产者责任】因产品存在缺陷造成他人损害的,生产者应当承担侵权责任。

第一千二百零三条 【被侵权人请求损害赔偿的途径和先行赔偿人追偿权】因产品存在缺陷造成他人损害的,被侵权人可以向产品的生产者请求赔偿,也可以向产品的销售者请求赔偿。

产品缺陷由生产者造成的,销售者赔偿后,有权向生产者追偿。因销售者的过错使产品存在缺陷的,生产者赔偿后,有权向销售者追偿。

第一千二百零四条 【生产者和销售者对有过错第三人的追偿权】因运输者、仓储者等第三人的过错使产品存在缺陷,造成他人损害的,产品的生产者、销售者赔偿后,有权向第三人追偿。

第一千二百零五条 【危及他人人身、财产安全的责任承担方式】因产品缺陷危及他人人身、财产安全的,被侵权人有权请求生产者、销售者承担停止侵害、排除妨碍、消除危险等侵权责任。

第一千二百零六条 【流通后发现有缺陷的补救措施和侵权责任】产品投入流通后发现存在缺陷的,生产者、销售者应当及时采取停止销售、警示、召回等补救措施;未及时采取补救措施或者补救措施不力造成损害扩大的,对扩大的损害也应当承担侵权责任。

依据前款规定采取召回措施的,生产者、销售者应当负担被侵权人因此支出的必要费用。

第一千二百零七条 【产品责任惩罚性赔偿】明知产品存在缺陷仍然生产、销售,或者没有依据前条规定采取有效补救措施,造成他人死亡或者健康严重损害的,被侵权人有权请求相应的惩罚性赔偿。

第五章 机动车交通事故责任

第一千二百零八条 【机动车交通事故责任的法律适用】机动车发生交通事故造成损害的,依照道路交通安全法律和本法的有关规定承担赔偿责任。

第一千二百零九条 【机动车所有人、管理人与使用人不一致时的侵权责任】因租赁、借用等情形机动车所有人、管理人与使用人不是同一人时,发生交通事故造成损害,属于该机动车一方责任的,由机动车使用人承担赔偿责任;机动车所有人、管理人对损害的发生有过错的,承担相应的赔偿责任。

第一千二百一十条 【转让并交付但未办理登记的机动车侵权责任】当事人之间已经以买卖或者其他方式转让并交付机动车但是未办理登记,发生交通事故造成损害,属于该机动车一方责任的,由受让人承担赔偿责任。

第一千二百一十一条 【挂靠机动车侵权责任】以挂靠形式从事道路运输经营活动的机动车,发生交通事故造成损害,属于该机动车一方责任的,由挂靠人和被挂靠人承担连带责任。

第一千二百一十二条 【未经允许驾驶他人机动车侵权责任】未经允许驾驶他人机动车,发生交通事故造成损害,属于该机动车一方责任的,由机动车使用人承担赔偿责任;机动车所有人、管理人对损害的发生有过错的,承担相应的赔偿责任,但是本章另有规定的除外。

第一千二百一十三条 【交通事故责任承担主体赔偿顺序】机动车发生

交通事故造成损害,属于该机动车一方责任的,先由承保机动车强制保险的保险人在强制保险责任限额范围内予以赔偿;不足部分,由承保机动车商业保险的保险人按照保险合同的约定予以赔偿;仍然不足或者没有投保机动车商业保险的,由侵权人赔偿。

第一千二百一十四条 【拼装车或报废车侵权责任】以买卖或者其他方式转让拼装或者已经达到报废标准的机动车,发生交通事故造成损害的,由转让人和受让人承担连带责任。

第一千二百一十五条 【盗窃、抢劫或抢夺机动车侵权责任】盗窃、抢劫或者抢夺的机动车发生交通事故造成损害的,由盗窃人、抢劫人或者抢夺人承担赔偿责任。盗窃人、抢劫人或者抢夺人与机动车使用人不是同一人,发生交通事故造成损害,属于该机动车一方责任的,由盗窃人、抢劫人或者抢夺人与机动车使用人承担连带责任。

保险人在机动车强制保险责任限额范围内垫付抢救费用的,有权向交通事故责任人追偿。

第一千二百一十六条 【肇事后逃逸责任及受害人救济】机动车驾驶人发生交通事故后逃逸,该机动车参加强制保险的,由保险人在机动车强制保险责任限额范围内予以赔偿;机动车不明、该机动车未参加强制保险或者抢救费用超过机动车强制保险责任限额,需要支付被侵权人人身伤亡的抢救、丧葬等费用的,由道路交通事故社会救助基金垫付。道路交通事故社会救助基金垫付后,其管理机构有权向交通事故责任人追偿。

第一千二百一十七条 【好意同乘的责任承担】非营运机动车发生交通事故造成无偿搭乘人损害,属于该机动车一方责任的,应当减轻其赔偿责任,但是机动车使用人有故意或者重大过失的除外。

第六章 医疗损害责任

第一千二百一十八条 【医疗损害责任归责原则和责任承担主体】患者在诊疗活动中受到损害,医疗机构或者其医务人员有过错的,由医疗机构承担赔偿责任。

第一千二百一十九条 【医务人员说明义务和患者知情同意权】医务人员在诊疗活动中应当向患者说明病情和医疗措施。需要实施手术、特殊检查、特殊治疗的,医务人员应当及时向患者具体说明医疗风险、替代医疗方案等情况,并取得其明确同意;不能或者不宜向患者说明的,应当向患者的近亲属说明,并取得其明确同意。

医务人员未尽到前款义务,造成患者损害的,医疗机构应当承担赔偿责任。

第一千二百二十条 【紧急情况下实施医疗措施】因抢救生命垂危的患者等紧急情况,不能取得患者或者其近亲属意见的,经医疗机构负责人或者授权的负责人批准,可以立即实施相应的医疗措施。

第一千二百二十一条 【医务人员过错诊疗的赔偿责任】医务人员在诊疗活动中未尽到与当时的医疗水平相应的诊疗义务,造成患者损害的,医疗机构应当承担赔偿责任。

第一千二百二十二条 【推定医疗机构有过错的情形】患者在诊疗活动中受到损害,有下列情形之一的,推定医疗机构有过错:

(一)违反法律、行政法规、规章以及其他有关诊疗规范的规定;

(二)隐匿或者拒绝提供与纠纷有关的病历资料;

(三)遗失、伪造、篡改或者违法销毁病历资料。

第一千二百二十三条 【药品、消毒产品、医疗器械的缺陷,或者输入不合格血液的侵权责任】因药品、消毒产品、医疗器械的缺陷,或者输入不合格的血液造成患者损害的,患者可以向药品上市许可持有人、生产者、血液提供机构请求赔偿,也可以向医疗机构请求赔偿。患者向医疗机构请求赔偿的,医疗机构赔偿后,有权向负有责任的药品上市许可持有人、生产者、血液提供机构追偿。

第一千二百二十四条 【医疗机构免责情形】患者在诊疗活动中受到损害,有下列情形之一的,医疗机构不承担赔偿责任:

(一)患者或者其近亲属不配合医疗机构进行符合诊疗规范的诊疗;

(二)医务人员在抢救生命垂危的患者等紧急情况下已经尽到合理诊疗义务;

(三)限于当时的医疗水平难以诊疗。

前款第一项情形中,医疗机构或者其医务人员也有过错的,应当承担相应的赔偿责任。

第一千二百二十五条 【医疗机构对病历资料的义务、患者对病历资料的权利】医疗机构及其医务人员应当按照规定填写并妥善保管住院志、医嘱单、检验报告、手术及麻醉记录、病理资料、护理记录等病历资料。

患者要求查阅、复制前款规定的病历资料的,医疗机构应当及时提供。

第一千二百二十六条 【患者隐私和个人信息保护】医疗机构及其医务人员应当对患者的隐私和个人信息保密。泄露患者的隐私和个人信息,或者未经患者同意公开其病历资料的,应当承担侵权责任。

第一千二百二十七条 【禁止违规实施不必要的检查】医疗机构及其医务人员不得违反诊疗规范实施不必要的检查。

第一千二百二十八条 【维护医疗机构及其医务人员合法权益】医疗机构及其医务人员的合法权益受法律保护。

干扰医疗秩序,妨碍医务人员工作、生活,侵害医务人员合法权益的,应当依法承担法律责任。

第七章 环境污染和生态破坏责任

第一千二百二十九条 【污染环境、破坏生态致损的侵权责任】因污染环境、破坏生态造成他人损害的,侵权人应当承担侵权责任。

第一千二百三十条 【环境污染、生态破坏侵权举证责任】因污染环境、破坏生态发生纠纷,行为人应当就法律规定的不承担责任或者减轻责任的情形及其行为与损害之间不存在因果关系承担举证责任。

第一千二百三十一条 【两个以上侵权人的责任大小确定】两个以上侵权人污染环境、破坏生态的,承担责任的大小,根据污染物的种类、浓度、排放量,破坏生态的方式、范围、程度,以及行为对损害后果所起的作用等因素确定。

第一千二百三十二条 【环境污染、生态破坏侵权的惩罚性赔偿】侵权人违反法律规定故意污染环境、破坏生态造成严重后果的,被侵权人有权请求相应的惩罚性赔偿。

第一千二百三十三条 【因第三人的过错污染环境、破坏生态的侵权责任】因第三人的过错污染环境、破坏生态的,被侵权人可以向侵权人请求赔偿,也可以向第三人请求赔偿。侵权人赔偿后,有权向第三人追偿。

第一千二百三十四条　【生态环境修复责任】违反国家规定造成生态环境损害，生态环境能够修复的，国家规定的机关或者法律规定的组织有权请求侵权人在合理期限内承担修复责任。侵权人在期限内未修复的，国家规定的机关或者法律规定的组织可以自行或者委托他人进行修复，所需费用由侵权人负担。

第一千二百三十五条　【生态环境损害赔偿范围】违反国家规定造成生态环境损害的，国家规定的机关或者法律规定的组织有权请求侵权人赔偿下列损失和费用：

（一）生态环境受到损害至修复完成期间服务功能丧失导致的损失；

（二）生态环境功能永久性损害造成的损失；

（三）生态环境损害调查、鉴定评估等费用；

（四）清除污染、修复生态环境费用；

（五）防止损害的发生和扩大所支出的合理费用。

第八章　高度危险责任

第一千二百三十六条　【高度危险责任的一般规定】从事高度危险作业造成他人损害的，应当承担侵权责任。

第一千二百三十七条　【民用核设施或者核材料致害责任】民用核设施或者运入运出核设施的核材料发生核事故造成他人损害的，民用核设施的营运单位应当承担侵权责任；但是，能够证明损害是因战争、武装冲突、暴乱等情形或者受害人故意造成的，不承担责任。

第一千二百三十八条　【民用航空器致害责任】民用航空器造成他人损害的，民用航空器的经营者应当承担侵权责任；但是，能够证明损害是因受害人故意造成的，不承担责任。

第一千二百三十九条　【占有或使用高度危险物致害责任】占有或者使用易燃、易爆、剧毒、高放射性、强腐蚀性、高致病性等高度危险物造成他人损害的，占有人或者使用人应当承担侵权责任；但是，能够证明损害是因受害人故意或者不可抗力造成的，不承担责任。被侵权人对损害的发生有重大过失的，可以减轻占有人或者使用人的责任。

第一千二百四十条 【从事高空、高压、地下挖掘活动或者使用高速轨道运输工具致害责任】从事高空、高压、地下挖掘活动或者使用高速轨道运输工具造成他人损害的,经营者应当承担侵权责任;但是,能够证明损害是因受害人故意或者不可抗力造成的,不承担责任。被侵权人对损害的发生有重大过失的,可以减轻经营者的责任。

第一千二百四十一条 【遗失、抛弃高度危险物致害责任】遗失、抛弃高度危险物造成他人损害的,由所有人承担侵权责任。所有人将高度危险物交由他人管理的,由管理人承担侵权责任;所有人有过错的,与管理人承担连带责任。

第一千二百四十二条 【非法占有高度危险物致害责任】非法占有高度危险物造成他人损害的,由非法占有人承担侵权责任。所有人、管理人不能证明对防止非法占有尽到高度注意义务的,与非法占有人承担连带责任。

第一千二百四十三条 【高度危险场所安全保障责任】未经许可进入高度危险活动区域或者高度危险物存放区域受到损害,管理人能够证明已经采取足够安全措施并尽到充分警示义务的,可以减轻或者不承担责任。

第一千二百四十四条 【高度危险责任赔偿限额】承担高度危险责任,法律规定赔偿限额的,依照其规定,但是行为人有故意或者重大过失的除外。

第九章 饲养动物损害责任

第一千二百四十五条 【饲养动物致害责任的一般规定】饲养的动物造成他人损害的,动物饲养人或者管理人应当承担侵权责任;但是,能够证明损害是因被侵权人故意或者重大过失造成的,可以不承担或者减轻责任。

第一千二百四十六条 【违反规定未对动物采取安全措施致害责任】违反管理规定,未对动物采取安全措施造成他人损害的,动物饲养人或者管理人应当承担侵权责任;但是,能够证明损害是因被侵权人故意造成的,可以减轻责任。

第一千二百四十七条 【禁止饲养的危险动物致害责任】禁止饲养的烈

性犬等危险动物造成他人损害的,动物饲养人或者管理人应当承担侵权责任。

第一千二百四十八条 【动物园的动物致害责任】动物园的动物造成他人损害的,动物园应当承担侵权责任;但是,能够证明尽到管理职责的,不承担侵权责任。

第一千二百四十九条 【遗弃、逃逸的动物致害责任】遗弃、逃逸的动物在遗弃、逃逸期间造成他人损害的,由动物原饲养人或者管理人承担侵权责任。

第一千二百五十条 【因第三人的过错致使动物致害责任】因第三人的过错致使动物造成他人损害的,被侵权人可以向动物饲养人或者管理人请求赔偿,也可以向第三人请求赔偿。动物饲养人或者管理人赔偿后,有权向第三人追偿。

第一千二百五十一条 【饲养动物应履行的义务】饲养动物应当遵守法律法规,尊重社会公德,不得妨碍他人生活。

第十章 建筑物和物件损害责任

第一千二百五十二条 【建筑物、构筑物或者其他设施倒塌、塌陷致害责任】建筑物、构筑物或者其他设施倒塌、塌陷造成他人损害的,由建设单位与施工单位承担连带责任,但是建设单位与施工单位能够证明不存在质量缺陷的除外。建设单位、施工单位赔偿后,有其他责任人的,有权向其他责任人追偿。

因所有人、管理人、使用人或者第三人的原因,建筑物、构筑物或者其他设施倒塌、塌陷造成他人损害的,由所有人、管理人、使用人或者第三人承担侵权责任。

第一千二百五十三条 【建筑物、构筑物或者其他设施及其搁置物、悬挂物脱落、坠落致害责任】建筑物、构筑物或者其他设施及其搁置物、悬挂物发生脱落、坠落造成他人损害,所有人、管理人或者使用人不能证明自己没有过错的,应当承担侵权责任。所有人、管理人或者使用人赔偿后,有其他责任人的,有权向其他责任人追偿。

第一千二百五十四条 【从建筑物中抛掷物、坠落物致害责任】禁止从建筑物中抛掷物品。从建筑物中抛掷物品或者从建筑物上坠落的物品造成他人损害的,由侵权人依法承担侵权责任;经调查难以确定具体侵权人的,除能够证明自己不是侵权人的外,由可能加害的建筑物使用人给予补偿。可能加害的建筑物使用人补偿后,有权向侵权人追偿。

物业服务企业等建筑物管理人应当采取必要的安全保障措施防止前款规定情形的发生;未采取必要的安全保障措施的,应当依法承担未履行安全保障义务的侵权责任。

发生本条第一款规定的情形的,公安等机关应当依法及时调查,查清责任人。

第一千二百五十五条 【堆放物倒塌、滚落或者滑落致害责任】堆放物倒塌、滚落或者滑落造成他人损害,堆放人不能证明自己没有过错的,应当承担侵权责任。

第一千二百五十六条 【在公共道路上堆放、倾倒、遗撒妨碍通行的物品致害责任】在公共道路上堆放、倾倒、遗撒妨碍通行的物品造成他人损害的,由行为人承担侵权责任。公共道路管理人不能证明已经尽到清理、防护、警示等义务的,应当承担相应的责任。

第一千二百五十七条 【林木折断、倾倒或者果实坠落等致人损害的侵权责任】因林木折断、倾倒或者果实坠落等造成他人损害,林木的所有人或者管理人不能证明自己没有过错的,应当承担侵权责任。

第一千二百五十八条 【公共场所或者道路上施工致害责任和窨井等地下设施致害责任】在公共场所或者道路上挖掘、修缮安装地下设施等造成他人损害,施工人不能证明已经设置明显标志和采取安全措施的,应当承担侵权责任。

窨井等地下设施造成他人损害,管理人不能证明尽到管理职责的,应当承担侵权责任。

中华人民共和国民办教育促进法

1. 2002年12月28日第九届全国人民代表大会常务委员会第三十一次会议通过
2. 根据2013年6月29日第十二届全国人民代表大会常务委员会第三次会议《关于修改〈中华人民共和国文物保护法〉等十二部法律的决定》第一次修正
3. 根据2016年11月7日第十二届全国人民代表大会常务委员会第二十四次会议《关于修改〈中华人民共和国民办教育促进法〉的决定》第二次修正
4. 根据2018年12月29日第十三届全国人民代表大会常务委员会第七次会议《关于修改〈中华人民共和国劳动法〉等七部法律的决定》第三次修正

目　录

第一章　总　　则
第二章　设　　立
第三章　学校的组织与活动
第四章　教师与受教育者
第五章　学校资产与财务管理
第六章　管理与监督
第七章　扶持与奖励
第八章　变更与终止
第九章　法律责任
第十章　附　　则

第一章　总　　则

第一条　【立法目的】为实施科教兴国战略，促进民办教育事业的健康发展，维护民办学校和受教育者的合法权益，根据宪法和教育法制定本法。

第二条　【调整范围】国家机构以外的社会组织或者个人，利用非国家财政性经费，面向社会举办学校及其他教育机构的活动，适用本法。本法未作规定的，依照教育法和其他有关教育法律执行。

第三条 【性质、方针和发展规划】民办教育事业属于公益性事业,是社会主义教育事业的组成部分。

国家对民办教育实行积极鼓励、大力支持、正确引导、依法管理的方针。

各级人民政府应当将民办教育事业纳入国民经济和社会发展规划。

第四条 【活动原则】民办学校应当遵守法律、法规,贯彻国家的教育方针,保证教育质量,致力于培养社会主义建设事业的各类人才。

民办学校应当贯彻教育与宗教相分离的原则。任何组织和个人不得利用宗教进行妨碍国家教育制度的活动。

第五条 【法律地位】民办学校与公办学校具有同等的法律地位,国家保障民办学校的办学自主权。

国家保障民办学校举办者、校长、教职工和受教育者的合法权益。

第六条 【鼓励和奖励】国家鼓励捐资办学。

国家对为发展民办教育事业做出突出贡献的组织和个人,给予奖励和表彰。

第七条 【管理体制】国务院教育行政部门负责全国民办教育工作的统筹规划、综合协调和宏观管理。

国务院人力资源社会保障行政部门及其他有关部门在国务院规定的职责范围内分别负责有关的民办教育工作。

第八条 【地方管理体制】县级以上地方各级人民政府教育行政部门主管本行政区域内的民办教育工作。

县级以上地方各级人民政府人力资源社会保障行政部门及其他有关部门在各自的职责范围内,分别负责有关的民办教育工作。

第九条 【党组】民办学校中的中国共产党基层组织,按照中国共产党章程的规定开展党的活动,加强党的建设。

第二章 设 立

第十条 【举办资格】举办民办学校的社会组织,应当具有法人资格。

举办民办学校的个人,应当具有政治权利和完全民事行为能力。

民办学校应当具备法人条件。

第十一条 【设立条件】设立民办学校应当符合当地教育发展的需求,具备教育法和其他有关法律、法规规定的条件。

民办学校的设置标准参照同级同类公办学校的设置标准执行。

第十二条 【审批权限划分】举办实施学历教育、学前教育、自学考试助学及其他文化教育的民办学校,由县级以上人民政府教育行政部门按照国家规定的权限审批;举办实施以职业技能为主的职业资格培训、职业技能培训的民办学校,由县级以上人民政府人力资源社会保障行政部门按照国家规定的权限审批,并抄送同级教育行政部门备案。

第十三条 【筹设的申请材料】申请筹设民办学校,举办者应当向审批机关提交下列材料:

(一)申办报告,内容应当主要包括:举办者、培养目标、办学规模、办学层次、办学形式、办学条件、内部管理体制、经费筹措与管理使用等;

(二)举办者的姓名、住址或者名称、地址;

(三)资产来源、资金数额及有效证明文件,并载明产权;

(四)属捐赠性质的校产须提交捐赠协议,载明捐赠人的姓名、所捐资产的数额、用途和管理方法及相关有效证明文件。

第十四条 【审批程序】审批机关应当自受理筹设民办学校的申请之日起三十日内以书面形式作出是否同意的决定。

同意筹设的,发给筹设批准书。不同意筹设的,应当说明理由。

筹设期不得超过三年。超过三年的,举办者应当重新申报。

第十五条 【正式设立的申请材料】申请正式设立民办学校的,举办者应当向审批机关提交下列材料:

(一)筹设批准书;

(二)筹设情况报告;

(三)学校章程、首届学校理事会、董事会或者其他决策机构组成人员名单;

(四)学校资产的有效证明文件;

(五)校长、教师、财会人员的资格证明文件。

第十六条 【直接设立的材料规定】具备办学条件,达到设置标准的,可以直接申请正式设立,并应当提交本法第十三条和第十五条(三)、

(四)、(五)项规定的材料。

第十七条 【正式审批时限】申请正式设立民办学校的,审批机关应当自受理之日起三个月内以书面形式作出是否批准的决定,并送达申请人;其中申请正式设立民办高等学校的,审批机关也可以自受理之日起六个月内以书面形式作出是否批准的决定,并送达申请人。

第十八条 【审批结果发放形式】审批机关对批准正式设立的民办学校发给办学许可证。

审批机关对不批准正式设立的,应当说明理由。

第十九条 【设立登记手续】民办学校的举办者可以自主选择设立非营利性或者营利性民办学校。但是,不得设立实施义务教育的营利性民办学校。

非营利性民办学校的举办者不得取得办学收益,学校的办学结余全部用于办学。

营利性民办学校的举办者可以取得办学收益,学校的办学结余依照公司法等有关法律、行政法规的规定处理。

民办学校取得办学许可证后,进行法人登记,登记机关应当依法予以办理。

第三章 学校的组织与活动

第二十条 【决策机构反监督机构】民办学校应当设立学校理事会、董事会或者其他形式的决策机构并建立相应的监督机制。

民办学校的举办者根据学校章程规定的权限和程序参与学校的办学和管理。

第二十一条 【理事会或董事会组成】学校理事会或者董事会由举办者或者其代表、校长、教职工代表等人员组成。其中三分之一以上的理事或者董事应当具有五年以上教育教学经验。

学校理事会或者董事会由五人以上组成,设理事长或者董事长一人。理事长、理事或者董事长、董事名单报审批机关备案。

第二十二条 【理事会或董事会职权】学校理事会或者董事会行使下列职权:

(一)聘任和解聘校长;

（二）修改学校章程和制定学校的规章制度；

（三）制定发展规划，批准年度工作计划；

（四）筹集办学经费，审核预算、决算；

（五）决定教职工的编制定额和工资标准；

（六）决定学校的分立、合并、终止；

（七）决定其他重大事项。

其他形式决策机构的职权参照本条规定执行。

第二十三条　【法定代表人】民办学校的法定代表人由理事长、董事长或者校长担任。

第二十四条　【校长的聘任】民办学校参照同级同类公办学校校长任职的条件聘任校长，年龄可以适当放宽。

第二十五条　【校长的职权】民办学校校长负责学校的教育教学和行政管理工作，行使下列职权：

（一）执行学校理事会、董事会或者其他形式决策机构的决定；

（二）实施发展规划，拟订年度工作计划、财务预算和学校规章制度；

（三）聘任和解聘学校工作人员，实施奖惩；

（四）组织教育教学、科学研究活动，保证教育教学质量；

（五）负责学校日常管理工作；

（六）学校理事会、董事会或者其他形式决策机构的其他授权。

第二十六条　【学业证书的颁发】民办学校对招收的学生，根据其类别、修业年限、学业成绩，可以根据国家有关规定发给学历证书、结业证书或者培训合格证书。

对接受职业技能培训的学生，经备案的职业技能鉴定机构鉴定合格的，可以发给国家职业资格证书。

第二十七条　【民主管理】民办学校依法通过以教师为主体的教职工代表大会等形式，保障教职工参与民主管理和监督。

民办学校的教师和其他工作人员，有权依照工会法，建立工会组织，维护其合法权益。

第四章　教师与受教育者

第二十八条　【教师与受教育者的法律地位】民办学校的教师、受教育者与公办学校的教师、受教育者具有同等的法律地位。

第二十九条　【教师资格】民办学校聘任的教师,应当具有国家规定的任教资格。

第三十条　【教师教育和培训】民办学校应当对教师进行思想品德教育和业务培训。

第三十一条　【教职工待遇】民办学校应当依法保障教职工的工资、福利待遇和其他合法权益,并为教职工缴纳社会保险费。

国家鼓励民办学校按照国家规定为教职工办理补充养老保险。

第三十二条　【教职工的同等权利】民办学校教职工在业务培训、职务聘任、教龄和工龄计算、表彰奖励、社会活动等方面依法享有与公办学校教职工同等权利。

第三十三条　【保障受教育者合法权益】民办学校依法保障受教育者的合法权益。

民办学校按照国家规定建立学籍管理制度,对受教育者实施奖励或者处分。

第三十四条　【受教育者的同等权利】民办学校的受教育者在升学、就业、社会优待以及参加先进评选等方面享有与同级同类公办学校的受教育者同等权利。

第五章　学校资产与财务管理

第三十五条　【财会和资产管理制度】民办学校应当依法建立财务、会计制度和资产管理制度,并按照国家有关规定设置会计帐簿。

第三十六条　【法人财产权】民办学校对举办者投入民办学校的资产、国有资产、受赠的财产以及办学积累,享有法人财产权。

第三十七条　【财产保护】民办学校存续期间,所有资产由民办学校依法管理和使用,任何组织和个人不得侵占。

任何组织和个人都不得违反法律、法规向民办教育机构收取任何费用。

第三十八条　【收费制度】民办学校收取费用的项目和标准根据办学成本、市场需求等因素确定,向社会公示,并接受有关主管部门的监督。

非营利性民办学校收费的具体办法,由省、自治区、直辖市人民政府制定；营利性民办学校的收费标准，实行市场调节，由学校自主决定。

民办学校收取的费用应当主要用于教育教学活动、改善办学条件和保障教职工待遇。

第三十九条　【资产使用和财务监督】民办学校资产的使用和财务管理受审批机关和其他有关部门的监督。

民办学校应当在每个会计年度结束时制作财务会计报告，委托会计师事务所依法进行审计，并公布审计结果。

第六章　管理与监督

第四十条　【工作指导】教育行政部门及有关部门应当对民办学校的教育教学工作、教师培训工作进行指导。

第四十一条　【教学评估】教育行政部门及有关部门依法对民办学校实行督导，建立民办学校信息公示和信用档案制度，促进提高办学质量；组织或者委托社会中介组织评估办学水平和教育质量，并将评估结果向社会公布。

第四十二条　【招生简章和广告监督】民办学校的招生简章和广告，应当报审批机关备案。

第四十三条　【受教育者的申诉权】民办学校侵犯受教育者的合法权益，受教育者及其亲属有权向教育行政部门和其他有关部门申诉，有关部门应当及时予以处理。

第四十四条　【社会中介组织提供服务】国家支持和鼓励社会中介组织为民办学校提供服务。

第七章　扶持与奖励

第四十五条　【政府财政支持】县级以上各级人民政府可以设立专项资金，用于资助民办学校的发展，奖励和表彰有突出贡献的集体和个人。

第四十六条　【政府扶持】县级以上各级人民政府可以采取购买服务、助学贷款、奖助学金和出租、转让闲置的国有资产等措施对民办学校予以扶持；对非营利性民办学校还可以采取政府补贴、基金奖励、捐资激励等扶持措施。

第四十七条　【税收优惠】民办学校享受国家规定的税收优惠政策；其中，非营利性民办学校享受与公办学校同等的税收优惠政策。

第四十八条　【鼓励捐赠】民办学校依照国家有关法律、法规,可以接受公民、法人或者其他组织的捐赠。

国家对向民办学校捐赠财产的公民、法人或者其他组织按照有关规定给予税收优惠,并予以表彰。

第四十九条　【信贷支持】国家鼓励金融机构运用信贷手段,支持民办教育事业的发展。

第五十条　【拨付教育经费】人民政府委托民办学校承担义务教育任务,应当按照委托协议拨付相应的教育经费。

第五十一条　【用地优惠措施】新建、扩建非营利性民办学校,人民政府应当按照与公办学校同等原则,以划拨等方式给予用地优惠。新建、扩建营利性民办学校,人民政府应当按照国家规定供给土地。

教育用地不得用于其他用途。

第五十二条　【鼓励落后地区发展民办教育】国家采取措施,支持和鼓励社会组织和个人到少数民族地区、边远贫困地区举办民办学校,发展教育事业。

第八章　变更与终止

第五十三条　【分立、合并】民办学校的分立、合并,在进行财务清算后,由学校理事会或者董事会报审批机关批准。

申请分立、合并民办学校的,审批机关应当自受理之日起三个月内以书面形式答复;其中申请分立、合并民办高等学校的,审批机关也可以自受理之日起六个月内以书面形式答复。

第五十四条　【举办者的变更】民办学校举办者的变更,须由举办者提出,在进行财务清算后,经学校理事会或者董事会同意,报审批机关核准。

第五十五条　【名称、层次、类别的变更】民办学校名称、层次、类别的变更,由学校理事会或者董事会报审批机关批准。

申请变更为其他民办学校,审批机关应当自受理之日起三个月内以书面形式答复;其中申请变更为民办高等学校的,审批机关也可以自受理之日起六个月内以书面形式答复。

第五十六条　【终止情形】民办学校有下列情形之一的,应当终止:

（一）根据学校章程规定要求终止，并经审批机关批准的；

（二）被吊销办学许可证的；

（三）因资不抵债无法继续办学的。

第五十七条　【终止时的学生安排】民办学校终止时，应当妥善安置在校学生。实施义务教育的民办学校终止时，审批机关应当协助学校安排学生继续就学。

第五十八条　【终止时的财务清算】民办学校终止时，应当依法进行财务清算。

民办学校自己要求终止的，由民办学校组织清算；被审批机关依法撤销的，由审批机关组织清算；因资不抵债无法继续办学而被终止的，由人民法院组织清算。

第五十九条　【财产清偿】对民办学校的财产按照下列顺序清偿：

（一）应退受教育者学费、杂费和其他费用；

（二）应发教职工的工资及应缴纳的社会保险费用；

（三）偿还其他债务。

非营利性民办学校清偿上述债务后的剩余财产继续用于其他非营利性学校办学；营利性民办学校清偿上述债务后的剩余财产，依照公司法的有关规定处理。

第六十条　【终止后的手续】终止的民办学校，由审批机关收回办学许可证和销毁印章，并注销登记。

第九章　法　律　责　任

第六十一条　【违反教育法、教师法】民办学校在教育活动中违反教育法、教师法规定的，依照教育法、教师法的有关规定给予处罚。

第六十二条　【违法行为及法律责任】民办学校有下列行为之一的，由县级以上人民政府教育行政部门、人力资源社会保障行政部门或者其他有关部门责令限期改正，并予以警告；有违法所得的，退还所收费用后没收违法所得；情节严重的，责令停止招生、吊销办学许可证；构成犯罪的，依法追究刑事责任：

（一）擅自分立、合并民办学校的；

（二）擅自改变民办学校名称、层次、类别和举办者的；

(三)发布虚假招生简章或者广告,骗取钱财的;

(四)非法颁发或者伪造学历证书、结业证书、培训证书、职业资格证书的;

(五)管理混乱严重影响教育教学,产生恶劣社会影响的;

(六)提交虚假证明文件或者采取其他欺诈手段隐瞒重要事实骗取办学许可证的;

(七)伪造、变造、买卖、出租、出借办学许可证的;

(八)恶意终止办学、抽逃资金或者挪用办学经费的。

第六十三条 【审批机关和有关部门违法行为】县级以上人民政府教育行政部门、人力资源社会保障行政部门或者其他有关部门有下列行为之一的,由上级机关责令其改正;情节严重的,对直接负责的主管人员和其他直接责任人员,依法给予处分;造成经济损失的,依法承担赔偿责任;构成犯罪的,依法追究刑事责任:

(一)已受理设立申请,逾期不予答复的;

(二)批准不符合本法规定条件申请的;

(三)疏于管理,造成严重后果的;

(四)违反国家有关规定收取费用的;

(五)侵犯民办学校合法权益的;

(六)其他滥用职权、徇私舞弊的。

第六十四条 【擅自举办民办学校】违反国家有关规定擅自举办民办学校的,由所在地县级以上地方人民政府教育行政部门或者人力资源社会保障行政部门会同同级公安、民政或者市场监督管理等有关部门责令停止办学、退还所收费用,并对举办者处违法所得一倍以上五倍以下罚款;构成违反治安管理行为的,由公安机关依法给予治安管理处罚;构成犯罪的,依法追究刑事责任。

第十章 附 则

第六十五条 【学校及校长范围】本法所称的民办学校包括依法举办的其他民办教育机构。

本法所称的校长包括其他民办教育机构的主要行政负责人。

第六十六条 【中国境内外合作办学】境外的组织和个人在中国境内合

作办学的办法,由国务院规定。

第六十七条 【施行日期】本法自2003年9月1日起施行。1997年7月31日国务院颁布的《社会力量办学条例》同时废止。

中华人民共和国民办教育促进法实施条例

1. 2004年3月5日国务院令第399号公布
2. 2021年4月7日国务院令第741号修订
3. 自2021年9月1日起施行

第一章 总 则

第一条 根据《中华人民共和国民办教育促进法》(以下简称民办教育促进法),制定本条例。

第二条 国家机构以外的社会组织或者个人可以利用非国家财政性经费举办各级各类民办学校;但是,不得举办实施军事、警察、政治等特殊性质教育的民办学校。

民办教育促进法和本条例所称国家财政性经费,是指财政拨款、依法取得并应当上缴国库或者财政专户的财政性资金。

第三条 各级人民政府应当依法支持和规范社会力量举办民办教育,保障民办学校依法办学、自主管理,鼓励、引导民办学校提高质量、办出特色,满足多样化教育需求。

对于举办民办学校表现突出或者为发展民办教育事业做出突出贡献的社会组织或者个人,按照国家有关规定给予奖励和表彰。

第四条 民办学校应当坚持中国共产党的领导,坚持社会主义办学方向,坚持教育公益性,对受教育者加强社会主义核心价值观教育,落实立德树人根本任务。

民办学校中的中国共产党基层组织贯彻党的方针政策,依照法律、行政法规和国家有关规定参与学校重大决策并实施监督。

第二章 民办学校的设立

第五条 国家机构以外的社会组织或者个人可以单独或者联合举办民办

学校。联合举办民办学校的,应当签订联合办学协议,明确合作方式、各方权利义务和争议解决方式等。

国家鼓励以捐资、设立基金会等方式依法举办民办学校。以捐资等方式举办民办学校,无举办者的,其办学过程中的举办者权责由发起人履行。

在中国境内设立的外商投资企业以及外方为实际控制人的社会组织不得举办、参与举办或者实际控制实施义务教育的民办学校;举办其他类型民办学校的,应当符合国家有关外商投资的规定。

第六条 举办民办学校的社会组织或者个人应当有良好的信用状况。举办民办学校可以用货币出资,也可以用实物、建设用地使用权、知识产权等可以用货币估价并可以依法转让的非货币财产作价出资;但是,法律、行政法规规定不得作为出资的财产除外。

第七条 实施义务教育的公办学校不得举办或者参与举办民办学校,也不得转为民办学校。其他公办学校不得举办或者参与举办营利性民办学校。但是,实施职业教育的公办学校可以吸引企业的资本、技术、管理等要素,举办或者参与举办实施职业教育的营利性民办学校。

公办学校举办或者参与举办民办学校,不得利用国家财政性经费,不得影响公办学校教学活动,不得仅以品牌输出方式参与办学,并应当经其主管部门批准。公办学校举办或者参与举办非营利性民办学校,不得以管理费等方式取得或者变相取得办学收益。

公办学校举办或者参与举办的民办学校应当具有独立的法人资格,具有与公办学校相分离的校园、基本教育教学设施和独立的专任教师队伍,按照国家统一的会计制度独立进行会计核算,独立招生,独立颁发学业证书。

举办或者参与举办民办学校的公办学校依法享有举办者权益,依法履行国有资产管理义务。

第八条 地方人民政府不得利用国有企业、公办教育资源举办或者参与举办实施义务教育的民办学校。

以国有资产参与举办民办学校的,应当根据国家有关国有资产监督管理的规定,聘请具有评估资格的中介机构依法进行评估,根据评估结果合理确定出资额,并报对该国有资产负有监管职责的机构备案。

第九条 国家鼓励企业以独资、合资、合作等方式依法举办或者参与举办实施职业教育的民办学校。

第十条 举办民办学校,应当按时、足额履行出资义务。民办学校存续期间,举办者不得抽逃出资,不得挪用办学经费。

举办者可以依法募集资金举办营利性民办学校,所募集资金应当主要用于办学,不得擅自改变用途,并按规定履行信息披露义务。民办学校及其举办者不得以赞助费等名目向学生、学生家长收取或者变相收取与入学关联的费用。

第十一条 举办者依法制定学校章程,负责推选民办学校首届理事会、董事会或者其他形式决策机构的组成人员。

举办者可以依据法律、法规和学校章程规定的程序和要求参加或者委派代表参加理事会、董事会或者其他形式决策机构,并依据学校章程规定的权限行使相应的决策权、管理权。

第十二条 民办学校举办者变更的,应当签订变更协议,但不得涉及学校的法人财产,也不得影响学校发展,不得损害师生权益;现有民办学校的举办者变更的,可以根据其依法享有的合法权益与继任举办者协议约定变更收益。

民办学校的举办者不再具备法定条件的,应当在 6 个月内向审批机关提出变更;逾期不变更的,由审批机关责令变更。

举办者为法人的,其控股股东和实际控制人应当符合法律、行政法规规定的举办民办学校的条件,控股股东和实际控制人变更的,应当报主管部门备案并公示。

举办者变更,符合法定条件的,审批机关应当在规定的期限内予以办理。

第十三条 同时举办或者实际控制多所民办学校的,举办者或者实际控制人应当具备与其所开展办学活动相适应的资金、人员、组织机构等条件与能力,并对所举办民办学校承担管理和监督职责。

同时举办或者实际控制多所民办学校的举办者或者实际控制人向所举办或者实际控制的民办学校提供教材、课程、技术支持等服务以及组织教育教学活动,应当符合国家有关规定并建立相应的质量标准和保障机制。

同时举办或者实际控制多所民办学校的,应当保障所举办或者实际控制的民办学校依法独立开展办学活动,存续期间所有资产由学校依法管理和使用;不得改变所举办或者实际控制的非营利性民办学校的性质,直接或者间接取得办学收益;也不得滥用市场支配地位,排除、限制竞争。

任何社会组织和个人不得通过兼并收购、协议控制等方式控制实施义务教育的民办学校、实施学前教育的非营利性民办学校。

第十四条　实施国家认可的教育考试、职业资格考试和职业技能等级考试等考试的机构,举办或者参与举办与其所实施的考试相关的民办学校应当符合国家有关规定。

第十五条　设立民办学校的审批权限,依照有关法律、法规的规定执行。

地方人民政府及其有关部门应当依法履行实施义务教育的职责。设立实施义务教育的民办学校,应当符合当地义务教育发展规划。

第十六条　国家鼓励民办学校利用互联网技术在线实施教育活动。

利用互联网技术在线实施教育活动应当符合国家互联网管理有关法律、行政法规的规定。利用互联网技术在线实施教育活动的民办学校应当取得相应的办学许可。

民办学校利用互联网技术在线实施教育活动,应当依法建立并落实互联网安全管理制度和安全保护技术措施,发现法律、行政法规禁止发布或者传输的信息的,应当立即停止传输,采取消除等处置措施,防止信息扩散,保存有关记录,并向有关主管部门报告。

外籍人员利用互联网技术在线实施教育活动,应当遵守教育和外国人在华工作管理等有关法律、行政法规的规定。

第十七条　民办学校的举办者在获得筹设批准书之日起3年内完成筹设的,可以提出正式设立申请。

民办学校在筹设期内不得招生。

第十八条　申请正式设立实施学历教育的民办学校的,审批机关受理申请后,应当组织专家委员会评议,由专家委员会提出咨询意见。

第十九条　民办学校的章程应当规定下列主要事项:

(一)学校的名称、住所、办学地址、法人属性;

(二)举办者的权利义务,举办者变更、权益转让的办法;

（三）办学宗旨、发展定位、层次、类型、规模、形式等；

（四）学校开办资金、注册资本，资产的来源、性质等；

（五）理事会、董事会或者其他形式决策机构和监督机构的产生方法、人员构成、任期、议事规则等；

（六）学校党组织负责人或者代表进入学校决策机构和监督机构的程序；

（七）学校的法定代表人；

（八）学校自行终止的事由，剩余资产处置的办法与程序；

（九）章程修改程序。

民办学校应当将章程向社会公示，修订章程应当事先公告，征求利益相关方意见。完成修订后，报主管部门备案或者核准。

第二十条　民办学校只能使用一个名称。

民办学校的名称应当符合有关法律、行政法规的规定，不得损害社会公共利益，不得含有可能引发歧义的文字或者含有可能误导公众的其他法人名称。营利性民办学校可以在学校牌匾、成绩单、毕业证书、结业证书、学位证书及相关证明、招生广告和简章上使用经审批机关批准的法人简称。

第二十一条　民办学校开办资金、注册资本应当与学校类型、层次、办学规模相适应。民办学校正式设立时，开办资金、注册资本应当缴足。

第二十二条　对批准正式设立的民办学校，审批机关应当颁发办学许可证，并向社会公告。

办学许可的期限应当与民办学校的办学层次和类型相适应。民办学校在许可期限内无违法违规行为的，有效期届满可以自动延续、换领新证。

民办学校办学许可证的管理办法由国务院教育行政部门、人力资源社会保障行政部门依据职责分工分别制定。

第二十三条　民办学校增设校区应当向审批机关申请地址变更；设立分校应当向分校所在地审批机关单独申请办学许可，并报原审批机关备案。

第二十四条　民办学校依照有关法律、行政法规的规定申请法人登记，登记机关应当依法予以办理。

第三章　民办学校的组织与活动

第二十五条　民办学校理事会、董事会或者其他形式决策机构的负责人应当具有中华人民共和国国籍,具有政治权利和完全民事行为能力,在中国境内定居,品行良好,无故意犯罪记录或者教育领域不良从业记录。

民办学校法定代表人应当由民办学校决策机构负责人或者校长担任。

第二十六条　民办学校的理事会、董事会或者其他形式决策机构应当由举办者或者其代表、校长、党组织负责人、教职工代表等共同组成。鼓励民办学校理事会、董事会或者其他形式决策机构吸收社会公众代表,根据需要设独立理事或者独立董事。实施义务教育的民办学校理事会、董事会或者其他形式决策机构组成人员应当具有中华人民共和国国籍,且应当有审批机关委派的代表。

民办学校的理事会、董事会或者其他形式决策机构每年至少召开2次会议。经1/3以上组成人员提议,可以召开理事会、董事会或者其他形式决策机构临时会议。讨论下列重大事项,应当经2/3以上组成人员同意方可通过:

(一)变更举办者;
(二)聘任、解聘校长;
(三)修改学校章程;
(四)制定发展规划;
(五)审核预算、决算;
(六)决定学校的分立、合并、终止;
(七)学校章程规定的其他重大事项。

第二十七条　民办学校应当设立监督机构。监督机构应当有党的基层组织代表,且教职工代表不少于1/3。教职工人数少于20人的民办学校可以只设1至2名监事。

监督机构依据国家有关规定和学校章程对学校办学行为进行监督。监督机构负责人或者监事应当列席学校决策机构会议。

理事会、董事会或者其他形式决策机构组成人员及其近亲属不得兼任、担任监督机构组成人员或者监事。

第二十八条　民办学校校长依法独立行使教育教学和行政管理职权。

民办学校内部组织机构的设置方案由校长提出,报理事会、董事会或者其他形式决策机构批准。

第二十九条　民办学校依照法律、行政法规和国家有关规定,自主开展教育教学活动;使用境外教材的,应当符合国家有关规定。

实施高等教育和中等职业技术学历教育的民办学校,可以按照办学宗旨和培养目标自主设置专业、开设课程、选用教材。

实施普通高中教育、义务教育的民办学校可以基于国家课程标准自主开设有特色的课程,实施教育教学创新,自主设置的课程应当报主管教育行政部门备案。实施义务教育的民办学校不得使用境外教材。

实施学前教育的民办学校开展保育和教育活动,应当遵循儿童身心发展规律,设置、开发以游戏、活动为主要形式的课程。

实施以职业技能为主的职业资格培训、职业技能培训的民办学校可以按照与培训专业(职业、工种)相对应的国家职业标准及相关职业培训要求开展培训活动,不得教唆、组织学员规避监管,以不正当手段获取职业资格证书、成绩证明等。

第三十条　民办学校应当按照招生简章或者招生广告的承诺,开设相应课程,开展教育教学活动,保证教育教学质量。

民办学校应当提供符合标准的校舍和教育教学设施设备。

第三十一条　实施学前教育、学历教育的民办学校享有与同级同类公办学校同等的招生权,可以在审批机关核定的办学规模内,自主确定招生的标准和方式,与公办学校同期招生。

实施义务教育的民办学校应当在审批机关管辖的区域内招生,纳入审批机关所在地统一管理。实施普通高中教育的民办学校应当主要在学校所在设区的市范围内招生,符合省、自治区、直辖市人民政府教育行政部门有关规定的可以跨区域招生。招收接受高等学历教育学生的应当遵守国家有关规定。

县级以上地方人民政府教育行政部门、人力资源社会保障行政部门应当为外地的民办学校在本地招生提供平等待遇,不得设置跨区域招生障碍实行地区封锁。

民办学校招收学生应当遵守招生规则,维护招生秩序,公开公平公正录取学生。实施义务教育的民办学校不得组织或者变相组织学科知识类入学考试,不得提前招生。

民办学校招收境外学生,按照国家有关规定执行。

第三十二条　实施高等学历教育的民办学校符合学位授予条件的,依照有关法律、行政法规的规定经审批同意后,可以获得相应的学位授予资格。

第四章　教师与受教育者

第三十三条　民办学校聘任的教师或者教学人员应当具备相应的教师资格或者其他相应的专业资格、资质。

民办学校应当有一定数量的专任教师;其中,实施学前教育、学历教育的民办学校应当按照国家有关规定配备专任教师。

鼓励民办学校创新教师聘任方式,利用信息技术等手段提高教学效率和水平。

第三十四条　民办学校自主招聘教师和其他工作人员,并应当与所招聘人员依法签订劳动或者聘用合同,明确双方的权利义务等。

民办学校聘任专任教师,在合同中除依法约定必备条款外,还应当对教师岗位及其职责要求、师德和业务考核办法、福利待遇、培训和继续教育等事项作出约定。

公办学校教师未经所在学校同意不得在民办学校兼职。

民办学校聘任外籍人员,按照国家有关规定执行。

第三十五条　民办学校应当建立教师培训制度,为受聘教师接受相应的思想政治培训和业务培训提供条件。

第三十六条　民办学校应当依法保障教职工待遇,按照学校登记的法人类型,按时足额支付工资,足额缴纳社会保险费和住房公积金。国家鼓励民办学校按照有关规定为教职工建立职业年金或者企业年金等补充养老保险。

实施学前教育、学历教育的民办学校应当从学费收入中提取一定比例建立专项资金或者基金,由学校管理,用于教职工职业激励或者增加待遇保障。

第三十七条　教育行政部门应当会同有关部门建立民办幼儿园、中小学专任教师劳动、聘用合同备案制度,建立统一档案,记录教师的教龄、工龄,在培训、考核、专业技术职务评聘、表彰奖励、权利保护等方面,统筹规划、统一管理,与公办幼儿园、中小学聘任的教师平等对待。

民办职业学校、高等学校按照国家有关规定自主开展教师专业技术职务评聘。

教育行政部门应当会同有关部门完善管理制度,保证教师在公办学校和民办学校之间的合理流动;指导和监督民办学校建立健全教职工代表大会制度。

第三十八条　实施学历教育的民办学校应当依法建立学籍和教学管理制度,并报主管部门备案。

第三十九条　民办学校及其教师、职员、受教育者申请政府设立的有关科研项目、课题等,享有与同级同类公办学校及其教师、职员、受教育者同等的权利。相关项目管理部门应当按规定及时足额拨付科研项目、课题资金。

各级人民政府应当保障民办学校的受教育者在升学、就业、社会优待、参加先进评选,以及获得助学贷款、奖助学金等国家资助等方面,享有与同级同类公办学校的受教育者同等的权利。

实施学历教育的民办学校应当建立学生资助、奖励制度,并按照不低于当地同级同类公办学校的标准,从学费收入中提取相应资金用于资助、奖励学生。

第四十条　教育行政部门、人力资源社会保障行政部门和其他有关部门,组织有关的评奖评优、文艺体育活动和课题、项目招标,应当为民办学校及其教师、职员、受教育者提供同等的机会。

第五章　民办学校的资产与财务管理

第四十一条　民办学校应当依照《中华人民共和国会计法》和国家统一的会计制度进行会计核算,编制财务会计报告。

第四十二条　民办学校应当建立办学成本核算制度,基于办学成本和市场需求等因素,遵循公平、合法和诚实信用原则,考虑经济效益与社会效益,合理确定收费项目和标准。对公办学校参与举办、使用国有资产或者接受政府生均经费补助的非营利性民办学校,省、自治区、直辖市人民政府可以对其收费制定最高限价。

第四十三条　民办学校资产中的国有资产的监督、管理,按照国家有关规定执行。

民办学校依法接受的捐赠财产的使用和管理,依照有关法律、行政法规执行。

第四十四条　非营利性民办学校收取费用、开展活动的资金往来,应当使用在有关主管部门备案的账户。有关主管部门应当对该账户实施监督。

营利性民办学校收入应当全部纳入学校开设的银行结算账户,办学结余分配应当在年度财务结算后进行。

第四十五条　实施义务教育的民办学校不得与利益关联方进行交易。其他民办学校与利益关联方进行交易的,应当遵循公开、公平、公允的原则,合理定价、规范决策,不得损害国家利益、学校利益和师生权益。

民办学校应当建立利益关联方交易的信息披露制度。教育、人力资源社会保障以及财政等有关部门应当加强对非营利性民办学校与利益关联方签订协议的监管,并按年度对关联交易进行审查。

前款所称利益关联方是指民办学校的举办者、实际控制人、校长、理事、董事、监事、财务负责人等以及与上述组织或者个人之间存在互相控制和影响关系、可能导致民办学校利益被转移的组织或者个人。

第四十六条　在每个会计年度结束时,民办学校应当委托会计师事务所对年度财务报告进行审计。非营利性民办学校应当从经审计的年度非限定性净资产增加额中,营利性民办学校应当从经审计的年度净收益中,按不低于年度非限定性净资产增加额或者净收益的 10% 的比例提取发展基金,用于学校的发展。

第六章　管理与监督

第四十七条　县级以上地方人民政府应当建立民办教育工作联席会议制度。教育、人力资源社会保障、民政、市场监督管理等部门应当根据职责会同有关部门建立民办学校年度检查和年度报告制度,健全日常监管机制。

教育行政部门、人力资源社会保障行政部门及有关部门应当建立民办学校信用档案和举办者、校长执业信用制度,对民办学校进行执法监督的情况和处罚、处理结果应当予以记录,由执法、监督人员签字后归档,并依法依规公开执法监督结果。相关信用档案和信用记录依法纳入全国信用信息共享平台、国家企业信用信息公示系统。

第四十八条 审批机关应当及时公开民办学校举办者情况、办学条件等审批信息。

教育行政部门、人力资源社会保障行政部门应当依据职责分工,定期组织或者委托第三方机构对民办学校的办学水平和教育质量进行评估,评估结果应当向社会公开。

第四十九条 教育行政部门及有关部门应当制定实施学前教育、学历教育民办学校的信息公示清单,监督民办学校定期向社会公开办学条件、教育质量等有关信息。

营利性民办学校应当通过全国信用信息共享平台、国家企业信用信息公示系统公示相关信息。

有关部门应当支持和鼓励民办学校依法建立行业组织,研究制定相应的质量标准,建立认证体系,制定推广反映行业规律和特色要求的合同示范文本。

第五十条 民办学校终止的,应当交回办学许可证,向登记机关办理注销登记,并向社会公告。

民办学校自己要求终止的,应当提前6个月发布拟终止公告,依法依章程制定终止方案。

民办学校无实际招生、办学行为的,办学许可证到期后自然废止,由审批机关予以公告。民办学校自行组织清算后,向登记机关办理注销登记。

对于因资不抵债无法继续办学而被终止的民办学校,应当向人民法院申请破产清算。

第五十一条 国务院教育督导机构及省、自治区、直辖市人民政府负责教育督导的机构应当对县级以上地方人民政府及其有关部门落实支持和规范民办教育发展法定职责的情况进行督导、检查。

县级以上人民政府负责教育督导的机构依法对民办学校进行督导并公布督导结果,建立民办中小学、幼儿园责任督学制度。

第七章　支持与奖励

第五十二条　各级人民政府及有关部门应当依法健全对民办学校的支持政策,优先扶持办学质量高、特色明显、社会效益显著的民办学校。

县级以上地方人民政府可以参照同级同类公办学校生均经费等相关经费标准和支持政策,对非营利性民办学校给予适当补助。

地方人民政府出租、转让闲置的国有资产应当优先扶持非营利性民办学校。

第五十三条　民办学校可以依法以捐赠者的姓名、名称命名学校的校舍或者其他教育教学设施、生活设施。捐赠者对民办学校发展做出特殊贡献的,实施高等学历教育的民办学校经国务院教育行政部门按照国家规定的条件批准,其他民办学校经省、自治区、直辖市人民政府教育行政部门或者人力资源社会保障行政部门按照国家规定的条件批准,可以以捐赠者的姓名或者名称作为学校校名。

第五十四条　民办学校享受国家规定的税收优惠政策;其中,非营利性民办学校享受与公办学校同等的税收优惠政策。

第五十五条　地方人民政府在制定闲置校园综合利用方案时,应当考虑当地民办教育发展需求。

新建、扩建非营利性民办学校,地方人民政府应当按照与公办学校同等原则,以划拨等方式给予用地优惠。

实施学前教育、学历教育的民办学校使用土地,地方人民政府可以依法以协议、招标、拍卖等方式供应土地,也可以采取长期租赁、先租后让、租让结合的方式供应土地,土地出让价款和租金可以在规定期限内按合同约定分期缴纳。

第五十六条　在西部地区、边远地区和少数民族地区举办的民办学校申请贷款用于学校自身发展的,享受国家相关的信贷优惠政策。

第五十七条　县级以上地方人民政府可以根据本行政区域的具体情况,设立民办教育发展专项资金,用于支持民办学校提高教育质量和办学水平、奖励举办者等。

国家鼓励社会力量依法设立民办教育发展方面的基金会或者专项基金,用于支持民办教育发展。

第五十八条　县级人民政府根据本行政区域实施学前教育、义务教育或者其他公共教育服务的需要,可以与民办学校签订协议,以购买服务等方式,委托其承担相应教育任务。

委托民办学校承担普惠性学前教育、义务教育或者其他公共教育任务的,应当根据当地相关教育阶段的委托协议,拨付相应的教育经费。

第五十九条 县级以上地方人民政府可以采取政府补贴、以奖代补等方式鼓励、支持非营利性民办学校保障教师待遇。

第六十条 国家鼓励、支持保险机构设立适合民办学校的保险产品,探索建立行业互助保险等机制,为民办学校重大事故处理、终止善后、教职工权益保障等事项提供风险保障。

金融机构可以在风险可控前提下开发适合民办学校特点的金融产品。民办学校可以以未来经营收入、知识产权等进行融资。

第六十一条 除民办教育促进法和本条例规定的支持与奖励措施外,省、自治区、直辖市人民政府还可以根据实际情况,制定本地区促进民办教育发展的支持与奖励措施。

各级人民政府及有关部门在对现有民办学校实施分类管理改革时,应当充分考虑有关历史和现实情况,保障受教育者、教职工和举办者的合法权益,确保民办学校分类管理改革平稳有序推进。

第八章 法律责任

第六十二条 民办学校举办者及实际控制人、决策机构或者监督机构组成人员有下列情形之一的,由县级以上人民政府教育行政部门、人力资源社会保障行政部门或者其他有关部门依据职责分工责令限期改正,有违法所得的,退还所收费用后没收违法所得;情节严重的,1至5年内不得新成为民办学校举办者或实际控制人、决策机构或者监督机构组成人员;情节特别严重、社会影响恶劣的,永久不得新成为民办学校举办者或实际控制人、决策机构或者监督机构组成人员;构成违反治安管理行为的,由公安机关依法给予治安管理处罚;构成犯罪的,依法追究刑事责任:

(一)利用办学非法集资,或者收取与入学关联的费用的;

(二)未按时、足额履行出资义务,或者抽逃出资、挪用办学经费的；

（三）侵占学校法人财产或者非法从学校获取利益的；

（四）与实施义务教育的民办学校进行关联交易，或者与其他民办学校进行关联交易损害国家利益、学校利益和师生权益的；

（五）伪造、变造、买卖、出租、出借办学许可证的；

（六）干扰学校办学秩序或者非法干预学校决策、管理的；

（七）擅自变更学校名称、层次、类型和举办者的；

（八）有其他危害学校稳定和安全、侵犯学校法人权利或者损害教职工、受教育者权益的行为的。

第六十三条 民办学校有下列情形之一的，依照民办教育促进法第六十二条规定给予处罚：

（一）违背国家教育方针，偏离社会主义办学方向，或者未保障学校党组织履行职责的；

（二）违反法律、行政法规和国家有关规定开展教育教学活动的；

（三）理事会、董事会或者其他形式决策机构未依法履行职责的；

（四）教学条件明显不能满足教学要求、教育教学质量低下，未及时采取措施的；

（五）校舍、其他教育教学设施设备存在重大安全隐患，未及时采取措施的；

（六）侵犯受教育者的合法权益，产生恶劣社会影响的；

（七）违反国家规定聘任、解聘教师，或者未依法保障教职工待遇的；

（八）违反规定招生，或者在招生过程中弄虚作假的；

（九）超出办学许可范围，擅自改变办学地址或者设立分校的；

（十）未依法履行公示办学条件和教育质量有关材料、财务状况等信息披露义务，或者公示的材料不真实的；

（十一）未按照国家统一的会计制度进行会计核算、编制财务会计报告，财务、资产管理混乱，或者违反法律、法规增加收费项目、提高收费标准的；

（十二）有其他管理混乱严重影响教育教学的行为的。

法律、行政法规对前款规定情形的处罚另有规定的，从其规定。

第六十四条 民办学校有民办教育促进法第六十二条或者本条例第六十三条规定的违法情形的,由县级以上人民政府教育行政部门、人力资源社会保障行政部门或者其他有关部门依据职责分工对学校决策机构负责人、校长及直接责任人予以警告;情节严重的,1至5年内不得新成为民办学校决策机构负责人或者校长;情节特别严重、社会影响恶劣的,永久不得新成为民办学校决策机构负责人或者校长。

同时举办或者实际控制多所民办学校的举办者或者实际控制人违反本条例规定,对所举办或者实际控制的民办学校疏于管理,造成恶劣影响的,由县级以上教育行政部门、人力资源社会保障行政部门或者其他有关部门依据职责分工责令限期整顿;拒不整改或者整改后仍发生同类问题的,1至5年内不得举办新的民办学校,情节严重的,10年内不得举办新的民办学校。

第六十五条 违反本条例规定举办、参与举办民办学校或者在民办学校筹设期内招生的,依照民办教育促进法第六十四条规定给予处罚。

第九章 附 则

第六十六条 本条例所称现有民办学校,是指2016年11月7日《全国人民代表大会常务委员会关于修改〈中华人民共和国民办教育促进法〉的决定》公布前设立的民办学校。

第六十七条 本条例规定的支持与奖励措施适用于中外合作办学机构。

第六十八条 本条例自2021年9月1日起施行。

校车安全管理条例

2012年4月5日国务院令第617号公布施行

第一章 总 则

第一条 为了加强校车安全管理,保障乘坐校车学生的人身安全,制定本条例。

第二条 本条例所称校车,是指依照本条例取得使用许可,用于接送接受义务教育的学生上下学的 7 座以上的载客汽车。

接送小学生的校车应当是按照专用校车国家标准设计和制造的小学生专用校车。

第三条 县级以上地方人民政府应当根据本行政区域的学生数量和分布状况等因素，依法制定、调整学校设置规划，保障学生就近入学或者在寄宿制学校入学，减少学生上下学的交通风险。实施义务教育的学校及其教学点的设置、调整，应当充分听取学生家长等有关方面的意见。

县级以上地方人民政府应当采取措施，发展城市和农村的公共交通，合理规划、设置公共交通线路和站点，为需要乘车上下学的学生提供方便。

对确实难以保障就近入学，并且公共交通不能满足学生上下学需要的农村地区，县级以上地方人民政府应当采取措施，保障接受义务教育的学生获得校车服务。

国家建立多渠道筹措校车经费的机制，并通过财政资助、税收优惠、鼓励社会捐赠等多种方式，按照规定支持使用校车接送学生的服务。支持校车服务所需的财政资金由中央财政和地方财政分担，具体办法由国务院财政部门制定。支持校车服务的税收优惠办法，依照法律、行政法规规定的税收管理权限制定。

第四条 国务院教育、公安、交通运输以及工业和信息化、质量监督检验检疫、安全生产监督管理等部门依照法律、行政法规和国务院的规定，负责校车安全管理的有关工作。国务院教育、公安部门会同国务院有关部门建立校车安全管理工作协调机制，统筹协调校车安全管理工作中的重大事项，共同做好校车安全管理工作。

第五条 县级以上地方人民政府对本行政区域的校车安全管理工作负总责，组织有关部门制定并实施与当地经济发展水平和校车服务需求相适应的校车服务方案，统一领导、组织、协调有关部门履行校车安全管理职责。

县级以上地方人民政府教育、公安、交通运输、安全生产监督管理等有关部门依照本条例以及本级人民政府的规定，履行校车安全管理的相关职责。有关部门应当建立健全校车安全管理信息共享机制。

第六条 国务院标准化主管部门会同国务院工业和信息化、公安、交通运输等部门,按照保障安全、经济适用的要求,制定并及时修订校车安全国家标准。

生产校车的企业应当建立健全产品质量保证体系,保证所生产(包括改装,下同)的校车符合校车安全国家标准;不符合标准的,不得出厂、销售。

第七条 保障学生上下学交通安全是政府、学校、社会和家庭的共同责任。社会各方面应当为校车通行提供便利,协助保障校车通行安全。

第八条 县级和设区的市级人民政府教育、公安、交通运输、安全生产监督管理部门应当设立并公布举报电话、举报网络平台,方便群众举报违反校车安全管理规定的行为。

接到举报的部门应当及时依法处理;对不属于本部门管理职责的举报,应当及时移送有关部门处理。

第二章 学校和校车服务提供者

第九条 学校可以配备校车。依法设立的道路旅客运输经营企业、城市公共交通企业,以及根据县级以上地方人民政府规定设立的校车运营单位,可以提供校车服务。

县级以上地方人民政府根据本地区实际情况,可以制定管理办法,组织依法取得道路旅客运输经营许可的个体经营者提供校车服务。

第十条 配备校车的学校和校车服务提供者应当建立健全校车安全管理制度,配备安全管理人员,加强校车的安全维护,定期对校车驾驶人进行安全教育,组织校车驾驶人学习道路交通安全法律法规以及安全防范、应急处置和应急救援知识,保障学生乘坐校车安全。

第十一条 由校车服务提供者提供校车服务的,学校应当与校车服务提供者签订校车安全管理责任书,明确各自的安全管理责任,落实校车运行安全管理措施。

学校应当将校车安全管理责任书报县级或者设区的市级人民政府教育行政部门备案。

第十二条 学校应当对教师、学生及其监护人进行交通安全教育,向学生讲解校车安全乘坐知识和校车安全事故应急处理技能,并定期组织校车安全事故应急处理演练。

学生的监护人应当履行监护义务，配合学校或者校车服务提供者的校车安全管理工作。学生的监护人应当拒绝使用不符合安全要求的车辆接送学生上下学。

第十三条 县级以上地方人民政府教育行政部门应当指导、监督学校建立健全校车安全管理制度，落实校车安全管理责任，组织学校开展交通安全教育。公安机关交通管理部门应当配合教育行政部门组织学校开展交通安全教育。

第三章 校车使用许可

第十四条 使用校车应当依照本条例的规定取得许可。

取得校车使用许可应当符合下列条件：

（一）车辆符合校车安全国家标准，取得机动车检验合格证明，并已经在公安机关交通管理部门办理注册登记；

（二）有取得校车驾驶资格的驾驶人；

（三）有包括行驶线路、开行时间和停靠站点的合理可行的校车运行方案；

（四）有健全的安全管理制度；

（五）已经投保机动车承运人责任保险。

第十五条 学校或者校车服务提供者申请取得校车使用许可，应当向县级或者设区的市级人民政府教育行政部门提交书面申请和证明其符合本条例第十四条规定条件的材料。教育行政部门应当自收到申请材料之日起3个工作日内，分别送同级公安机关交通管理部门、交通运输部门征求意见，公安机关交通管理部门和交通运输部门应当在3个工作日内回复意见。教育行政部门应当自收到回复意见之日起5个工作日内提出审查意见，报本级人民政府。本级人民政府决定批准的，由公安机关交通管理部门发给校车标牌，并在机动车行驶证上签注校车类型和核载人数；不予批准的，书面说明理由。

第十六条 校车标牌应当载明本车的号牌号码、车辆的所有人、驾驶人、行驶线路、开行时间、停靠站点以及校车标牌发牌单位、有效期等事项。

第十七条 取得校车标牌的车辆应当配备统一的校车标志灯和停车指示标志。

校车未运载学生上道路行驶的,不得使用校车标牌、校车标志灯和停车指示标志。

第十八条 禁止使用未取得校车标牌的车辆提供校车服务。

第十九条 取得校车标牌的车辆达到报废标准或者不再作为校车使用的,学校或者校车服务提供者应当将校车标牌交回公安机关交通管理部门。

第二十条 校车应当每半年进行一次机动车安全技术检验。

第二十一条 校车应当配备逃生锤、干粉灭火器、急救箱等安全设备。安全设备应当放置在便于取用的位置,并确保性能良好、有效适用。

校车应当按照规定配备具有行驶记录功能的卫星定位装置。

第二十二条 配备校车的学校和校车服务提供者应当按照国家规定做好校车的安全维护,建立安全维护档案,保证校车处于良好技术状态。不符合安全技术条件的校车,应当停运维修,消除安全隐患。

校车应当由依法取得相应资质的维修企业维修。承接校车维修业务的企业应当按照规定的维修技术规范维修校车,并按照国务院交通运输主管部门的规定对所维修的校车实行质量保证期制度,在质量保证期内对校车的维修质量负责。

第四章 校车驾驶人

第二十三条 校车驾驶人应当依照本条例的规定取得校车驾驶资格。

取得校车驾驶资格应当符合下列条件:

(一)取得相应准驾车型驾驶证并具有 3 年以上驾驶经历,年龄在 25 周岁以上、不超过 60 周岁;

(二)最近连续 3 个记分周期内没有被记满分记录;

(三)无致人死亡或者重伤的交通事故责任记录;

(四)无饮酒后驾驶或者醉酒驾驶机动车记录,最近 1 年内无驾驶客运车辆超员、超速等严重交通违法行为记录;

(五)无犯罪记录;

(六)身心健康,无传染性疾病,无癫痫、精神病等可能危及行车安全的疾病病史,无酗酒、吸毒行为记录。

第二十四条 机动车驾驶人申请取得校车驾驶资格,应当向县级或者设区的市级人民政府公安机关交通管理部门提交书面申请和证明其符合本条例第二十三条规定条件的材料。公安机关交通管理部门应当自收到申请材料之日起5个工作日内审查完毕,对符合条件的,在机动车驾驶证上签注准许驾驶校车;不符合条件的,书面说明理由。

第二十五条　机动车驾驶人未取得校车驾驶资格,不得驾驶校车。禁止聘用未取得校车驾驶资格的机动车驾驶人驾驶校车。

第二十六条　校车驾驶人应当每年接受公安机关交通管理部门的审验。

第二十七条　校车驾驶人应当遵守道路交通安全法律法规,严格按照机动车道路通行规则和驾驶操作规范安全驾驶、文明驾驶。

第五章　校车通行安全

第二十八条　校车行驶线路应当尽量避开急弯、陡坡、临崖、临水的危险路段;确实无法避开的,道路或者交通设施的管理、养护单位应当按照标准对上述危险路段设置安全防护设施、限速标志、警告标牌。

第二十九条　校车经过的道路出现不符合安全通行条件的状况或者存在交通安全隐患的,当地人民政府应当组织有关部门及时改善道路安全通行条件、消除安全隐患。

第三十条　校车运载学生,应当按照国务院公安部门规定的位置放置校车标牌,开启校车标志灯。

校车运载学生,应当按照经审核确定的线路行驶,遇有交通管制、道路施工以及自然灾害、恶劣气象条件或者重大交通事故等影响道路通行情形的除外。

第三十一条　公安机关交通管理部门应当加强对校车行驶线路的道路交通秩序管理。遇交通拥堵的,交通警察应当指挥疏导运载学生的校车优先通行。

校车运载学生,可以在公共交通专用车道以及其他禁止社会车辆通行但允许公共交通车辆通行的路段行驶。

第三十二条　校车上下学生,应当在校车停靠站点停靠;未设校车停靠站点的路段可以在公共交通站台停靠。

道路或者交通设施的管理、养护单位应当按照标准设置校车停靠站点预告标识和校车停靠站点标牌,施划校车停靠站点标线。

第三十三条　校车在道路上停车上下学生,应当靠道路右侧停靠,开启危险报警闪光灯,打开停车指示标志。校车在同方向只有一条机动车道的道路上停靠时,后方车辆应当停车等待,不得超越。校车在同方向有两条以上机动车道的道路上停靠时,校车停靠车道后方和相邻机动车道上的机动车应当停车等待,其他机动车道上的机动车应当减速通过。校车后方停车等待的机动车不得鸣喇叭或者使用灯光催促校车。

第三十四条　校车载人不得超过核定的人数,不得以任何理由超员。

学校和校车服务提供者不得要求校车驾驶人超员、超速驾驶校车。

第三十五条　载有学生的校车在高速公路上行驶的最高时速不得超过80公里,在其他道路上行驶的最高时速不得超过60公里。

道路交通安全法律法规规定或者道路上限速标志、标线标明的最高时速低于前款规定的,从其规定。

载有学生的校车在急弯、陡坡、窄路、窄桥以及冰雪、泥泞的道路上行驶,或者遇有雾、雨、雪、沙尘、冰雹等低能见度气象条件时,最高时速不得超过20公里。

第三十六条　交通警察对违反道路交通安全法律法规的校车,可以在消除违法行为的前提下先予放行,待校车完成接送学生任务后再对校车驾驶人进行处罚。

第三十七条　公安机关交通管理部门应当加强对校车运行情况的监督检查,依法查处校车道路交通安全违法行为,定期将校车驾驶人的道路交通安全违法行为和交通事故信息抄送其所属单位和教育行政部门。

第六章　校车乘车安全

第三十八条　配备校车的学校、校车服务提供者应当指派照管人员随校车全程照管乘车学生。校车服务提供者为学校提供校车服务的,双方可以约定由学校指派随车照管人员。

学校和校车服务提供者应当定期对随车照管人员进行安全教育,组织随车照管人员学习道路交通安全法律法规、应急处置和应急救援知识。

第三十九条　随车照管人员应当履行下列职责:

(一)学生上下车时,在车下引导、指挥,维护上下车秩序;

（二）发现驾驶人无校车驾驶资格、饮酒、醉酒后驾驶，或者身体严重不适以及校车超员等明显妨碍行车安全情形的，制止校车开行；

（三）清点乘车学生人数，帮助、指导学生安全落座、系好安全带，确认车门关闭后示意驾驶人启动校车；

（四）制止学生在校车行驶过程中离开座位等危险行为；

（五）核实学生下车人数，确认乘车学生已经全部离车后本人方可离车。

第四十条　校车的副驾驶座位不得安排学生乘坐。

校车运载学生过程中，禁止除驾驶人、随车照管人员以外的人员乘坐。

第四十一条　校车驾驶人驾驶校车上道路行驶前，应当对校车的制动、转向、外部照明、轮胎、安全门、座椅、安全带等车况是否符合安全技术要求进行检查，不得驾驶存在安全隐患的校车上道路行驶。

校车驾驶人不得在校车载有学生时给车辆加油，不得在校车发动机引擎熄灭前离开驾驶座位。

第四十二条　校车发生交通事故，驾驶人、随车照管人员应当立即报警，设置警示标志。乘车学生继续留在校车内有危险的，随车照管人员应当将学生撤离到安全区域，并及时与学校、校车服务提供者、学生的监护人联系处理后续事宜。

第七章　法　律　责　任

第四十三条　生产、销售不符合校车安全国家标准的校车的，依照道路交通安全、产品质量管理的法律、行政法规的规定处罚。

第四十四条　使用拼装或者达到报废标准的机动车接送学生的，由公安机关交通管理部门收缴并强制报废机动车；对驾驶人处 2000 元以上 5000 元以下的罚款，吊销其机动车驾驶证；对车辆所有人处 8 万元以上 10 万元以下的罚款，有违法所得的予以没收。

第四十五条　使用未取得校车标牌的车辆提供校车服务，或者使用未取得校车驾驶资格的人员驾驶校车的，由公安机关交通管理部门扣留该机动车，处 1 万元以上 2 万元以下的罚款，有违法所得的予以没收。

取得道路运输经营许可的企业或者个体经营者有前款规定的违法

行为,除依照前款规定处罚外,情节严重的,由交通运输主管部门吊销其经营许可证件。

伪造、变造或者使用伪造、变造的校车标牌的,由公安机关交通管理部门收缴伪造、变造的校车标牌,扣留该机动车,处2000元以上5000元以下的罚款。

第四十六条 不按照规定为校车配备安全设备,或者不按照规定对校车进行安全维护的,由公安机关交通管理部门责令改正,处1000元以上3000元以下的罚款。

第四十七条 机动车驾驶人未取得校车驾驶资格驾驶校车的,由公安机关交通管理部门处1000元以上3000元以下的罚款,情节严重的,可以并处吊销机动车驾驶证。

第四十八条 校车驾驶人有下列情形之一的,由公安机关交通管理部门责令改正,可以处200元罚款:

(一)驾驶校车运载学生,不按照规定放置校车标牌、开启校车标志灯,或者不按照经审核确定的线路行驶;

(二)校车上下学生,不按照规定在校车停靠站点停靠;

(三)校车未运载学生上道路行驶,使用校车标牌、校车标志灯和停车指示标志;

(四)驾驶校车上道路行驶前,未对校车车况是否符合安全技术要求进行检查,或者驾驶存在安全隐患的校车上道路行驶;

(五)在校车载有学生时给车辆加油,或者在校车发动机引擎熄灭前离开驾驶座位。

校车驾驶人违反道路交通安全法律法规关于道路通行规定的,由公安机关交通管理部门依法从重处罚。

第四十九条 校车驾驶人违反道路交通安全法律法规被依法处罚或者发生道路交通事故,不再符合本条例规定的校车驾驶人条件的,由公安机关交通管理部门取消校车驾驶资格,并在机动车驾驶证上签注。

第五十条 校车载人超过核定人数的,由公安机关交通管理部门扣留车辆至违法状态消除,并依照道路交通安全法律法规的规定从重处罚。

第五十一条 公安机关交通管理部门查处校车道路交通安全违法行为,依法扣留车辆的,应当通知相关学校或者校车服务提供者转运学生,并在违法状态消除后立即发还被扣留车辆。

第五十二条　机动车驾驶人违反本条例规定,不避让校车的,由公安机关交通管理部门处 200 元罚款。

第五十三条　未依照本条例规定指派照管人员随校车全程照管乘车学生的,由公安机关责令改正,可以处 500 元罚款。

　　随车照管人员未履行本条例规定的职责的,由学校或者校车服务提供者责令改正;拒不改正的,给予处分或者予以解聘。

第五十四条　取得校车使用许可的学校、校车服务提供者违反本条例规定,情节严重的,原作出许可决定的地方人民政府可以吊销其校车使用许可,由公安机关交通管理部门收回校车标牌。

第五十五条　学校违反本条例规定的,除依照本条例有关规定予以处罚外,由教育行政部门给予通报批评;导致发生学生伤亡事故的,对政府举办的学校的负有责任的领导人员和直接责任人员依法给予处分;对民办学校由审批机关责令暂停招生,情节严重的,吊销其办学许可证,并由教育行政部门责令负有责任的领导人员和直接责任人员 5 年内不得从事学校管理事务。

第五十六条　县级以上地方人民政府不依法履行校车安全管理职责,致使本行政区域发生校车安全重大事故的,对负有责任的领导人员和直接责任人员依法给予处分。

第五十七条　教育、公安、交通运输、工业和信息化、质量监督检验检疫、安全生产监督管理等有关部门及其工作人员不依法履行校车安全管理职责的,对负有责任的领导人员和直接责任人员依法给予处分。

第五十八条　违反本条例的规定,构成违反治安管理行为的,由公安机关依法给予治安管理处罚;构成犯罪的,依法追究刑事责任。

第五十九条　发生校车安全事故,造成人身伤亡或者财产损失的,依法承担赔偿责任。

第八章　附　　则

第六十条　县级以上地方人民政府应当合理规划幼儿园布局,方便幼儿就近入园。

　　入园幼儿应当由监护人或者其委托的成年人接送。对确因特殊情况不能由监护人或者其委托的成年人接送,需要使用车辆集中接送的,应当使用按照专用校车国家标准设计和制造的幼儿专用校车,遵守本条例校车安全管理的规定。

第六十一条 省、自治区、直辖市人民政府应当结合本地区实际情况,制定本条例的实施办法。

第六十二条 本条例自公布之日起施行。

本条例施行前已经配备校车的学校和校车服务提供者及其聘用的校车驾驶人应当自本条例施行之日起90日内,依照本条例的规定申请取得校车使用许可、校车驾驶资格。

本条例施行后,用于接送小学生、幼儿的专用校车不能满足需求的,在省、自治区、直辖市人民政府规定的过渡期限内可以使用取得校车标牌的其他载客汽车。

禁止妨碍义务教育实施的若干规定

1. 2019年4月1日教育部印发
2. 教基厅〔2019〕2号

一、校外培训机构必须按照教育行政部门审批、市场监管部门登记的业务范围从事培训业务,不得违法招收义务教育阶段适龄儿童、少年开展全日制培训,替代实施义务教育。

二、校外培训机构不得发布虚假招生简章或广告,不得诱导家长将适龄儿童、少年送入培训机构,替代接受义务教育。

三、校外培训机构不得有违反党的教育方针和社会主义核心价值观的培训内容,不得以"国学"为名,传授"三从四德"、占卜、风水、算命等封建糟粕,不得利用宗教进行妨碍国家教育制度的活动。

四、适龄儿童、少年的父母或者其他法定监护人要切实履行监护人职责,除送入依法实施义务教育的学校或经县级教育行政部门批准可自行实施义务教育的相关社会组织外,不得以其他方式组织学习替代接受义务教育。

五、适龄残疾儿童、少年因身体原因无法到校接受义务教育的,家长或其他法定监护人不得擅自决定是否接受义务教育及具体方式,应当向当地教育行政部门提出申请,教育行政部门可委托残疾人教育专家委员会对其身体状况、接受教育和适应学校学习生活的能力进行评估,确定适合其身心特点的教育安置方式。

加强中小学生欺凌综合治理方案

1. 2017年11月22日教育部、中央综治办、最高人民法院、最高人民检察院、公安部、民政部、司法部、人力资源和社会保障部、共青团中央、全国妇联、中国残联印发
2. 教督〔2017〕10号

加强中小学生欺凌综合治理是中小学校安全工作的重点和难点,事关亿万中小学生的身心健康和全面发展,事关千家万户的幸福和社会和谐稳定,事关中华民族的未来和伟大复兴。为深入贯彻党的十九大精神,有效防治中小学生欺凌,依据相关法律法规,制定本方案。

一、指导思想

以习近平新时代中国特色社会主义思想为指导,全面贯彻党的教育方针,落实立德树人根本任务,大力培育和弘扬社会主义核心价值观,不断提高中小学生思想道德素质,健全预防、处置学生欺凌的工作体制和规章制度,以形成防治中小学生欺凌长效机制为目标,以促进部门协作、上下联动、形成合力为保障,确保中小学生欺凌防治工作落到实处,把校园建设成最安全、最阳光的地方,办好人民满意的教育,为培养德智体美全面发展的社会主义建设者和接班人创造良好条件。

二、基本原则

(一)坚持教育为先。深入开展中小学生思想道德教育、法治教育、心理健康教育,促进提高人民群众的思想觉悟、道德水准、文明素养,提高全社会文明程度,特别要加强防治学生欺凌专题教育,培养校长、教师、学生及家长等不同群体积极预防和自觉反对学生欺凌的意识。

(二)坚持预防为主。完善有关规章制度,及时排查可能导致学生欺凌事件发生的苗头隐患,强化学校及周边日常安全管理,加强欺凌事件易发现场监管,完善学生寻求帮助的维权渠道。

(三)坚持保护为要。切实保障学生的合法权益,严格保护学生隐私,尊重学生的人格尊严。切实保护被欺凌学生的身心健康,防止二次伤害发生,帮助被欺凌学生尽早恢复正常的学习生活。

(四)坚持法治为基。按照全面依法治国的要求,依法依规处置学生欺凌事件,按照"宽容不纵容、关爱又严管"的原则,对实施欺凌的学生予以必要的处置及惩戒,及时纠正不当行为。

三、治理内容及措施

(一)明确学生欺凌的界定

中小学生欺凌是发生在校园(包括中小学校和中等职业学校)内外、学生之间,一方(个体或群体)单次或多次蓄意或恶意通过肢体、语言及网络等手段实施欺负、侮辱,造成另一方(个体或群体)身体伤害、财产损失或精神损害等的事件。

在实际工作中,要严格区分学生欺凌与学生间打闹嬉戏的界定,正确合理处理。

(二)建立健全防治学生欺凌工作协调机制

各地要组织协调有关部门、群团组织,建立健全防治学生欺凌工作协调机制,统筹推进学生欺凌治理工作,妥善处理学生欺凌重大事件,正确引导媒体和网络舆情。教育行政(主管)部门和学校要重点抓好校园内欺凌事件的预防和处置;各部门要加强协作,综合治理,做好校园外欺凌事件的预防和处置。

(三)积极有效预防

1. 指导学校切实加强教育。中小学校要通过每学期开学时集中开展教育、学期中在道德与法治等课程中专门设置教学模块等方式,定期对中小学生进行学生欺凌防治专题教育。学校共青团、少先队组织要配合学校开展好法治宣传教育、安全自护教育。

2. 组织开展家长培训。通过组织学校或社区定期开展专题培训课等方式,加强家长培训,引导广大家长增强法治意识,落实监护责任,帮助家长了解防治学生欺凌知识。

3. 严格学校日常管理。学校根据实际成立由校长负责,教师、少先队大中队辅导员、教职工、社区工作者和家长代表、校外专家等人员组成的学生欺凌治理委员会(高中阶段学校还应吸纳学生代表)。加快推进将校园视频监控系统、紧急报警装置等接入公安机关、教育部门监控和报警平台,逐步建立校园安全网上巡查机制。学校要制定防治学生欺凌工作各项规章制度的工作要求,主要包括:相关岗位教职工防治学生欺凌的职责、学生欺凌事件应急处置预案、学生欺凌的早期预警和事中处理及事后干预的具体流程、校规校纪中对实施欺凌学生的处罚规定等。

4. 定期开展排查。教育行政部门要通过委托专业第三方机构或组织学校开展等方式,定期开展针对全体学生的防治学生欺凌专项调查,及时查找可能发生欺凌事件的苗头迹象或已经发生、正在发生的欺凌事件。

(四)依法依规处置

1. 严格规范调查处理。学生欺凌事件的处置以学校为主。教职工发现、学生或者家长向学校举报的,应当按照学校的学生欺凌事件应急处置预案和处理流程对事件及时进行调查处理,由学校学生欺凌治理委员会对事件是否属于学生欺凌行为进行认定。原则上学校应在启动调查处理程序10日内完成调查,根据有关规定处置。

2. 妥善处理申诉请求。各地教育行政部门要明确具体负责防治学生欺凌工作的处(科)室并向社会公布。县级防治学生欺凌工作部门负责处理学生欺凌事件的申诉请求。学校学生欺凌治理委员会处理程序妥当、事件比较清晰的,应以学校学生欺凌治理委员会的处理结果为准;确需复查的,由县级防治学生欺凌工作部门组织学校代表、家长代表和校外专家等组成调查小组启动复查。复查工作应在15日内完成,对事件是否属于学生欺凌进行认定,提出处置意见并通知学校和家长、学生。

县级防治学生欺凌工作部门接受申诉请求并启动复查程序的,应在复查工作结束后,及时将有关情况报上级防治学生欺凌工作部门备案。涉法涉诉案件等不宜由防治学生欺凌工作部门受理的,应明确告知当事人,引导其及时纳入相应法律程序办理。

3.强化教育惩戒作用。对经调查认定实施欺凌的学生,学校学生欺凌治理委员会要根据实际情况,制定一定学时的专门教育方案并监督实施欺凌学生按要求接受教育,同时针对欺凌事件的不同情形予以相应惩戒。

情节轻微的一般欺凌事件,由学校对实施欺凌学生开展批评、教育。实施欺凌学生应向被欺凌学生当面或书面道歉,取得谅解。对于反复发生的一般欺凌事件,学校在对实施欺凌学生开展批评、教育的同时,可视具体情节和危害程度给予纪律处分。

情节比较恶劣、对被欺凌学生身体和心理造成明显伤害的严重欺凌事件,学校对实施欺凌学生开展批评、教育的同时,可邀请公安机关参与警示教育或对实施欺凌学生予以训诫,公安机关根据学校邀请及时安排人员,保证警示教育工作有效开展。学校可视具体情节和危害程度给予实施欺凌学生纪律处分,将其表现记入学生综合素质评价。

屡教不改或者情节恶劣的严重欺凌事件,必要时可将实施欺凌学生转送专门(工读)学校进行教育。未成年人送专门(工读)学校进行矫治和接受教育,应当按照《中华人民共和国预防未成年人犯罪法》有关规定,对构成有严重不良行为的,按专门(工读)学校招生入学程序报有关部门批准。

涉及违反治安管理或者涉嫌犯罪的学生欺凌事件,处置以公安机关、人民法院、人民检察院为主。教育行政部门和学校要及时联络公安机关依法处置。各级公安、人民法院、人民检察院依法办理学生欺凌犯罪案件,做好相关侦查、审查逮捕、审查起诉、诉讼监督和审判等工作。对有违法犯罪行为的学生,要区别不同情况,责令其父母或者其他监护人严加管教。对依法应承担行政、刑事责任的,要做好个别矫治和分类教育,依法利用拘留所、看守所、未成年犯管教所、社区矫正机构等场所开展必要的教育矫治;对依法不予行政、刑事处罚的学生,学校要给予纪律处分,非义务教育阶段学校可视具体情节和危害程度给予留校察看、勒令退学、开除等处分,必要时可按照有关规定将其送专门(工读)学校。对校外成年人采取教唆、胁迫、诱骗等方式利用在校学生实施欺凌进行违法犯罪行为的,要根据《中华人民共和国刑法》及有关法律规定,对教唆未成年人犯罪的依法从重处罚。

(五)建立长效机制

各地各有关部门要加强制度建设,积极探索创新,逐步建立具有长效性、稳定性和约束力的防治学生欺凌工作机制。

1. 完善培训机制。明确将防治学生欺凌专题培训纳入教育行政干部和校长、教师在职培训内容。市级、县级教育行政部门分管负责同志和具体工作人员每年应当接受必要的学生欺凌预防与处置专题面授培训。中小学校长、学校行政管理人员、班主任和教师等培训中应当增加学生欺凌预防与处置专题面授的内容。培训纳入相关人员继续教育学分。

2. 建立考评机制。将本区域学生欺凌综合治理工作情况作为考评内容,纳入文明校园创建标准,纳入相关部门负责同志年度考评,纳入校长学期和学年考评,纳入学校行政管理人员、教师、班主任及相关岗位教职工学期和学年考评。

3. 建立问责处理机制。把防治学生欺凌工作专项督导结果作为评价政府教育工作成效的重要内容。对职责落实不到位、学生欺凌问题突出的地区和单位通过通报、约谈、挂牌督办、实施一票否决权制等方式进行综治领导责任追究。学生欺凌事件中存在失职渎职行为,因违纪违法应当承担责任的,给予党纪政纪处分;构成犯罪的,依法追究刑事责任。

4. 健全依法治理机制。建立健全中小学校法制副校长或法制辅导员制度,明确法制副校长或法制辅导员防治学生欺凌的具体职责和工作流程,把防治学生欺凌作为依法治校工作的重要内容,积极主动开展以防治学生欺凌为主题的法治教育,推进学校在规章制度中补充完善防治学生欺凌内容,落实各项预防和处置学生欺凌措施,配合有关部门妥善处理学生欺凌事件及对实施欺凌学生进行教育。

四、职责分工

(一)教育行政部门负责对学生欺凌治理进行组织、指导、协调和监督,牵头做好专门(工读)学校的建设工作,是学生欺凌综合治理的牵头单位。

(二)综治部门负责推动将学生欺凌专项治理纳入社会治安综合治理工作,强化学校周边综合治理,落实社会治安综合治理领导责任制。

（三）人民法院负责依法妥善审理学生欺凌相关案件，通过庭审厘清学生欺凌案件的民事责任，促进矛盾化解工作；以开展模拟法庭等形式配合学校做好法治宣传工作。

（四）人民检察院负责依法对学生欺凌案件进行审查逮捕、审查起诉，开展法律监督，并以案释法，积极参与学校法治宣传教育。

（五）公安机关负责依法办理学生欺凌违反治安管理和涉嫌犯罪案件，依法处理实施学生欺凌侵害学生权益和身心健康的相关违法犯罪嫌疑人，强化警校联动，指导监督学校全面排查整治校园安全隐患，协助学校开展法治教育，做好法治宣传工作。

（六）民政部门负责引导社会力量加强对被欺凌学生及其家庭的帮扶救助，协助教育部门组织社会工作者等专业人员为中小学校提供专业辅导，配合有关部门鼓励社会组织参与学生欺凌防治和帮扶工作。

（七）司法行政部门负责落实未成年人司法保护制度，建立未成年人司法支持体系，指导协调开展以未成年人相关法律法规为重点的法治宣传教育，做好未成年人法律援助和法律服务工作，有效保护未成年人的合法权益。

（八）人力资源社会保障部门负责指导技工学校做好学生欺凌事件的预防和处置工作。

（九）共青团组织负责切实履行综治委预防青少年违法犯罪专项组组长单位职责，配合教育行政部门并协调推动相关部门，建立预防遏制学生欺凌工作协调机制，积极参与学生欺凌防治工作。

（十）妇联组织负责配合有关部门开展预防学生欺凌相关知识的宣传教育，引导家长正确履行监护职责。

（十一）残联组织负责积极维护残疾儿童、少年合法权益，配合有关部门做好残疾学生权益保护相关法律法规的宣传教育，切实加强残疾学生遭受欺凌的风险防控，协助提供有关法律服务。

（十二）学校负责具体实施和落实学生欺凌防治工作，扎实开展相关教育，制定完善预防和处置学生欺凌的各项措施、预案、制度规范和处置流程，及时妥善处理学生欺凌事件。指导、教育家长依法落实法定监护职责，增强法治意识，科学实施家庭教育，切实加强对孩子的看护和管教工作。
五、工作要求
（一）深入细致部署。各地各有关部门要按照属地管理、分级负责的原则，加强学生欺凌综合治理。根据治理内容、措施及分工要求，明确负责人和具体联系人，结合本地区、本部门实际制订具体实施方案，落实工作责任。请于2017年12月31日前将省级防治学生欺凌工作负责人和联系人名单、2018年1月31日前将实施方案分别报送国务院教育督导委员会办公室。

（二）加强督导检查。省、市级教育督导部门要联合其他有关部门，定期对行政区域内防治学生欺凌工作情况进行督导检查。县级教育督导部门要对县域内学校按要求开展欺凌防治教育活动、制定应急预案和处置流程等办法措施、在校规校纪中完善防治学生欺凌内容、开展培训、及时处置学生欺凌事件等重点工作开展情况进行专项督导检查。

国务院教育督导委员会办公室适时组织联合督查组对全国防治学生欺凌工作进行专项督导，督导结果向社会公开。

（三）及时全面总结。认真及时做好防治学生欺凌工作总结，一方面围绕取得的成绩和经验，认真总结防治学生欺凌工作中带有启示性、经验性的做法；另一方面围绕面临的困难和不足，认真查找防治学生欺凌工作与社会、家长和学生需求的差距、不足和薄弱环节，查找问题真正的根源，汲取教训，研究改进，推动防治学生欺凌工作进一步取得实效。

（四）强化宣传引导。结合普法工作，开展法治宣传进校园活动，加强对防治学生欺凌工作的正面宣传引导，推广防治学生欺凌的先进典型、先进经验，普及防治学生欺凌知识和方法。对已发生的学生欺凌事件要及时回应社会关切，充分满足群众信息需求。教育行政部门要联系当地主要新闻媒体共同发布反学生欺凌绿色报道倡议书，营造反学生欺凌报道宣传的良好氛围。

中小学生守则

1. 2015 年 8 月 20 日教育部修订公布
2. 教基一〔2015〕5 号

1. 爱党爱国爱人民。了解党史国情，珍视国家荣誉，热爱祖国，热爱人民，热爱中国共产党。

2. 好学多问肯钻研。上课专心听讲，积极发表见解，乐于科学探索，养成阅读习惯。

3. 勤劳笃行乐奉献。自己事自己做，主动分担家务，参与劳动实践，热心志愿服务。

4. 明礼守法讲美德。遵守国法校纪，自觉礼让排队，保持公共卫生，爱护公共财物。

5. 孝亲尊师善待人。孝父母敬师长，爱集体助同学，虚心接受批评，学会合作共处。

6. 诚实守信有担当。保持言行一致，不说谎不作弊，借东西及时还，做到知错就改。

7. 自强自律健身心。坚持锻炼身体，乐观开朗向上，不吸烟不喝酒，文明绿色上网。

8. 珍爱生命保安全。红灯停绿灯行，防溺水不玩火，会自护懂求救，坚决远离毒品。

9. 勤俭节约护家园。不比吃喝穿戴，爱惜花草树木，节粮节水节电，低碳环保生活。

小学生日常行为规范

1. 2004年3月25日教育部修订发布
2. 教基〔2004〕6号
3. 自2004年9月1日起执行

  1. 尊敬国旗、国徽,会唱国歌,升降国旗、奏唱国歌时肃立、脱帽、行注目礼,少先队员行队礼。

  2. 尊敬父母,关心父母身体健康,主动为家庭做力所能及的事。听从父母和长辈的教导,外出或回到家要主动打招呼。

  3. 尊敬老师,见面行礼,主动问好,接受老师的教导,与老师交流。

  4. 尊老爱幼,平等待人。同学之间友好相处,互相关心,互相帮助。不欺负弱小,不讥笑、戏弄他人。尊重残疾人。尊重他人的民族习惯。

  5. 待人有礼貌,说话文明,讲普通话,会用礼貌用语。不骂人,不打架。到他人房间先敲门,经允许再进入,不随意翻动别人的物品,不打扰别人的工作、学习和休息。

  6. 诚实守信,不说谎话,知错就改,不随意拿别人的东西,借东西及时归还,答应别人的事努力做到,做不到时表示歉意。考试不作弊。

  7. 虚心学习别人的长处和优点,不嫉妒别人。遇到挫折和失败不灰心,不气馁,遇到困难努力克服。

  8. 爱惜粮食和学习、生活用品。节约水电,不比吃穿,不乱花钱。

  9. 衣着整洁,经常洗澡,勤剪指甲,勤洗头,早晚刷牙,饭前便后要洗手。自己能做的事自己做,衣物用品摆放整齐,学会收拾房间、洗衣服、洗餐具等家务劳动。

  10. 按时上学,不迟到,不早退,不逃学,有病有事要请假,放学后按时回家。参加活动守时,不能参加事先请假。

  11. 课前准备好学习用品,上课专心听讲,积极思考,大胆提问,回答问题声音清楚,不随意打断他人发言。课间活动有秩序。

  12. 课前预习,课后认真复习,按时完成作业,书写工整,卷面整洁。

13. 坚持锻炼身体,认真做广播体操和眼保健操,坐、立、行、读书、写字姿势正确。积极参加有益的文体活动。

14. 认真做值日,保持教室、校园整洁。保护环境,爱护花草树木、庄稼和有益动物,不随地吐痰,不乱扔果皮纸屑等废弃物。

15. 爱护公物,不在课桌椅、建筑物和文物古迹上涂抹刻画。损坏公物要赔偿。拾到东西归还失主或交公。

16. 积极参加集体活动,认真完成集体交给的任务,少先队员服从队的决议,不做有损集体荣誉的事,集体成员之间相互尊重,学会合作。积极参加学校组织的各种劳动和社会实践活动,多观察,勤动手。

17. 遵守交通法规,过马路走人行横道,不乱穿马路,不在公路、铁路、码头玩耍和追逐打闹。

18. 遵守公共秩序,在公共场所不拥挤,不喧哗,礼让他人。乘公共车、船等主动购票,主动给老幼病残孕让座。不做法律禁止的事。

19. 珍爱生命,注意安全,防火、防溺水、防触电、防盗、防中毒,不做有危险的游戏。

20. 阅读、观看健康有益的图书、报刊、音像和网上信息,收听、收看内容健康的广播电视节目。不吸烟、不喝酒、不赌博,远离毒品,不参加封建迷信活动,不进入网吧等未成年人不宜入内的场所。敢于斗争,遇到坏人坏事主动报告。

中学生日常行为规范

1. 2004年3月25日教育部修订发布
2. 教基〔2004〕6号
3. 自2004年9月1日起执行

一、自尊自爱,注重仪表

　　1. 维护国家荣誉,尊敬国旗、国徽,会唱国歌,升降国旗、奏唱国歌时要肃立、脱帽、行注目礼,少先队员行队礼。

　　2. 穿戴整洁、朴素大方,不烫发,不染发,不化妆,不佩戴首饰,男生不留长发,女生不穿高跟鞋。

3. 讲究卫生,养成良好的卫生习惯。不随地吐痰,不乱扔废弃物。

4. 举止文明,不说脏话,不骂人,不打架,不赌博。不涉足未成年人不宜的活动和场所。

5. 情趣健康,不看色情、凶杀、暴力、封建迷信的书刊、音像制品,不听不唱不健康歌曲,不参加迷信活动。

6. 爱惜名誉,拾金不昧,抵制不良诱惑,不做有损人格的事。

7. 注意安全,防火灾、防溺水、防触电、防盗、防中毒等。

二、诚实守信,礼貌待人

8. 平等待人,与人为善。尊重他人的人格、宗教信仰、民族风俗习惯。谦恭礼让,尊老爱幼,帮助残疾人。

9. 尊重教职工,见面行礼或主动问好,回答师长问话要起立,给老师提意见态度要诚恳。

10. 同学之间互相尊重、团结互助、理解宽容、真诚相待、正常交往,不以大欺小,不欺侮同学,不戏弄他人,发生矛盾多做自我批评。

11. 使用礼貌用语,讲话注意场合,态度友善,要讲普通话。接受或递送物品时要起立并用双手。

12. 未经允许不进入他人房间、不动用他人物品、不看他人信件和日记。

13. 不随意打断他人的讲话,不打扰他人学习工作和休息,妨碍他人要道歉。

14. 诚实守信,言行一致,答应他人的事要做到,做不到时表示歉意,借他人钱物要及时归还。不说谎,不骗人,不弄虚作假,知错就改。

15. 上、下课时起立向老师致敬,下课时,请老师先行。

三、遵规守纪,勤奋学习

16. 按时到校,不迟到,不早退,不旷课。

17. 上课专心听讲,勤于思考,积极参加讨论,勇于发表见解。

18. 认真预习、复习,主动学习,按时完成作业,考试不作弊。

19. 积极参加生产劳动和社会实践,积极参加学校组织的其他活动,遵守活动的要求和规定。

20. 认真值日,保持教室、校园整洁优美。不在教室和校园内追逐打闹喧哗,维护学校良好秩序。

21. 爱护校舍和公物,不在黑板、墙壁、课桌、布告栏等处乱涂改刻画。借用公物要按时归还,损坏东西要赔偿。

22. 遵守宿舍和食堂的制度,爱惜粮食,节约水电,服从管理。

23. 正确对待困难和挫折,不自卑,不嫉妒,不偏激,保持心理健康。

四、勤劳俭朴,孝敬父母

24. 生活节俭,不互相攀比,不乱花钱。

25. 学会料理个人生活,自己的衣物用品收放整齐。

26. 生活有规律,按时作息,珍惜时间,合理安排课余生活,坚持锻炼身体。

27. 经常与父母交流生活、学习、思想等情况,尊重父母意见和教导。

28. 外出和到家时,向父母打招呼,未经家长同意,不得在外住宿或留宿他人。

29. 体贴帮助父母长辈,主动承担力所能及的家务劳动,关心照顾兄弟姐妹。

30. 对家长有意见要有礼貌地提出,讲道理,不任性,不耍脾气,不顶撞。

31. 待客热情,起立迎送。不影响邻里正常生活,邻里有困难时主动关心帮助。

五、严于律己,遵守公德

32. 遵守国家法律,不做法律禁止的事。

33. 遵守交通法规,不闯红灯,不违章骑车,过马路走人行横道,不跨越隔离栏。

34. 遵守公共秩序,乘公共交通工具主动购票,给老、幼、病、残、孕及师长让座,不争抢座位。

35. 爱护公用设施、文物古迹,爱护庄稼、花草、树木,爱护有益动物和生态环境。

36. 遵守网络道德和安全规定,不浏览、不制作、不传播不良信息,慎交网友,不进入营业性网吧。

37. 珍爱生命,不吸烟,不喝酒,不滥用药物,拒绝毒品。不参加各种名目的非法组织,不参加非法活动。

38.公共场所不喧哗,瞻仰烈士陵园等相关场所保持肃穆。

39.观看演出和比赛,不起哄滋扰,做文明观众。

40.见义勇为,敢于斗争,对违反社会公德的行为要进行劝阻,发现违法犯罪行为及时报告。

附　录

一、指导性案例

【指导性案例 225 号】

江某某正当防卫案①

【裁判要点】

1. 对于因学生霸凌引发的防卫行为与相互斗殴的界分，应当坚持主客观相统一原则，通过综合考量案发起因、是否为主要过错方、是否纠集他人参与打斗等情节，结合同年龄段未成年人在类似情境下的可能反应，准确判断行为人的主观意图和行为性质。不能仅因行为人面对霸凌时不甘示弱、使用工具反击等情节，就影响对其防卫意图的认定。

2. 对于防卫是否"明显超过必要限度"，应当立足防卫时的具体情境，从同年龄段未成年人一般认知的角度，综合学生霸凌中不法侵害的性质、手段、强度、危害后果和防卫的时机、手段、强度、损害后果等情节，考虑双方力量对比，作出合理判断。

【指导性案例 226 号】

陈某某、刘某某故意伤害、虐待案

【裁判要点】

1. 与父(母)的未婚同居者处于较为稳定的共同生活状态的未成年人，应当认定为刑法第二百六十条规定的"家庭成员"。

2. 在经常性的虐待过程中，行为人对被害人实施严重暴力，主观上希望或者放任、客观上造成被害人轻伤以上后果的，应当认定

---

① 因篇幅有限，在此只收录指导性案例中的"裁判要点"，如需阅读全文，请扫描侧边二维码，在线阅览。

为故意伤害罪;如果将该伤害行为独立评价后,其他虐待行为仍符合虐待罪构成要件的,应当以故意伤害罪与虐待罪数罪并罚。

3. 对于故意伤害未成年人案件,认定是否符合刑法第二百三十四条第二款规定的以特别残忍手段致人重伤造成"严重残疾",应当综合考量残疾等级、数量、所涉部位等情节,以及伤害后果对未成年人正在发育的身心所造成的严重影响等因素,依法准确作出判断。

【指导性案例 227 号】

胡某某、王某某诉德某餐厅、蒋某某等生命权纠纷案

【裁判要点】

1. 经营者违反法律规定向未成年人售酒并供其饮用,因经营者的过错行为导致未成年人饮酒后遭受人身损害的风险增加,并造成损害后果的,应当认定违法售酒行为与未成年人饮酒后发生的人身损害存在因果关系,经营者依法应当承担相应的侵权责任。

2. 经营者违反法律规定向未成年人售酒并供其饮用、同饮者或者共同从事危险活动者未尽到相应提醒和照顾义务,对该未成年人造成同一损害后果的,应当按照过错程度、原因力大小等因素承担相应的按份赔偿责任。遭受人身损害的未成年人及其监护人对同一损害的发生存在过错的,按照民法典第一千一百七十三条的规定,可以减轻侵权人的责任。

【指导性案例 228 号】

张某诉李某、刘某监护权纠纷案

【裁判要点】

1. 在夫妻双方分居期间,一方或者其近亲属擅自带走未成年子女,致使另一方无法与未成年子女相见的,构成对另一方因履行监护职责所产生的权利的侵害。

2. 对夫妻双方分居期间的监护权纠纷,人民法院可以参照适用民法典关于离婚后子女抚养的有关规定,暂时确定未成年子女

的抚养事宜,并明确暂时直接抚养未成年子女的一方有协助对方履行监护职责的义务。

【指导性案例229号】

沙某某诉袁某某探望权纠纷案

【裁判要点】

未成年人的父、母一方死亡,祖父母或者外祖父母向人民法院提起诉讼请求探望孙子女或者外孙子女的,人民法院应当坚持最有利于未成年人、有利于家庭和谐的原则,在不影响未成年人正常生活和身心健康的情况下,依法予以支持。

【检例第200号】

隋某某利用网络猥亵儿童、强奸、敲诈勒索制作、贩卖、传播淫秽物品牟利案

【要旨】

对性侵害未成年人犯罪要依法从严惩处。行为人实施线上猥亵犯罪行为后,又以散布私密照片、视频相要挟,强迫未成年被害人与其发生性关系的,构成两个独立的犯罪行为,应分别认定为猥亵儿童罪和强奸罪。办案中发现未成年被害人私密照片、视频在互联网传播扩散的,检察机关应当及时协调有关部门删除信息、阻断传播。检察机关要能动发挥法律监督职能,积极推动各方协同发力,共同加强未成年人网络保护。

【检例第201号】

姚某某等人网络诈骗案

【要旨】

办理涉及众多未成年人的网络诈骗案件,应注重罪错未成年人分级干预,实现分类处理,精准帮教。依托侦查监督与协作配合机制,建议公安机关在全面收集证据、查清事实基础上,充分考量未成年人的涉案情节,综合判定其主观违法性认识,依法分类处

置。在审查起诉时，结合社会调查、心理测评、风险评估等情况，对涉罪未成年人进行分类处理并开展精准帮教。针对未成年人涉网违法犯罪防治难题，推动多部门搭建数字平台，实现对未成年人涉网违法犯罪的精准预防。

【检例第202号】

康某某利用网络侵犯公民个人信息案

【要旨】

检察机关办理涉未成年人电信网络犯罪案件，发现未成年人异常办卡情况，可以积极运用数字检察监督手段，通过构建大数据模型，推动未成年人涉电信网络犯罪早期预防。针对类案反映出的未成年人一人办多卡等问题，可以运用联席磋商、检察建议等方式，联动相关部门完善长效机制，规范未成年人入网用网，保障未成年人用网环境健康安全。

【检例第203号】

李某某帮助信息网络犯罪活动案

【要旨】

办理未成年人涉嫌使用本人银行卡帮助信息网络犯罪活动罪案件，应当结合涉案未成年人身心特点，重点审查是否明知他人利用信息网络实施上游犯罪并提供帮助。对于主观恶性不大、社会危害较小且自愿认罪认罚的未成年人，坚持以教育、挽救为主，符合附条件不起诉的，依法适用附条件不起诉。对于未成年人银行账户管理存在漏洞，有异常交易风险的，检察机关通过向金融监管机关、商业银行制发检察建议，强化账户源头管理，推动诉源治理。

【检例第204号】

禁止向未成年人租售网络游戏账号检察监督案

【要旨】

检察机关办理涉未成年人网络犯罪案件，应当注重审查刑事案件背后是否存在未成年人网络保护职责未落实的监督线索。检察机关发现互联网平台上存在向未成年人租售网络游戏账号的,可以依法督促行政监管部门履职,全面维护未成年人网络权益。发现未成年人因沉迷网络而遭受侵害的,应当同步落实被害修复与不良行为干预措施。检察机关应当促进法律监督与行政监管的配合协作,助推行政监管部门提升未成年人网络保护执法规范化水平。

二、典型案例

最高人民检察院发布 6 起检察机关加强未成年人网络保护综合履职典型案例[①]

案例一

孙某某帮助信息网络犯罪活动案
——惩治教育挽救网络诈骗"工具人"

【关键词】

帮助信息网络犯罪活动罪　附条件不起诉　家庭教育指导　异地帮教

【基本案情】

2021 年 12 月 26 日,孙某某在某聊天网站上看到一条出租银行卡可以赚钱的信息,遂联系同学詹某(已成年,另案处理),利用詹某身份证办理 4 张银行卡,并将银行卡出租给他人用于信息网络犯罪支付结算。经查,涉案银行卡单向资金流入金额为人民币 108 万元,其中 9.8 万元系涉诈骗资金。鉴于孙某某到案后如实供述自己的罪行,犯罪时系未成年人,有悔罪表现,具有认罪认罚等情节,可能被判处一年有期徒刑以下刑罚,

---

[①] 摘自最高人民检察院官网,网址 https://www.spp.gov.cn/spp/xwfbh/wsfbh/202305/t20230531_615886.shtml。

检察机关依法对其作出附条件不起诉决定,经过十个月的考验期满后,依法对孙某某作出不起诉决定。

【检察机关履职情况】

(一)积极开展家庭教育指导,督促监护人切实履行监护职责。针对孙某某家庭监护缺位,导致其无节制使用手机网络,直至走上违法犯罪道路的问题,吉林省大安市人民检察院向孙某某父亲(孙某某父母离异,随父亲共同生活)发出"督促监护令",并联合公安局、团市委、市妇联、法律援助中心共同开展家庭教育指导。同时,检察机关聘请专业司法社工从限制手机使用时间、加强亲子交流、提供多样化活动和学习机会等几方面帮助制定家庭监护计划,并定期对计划执行情况进行回访,帮助孙某某养成合理、安全使用手机网络的生活习惯。

(二)跨省异地协作,有针对性开展考察帮教。检察机关根据孙某某及其家人申请,委托孙某某户籍地检察机关开展异地考察帮教。两地检察机关共同研究制定有针对性的帮教方案,帮助孙某某着重提升法律意识和辨别是非能力、树立正确金钱观和消费观、提高就业知识和技能;建立严格的考察监督机制,定期回访和不定期抽查相结合,全面掌握孙某某考察期间思想、生活状况;创新沟通协调方式,通过远程视频会议系统实现两地检察机关和孙某某的三方会面,保证帮教工作顺利开展。

(三)坚持诉源治理,积极开展"反诈进校园"活动。结合本案反映出的问题,检察机关走进校园,系统讲解常见涉网络犯罪的基本特征与法律责任,帮助未成年人提高警惕意识,避免因无知和大意而被卷入涉网络犯罪。同时,积极与教育部门共同开设"线上云课堂",加强以案释法,帮助未成年人及其监护人提升网络安全意识。

【典型意义】

一些信息网络犯罪团伙利用未成年人心智不成熟、法律意识淡薄等特点,使未成年人成为信息网络诈骗活动的"工具人"。办理此类案件,检察机关应坚持最有利于未成年人的原则,认真落实宽严相济刑事政策,对初犯、偶犯,特别是仅出售个人少量银行卡、违法所得数额不大且认罪认罚的未成年人,严格把握起诉标准,全面落实未成年人特殊制度,为其回归社会预留通道,采取家庭教育指导等综合司法保护措施,助其迷途知返。同时,坚持诉源治理,积极推进"反诈进校园"活动,深入开展法治宣传教育,提升未成年人法治意识,避免因无知和大意而被卷入网络犯罪。

案例二

高某某盗窃案
——依法综合履职做实预防未成年人沉迷网络治理

【关键词】

不起诉精准帮教　预防未成年人沉迷网络　社会治理检察建议

【基本案情】

2022年5月至6月,高某某先后多次采用偷拿他人手机进行转账的方式,窃取他人支付宝和银行卡账户中的钱款人民币1万余元,用于网络游戏账号充值和购买装备。2022年6月28日,公安机关以高某某涉嫌盗窃罪移送审查起诉,鉴于高某某犯罪时系未成年人,具有自首、认罪认罚、积极退赔损失并取得被害人谅解等情节,检察机关依法对其作出相对不起诉决定。

【检察机关履职情况】

(一)深挖犯罪根源,精准开展矫治教育。上海市浦东新区人民检察院通过社会调查发现,高某某通过某手机应用市场下载了一款游戏代练App,为成年客户代练游戏并获取报酬,每天玩游戏时间长达十余个小时,因沉迷网络游戏而诱发犯罪。检察机关在对高某某作出相对不起诉决定后,根据《中华人民共和国预防未成年人犯罪法》的相关规定,联合公安机关、社工以防治网络沉迷、矫正行为偏差为重点,借助数字化监管平台,对其开展矫治教育。同时,针对高某某父亲去世,母亲再婚,由祖父抚养的情况,委托家庭教育指导站提供家庭教育支持,帮助高某某戒除网络依赖。

(二)制发检察建议,助力企业良性发展。检察机关调查发现,开发运营该手机应用市场的公司未经严格审核,为游戏代练App进行有偿推广、宣传和分发,引诱、鼓励包括未成年人在内的用户,进行网络游戏代练交易,加剧了未成年人沉迷网络的风险。针对该案暴露出的预防未成年人沉迷网络措施落实不到位问题,检察机关向该公司制发检察建议并进行公开宣告,建议其对所有上架 App 进行全面审查,并建立定期巡查制度,畅通投诉受理途径,健全未成年人保护工作机制。该公司全面接受检察建议,主动下架 10 余款问题软件、游戏,并在公司内部成立"未成年人保护工作小组",建立季度自查、涉未成年人投诉处理专员等工作机制。

(三)多方协同齐抓共管,系统推进网络沉迷治理。为进一步扩大治理效果,检察机关邀请网信办等主管部门、专家学者与该公司及辖区内相关互联网企业,就网络资源下载平台如何预防未成年人沉迷网络进行研讨,帮助企业提升依法经营意识,完善防沉迷技术措施。检察机关还就网络游戏宣传、推广过程中防沉迷措施的落实,与网络游戏行业协会交换意见,推动协会向成员单位发出倡议,倡导对网络游戏产品进行分类,并作出适龄提示。此外,检察机关开展未成年人网络保护法治课堂,并推动该课堂入驻"支付宝"空间站,联合开发"AR 奇妙探险 GO"青少年网络安全数字体验活动,促进预防未成年人沉迷网络治理长效长治。

【典型意义】

随着互联网的广泛运用,未成年人沉迷网络现象日益突出,成为未成年人违法犯罪的重要诱因。检察机关办理未成年人涉网络犯罪案件,应当高度关注对涉罪未成年人沉迷网络行为的矫治,通过数字赋能、家庭教育指导等手段对其进行精准帮教。同时,对相关网络产品、服务提供者履行预防未成年人沉迷网络义务的情况进行全面调查,针对网络资源下载平台未履行内容审查义务,对破坏未成年人防沉迷系统的软件进行推广问题,以检察建议督促企业强化落实未成年人网络保护责任。检察机关还可以通过召开座谈会、走访行业协会、加强法治宣传等举措助推政府、企业、社会综合发力、齐抓共管,深入推进未成年人网络防沉迷"系统工程"。

案例三

朱某某强奸、猥亵儿童、强制猥亵案
——严厉打击网络性侵未成年人犯罪,积极推动诉源治理

【关键词】

网络性侵　从严惩治　心理救助　长效机制

【基本案情】

2019年至2020年,朱某某通过网络社交软件诱骗、胁迫杨某等8名未成年人拍摄裸体、敏感部位照片、不雅视频,发送其观看;并以散布裸照、不雅视频相威胁,强迫杨某线下见面,发生性关系。另据查明,2019年初朱某某以不雅视频相威胁,强行与成年女性秦某某发生性关系。检察机关对该案提起公诉后,法院以强奸罪、猥亵儿童罪、强制猥亵罪判处朱某某有期徒刑十五年六个月,剥夺政治权利一年。

【检察机关履职情况】

(一)深挖细查,全面查清犯罪事实。该案报请审查批捕后,北京市平谷区人民检察院发现除公安机关已认定的4名被害人外,朱某某还存在利用网络侵害其他被害人的可能,遂建议公安机关继续侦查,至侦查终结时被害人增至7名。审查起诉阶段,检察机关自行侦查,委托鉴定机构及时恢复并提取朱某某手机中社交软件已删除的数据信息,通过对电子数据梳理审查,追加认定朱某某猥亵另外2名未成年人的犯罪事实。

(二)关注未成年被害人身心健康,引导建立良好用网习惯。检察机关在打击犯罪的同时,注重对未成年被害人心理修复,委托专业力量开展心理评估、心理治疗,帮助被害人尽快回归正常学习和生活。通过电话沟通、家庭走访、检校合作等方式持续跟踪回访,帮助被害人建立良好用网习惯。依托"法治副校长"工作机制,线上线下开展网络安全教育和防性侵教育,引导未成年人正确使用网络,提高网络安全意识,阻断伸向未成年人的网络"黑手"。

(三)总结网络性侵类案规律,建设长效预防机制。为减少性侵案件发生,检察机关全面梳理分析本地近三年网络性侵未成年人案件,发现该类案件中,普遍存在被害人在网络上的自我保护意识严重不足,易轻信他人,遭受侵害后因害怕被犯罪分子打击报复而不敢报警等问题。为此,检察机关与网信、网安部门就未成年人网络保护问题进行专题座谈,加强未成年人网络侵害线索移送,促推两部门加强网络平台监督管理。针对涉案某社交软件存在的未成年人网络保护责任未落实问题,检察机关在全市开展排查,就发现的行政主管机关存在监管不到位问题,促推行政主管机关约谈该社交软件运营公司,督促严格落实未成年人网络保护主体责任。

【典型意义】

随着互联网的快速发展,未成年人"触网"低龄化趋势愈发明显,性侵未成年人犯罪已经出现线上线下相互交织的新形态。检察机关在办理网络性侵未成年人案件时,应准确把握网络性侵特点,依法深挖、追诉犯罪,以"零容忍"态度严厉打击。同时,加强未成年被害人保护,开展心理救助,帮助未成年人尽快回归正常生活。注重综合履职,统筹治罪与治理,推动学校、社会、政府等未成年人保护主体协同发力,线上线下一体治理,护航网络时代未成年人健康成长。

案例四

隋某某猥亵、强奸、敲诈勒索、制作、贩卖、传播淫秽物品牟利案
——疏堵结合,治罪治理并重

【关键词】

网络性侵　畅通线索渠道　阻断传播链条　专项治理

【基本案情】

2022年1月,隋某某使用网络社交软件向未成年被害人刘某某发送淫秽视频,并威胁、诱导刘某某自拍裸体照片和视频发送给其观看。后以此威胁刘某某发生性关系,并向刘某某索要钱财。同时,隋某某通过网络将上述裸体照片和视频售卖。检察机关对该案提起公诉后,法院以猥亵儿童罪、强奸罪、敲诈勒索罪、制作、贩卖、传播淫秽物品牟利罪判处隋某某有期徒刑十年,并处罚金人民币三千元。

【检察机关履职情况】

(一)落实强制报告,畅通线索渠道。为有效解决侵害未成年人案件线索发现难问题,山东省青岛市崂山区人民检察院推动公安机关设立110"涉未成年人强制报告警情专线",助力实现快速侦破案件和保护救助未成年被害人。未成年被害人刘某某的老师通过强制报告警情专线报警后,公安和检察机关快速反应,实现了及时打击犯罪和救助未成年被害人的双重目标。

(二)阻断传播链条,避免被害人二次伤害。检察机关督促公安机关

固定证据后将隋某某缓存的、上传至社交账号、云盘等处的不雅视频进行技术删除,"线上+线下"阻断传播链条。联合公安机关、涉案学校、家长对购买淫秽视频并观看的学生开展分级干预和法治教育,制发"督促监护令"督促父母依法履行监护职责。同时,委托心理咨询师对被害人及其监护人定期开展心理疏导,帮助其走出创伤。

(三)积极促推开展网络空间专项治理,推动未成年人综合保护。检察机关通过法治进校园、举办专题讲座、网络安全知识问答等活动,引导学生正确使用网络,免受不法侵害。推动教育行政主管部门建立网络监管报告机制,及时向公安机关报告违法不良网络信息,已发现并报告违法不良网络信息问题9件,有效减少了网络侵害的发生。

【典型意义】

检察机关立足个案保护,坚持"办理一个案子、保护一批孩子",及时阻断不雅视频传播,帮助未成年被害人及时恢复正常学习和生活。重视检察机关在推进社会治理方面的责任,以"保护一个孩子、预防一片领域"为目标,促推其他保护力量共同开展网络空间专项治理,为未成年人营造更为健康安全的网络环境,提升未成年人综合保护效果。

案例五

冯某隐私权保护案
——依法支持未成年人维权

【关键词】

网络隐私侵权　支持起诉　人格权侵害禁令

【基本案情】

2020年10月至11月,未成年人邹某偷拍同学冯某的隐私视频,后发送他人,冯某因此遭受精神困扰。同学项某向邹某索要该视频,并通过网络聊天软件对冯某进行言语骚扰。该视频及相关言论传播至冯某所在学校,使冯某学习和生活受到严重影响。

【检察机关履职情况】

(一)依法支持侵权之诉,充分保障诉权行使。冯某及其监护人向浙江省杭州市上城区人民检察院申请支持起诉维护其隐私权。检察机关对隐私视频内容、网络传播情况开展调查,引导女性法律援助律师对损害结果进行取证,确认冯某精神损害情况。同时委托心理医生稳定冯某情绪,防止造成二次伤害。经调查,检察机关依法支持起诉,并协助提供关键证据。法院支持全部诉讼请求,判决邹某立即停止侵害、书面赔礼道歉以及赔偿精神损害赔偿金。

(二)依法支持申请人格权侵害禁令,积极施措有效救济。冯某向检察机关反映项某曾以隐私视频对其进行网络骚扰,担心不及时制止,自身身心健康将继续受到损害,向检察机关申请支持对项某提出人格权侵害禁令申请。检察机关依法支持申请。法院裁定禁止项某以任何形式存储、控制和传播涉案视频,禁止借涉案视频实施一切骚扰、威胁等行为。裁判后,检察机关主动跟进监督,督促邹某、项某及监护人责任履行到位。冯某接受书面道歉、精神赔偿并获得禁令保护,恢复正常学习生活。

(三)多方共护健康成长,协同提升治理成效。为帮助冯某恢复正常学习生活和对侵权学生进行教育,检察机关一方面引入专业医疗力量,对冯某开展心理干预和治疗,直至其精神恢复、返校学习。另一方面落实家庭保护,约谈侵权学生的监护人并制发"督促监护令",督促监护人依法履行家庭监护责任。同时,多次走访当事人所在学校,制发检察建议帮助学校建立欺凌防控等工作制度。学校对实施校园欺凌、隐私侵权的学生依规进行了教育处理,通过控制传播和保护隐私等措施,最大程度降低事件对冯某的不良影响。检察机关还联合教育、民政等部门出台相关综合保护工作意见,搭建多方共护平台,共同提升未成年人权益保护成效。

【典型意义】

网络传播未成年人隐私,传播速度快、影响范围广、精神损害大,严重侵犯未成年人人格权益。检察机关充分运用支持起诉职能,以能动司法推动网络保护,既支持未成年人提出隐私侵权之诉维护自身权益,又支持其提出人格权侵害禁令申请,并跟进监督落实,帮助未成年人依法维护自身合法权益。同时,强化诉源治理、注重协同共治,制发"督促监护令"督促父母落实家庭保护责任,制发检察建议促推学校健全欺凌防控等工作制度,全方位提升未成年人权益保护成效。

案例六

肖某某、邓某某侵犯公民个人信息案
——多措并举保护未成年人个人信息安全

【关键词】

未成年人个人信息权益　融合履职　未成年人网络公益保护

【基本案情】

2020年4月至10月,肖某某与邓某某利用发卡平台源码,建立网络交易平台,对外开放注册,供用户进行公民身份证号码、支付宝账户等个人信息非法交易。肖某某还在平台提供资金结算等服务,并按交易额收取服务费,交易总金额超过人民币47万元。截至案发,注册平台的卖家共200余人,非法买卖未成年人个人信息95万余条,被侵害个人信息的未成年人分布在浙江、天津、河北等全国多地,严重损害未成年人合法权益。2021年2月,检察机关对肖某某、邓某某涉嫌侵犯公民个人信息罪提起公诉,法院判处肖某某有期徒刑四年三个月并处罚金,判处邓某某有期徒刑四年并处罚金。2021年10月,检察机关向法院提起民事公益诉讼,法院判令被告人肖某某、邓某某共同支付损害赔偿款人民币30万元,并在国家级媒体上向社会公众刊发赔礼道歉声明。

【检察机关履职过程】

(一)一体化协同办案,从严惩处利用互联网信息技术和平台侵害未成年人的刑事犯罪。浙江省杭州市拱墅区人民检察院积极推进一体化协同办案,依托数字化办案手段,将涉案电脑、手机、硬盘、U盘进行勘验,将几百万条个人信息进行比对、去重,最终精准确定出售和购买的公民个人信息条数。通过对后台数据的再次勘验,调取到每条信息的贩卖价格,最终确定涉案销售总额和违法所得。同时,追诉上游罪犯1人,立案监督同案犯3人。

(二)依法及时提起公益诉讼,有力维护未成年人合法权益。检察机关从办理刑事案件中发现涉未成年人民事公益诉讼线索,认为肖某某、邓某某在未取得未成年人及其监护人同意的情况下,从他人处购买近百万条未成年人身份信息,并自行组织搭建、运营涉案平台,用以出售并允许他人出售未成年人身份信息，属于非法收集、买卖个人信息的侵权行为。由于被侵权人人数众多、分布全国多地，构成对公共信息安全领域的未成年人公共利益侵害。检察机关依法向肖某某、邓某某提起民事公益诉讼。

（三）建立协作联动机制，形成未成年人个人信息网络保护工作合力。针对案件中发现的用于违法犯罪的网站和注册公司的监管漏洞，以及辖区内可能存在的类似侵害未成年人个人信息安全的违法网站问题，检察机关结合办案延伸履职，加强与网信部门、公安机关协商，建立打击违法网站协作机制，推动解决网络保护监管盲区，实现联动通报、数据共享、类案监督、行刑衔接、社会治理的长效保护机制，完善网络监管，合力营造未成年人网络保护良好环境。

【典型意义】

未成年人个人信息受法律保护。侵犯公民个人信息犯罪具有成本低、获益高的特点，检察机关应当依法严惩通过互联网售卖未成年人个人信息的犯罪行为。在办理涉未成年人刑事案件过程中，应当强化未检"四大检察"融合履职，注重通过公益诉讼等职能手段，更加有力保护公共信息安全领域未成年人合法权益。检察机关应当依法履行法律监督职责，以案件办理推动社会治理，加强与网信、公安机关的协作，建立未成年人个人信息网络保护长效机制，形成未成年人网络保护合力。

最高人民检察院发布6起未成年人检察社会支持体系示范建设典型案例[①]

段某某寻衅滋事附条件不起诉案
——拓展社会支持资源开展精准帮教和家庭教育指导

【基本案情】

被附条件不起诉人段某某，案发时16周岁。2021年2月，段某某独

[①] 本文摘自最高人民检察院官网，网址：https://www.spp.gov.cn/spp/xwfbh/wsfbh/202304/t20230414_611291.shtml。

自回家途中无故殴打他人,致一人轻伤、一人轻微伤。2021年8月2日,北京市海淀区人民检察院受理审查起诉,同年8月作出附条件不起诉决定,考验期为六个月。2022年3月,依法作出不起诉决定。

【履职情况】

(一)"检察+团委+社工"开展社会调查与家庭教育评估。海淀区检察院依托与团区委共同建立的社会资源链接机制,委托北京超越青少年社工事务所贯通开展社会调查和家庭教育评估,为后续帮教及家庭教育指导提供基础。多类型专业社工深度介入,司法社工以段某某犯罪原因、法律认知、再犯风险等为主要调查内容,出具社会调查报告;驻校社工通过段某某平时在校表现、走访老师同学,出具段某某社会关系、朋辈群体情况;家庭教育评估社工评估家庭教育指导的必要性和可行性,出具《家庭教育指导评估报告》。通过调查评估,了解到段某某一贯表现优异,后受父母离异影响又恰逢青春期,开始出现厌学、抽烟、喝酒、不良交友等偏差行为,段某某父母存在疏于管教、不良行为习惯影响等问题,确需开展家庭教育指导。

(二)"检察+社工+妇联"开展帮教和家庭教育指导。检察机关联合专业帮教社工对段某某每月一次定期访谈,倾听了解其想法,对其提供正向支持,并结合法治教育、矫治教育小组活动、心理疏导开展针对性和精细化帮教。经过帮教,段某某改变了抽烟、喝酒等不良习惯,学习状态良好,在某重大比赛中取得优异成绩。检察机关还在妇联的协调下,委托专家开展家庭教育测评、制定方案、出具《家庭教育指导意见》,召开宣告会对段某某父母进行训诫,并与社工、家庭教育指导专家共同开展为期三个月的家庭教育指导,促使段某某父母调整自身行为,提升监护教育能力,家庭环境得到明显改善。

(三)"检察机关+团委+N"拓展社会支持体系资源。海淀区检察院以该案为切入口,与团区委、区妇联、中国儿童中心、北京超越青少年社工事务所完善帮教和家庭教育指导联动工作机制,确定"检察机关启动程序全程主导、团委链接资源保障资金、社会资源提供专业支持"工作模式,建立"社会调查、家庭教育评估、制定考察帮教方案和家庭教育指导方案、宣告训诫、长期帮教指导"的工作流程,继中国儿童中心之后,持续引入高校、心理咨询机构等更多社会资源,实现社会支持体系建设可持续发展。

【典型意义】

检察机关依托专业社会支持体系,与团委、妇联、社工多方联动,引入社工、家庭教育指导专家等多方面专业社会资源,贯通社会调查、帮教、家庭教育指导等多个环节工作,纠正未成年人偏差行为,改善家庭监护和教育环境,多维度为未成年人顺利回归正常生活与学习提供帮助,实现教育挽救保护目标。

涂某盗窃附条件不起诉案
——畅通家庭和社区再社会化渠道

【基本案情】

被附条件不起诉人涂某,案发时16周岁。2021年6月至10月期间,涂某先后三次在其居住地附近的出租屋内盗窃外来务工人员手机等物品,共计人民币1497元。2022年2月9日,福建省漳州市诏安县人民检察院受理审查起诉,同年3月作出附条件不起诉决定,考验期六个月。2022年9月,依法作出不起诉决定。

【履职情况】

(一)专业社工联合春蕾安全员开展全面社会调查。福建省检察机关在全省建立了"春蕾安全员"机制,聘请妇联、团委、民政、社区等工作人员参与未检社会支持工作。诏安县检察院发挥社工专业优势和基层春蕾安全员熟悉亲近涂某及其家庭成员的优势,帮助消除涂某对抗情绪,快速建立信任关系。社工通过多次家访,观察涂某的居住成长环境及家庭成员间互动模式,协同春蕾安全员辅助收集涂某个人及家庭成员相关信息、成长经历、社会交往等情况,深入分析问题根源,为涂某量身定制了由社工负责专业干预、春蕾安全员负责日常观护专业协同的帮教计划。

(二)督促监护令结合社区志愿活动赋能家庭支持。诏安县检察院在作出附条件不起诉同时,发出督促监护令,督促涂某监护人改变以打骂代替教育的习惯,加强与涂某正向沟通。由春蕾安全员对督促监护令履行情况跟进监督考察,及时反馈动态;由社工根据反馈情况,分阶段针对性地开展多次家庭教育指导。同时社工联合春蕾安全员,安排涂某参与社区志愿服务活动6次,营造友好接纳环境,强化了涂某与社会的正向链接。涂某在志愿服务期间表现得到肯定,并在感受家庭关怀、社区支持、社会接纳情况下,表露出积极的自我改变意愿。

(三)引导正确认知帮助就业促成自我改变。附条件不起诉考验期间,检察机关进行3次互动交流,社工开展6次个案面谈,春蕾安全员加强日常观护,在共同强化涂某规则意识的同时,激发涂某主动承担家庭责任、寻求就业的意愿。社工及时鼓励涂某改变与成长,并帮助联系与其能力、兴趣相匹配的职业资源,涂某争取到了由检察机关提供帮助的就业机会。社工与春蕾安全员实时关注涂某工作状态,引导其正向改变和内生成长。附条件不起诉考验期满时,经评估,涂某与家庭亲子关系明显改善,工作稳定积极,生活目标清晰,实现了回归社会。

【典型意义】

检察机关在办理未成年人案件时,依托社会支持体系,引导社工专业力量与当地未成年人保护力量之间建立有效链接,实现专业保护与社会保护融合发力。社工依托社会支持体系拓展当地保护资源,实现获取信息更全面、安排活动更便捷、回归社会渠道更丰富。当地未成年人保护力量依托专业化协同机制,实现干预帮教更专业、督促监护更有力、改变成长更有效,更好帮助涉罪未成年人回归社会,是融合保护理念在未成年人检察社会支持体系建设过程中的实践应用,实现了未成年人保护力量叠加放大效应。

伊某某盗窃附条件不起诉案

——全流程引入社会力量干预和矫治

【基本案情】

被附条件不起诉人伊某某,案发时16周岁。2021年4月至5月期间,伊某某伙同张某某(成年人,已判刑)在湖北省黄冈市蕲春县某大酒店盗窃价值6435元的电脑主机显卡2张。另查明,2020年10月至11月,伊某某伙同甘某某、郭某某等人(均系成年人,已判刑)多次到蕲春县某镇批零超市盗窃散装饮料,价值1233元。2022年4月,蕲春县人民检察院依法对伊某某作出附条件不起诉决定,确定考验期为六个月。2022年10月,依法作出不起诉决定。

【履职过程】

（一）联合社会力量同步调查同步评价。蕲春县检察院受理审查起诉后，与司法社工组织一道开展社会调查，了解到伊某某涉罪主因系交友不慎、父母溺爱。检察机关认为伊某某归案后认罪悔罪态度好，积极赔偿被害人经济损失，且系高三学生，符合附条件不起诉条件，邀请人大代表、人民监督员、值班律师、社区及学校代表召开不公开听证会，各方面一致同意检察机关意见。

（二）依托未成年人观护基地精准帮教。考验期内，检察机关征求伊某某父母同意，将伊某某送入红安某未成年人观护基地，为其量身制定个性化的帮教方案。观护基地通过法治教育、劳动实践、公益服务等增强伊某某法治意识，矫正其不良习惯，专门安排文化课老师为其补课，备战高考。检察官每两周对帮教情况进行跟踪了解，不定期进行面对面交流，引入专业心理辅导，强化矫治转化。

（三）通过再社会化帮助顺利复学升学。检察机关与教育、共青团、妇联、关工委等单位共同努力，帮助伊某某回归社会。县教育局协调保留伊某某学籍、高考报名，县团委动员青年司法社工与其结对，县妇联对其父母进行家庭教育指导，县关工委开展法治教育，共同激励伊某某改过自新。伊某某顺利参加高考，被湖北某高校录取，目前在校表现良好。

【典型意义】

在罪错未成年干预和矫治过程中全流程引入社会力量，建立同步评价机制、社会观护机制、再社会化促进机制，整合社会力量、增进社会接纳、强化再社会化效果，实现检察机关"一家独管"向"社会共管"转变，单一"行为矫治"向促进"未来发展"转变，程序保障向权利保护转变，推动未成年人检察社会支持体系的发展和升级。

困境儿童庞某保护救助案
——跨区域社会支持体系保护救助

【基本案情】

被害人庞某，案发时10周岁，单亲家庭儿童。2021年9月3日，庞某在广东省深圳市光明区一工地出租屋内遭到邻居张某某猥亵。2021年9

月4日,深圳市光明区人民检察院受邀介入,同年11月4日受理审查起诉,张某某以猥亵儿童罪被法院判处有期徒刑一年九个月。案件办理期间,光明区检察院与四川省达州市检察院启动异地协作保护救助被害人庞某工作。

【履职情况】

(一)检察机关与共青团全方位协作主导全面保护。光明区检察院和团区委依托区未成年人综合司法保护平台,按照"需求吹哨、职能报到、资源配套"模式,联动多部门协同介入,检察院联动公安局启动一站式保护,同步委派深圳市福田区启航公益服务中心司法社工开展保护,团委发挥群团职能优势联合民政、教育、卫健等多部门参与,召开多次协调会议,共同开展司法救助、临时安置、精神治疗、心理抚慰修复干预、家庭功能赋能干预等全方位立体化保护。

(二)专业司法社工等多元社会力量协同落实全面保护。针对庞某年龄较小的情况,司法社工作为专业力量介入,团委社工、社区社工、儿童社工等协同介入,组建社会保护团队,对庞某开展系统性专业评估,评估其在性意识、防护能力、心理创伤等方面存在的问题,针对性制定个性化精准保护计划,系统开展了心理疏导、危机干预、创伤疗愈、自我保护意识培养、监护督促、亲子关系修复等全方位精准保护措施,多方社会支持力量协同帮助庞某消除被侵害的影响,恢复并改善成长环境,修复并改善庞某个人、家庭、学校及社会关系。

(三)跨区域社会支持体系异地联动体系落实综合保护。通过建立司法救助金异地监管、社会力量异地协同和监护监督异地跟踪等机制,光明区检察院联合团委、民政、专业司法社工等协同庞某户籍地区检察院、团委、民政等多部门,结合个人及父亲负担抚养费实际情况,共同确定综合保护方案,庞某被成功安置在当地福利院,并落实了低保救助和就学救助。当地检察院对光明区检察院6万元司法救助金按月支付直至庞某16岁的使用情况及后续监护落实情况定期监管,并由司法社工和救助人员以异地协作的方式持续开展后续保护工作。

【典型意义】

社会支持体系的多元跨区域联动,构建了部门职能协作体系、社会力量协同体系、区域联动体系,实现了对未成年被害人由传统司法办案取证和现场一站式保护,深化为精准评估被侵害的原因、制定个性化精准保护计划并精准干预落实全方位综合司法保护方案,消除了未成年人被侵害的不良影响和被侵害的风险因素,全面改善未成年人的家庭、学校、社会成长环境,修复孩子的成长进程,构建专业化、社会化、全方位的综合司法保护社会支持体系。

事实无人抚养儿童夏某某保护救助案
——落实强制报告制度强化社会支持协同

【基本案情】

2020年7月,夏某甲因涉嫌开设赌场罪被采取刑事强制措施,后被判处有期徒刑。被羁押后,夏某甲委托侄子夏某乙代为照护夏某某(14周岁)。其间,夏某乙长达数月未曾探视、照顾夏某某,导致夏某某处于事实无人照护的状态。

【履职过程】

(一)依托社会平台打通强制报告工作链。2016年5月,上海市嘉定区人民检察院与团区委会签未成年人检察社会服务体系工作协议,成立实体化运作的"嘉定区未成年人检察社会服务中心",并于2018年升级为"未成年人司法社会服务中心"(以下简称"司法社会服务中心"),一门受理、转介、落实未成年人司法社会服务。2021年11月,区检察院、团区委以开展全国未检工作社会支持体系示范建设为契机,进一步将强制报告落实纳入司法社会服务中心及青少年事务社工的职能。当月,区检察院、团区委就青少年事务社工强制报告的服刑人员未成年子女夏某某监护缺失个案,邀请区民政局等部门进行会商,决定委托司法社会服务中心对夏某某监护状况及潜在照护人进行调查。经调查发现,夏某乙已连续数月未履行照护责任,夏某某独居家中,由邻居暂时照料。夏某某母亲下落不明,祖父母已去世,近亲属中唯有堂姐夏某丙与其关系亲近,有稳定的工作和经济来源,且生活在本区。经检察机关当面征询意见,夏某某、夏某丙均同意由夏某丙临时照护夏某某。据此,检察机关和民政部门建议夏某甲将委托照护人变更为夏某丙,并协助双方签署《委托照护协议书》,解决了夏某某无人照护的问题。

（二）协同多方社会力量构筑委托照护监督链。委托照护人变更后，检察机关联合团区委将情况通报区民政局、区教育局及夏某某所在的学校、居委会，以社会支持为依托，协同开展委托照护的督促落实工作。区司法社会服务中心指派社工开展一对一帮扶，向夏某丙传授家庭教育知识和技巧，帮助其妥善照护、教育夏某某；区民政局指派民政干部、儿童主任定期家访，对委托照护人履职行为进行监督，并协调夏某某户籍所在地民政机关，为其申请事实无人抚养儿童生活保障；区教育局指导学校安排班主任、心理老师对其学习、心理状况进行重点关注。

（三）集约社会资源打造健康成长守护链。针对夏某某因家庭变故引发的生活困难和心理问题，区检察院充分运用区司法社会服务中心资源整合功能，通过中心转介，将夏某某纳入上海市慈善基金会设立的"绽放·微笑"涉案困境未成年人救助项目，发放生活救助金，缓解其经济困境；协调专业心理咨询机构委派心理咨询师开展为期6个月的心理疏导，帮助其摆脱心理阴影。在此案成功办理基础上，2022年10月，嘉定区检察院、团区委联合区民政局等单位会签《嘉定区深化未成年人综合司法保护协作办法》，将社会支持体系成员单位从最初的2家逐步扩展至17家，为各类权益受到侵害的未成年人提供更加全面、综合、专业的司法保护和社会服务。

【典型意义】

检察机关、共青团组织在开展未成年人检察社会支持体系建设过程中，以实体化运作的司法社会服务中心为平台，以强制报告制度落实为抓手，推动将更多未成年人保护职能部门、社会组织纳入社会支持体系建设，为事实无人抚养儿童落实监护状况调查、监护监督、关爱帮扶等综合保护措施，形成主动发现、协同处置、社会支持的全链条保护模式，进一步提升未成年人全面综合司法保护能级。

未成年被害人楚某保护救助案

——搭建社会支持平台助推乡村综合治理

【基本案情】

被害人楚某，案发时12周岁。2020年9月，楚某离家出走后被王某收留,与其同居并发生性关系。山东省东营市广饶县公安局立案后邀请广饶县人民检察院介入。广饶县检察院受邀介入,并同步开展被害人救助工作。2020年12月,王某因犯强奸罪被判处有期徒刑六年。

【履职过程】

(一)受邀介入司法社工助力司法办案。被害人楚某长期监护缺失,遭受多次性侵后出现自闭倾向。广饶县检察院邀请司法社工共同开展被害人心理疏导,司法社工对被害人24小时疏导陪伴,有效舒缓被害人情绪,帮助被害人配合询问,保障一站式有效取证。

(二)搭建平台优化被害人综合保护救助。案发后被害人学习、生活状况不稳定,2021年9月出现重度抑郁情况。同年10月,检察官研判被害人二次伤害风险,启动综合救助程序,借助团委12355青少年服务平台,多部门联动,一个月内帮助被害人解决改名、搬家、转学等事项;组建检察官+老师+社工的救助小组,动态评估被害人状况,提供心理疏导、协助就医等综合救助服务。11月,广饶县检察院为被害人申请发放3万元司法救助金,用于被害人心理治疗。经过2年跟踪救助,被害人已恢复正常生活。

(三)推动乡村未成年人保护社会治理。广饶县乡镇企业多、外来务工人员多,乡村未成年人数量大,存在监护缺失、法治教育落后等问题。广饶县检察院积极争取县委政法委支持,2022年4月在全县乡镇一级挂牌成立村居未检工作站,链接团委12355平台,引入社工、志愿者等群体,将未成年人保护力量下沉至乡村。依托村居未检工作站,联合社会力量开展法治宣传教育、家长学校、自护教育等活动,将未成年人保护延伸至田间地头。

【典型意义】

检察机关加强与共青团组织合作,依托12355青少年服务平台,构建社会支持体系,部门联动形成救助合力。设置村居未检工作站,将未成年人检察工作嵌入本土社会治理,从根本上避免了事后监督、被动司法的局面,未成年人保护从"治已病"向"治未病"转换,为未成年人合法权益的保护打通最后一公里。

最高人民检察院发布4件新兴业态治理未成年人保护检察公益诉讼典型案例[①]

案例一

上海市检察机关督促履行点播影院监管职责行政公益诉讼案

【关键词】

点播影院　行政公益诉讼　一体化履职　行业治理

【要旨】

针对点播影院在未成年人保护方面存在经营不规范、制度不完善、安防措施不健全等突出问题,检察机关发挥一体化优势,公开宣告送达检察建议,推动行政监管部门各司其职、齐抓共管,促进类案监督和诉源治理,同时促进行业自律自治,实现未成年人保护与保障新兴业态健康发展的双赢多赢共赢。

【基本案情】

上海市检察机关在办案中发现,2020年1至6月,有部分性侵未成年人案件发生在点播影院内。经选取30余家点播影院进行抽样调查发现,点播影院普遍存在登记备案制度落实不到位、治安措施不完善、行业规范不健全、未成年人保护措施落实不到位等问题,侵犯未成年人合法权益。

【检察机关履职情况】

上海市奉贤区人民检察院在办理沈某某强奸案中发现,沈某某有两次性侵行为发生的场所均为点播影院。经调查发现,点播影院在数量快速增长并受到未成年人追捧的同时,普遍存在未依法登记备案、包间高度私密、变相提供住宿服务、未成年人无需身份验证可随意进出等情形,存

[①] 本文摘自最高人民检察院官网,网址: https://www.spp.gov.cn/xwfbh/dxal/202302/t20230225_604036.shtml。

在未成年人遭受性侵或其他违法犯罪行为侵害的隐患。电影、文化执法等行政主管、监管部门没有充分履行对点播影院的监管职责,违反了《中华人民共和国未成年人保护法》《点播影院、点播院线管理规定》《旅馆业治安管理办法》等法律法规,导致对点播影院监管治理不到位,影响未成年人身心健康,侵犯社会公共利益。

2021年4月,奉贤区人民检察院以行政公益诉讼立案,在实地摸排、走访行政监管部门、召开座谈研讨等工作的基础上,于4月15日分别向区文化执法大队、区新闻出版和电影管理办公室制发检察建议,提出探索建立点播影院接待未成年人管理制度、开展行业专项检查、加强信息沟通形成监管合力等意见。两家被建议单位高度重视,全面采纳检察建议内容,组成联合检查小组对全区点播影院进行检查,并联合区检察院、公安分局出台《奉贤区未成年人出入点播影院五项规定》。5月,区文化执法大队、区新闻出版和电影管理办公室分别对检察建议落实情况向奉贤区人民检察院书面回复。

针对点播影院监管不到位问题,上海市浦东、静安、长宁等区人民检察院也结合各区实际,通过办理公益诉讼案件等方式,推动综合治理。在此基础上,2021年9月,上海市人民检察院向上海市电影局制发检察建议书,提出深入推进点播影院市场规范整治活动、明确点播影院经营监管规范、完善未成年人保护措施、指导点播影院加强行业自治等几方面建议,并同步抄送市文化和旅游局执法总队、市场监督管理局,推动多部门协同履职,齐抓共管。为进一步凝聚共识,唤起社会各方对点播影院涉未成年人保护问题的重视,上海市人民检察院举行了检察建议公开宣告送达活动,邀请被建议单位、被抄送单位相关部门负责人以及部分市人大代表、政协委员、市检察院人民监督员、特邀监督员共同参与,听取相关单位关于整改方案和初步落实情况的介绍,并共商治理措施。

收到检察建议后,各被建议单位高度重视,采取有效措施规范点播影院行业治理。在上海市人民检察院的积极推动下,上海市电影局、文化和旅游局执法总队协同公安局、市场监督管理局集中开展了全市点播影院市场规范整治活动,累计检查相关场所1400余家次,立案处罚11件、关停240余家不合格影院,点播影院市场规范程度显著提升。市电影局还指导上海市电影发行放映行业协会成立了全国首个点播影院专业管理委员会,出台行业规范,就场所治安管理、未成年人保护措施、强制报告制度落实等统一规范,补齐法规空白,引领点播影院这一经营模式走上法治化发展的轨道。

【典型意义】

点播影院作为文化娱乐新模式,在满足人民群众日益增长的文化生活需要的同时,其中隐含的未成年人保护风险也应引起重视。上海市检察机关充分发挥上下级院一体履职的优势,在依法惩治性侵未成年人犯罪类案的同时,敏锐发现公益诉讼案件线索,在依据实际确定监管对象的基础上,通过采取公开宣告送达、将检察建议主送行业主管部门,抄送其他行政执法部门的方式,促进相关职能部门明确权责,齐抓共管。并推动成立全国首个点播影院专业管理委员会,出台行业自治规范,引导企业合规经营,实现了未成年人保护与新兴业态健康发展的双赢多赢共赢。

案例二

浙江省诸暨市人民检察院督促履行电竞酒店监管职责行政公益诉讼案

【关键词】

电竞酒店 行政公益诉讼 公开听证 专项监督

【要旨】

电竞酒店违规接纳未成年人,易滋生未成年人违法犯罪,损害未成年人身心健康。检察机关积极履职,通过公开听证厘清争议焦点,出台类案办理规则,明确完善监管路径,督促行政机关落实监管责任,推动相关部门协同加强对电竞酒店监管。依托数字赋能,搭建监督建模,创新研发应用,实现对新兴业态行业的源头治理、系统治理。

【基本案情】

2021年,浙江省诸暨市人民检察院发现,在网吧等单一业态的互联网营业场所监管日益规范的背景下,电竞酒店以"住宿+上网"的混业经营模式,以酒店住宿的方式接纳多名未成年人无限制上网,并引发多起涉未成年人违法犯罪案件。

【检察机关履职情况】

诸暨市人民检察院在办理未成年犯罪嫌疑人陈某某等人盗窃案中发现，陈某某等人冒用成年人身份入住某电竞酒店，实施无限制上网、在酒店房间实施盗窃、购买烟酒等行为。电竞酒店存在经营管理漏洞，未能严格执行身份查验、履行未成年人网络保护义务，且存在无证经营并违规向未成年人出售烟酒等问题，危害未成年人身心健康。

发现线索后，诸暨市人民检察院于 2022 年 2 月以行政公益诉讼立案。在全市范围内经采取实地踏勘、询问入住及服务人员、发放问卷调查等方式开展梳理调查发现，2021 年以来诸暨市共有电竞酒店 11 家，内设电竞房 190 间、上网电脑 480 台；电竞酒店持有旅馆业特种行业许可证，但均以配置高端电脑、可多人玩网游等互联网上网服务作为主要招揽手段；部分电竞酒店为方便未成年人入住电竞酒店和随意上网，存在他人代开房、一人开房多人上网等现象；部分电竞酒店违规向未成年人出售烟酒等。由此引发未成年人沉迷网络、夜不归宿、逃学辍学等不良行为，严重危害未成年人身心健康，亟需加强监管。

依据现有规定，电竞酒店为混业经营模式，经营性质及监管主体不甚明晰。为凝聚多方共识，寻找监管路径，诸暨市人民检察院召开公开听证会，邀请市文化广电旅游局、市场监管局等行政机关代表、专家学者、人大代表、政协委员、公益诉讼观察员担任听证员。会上，听证员围绕法律适用争议及实践困境等方面充分发表意见，对电竞酒店应当按照旅馆住宿及互联网上网服务营业场所进行双重管理达成共识，一致认为各部门应当形成监管合力，主动加强对新兴业态监督管理。在此基础上，诸暨市人民检察院向市文化广电旅游局制发行政公益诉讼诉前检察建议，向市公安局制发社会治理检察建议。建议其依法全面履行监管职责，在对电竞酒店住宿进行监管的同时，重点对电竞酒店接纳未成年人无限制上网问题加强监管。收到检察建议后，相关职能部门及时督促整改，2022 年 4 月，均回复诸暨市人民检察院，积极采纳、全面落实检察建议内容，依法处罚电竞酒店 16 家/次，对电竞酒店实行"住宿＋上网"双登记制度，为全市电竞酒店的电脑安装了上网登记管理软件，有效对未成年人无限制上网问题进行监管治理。

在个案办理的基础上，为构建机制促推系统治理，2022 年 3 月 18 日，诸暨市人民检察院在诸暨市政法委牵头下,推动市文广旅游局、市市场监管局等十部门出台《"电竞酒店"新业态专项治理工作实施方案》,细化责任分工和目标任务,建立联席会议、信息互通、线索移送、协同治理等机制;并推动市商务局、市公安局、市文广旅游局、市市场监管局四部门出台《"电竞酒店"行业管理规范(试行)》,促推行业长效治理。

在通过案件办理促推电竞酒店治理过程中,诸暨市人民检察院充分发挥数字检察优势,通过数字建模、治理平台应用,以大数据赋能未成年人保护,全面筑牢治理防护网。一是构建数字监督模型。通过归集涉未成年人违法犯罪案件发生地信息、电竞酒店经营信息、未成年人住宿登记信息等核心数据,在浙江检察数据应用平台构建"电竞酒店新业态监督治理模型",通过对上述数据的比对分析,梳理出电竞酒店违规接纳未成年人及电竞酒店发生未成年人违法犯罪情况。二是加强对重点人员和设备的数字监管。通过对电竞酒店入住人员登记数据与未成年人违法犯罪数据碰撞,梳理出经常出入电竞酒店沉迷网络、夜不归宿的罪错未成年人46名,将其纳入诸暨市人民检察院自主研发的"星海守望"未成年人违法犯罪预防治理平台开展教育矫治、分级干预。推动相关部门为全市11家电竞酒店的电脑安装上网登记管理软件,该软件安装后,需经实名登记并人脸识别后才可开卡上网。三是研发应用完善治理路径。研发"电竞酒店数字化监管应用",利用旅馆住宿登记数据、上网登记数据、罪错未成年人数据碰撞比对,实现电竞酒店后续接纳未成年人入住、上网异常情形的实时预警,以数字化手段督促行政机关加强监管,完善"个案办理—类案监督—系统治理"的长效治理路径。

【典型意义】

作为近年来迅速发展的新兴业态,电竞酒店受到众多未成年人青睐。检察机关积极探索符合数字文明的未成年人司法保护工作路径,通过数字化监督系统发现问题,通过数字化应用靶向施治,一体推进电竞酒店涉未成年人保护线索发现、调查核实、检察监督、综合治理。同时积极凝聚未成年人保护工作合力,将个案办理经验上升为类案治理规则,有效堵塞新兴业态监管漏洞,推动未成年人综合司法保护。

案例三

河北省任丘市人民检察院督促履行
盲盒市场监管职责行政公益诉讼案

【关键词】

盲盒市场　行政公益诉讼　公开听证　校园周边　综合保护

【要旨】

针对校园周边盲盒销售侵害未成年人权益问题,检察机关切实履行司法保护职责,综合运用公益诉讼和社会治理检察建议,以司法保护助推政府、学校、社会、家庭保护协同发力,切实保障未成年人合法权益。

【基本案情】

近年来,河北省任丘市人民检察院在履职中发现,门类多样的盲盒充斥校园周边市场。经营者针对未成年人消费盲目性强、易沉迷等特点,诱导未成年人冲动消费,借机向未成年人销售质量不合格、真实产品与包装宣传不符、内容不适宜未成年人等问题盲盒产品,侵犯未成年人合法权益,损害社会公共利益。

【检察机关履职情况】

2022年3月,河北省任丘市人民检察院通过央视"3.15"晚会关注到,许多中小学校园周边有盲盒销售盛行的现象。部分家长也反映孩子沉迷盲盒消费,影响身心健康。发现该未成年人保护案件线索后,任丘市人民检察院对本地校园周边盲盒销售情况展开调查,发现4所学校周边13家文具店均有大量问题盲盒在售,涵盖文具、玩具、卡片等多种类型,且全部针对未成年人喜好设计。盲盒乱象对未成年人的影响主要集中在四个方面:一是质量低劣,大量来源不明的"三无"玩具、文具被做成盲盒专门向未成年人销售;二是虚假宣传,大量盲盒外包装与内部实物严重不符;三是内容不适宜,大量产品外包装使用了未获授权的照片、图片,部分产品印有"约女神"等不适宜未成年人的宣传词汇;四是易诱导冲动消费,盲盒产品的不确定性易诱发未成年人冲动消费,并因大量重复购买造成资源浪费。根据《中华人民共和国未成年人保护法》《中华人民共和国产品质量法》《中华人民共和国消费者权益保护法》等相关法律规定,针对盲盒销售监管不到位的问题,在初步调查的基础上,任丘市人民检察院于 2022 年 3 月 18 日以行政公益诉讼立案。

为进一步凝聚共识,2022 年 3 月 25 日,任丘市人民检察院召开公开听证会,邀请人大代表、政协委员、人民监督员作为听证员,并邀请市人大常委会、团委、教体局、市场监管局等相关单位负责人及部分中小学校教师共同参与,对当前盲盒乱象涉及的相关违法问题、未成年人合法权益所受侵害及如何推进盲盒问题治理进行深入探讨,达成治理共识。听证会后,任丘市人民检察院向市市场监督管理局公开宣告送达行政公益诉讼诉前检察建议,建议对全市盲盒市场开展专项执法检查,依法查处不合格盲盒产品;进一步规范盲盒经营者经营行为,经营者向不满 8 周岁的未成年人销售盲盒应事先征得监护人同意;加强与教育部门联系配合,对校园周边盲盒销售场所实施长效监管;畅通举报渠道,公布举报电话、平台,鼓励线索举报;加大宣传教育,引导经营者知法守法、合规经营。

市场监督管理局收到检察建议书后高度重视,制定《任丘市市场监督管理局开展盲盒经营专项整治行动方案》,针对货源批发市场和校园周边零售商铺两个重点区域开展拉网式检查,涉及商铺 630 余户,下架不合格盲盒产品 69 类 3500 余件,并向盲盒销售商铺印发关于整治盲盒等市场秩序的告知书,明确向未成年人销售盲盒背后存在的常见违法问题,引导经营者守法经营。5 月底,市场监督管理局将检察建议整改落实情况书面回复任丘市检察院。

同时,任丘市人民检察院向当地教育部门制发社会治理类检察建议,针对学生购买盲盒普遍、盲盒销售广泛存在于学校周边的问题,建议教育部门加强与市场监管部门的联动合作,指导学校切实履行保护职责,关注校园周边盲盒销售乱象,及时发现并移交线索;加强对在校学生的风险提示和引导教育,维护学生合法权益。任丘市人民检察院联合当地教育部门制作《致家长的一封信》,呼吁家长与学校共同关注未成年人消费状况,帮助未成年人养成良好消费习惯,及时举报侵犯未成年人合法权益的行为。各所学校及时加强对学生消费观念的引导教育,部分学校专门开设财商小课堂,帮助学生培养正确消费观念,实现学校保护与家庭保护同频共振、同向发力。以司法推动社会、政府、学校与家庭同向发力,促进盲盒问题治理。

为保障治理效果,任丘市人民检察院持续跟进,分别于 2022 年 6 月和9月对校园周边盲盒销售情况两次开展"回头看",临时抽查53家盲盒商家,各类不合格盲盒产品在相关商铺中已下架,盲盒产品摆放货架的显著位置张贴有"理性消费""禁止不满8周岁未成年人独自购买"等警示标识,经营者守法意识显著增强,社会保护力量得到有效激活,学生扎堆购买盲盒的现象得到有效改观。

【典型意义】

校园周边盲盒乱象侵犯广大未成年人合法权益。检察机关聚焦未成年人保护难题,以检察公益诉讼案件办理为抓手,能动履职,推动社会、政府、学校、家庭协同发力,以"我管"促"都管",形成共治格局,使当地盲盒市场秩序得到有力净化,长效治理机制得以初步建立,有力践行了"以司法保护助推其他五大保护落实落地"的未检工作理念。

案例四

上海市闵行区人民检察院督促履行密室剧本杀监管职责行政公益诉讼案

【关键词】

密室剧本杀　行政公益诉讼　分类施策　诉源治理

【要旨】

针对密室、剧本杀行业的监管难题,检察机关可以聚焦不同问题分类施策,推动相关部门立足职能,联合整治。检察机关可以通过推动行业自治、牵头行政执法单位建章立制等方式,促推全国行业监管制度的完善,促进对新兴业态的良法善治。

【基本案情】

上海市密室、剧本杀门店数量位居全国第一,门店选址位于学校周边的占比12%,但由于该行业属性不明,准入门槛低,装修设计缺乏标准,存在疏散通道狭小或封闭,消防器材缺失等问题,容易引发火灾等安全隐患。部分剧本包含有血腥、暴力、迷信等违禁内容,容易诱发未成年人心理不适甚至模仿违法犯罪行为。大部分商家未根据内容向未成年人作出提示,无时长限制接纳未成年人游玩,严重影响未成年人的身心健康。

【检察机关履职情况】

2021年8月，闵行区人民检察院在办案中发现，部分涉案未成年人热衷参与密室、剧本杀活动；在开展法治副校长工作的过程中，也有多名学生反映，在密室、剧本杀体验时遭遇人身侵害及因其内容和环境产生心理不适等问题，密室、剧本杀等业态可能存在侵犯未成年人身心健康的情况和隐患。经调查，闵行区的密室、剧本杀场所有40余家，经营者无须登记经营范围，无须许可审批，选址与建设存在随意性，不受《娱乐场所管理条例》的约束；许多经营者的内部装修与消防配置不符合消防法及地方消防条例的相关要求，存在火灾风险；有些剧本内容存在暴力、色情及封建迷信等元素；部分经营者为了规避风险，要求玩家签署《免责声明》，特别是面向未成年消费群体时，店家均未根据其身心特点采取特殊的保护措施。同时，经向全区中小学发放并收回近2万份调查问卷样本发现，50%左右的中小学生了解或体验过密室逃脱、剧本杀，大多数学生玩过含有恐怖、暴力内容的剧本，部分学生反映曾在密室逃脱中发生跌倒、惊吓甚至是性骚扰的问题。经评估，尽管现行法律并没有禁止未成年人体验密室剧本杀活动，但该行业存在的违禁内容与安全隐患已违反了《出版管理条例》及《中华人民共和国未成年人保护法》的相关规定，相关行政部门却并未履职到位，未成年人公共利益受到了严重侵犯。2021年9月，闵行区检察院以行政公益诉讼立案。

检察机关在调查中发现，基于现有规定，工商登记无法明确剧本杀行业经营范围，密室剧本杀场所是否属于娱乐场所并应办理行政许可存在争议，如何落实消防监管尚不明确。面对密室、剧本杀行业"弱规范"问题突出、经营监管及多个执法单位的难题，闵行区检察院召开专题研讨会，邀请专家学者和市区两级相关行政执法单位共同研究，在执法理念、履职协作、监管服务方面达成共识，同时邀请企业代表座谈，听取法治保障需求。2021年10月，闵行区人民检察院聚焦不同的问题分类施策，针对密室剧本杀经营场所存在的消防及治安隐患，针对剧本内容违禁等问题，根据《文化市场综合行政执法管理办法》《出版管理条例》《营业性演出管理条例》的相关规定，向区文旅局制发磋商函，建议其加强对剧本娱乐活动内容监管并探索落实未成年人保护措施；根据治安管理处罚法、消防法及地方消防条例的规定，建议区公安分局加强对剧本娱乐经营场所的治安管理、消防监督检查及消防宣传教育。相关职能部门立足各自职责,联合开展密室逃脱、剧本杀行业隐患排查治理专项活动,开展检查240余户次,下架危害未成年人身心健康的剧本24个,整改隐患问题53处,责令整改7家,取得积极成效。

在个案办理的基础上,闵行区人民检察院聚焦诉源治理,牵头起草了《密室剧本杀行业关于未成年人保护的倡议书》,倡导企业在内容自审和分类管理、设置未成年人专区、落实强制报告等7方面履行未成年人保护的社会责任,推动40余家企业在经营场所张贴跟进落实,促进行业自治。针对该行业规范性文件不足的问题,闵行区人民检察院又会同公安、文旅、市场、消防等五部门于2021年12月会签了密室剧本杀行业规范管理工作办法,提出探索内容分级、适龄提示、查验未成年人身份、规范时间管理等未成年人特殊保护措施。

【典型意义】

密室逃脱、剧本杀逐渐成为广受未成年人喜爱的新型娱乐、社交方式,也是社会治理的薄弱环节。检察机关能动履行公益诉讼检察职能,针对行业归属不明确、涉及多部门执法的困境,以专题研讨凝聚共识,以分类施策联合整治,督促各职能部门各司其职、同向发力。

最高人民检察院发布5件大数据赋能未成年人检察监督典型案例[1]

案例一

河北省沧县人民检察院督促履行校车安全监管职责大数据监督案例

【关键词】

未成年人检察　大数据监督　校车安全　行政公益诉讼

---

[1] 本文摘自最高人民检察院官网,网址:https://www.spp.gov.cn/spp/xwfbh/wsfbt/202302/t20230202_599630.shtml#2。

【要旨】

检察机关针对校车事故暴露出的校车安全管理问题,加强诉源治理,通过大数据检索、数字建模比对,全面梳理县域内运营校车安全管理隐患,找准监管盲区,通过行政公益诉讼,督促行政机关强化校车安全管理,规范校车运营,保障未成年人出行安全。

【线索发现】

2021年11月,某幼儿园校车驾驶人无证驾驶校车,且严重超载行驶导致车辆侧翻,造成20名幼儿及1名教师受伤的严重后果,涉事司机因危险驾驶罪被立案侦查。该起事故暴露出的校车安全问题引起河北省沧州市人民检察院关注,在全市部署开展校车安全监督专项行动,切实保障学生出行安全。沧县人民检察院落实专项行动部署,对本地校车安全运营情况展开调查。经过初步调查,检察机关发现行政审批部门、教育行政部门和公安交警部门分别在校车运营的审批许可、监督管理方面负有相应职责,各自掌握了大量校车运营的相关数据信息,但由于各部门掌握的信息不同步,容易造成监管盲区。由于当地教育行政部门登记的学校在用校车达140余辆,逐一踏访调查耗时耗力且难以保障调查效果,有必要通过对各部门相关校车信息开展大数据分析,更好明确校车安全问题所在,促推监管治理。

【数据赋能】

检察机关通过教育行政、公安交警、行政审批等部门获取校车、司机、学生上下学乘车、运营许可等数据信息,经对这些数据信息的综合分析,筛选出从事校车运营却无校车标识牌、未按期年检的校车,无校车驾驶资格、与登记备案信息不符、未按期审验、有违法犯罪记录以及已满60周岁的校车司机。国务院《校车安全管理条例》和《河北省〈校车安全管理条例〉实施办法》对校车许可使用、校车驾驶人条件和校车安全管理均有明确规定,由于相关规定未能得到贯彻执行,导致教育行政部门登记的实际使用校车情况与行政审批、公安交警部门掌握的合规校车信息存在差异,数据分析的关键点在于找出不同部门所掌握校车数据之间的"差异项",这些"差异项"是校车安全问题隐患所在,也是监管盲区的集中体现。

【案件办理】

经大数据比对筛查,检察机关累计筛查出37辆正使用但无标识牌校车,这些无标识牌校车中有 25 名驾驶人不具有校车驾驶资格;在有标识牌校车中,5 辆校车实际驾驶人与登记不符、5 辆校车司机将满 60 周岁,需要及时更换;另筛查出私自营运校车业务的大巴、面包车 28 辆。为确保数据比对的精准性,检察机关随机对两所幼儿园的 4 辆校车运营情况进行实地调查,调查结果与大数据对比筛查发现的问题相符。2022 年 4 月,沧县人民检察院作为行政公益诉讼立案,向教育行政部门提出诉前检察建议,要求疏堵结合开展校车规范治理工作,加强日常监管,保障校车运营安全。教育行政部门联合公安部门根据检察建议内容展开联合专项治理,无校车驾驶资格司机被全部替换,驾驶人发生变动的均依法变更许可登记,4 辆不合格校车被停运,20 余辆私自营运校车业务的非制式车辆被查扣,两名严重超载接送学生上下学的驾驶人被以危险驾驶罪立案侦查。同时,检察机关协调各方开通校车审批许可绿色通道,为 30 余辆符合标准的无牌校车办理了合法手续,保障学生用车需求。

案例二

浙江省湖州市人民检察院督促强制报告制度落实大数据监督案例

【关键词】

未成年人检察 大数据监督 强制报告 异常诊疗记录

【要旨】

检察机关聚焦强制报告制度落实,系统汇总涉未成年人异常诊疗记录、涉未成年人性侵报案及立案记录等数据,发现涉未成年人性侵害立案监督线索,通过刑事立案监督、民事监护干预形式,加大对性侵害未成年人犯罪的打击力度。同时,针对突出共性问题,启动数字化场景应用建设,优化强制报告路径,推进社会综合治理。

【线索发现】

王某在给女儿董某某(9 周岁)洗澡时发现其下身红肿,遂将其带至浙江省湖州市某医院就诊,期间,董某某称被人欺负。医院医生询问是否已报警,王某称会自己报警。后王某丈夫董某因考虑与加害人有亲属关系,未及时报警,导致发案滞后,部分证据灭失。

检察官在办案过程中发现该问题并非个例,强制报告制度实施以来,因报告主体等未履行强制报告义务而错失破案良机的案件时有发生,性侵未成年人案件报案率、发现率低等突出问题客观存在。2021年12月,通过大数据分析,发现近两年本地区存在大量涉未成年人异常诊疗记录,有必要在全市范围内开展专项监督,切实抓好侵害未成年人案件强制报告制度落实。

【数据赋能】

检察机关通过卫健部门、公安机关及医疗机构获取未成年人异常诊疗、未成年人入住旅馆、侵害未成年人治安处罚等数据信息,经对这些数据信息的综合分析,筛选出因未履行强制报告义务导致司法机关尚未掌握的侵害未成年人案件线索,监护人未及时报警、长期放任被害人在外留宿等监护干预案件线索。数据分析的关键点在于根据强制报告制度执行的要求在诊疗系统中应当强制报告的案件。通过提炼未成年人异常诊疗数据中高概率成案的信息标签,明确检察监督重点,系统挖掘制度执行存在的漏洞,为依法推进一体监督、探索强制报告自动预警系统建设提供数据支撑。

【案件办理】

检察机关通过大数据汇总比对,发现司法机关尚未掌握的涉未成年人异常诊疗记录,将其中涉嫌性侵犯罪线索移交公安机关。针对监护人未及时报警、长期放任被害人在外留宿等监护不当行为,制发督促监护令,监督落实监护职责。通过数据分析,联合市卫健委对强制报告执行问题突出单位进行督促整改,健全完善侵害未成年人案件医疗领域强制报告信息的常态化报告机制;启动强制报告"一键智达"应用场景建设,联合市公安、市卫健委等部门开发诊疗系统自动预警报告系统、打通部门壁垒形成闭环治理,促使制度从依靠个体自觉向程序必经的方式转变,实现集发现报告、应急处置、研判转介、帮扶干预、督察追责于一体的系统整体化落实。运行以来,自动报告线索80余条,同比上升5倍,已立案侦查侵害未成年人案件7起,联合帮扶救助8人次。

案例三

浙江省金华市婺城区人民检察院督促
事实无人抚养儿童监护大数据监督案例

【关键词】

未成年人检察　大数据监督　事实无人抚养儿童　监护缺失　数字化应用场景

【要旨】

检察机关针对事实无人抚养儿童精准发现难等突出问题,研发数字化应用场景,协同民政、公安、司法等部门加强工作衔接和信息共享,通过大数据智能分析,及时发现未纳入保障的事实无人抚养儿童,以检察建议、支持起诉等方式开展监护缺失监督,促推相关行政部门依法履行职责,切实保障困境儿童基本生活和合法权益。

【线索发现】

2022年5月,浙江省金华市婺城区人民检察院在办案中发现,一对夫妻均处于服刑和逮捕在押阶段,他们年仅10岁的女儿小月(化名)应当被认定为事实无人抚养儿童。但检察官上门走访发现,小月无其他近亲属,仅有小姨不定时送来生活物资。婺城区人民检察院立即协助开展资格确认和关爱帮扶工作,相关部门指定小月的小姨为临时监护人,并签订委托监护协议,将小月纳入救助保障范围,每月发放基本生活补贴,切实保障小月的基本生活。经深入调查了解,检察机关发现在加强事实无人抚养儿童保障工作中,受限于执法司法信息不共享的原因,除人工排查和自主申请外,相关部门难以及时掌握孩子父母因涉案被羁押或其他无法履行监护职责的情形。

【数据赋能】

检察机关会同公安机关、民政部门、司法行政部门、卫健部门、人民法院、残联等部门,对常住人口中未成年人和困境儿童、服刑人员、强制隔离戒毒人员、重残人员、失踪人员、死亡人员等数据信息进行综合分析,筛选出符合事实无人抚养儿童认定标准但尚未纳入救助的未成年人。数据分析的关键点在于通过获取未成年人信息匹配关联到潜在"应保未保"事实无人抚养儿童。通过大数据分析,加强部门协作,实现信息实时共享,打通数据壁垒,是落实《关于进一步加强事实无人抚养儿童保障工作的意见》的重要举措,也是强化未成年人监护监督的重点内容。

【案件办理】

婺城区人民检察院联合公安机关研发"事实无人抚养儿童智慧发现救助"数字化应用场景,通过系统智能运算,首批筛查出 28 条待核线索,经人工核实,确定 5 人因父母涉案被捕等原因符合事实无人抚养儿童的认定条件。检察机关以制发检察建议方式促推相关部门逐一按程序纳入保障,从监护状况、户籍管理、受教育情况等民事权益保障为切入开展跟进监督。其中,以民事支持起诉的形式帮助身患疾病的事实无人抚养儿童杨某甲申请法院判决指定监护人,联动多部门为其提供就医、就学等方面的关爱帮扶。

案例四

北京市人民检察院督促整治校园周边违规设置不适宜未成年人活动场所大数据监督案例

【关键词】

未成年人检察　大数据监督　校园周边不适宜未成年人活动场所　行政公益诉讼

【要旨】

针对校园周边违法设置娱乐场所、酒吧、互联网上网服务营业场所、烟酒彩票销售点等不适宜未成年人活动场所问题,检察机关加强法律监督,消除安全隐患。通过建立大数据模型,对校园周边是否存在违规设置的不适宜未成年人活动的场所开展全覆盖、动态化监督,用科技的力量为未成年人保护法律监督赋能,营造未成年人健康成长的良好环境。

【线索发现】

为落实校园周边不得设置不适宜未成年人活动场所的有关法律法规,净化校园周边环境,北京市人民检察院能动履职,借助公益诉讼智能线索发现分析研判平台,建立大数据法律监督模型,按模型要求进行检索,获取校园周边娱乐场所、酒吧、互联网上网服务营业场所、烟酒彩票销售点等场所信息,并发现可能违反法律法规的线索。检察机关发挥一体化办案优势,统一部署,三级院联动,根据线索开展现场核实,并根据核实情况依法开展未成年人保护行政公益诉讼工作。

【数据赋能】

检察机关从工商注册信息和地图信息中收集全市各中小学校和全市范围内 KTV、网吧、棋牌室、游戏厅、酒吧、迪厅、夜总会、彩票站等不适宜未成年人活动场所的位置信息,经对这些数据信息的比对、分析,筛选出校园周边违规设置不适宜未成年人活动场所的线索信息。数据分析的关键点在于比对位置信息。未成年人保护法明确规定,学校、幼儿园周边不得设置营业性娱乐场所、酒吧、互联网上网服务营业场所等不适宜未成年人活动的场所,不得设置烟、酒、彩票销售网点。《互联网上网服务营业场所管理条例》《北京市中小学校幼儿园安全管理规定(试行)》《北京市控制吸烟条例》等法规针对不同场所,对"周边"作出 200 米、100 米等明确限定。由于相关规定未能得到贯彻执行,导致中小学校、幼儿园等校园周边仍有此类场所存在,这些场所正是未成年人保护的问题隐患所在,也是检察监督未成年人保护法律法规不折不扣落到实处的关键。

【案件办理】

通过公益诉讼智能线索发现分析研判平台,检察机关获取相关线索信息 900 余条,通过筛选发现可能违反法律法规的线索 104 条,分别交予对应的分院、区院办理,目前已立行政公益诉讼案件 14 件,整改结案 8 件。海淀区市场监管局多措并举,开展学校周边酒类销售主体专项整治工作,对校园周边酒类销售主体进行排查,形成动态台账,根据销售主体的不同情况进行分类管理、随机检查。对违法向未成年人售酒的食品销售者,均依法进行查处。延庆区人民检察院核实烟酒销售点线索 24 条,经与区市场监管局和烟草专卖局沟通,对线索涉及的商户及时进行整改。密云区文旅局收到检察建议后,对涉案接纳未成年人网吧作出行政处罚,组织网吧负责人进行法律法规培训,提高经营者保护未成年人的责任意识。

案例五

贵州省贵阳市南明区人民检察院
督促整治校园周边噪声污染大数据监督案例

【关键词】

未成年人检察　大数据监督　校园周边噪声污染治理　行政公益诉讼

【要旨】

检察机关针对校园周边噪声污染瞬时性强、取证难、治理难等问题，通过大数据建模比对，搜集、整理、分析违法信息数据，精准确定噪声源头。对校园周边噪声污染相关行政机关未依法充分履职的，发挥行政公益诉讼职能，督促有效治理，维护良好校园环境。

【线索发现】

2022年3月，贵州省贵阳市南明区人民检察院检察官在履行法治副校长工作职责过程中，接到某中学师生反映，该校周边凌晨时段快速公交专用车道经常有摩托车"飙车""炸街"，周边建筑工地在午休时段也时常有打桩机轰鸣作业，严重影响师生的学习和休息，不少学生出现了失眠和焦虑问题。检察机关经过进一步调查，发现其他学校周边也存在不同程度的交通运输、建筑工地、社会生活等噪声污染。同时，检察机关发现，由于校园周边噪声污染变化大、种类多、取证难，交管、住建、环保等部门分别负有不同职能，各自掌握部分信息，对噪声污染的监管存在局限性，容易导致监管盲区，噪声污染问题难以根治。

【数据赋能】

检察机关通过环保、交管、住建等部门获取噪声举报、噪声值数据、道路监控抓拍、建筑工地施工备案、噪声污染行政处罚等数据信息，经对这些数据信息的综合分析，筛选出校园周边存在的噪声污染行为和噪声污染源，噪声污染违法行为未被行政机关处罚和治理的案件线索。数据分析的关键点在于及时确定声音是否超标、噪声污染行为是否得到行政机关的有效治理。根据《中华人民共和国噪声污染防治法》《贵州省环境噪声污染防治条例》《中华人民共和国声环境质量标准 GB3096－2008》等规定，学校等建筑物属噪声敏感建筑物，夜间噪声不得超过45分贝，昼间噪声不得超过55分贝,机动车消声器和喇叭必须符合国家规定。由于相关规定未能得到有效贯彻执行,同时校园周边环境噪声污染源分散多发,噪声污染问题的精确"捕捉"和督促治理,是发挥检察职能维护未成年人良好校园成长环境的重点内容。

【案件办理】

经大数据比对和筛选,检察机关累计识别出参与道路"飙车""炸街"人员59人(其中未成年人15人),确定建筑工地噪声污染18处,社会生活噪声污染50处。2022年4月,检察机关将校园周边噪声污染治理问题依法以行政公益诉讼案件立案,就交通运输噪声问题依法向交管部门发出诉前检察建议。检察机关联动交管、住建、公安、市场监管、环保、城市综合执法、教育等职能部门制定了《还"静"于校 校园周边噪声专项整治活动方案》,开展了校园周边噪声污染专项整治,各职能部门整治辖区校园周边噪声污染26处,整治"飙车""炸街"团伙7批共计59人,扣押摩托车11辆,勒令整改摩托车40辆,协调妇联、团委等对"飙车""炸街"的15名未成年人及家庭进行法治教育和家庭教育。加强与学校的联动互动,开展交通安全普法教育25场,联动解决了久治未绝的摩托车"飙车""炸街"问题,辖区校园周边声环境质量得到有效改善,切实保护了校园正常教学秩序和学生的健康成长。

最高人民检察院发布6起侵害未成年人案件强制报告追责典型案例[①]

许某某等人强奸案
——住宿经营者怠于履行强制报告义务受到处罚

【基本案情】

2021年6月7日晚,许某某、陈某、王某、王某某(未成年人)、唐某某

---

① 本文摘自最高人民检察院官网,网址:https://www.spp.gov.cn/spp/xwfbh/wsfbt/202205/t20220527_557995.shtml#2。

(未成年人)等5人在广西桂林某烧烤店吃饭。其间,王某看到刘某带李某某(女,未成年人)回家,提议将欠烧烤店钱的刘某打一顿,许某某提出想与李某某发生性关系。随后,几人来到刘某租住的居民楼,对刘某和李某某进行殴打,并强行将李某某带到宾馆。许某某、陈某、王某某三人在宾馆房间强行与李某某发生性关系。6月10日,李某某报警。10月15日,桂林市七星区人民检察院以涉嫌强奸罪对许某某等5人提起公诉。桂林市七星区人民法院判处许某某、陈某有期徒刑十年零三个月,王某某有期徒刑七年,王某有期徒刑五年,唐某某有期徒刑二年六个月。

经查,案发当晚,本案6名当事人入住桂林某宾馆,其中包括3名未成年人。宾馆在接待上述未成年人与成年人共同入住时,既未严格落实登记制度,逐人核实身份信息,也未询问入住未成年人相关情况。通过查看宾馆监控视频,办案人员发现被害人李某某与许某某等人共同进入宾馆后,始终被唐某某拉着手,被害人神情疲惫,脚步迟缓,表现明显异常,多次在距离宾馆前台2米远的沙发处停留。宾馆工作人员发现异常情况后,未询问情况或与监护人联系,也未按照强制报告要求向公安机关报案,怠于履行强制报告义务。

【处理情况】

该案发生前夕,桂林市七星区人民检察院和市公安局七星分局联合召开了旅馆业落实强制报告制度推进会,向辖区旅馆、宾馆、酒店等住宿经营者通报了未成年人保护法关于强制报告的有关规定。涉案宾馆明知法律规定,发现问题仍置之不理。因宾馆未尽到安全保护责任,李某某被多人毫无障碍地带入宾馆房间并遭到多人性侵害。2021年8月11日,桂林市公安局七星分局依据《中华人民共和国未成年人保护法》第一百二十二条规定,对涉案宾馆作出罚款二万元,责令停业整顿一个月的处罚决定。

为推动辖区旅馆、宾馆、酒店等住宿经营者进一步落实强制报告制度,七星区人民检察院与市公安局七星分局联合制定《关于规范旅馆行业经营加强未成年人保护的意见》,对两百余名住宿经营者进行强制报告制度培训,并建立联合督查机制,形成治理合力。

【典型意义】

《中华人民共和国未成年人保护法》第十一条规定,密切接触未成年人的单位及其工作人员,在工作中发现未成年人身心健康受到侵害、疑似受到侵害或者面临其他危险情形的,应当立即向公安、民政、教育等有关部门报告。强制报告是法定责任,任何单位和人员均应严格遵守。近年来,旅馆、宾馆、酒店成为侵害未成年人犯罪高发场所。为有效预防侵害未成年人犯罪,强化未成年人保护,未成年人保护法明确规定了住宿经营者的未成年人安全保护责任。该法第五十七条和第一百二十二条分别规定,旅馆、宾馆、酒店等住宿经营者接待未成年人入住,或者接待未成年人和成年人共同入住时,应当询问父母或者其他监护人的联系方式、入住人员的身份关系等有关情况;发现有违法犯罪嫌疑的,应当立即向公安机关报告,并及时联系未成年人的父母或者其他监护人。违反上述规定的,责令限期改正,给予警告;拒不改正或者造成严重后果的,责令停业整顿或者吊销营业执照、相关许可证,并处一万元以上十万元以下罚款。住宿经营者强制报告义务的落实是预防侵害未成年人违法犯罪的重要保障。检察机关在办理住宿经营场所发生的侵害未成年人犯罪案件时,应当与公安机关密切配合,逐案倒查是否存在违反询问、登记、强制报告等规定的情形,发现问题严格依法追责,从源头上遏制侵害未成年人犯罪案件的发生,共同为未成年人营造更加安全、和谐的社会环境。

许某某、杨某强奸案
——住宿经营者发现未成年人面临侵害 危险不报告依法承担责任

【基本案情】

2020年10月28日,许某某和杨某(未成年人)经事先商议,约王某某(女,未成年人)及其朋友刘某某(女,未成年人)吃饭,哄骗王某某、刘某某大量饮酒。次日凌晨1时许,杨某、许某某将醉酒的王某某、刘某某带至江苏省徐州市某商务宾馆。杨某强行与刘某某发生了性关系。许某某欲与刘某某、王某某发生性关系,但均未遂。2021年3月5日,杨某、许某某被检察机关以涉嫌强奸罪提起公诉。经法院依法审判,判处许某某有期徒刑三年九个月,杨某有期徒刑二年九个月。

经查,案发当日,该宾馆仅登记了许某某一人身份信息,就为许某某、杨某、王某某、刘某某四人开具一间三人间入住。办案人员查看宾馆前台监控发现,王某某、刘某某入住时明显处于醉酒状态,且王某某身着校服,工作人员未要求王某某、刘某某出示身份证件、未询问情况或联系监护人,发现异常情况后未向公安机关报告。

【处理情况】

检察机关在办案中发现涉案宾馆违规接纳未成年人、未履行强制报告义务等问题后,建议公安机关对涉案宾馆及相关人员进行行政处罚。公安机关对宾馆及相关工作人员分别处以限期整改和罚款的行政处罚。因宾馆未尽安全保护义务,致使未成年人在其经营场所遭受侵害,检察机关在依法对被告人提起公诉的同时,支持被害人刘某某向法院提起民事诉讼,要求涉案宾馆承担相应的精神损害赔偿责任。经法院组织庭前调解,涉案宾馆赔偿刘某某精神抚慰金一万元。

【典型意义】

近年来,检察机关起诉性侵未成年人犯罪案件数量呈上升趋势,其中旅馆、宾馆、酒店等住宿经营场所违规接待未成年人入住导致被性侵的问题比较突出。部分住宿经营者及其从业人员的保护意识不强,登记制度、报告制度等规定落实不到位,是造成上述问题的重要原因。住宿经营场所接待未成年人入住,必须查验身份并如实登记、询问未成年人父母或者其他监护人的联系方式、询问同住人员身份关系、加强安全巡查和访客管理,发现未成年人疑似遭受侵害线索或者面临不法侵害危险的,应当立即向公安机关报案或举报。重利益轻安全,发现异常情况不报告的,应当依法承担责任。

张某猥亵儿童案
——学校负责人不履行强制报告义务被依法追责

【基本案情】

张某,原系安徽合肥某小学数学教师。2019年下半年至2020年10月,张某在学校教室、办公室及家中补习班等场所,多次对班内女学生赵某某、刘某某、王某实施触摸胸部、臀部等隐私部位及亲嘴等猥亵行为。后该小学上级管理部门、镇中心学校校长沈某听到关于张某猥亵学生的传言,遂与该小学副校长钟某向张某和被害人家长了解相关情况。学校对张某作出停课处理,并要求张某自己与学生家长协商处理此事。此后,在钟某见证下,张某向被害学生及家长承认错误,并赔偿三名被害人各10万元。2020年11月,本案因群众举报案发。2021年2月23日,安徽省合肥市庐江县人民检察院以涉嫌猥亵儿童罪对张某提起公诉。庐江县人民法院判处张某有期徒刑四年。

【处理情况】

2020年12月30日,庐江县人民检察院将沈某、钟某两名学校负责人未履行强制报告义务的线索移送庐江县纪委监委处理。因未履行强制报告义务、瞒报教师侵害学生案件线索,沈某被免去中心学校党委书记、校长职务,给予党内警告处分;钟某被免去小学副校长职务,给予党内严重警告处分。

针对该案暴露出的问题,合肥市人民检察院对五年来全市教职员工性侵害未成年学生案件进行梳理分析,向市教育局发出检察建议,建议完善校园安全管理和保障体系建设、让法治教育全面融入校园生活、强化强制报告制度和入职查询制度落实、完善对学校的考评机制,切实加大在校未成年人权益保护。市检察院与市教育局联动整改,会签《关于开展未成年人保护检教合作的实施方案》,成立联合督查组,赴涉案学校、寄宿制学校等开展实地调研督导,健全了教师管理、学校聘用人员监督管理、女生宿舍管理等制度机制,推进强制报告制度落实。

【典型意义】

学校是未成年人学习、生活的重要场所,具有保护未成年学生的法定义务。2021年6月,教育部颁布《未成年人学校保护规定》,专门要求学校依法建立强制报告机制,规定学校和教职工发现学生遭受或疑似遭受不法侵害以及面临不法侵害危险的,应当依照规定及时向公安、民政、教育等有关部门报告。学校和教职工发现未成年学生被侵害的,不得有案不报,更不能私下组织学生家长和涉案人员"调解"。检察机关应充分发挥法律监督职能,协同教育部门强化未成年人保护法等法律法规的宣传教育,推动落实学校安全、强制报告、入职查询等制度,提升学校和教职工依法强制报告的自觉,合力筑牢未成年人健康成长"防火墙"。

孙某汝强奸案
——医疗机构接诊怀孕幼女不报告被严肃追责

【基本案情】

2020年12月,孙某汝与孙某某(女,未成年人)通过网络认识。自2021年2月起,孙某汝在明知孙某某未满14周岁的情况下,多次奸淫孙某某致其两次怀孕、流产。孙某某的母亲得知此事后报警。2022年1月27日,辽宁省东港市人民检察院以涉嫌强奸罪对孙某汝提起公诉。同年3月21日,东港市人民法院判处孙某汝有期徒刑十年。

经查,孙某汝曾于2021年10月带孙某某在东港市某门诊部做人工流产手术。该门诊部妇科医师季某某在明知孙某某为未成年人,无监护人陪同、签字确认的情况下,为其进行人工流产手术,且未向公安机关或有关部门报告该情况。另据查证,该门诊部不具备开展计划生育手术的执业资格许可。

【处理情况】

东港市人民检察院在办案中发现该门诊接诊医务人员未履行强制报告义务的问题后,向东港市卫生健康局通报了相关情况,建议对涉案医疗机构和人员依法追责。东港市卫生健康局依据调查核实的事实,对涉事门诊部处以警告、没收违法所得、罚款2万元的行政处罚,并注销相关科室;对医师季某某给予暂停六个月执业活动的行政处罚。

为切实推动强制报告制度落实,东港市人民检察院会同市卫生健康局组织辖区内相关医疗机构开展了为期一周的妇女儿童权益保护、强制报告制度专题培训,通过电子屏幕、微信、宣传标语等多种形式组织法律法规宣传,切实提升医疗机构和医护人员依法强制报告意识。

【典型意义】

根据未成年人保护法关于强制报告制度的规定,医护人员负有发现未成年人疑似遭受侵害及时报告的义务。医护人员履行强制报告义务对及时发现、阻断侵害未成年人犯罪,保护未成年人免受持续侵害具有重要意义。关于哪些属于疑似未成年人遭受侵害情形,国家监委、最高检、教育部、公安部等9部门《关于建立侵害未成年人案件强制报告制度的意见

(试行)》(高检发〔2020〕9号)进行了细化规定。其中,不满十四周岁女性未成年人怀孕、流产属于必须报告情形,相关单位和人员发现此情况的,应当立即向公安机关报案或举报。医护人员强制报告不仅是帮助未成年人及时脱离危险的重要途径,也是发现犯罪、取证固证的重要手段。民营、公立医疗机构均为我国未成年人保护法规定的强制报告义务主体,均应严格落实强制报告法律规定。对于落实不力、瞒报、不报的,应对直接责任人员和所属医疗机构依法追责。

王某故意伤害案
——报告奖励 不报告追责 奖惩并举压实强制报告责任

【基本案情】

2021年5月,马某某离婚后将其子岳某某(未成年人)接到男友王某家中居住。同年6月2日,马某某有事外出,将岳某某交由王某照看。因看到岳某某将厕纸装在裤兜里,王某先后用手打、脚踹等方式殴打岳某某,致其重伤。后岳某某被送至山东省临沭县某医院,医生王某甲、吴某甲先后为其治疗,但两名医生在发现岳某某伤情异常后均未履行强制报告义务。6月8日,该院护士吴某乙将岳某某的情况反映给县妇联工作人员王某乙,吴某乙、王某乙二人在医院探视岳某某病情后,认为其可能遭受家庭暴力,遂决定报警,公安机关随即将王某抓获。8月22日,临沭县人民检察院以涉嫌故意伤害罪对王某提起公诉。临沭县人民法院依法判处王某有期徒刑四年六个月。

【处理情况】

临沭县人民检察院将该案的办理情况向县卫生健康局进行了通报。因未履行强制报告义务,医院对医生王某甲、吴某甲二人作出通报批评,责令作出深刻检讨,并取消二人2021年度评先树优资格的处分。同时,由于护士吴某乙及时报案,犯罪分子受到依法惩处,被害儿童获得及时保护,临沭团县委授予吴某乙"临沭县优秀青年"荣誉称号。

临沭县人民检察院建议县卫生健康局开展专项整改,对全县1300余名医务工作者进行培训,结合典型案例对医护人员的强制报告责任、应当报告的情形及注意事项等进行普法宣传,提高医护人员主动报告的意识,形成"高度警惕、主动询问、如实记录、立即报告"的自觉。县卫生健康局组织全县医疗机构、医护人员层层签订《强制报告责任承诺书》和《强制报告责任人员权利义务告知书》，确保强制报告责任到岗到人。

【典型意义】

对于发生在家庭内部、外人难以发现的隐蔽侵害行为，医护人员强制报告对救助保护处于不法侵害中的未成年人具有至关重要的作用。为切实落实强制报告要求，进一步强化未成年人保护，医护人员在接诊受伤儿童时应认真查看伤情，询问受伤原因，特别是对多处伤、陈旧伤、新旧伤交替、致伤原因不一等情况，要结合医学诊断和临床经验，综合判断未成年人是否受到暴力侵害。认为未成年人遭受侵害或疑似遭受侵害的，医护人员应当立即报告。对于发现侵害事实后瞒报不报的，上级主管部门或者所在单位应当依法处分，严肃追责。对于因报告及时使犯罪分子依法受到惩处的，相关部门应当依据法律和文件规定给予相关人员适当奖励。

陈某甲过失致人死亡案

——强化基层组织强制报告责任　靠前保护未成年人

【基本案情】

2020 年 8 月 10 日，上海市儿童医院在接诊 3 岁幼童陈某乙时，发现其死因可疑，立即向上海市公安局普陀分局报案，同时报告普陀区人民检察院。公安机关立案后，查明陈某乙系因被患精神疾病的母亲陈某甲强制喂饭导致呛饭后胃内容物反流致气管堵塞窒息死亡。2021 年 3 月 1 日，普陀区人民检察院以涉嫌过失致人死亡罪对陈某甲提起公诉（陈某甲系限制刑事责任能力），同年 3 月 19 日，普陀区人民法院以过失致人死亡罪判处陈某甲有期徒刑二年，缓刑二年。

经查，陈某甲住所地居民委员会通过计生统计和日常工作，知道陈某甲曾患有精神疾病，未婚生子，独自一人在家抚养孩子。居委会干部在家访中还发现陈某乙身上、脸上常有乌青，发育不良，陈某甲有强行给孩子喂饭、冬天只给穿一件背心等异常养育行为。但居委会对此未予重视，未向公安机关报案，也未向主管行政机关报告。

【处理情况】

普陀区人民检察院在审查起诉期间发现陈某甲住所地居民委员会未履行强制报告义务问题后,向该居委会上级主管街道办事处制发了检察建议并召开检察建议公开宣告会,对居委会有关责任人员进行了批评教育;建议街道办事处加强学习培训,提高辖区工作人员未成年人保护意识和能力;开展专项行动,排摸辖区内强制报告线索;建立长效机制,设置专人负责强制报告事宜。针对强制报告制度社会知晓度不高问题,普陀区人民检察院邀请区妇联、公安、相关街道、居委会工作人员等召开强制报告现场推进会,以真实案例深度解读强制报告制度。涉事街道在街道、居委会两级分别设置了专人专岗负责强制报告工作,建立滚动排查和线索报告工作机制,对排查出的困境儿童建立档案,专人跟进。2021年4月,普陀区人民检察院与区妇联、区卫健委等9部门联合签发《普陀区侵害未成年人案件强制报告制度实施细则》,进一步形成强制报告制度落实合力。

【典型意义】

居(村)委会作为一线基层组织,具有熟悉基层、了解群众的工作优势。居(村)委会切实履行强制报告责任对强化犯罪预防、保护未成年人,实现侵害未成年人早发现、早干预具有重要作用。《中华人民共和国未成年人保护法》第十一条明确规定,居民委员会、村民委员会在工作中发现未成年人身心受到侵害、疑似受到侵害或者面临其他危险情况的,应当立即向公安等有关部门报告。居(村)委会是法定强制报告义务主体,为充分履行强制报告职责,相关人员需要强烈的责任心、敏锐性和未成年人保护意识。特别是,发现未成年人"面临危险情形"时,一定要立即报告,及时干预制止,避免恶性案件发生,减小危害后果,做到"预防是最好的保护"。检察机关应加强与街道、居(村)委会的沟通协作,帮助发现、解决问题,对存在明显问题或者多次指出不改正的,应通报上级主管部门,依法处分、追责。

最高人民检察院发布 8 起"检爱同行 共护未来"未成年人保护法律监督专项行动典型案例[①]

案例一

李某某与王某甲抚养纠纷支持起诉案
——合力开展家庭教育指导

【基本案情】

王某甲与李某某原系夫妻关系,于 2007 年育有一女王某乙。2020 年 2 月,二人协议离婚,并约定王某乙随王某甲共同生活。

王某甲多次因琐事对王某乙体罚,致王某乙身心受到伤害。

【履职情况】

(一)畅通强制报告平台,迅速联动综合救助。2020 年 4 月,王某乙就读学校通过上海市长宁区"未成年人检察社会服务中心云平台"报告,王某乙多次遭受父亲体罚。检察机关调查核实后,联合公安机关充分听取王某乙意见,将其转移安置至其母李某某处,并对王某甲进行法治宣传和训诫教育。针对王某乙情绪低落状态,联合学校进行心理疏导。

(二)审慎评估监护能力,支持变更抚养关系。2020 年 6 月,李某某就变更抚养关系事宜向长宁检察院申请支持起诉。长宁区检察院对王某甲的监护能力进行了为期一个月的跟踪评估,发现王某甲有继续侵害王某乙的危险,遂支持其提起变更抚养关系诉讼,并派员出庭支持起诉,配合法院促成双方达成协议。根据协议,王某乙随李某某共同生活,王某甲每月支付抚养费 3000 元。

(三)跟踪提供分类指导,督促落实监护责任。长宁区检察院持续开展动态跟踪和家庭教育指导。针对王某甲怠于履行监护职责的情况,

[①] 本文摘自最高人民检察院官网,网址:https://www.spp.gov.cn/spp/xwfbh/wsfbh/202205/t20220525_557819.shtml。

2022年1月,长宁区检察院联合长宁区法院开展强制性家庭教育指导,对王某甲进行训诫。针对李某某在外奔波较多、对王某乙情感需求关注不够的情况,长宁区检察院联合妇联、学校、街道开展督促性家庭教育指导,引导其关注王某乙身心健康。该院还联合团区委、关工委,对监护人外出工作时的委托照护人李某某母亲进行家庭教育指导。经过持续开展家庭教育指导,王某甲、李某某和王某乙亲子关系明显改善。

(四)凝聚形成监督合力,构建一体化工作体系。长宁区检察院总结此案联合相关部门开展家庭教育指导的经验,会同区民政局、妇联、关工委出台《关于构建一体化分类家庭教育指导工作体系的意见》,依托未成年人保护工作站和家事关护站设立"检社家宁萌共育坊",整合全区儿童督导员、儿童主任和青少年事务社工力量,建立家庭教育指导线索收集处置机制,分类开展支持性、督促性、强制性、预防性家庭教育指导工作。

【典型意义】

未成年人保护法在强调父母第一监护责任的同时,明确了国家对家庭监护支持、指导、帮助与监督的责任,并赋予检察机关支持起诉、责令监护人接受家庭教育指导等职能。家庭教育促进法构建了家庭主责、国家支持、社会协同的家庭教育体系,对包括检察机关在内的司法机关的职责作用作出了明确规定。检察机关依法能动履职,针对监护人存在的管教不当、监护缺位等问题,主动加强与法院、民政、妇联、关工委等职能单位的协作,通过搭建强制报告平台、开展支持起诉、制发督促监护令、分类开展家庭教育指导等方式,推动形成系统化保护合力。

案例二

山东省成武县人民检察院督促消除
道路安全隐患行政公益诉讼案
——共同守护未成年人平安求学路

【基本案情】

2021年4月,山东省成武县检察院连续办理4起校园周边交通肇事案,6名被害人均为未成年学生。该院经调查发现,2019年至2021年该县发生的交通肇事案件中,未成年受害人占比高达25%。学校周边未按规定设置交通信号灯及其他附属交通安全设施,是导致事故发生的重要原因。

【履职情况】

（一）深入开展诉前调查,依法制发诉前检察建议。成武县检察院对2019年以来该县发生的交通事故进行类案分析,发现城区内发生交通事故共计2731起,其中无交通信号灯路口发生交通事故477起,占比17.5%;涉及未成年人交通事故150起,占比5.5%。经对校园周边道路情况进行调查,发现校园周边近30个道路交叉口未安装交通信号灯及其他附属交通安全设施,交通秩序混乱,给学校师生造成较大安全隐患。在类案分析和社会调查基础上,成武县检察院向该县住房和城乡建设局发出诉前检察建议,建议对校园周边近30个道路交叉口规划设计、安装交通安全设施。

（二）持续跟进监督,提起公益诉讼督促整改落实。制发检察建议后,成武县检察院持续跟踪整改情况,发现该县住房和城乡建设局仍未安装交通信号灯及其他附属交通安全设施,校园周边路口交通混乱现象依然存在,期间又有2名未成年人在交通事故中受伤。2021年12月,成武县检察院向县法院提起行政公益诉讼。开庭前,该县住房和城乡建设局主动建设完善了30个校园周边路口的交通信号灯等交通安全设施,并告知检察机关整改情况。2022年1月至3月,该县校园周边交通事故率同比降低17.9%、事故死亡率同比降低24.6%。检察机关评估后认为行政部门整改到位,涉未公共利益得到修复保护,遂撤回起诉。

（三）加强沟通配合,共建综合保护长效机制。成武县人民检察院以开展"检爱同行 共护未来"法律监督专项行动为契机,积极推动未成年人交通安全治理。积极开展"法治进校园"活动,强化交通安全法律法规教育,助推未成年学生形成"遵守交规、安全出行"的自觉。持续加强与住建部门和交通、教育等部门的沟通,定期查验校园周边交通设施使用情况,形成制度化长效保护机制。

【典型意义】

近年来,交通肇事罪在侵害未成年人犯罪案件中占比逐年增加,严重危害未成年人人身安全。未成年人保护法规定,政府应当依法维护校园周边的治安和交通秩序,设置监控设备和交通安全设施,预防和制止侵害未成年人的违法犯罪行为。校园周边道路交通设施不健全,侵害不特定多数未成年人的合法权益。检察机关针对校园周边交通安全隐患问题,充分发挥行政公益诉讼检察职能,督促职能部门依法充分履职,达到"办理一案,治理一片"的效果,确保涉未成年人的社会公益切实得到保护。同时,协同职能部门依法能动履职,为未成年人"上学路"保驾护航。

案例三

浙江省海宁市人民检察院督促规范民办学校办学行政公益诉讼案
——多维落实民办新居民子女学校保护

【基本案情】

2021年4月,浙江省海宁市人民检察院在办理某民办新居民(非本地户籍居民)子女学校教师赵某某猥亵儿童、伪造国家机关证件案过程中,发现该市民办新居民子女学校存在教师招录审核不规范、校园安全管理不严格等突出问题,导致未成年学生被性侵。

【履职情况】

(一)坚持系统审查思维,全面开展入职查询。针对赵某某个案暴露出的问题,海宁市检察院会同公安局、教育局开展全市民办新居民子女学校教职员工违法犯罪记录和教师资格筛查工作,发现1名教师有强奸前科,6名教师无教师资格证,13名教师的教师资格证真伪存疑。根据筛查结果,教育部门责令学校与有强奸前科的教师闫某某解除劳动合同,将无证教师调离教学岗位。

(二)依托统一集中办理,融合运用"四大检察"职能。结合教职员工入职查询和教师资格筛查情况,2021年8月,海宁市检察院向教育局发出规范民办新居民子女学校办学行政公益诉讼诉前检察建议。收到检察建议后,教育局积极部署专项检查,查明上述13人中有5人的教师资格证系伪造后依法予以解聘。海宁市检察院将伪造国家机关证件的线索和证据移送公安机关立案侦查,有效激活了刑事检察与公益诉讼内部转换衔接机制,充分发挥了未检融合式监督模式的最大效能。

(三)主动开展诉源治理,促推"六大保护"协同发力。针对新居民子女学校教师招录不规范、校园安全存在盲区、学生自我保护意识薄弱等问题,海宁市检察院分别向教育局和学校发出社会治理检察建议。在检察建议的推动下,民办新居民子女学校对教师的聘任、考核、培训实行"一人一档"管理,邀请卫健专家开设青春期生理卫生和自我保护课程。教育局联合相关部门对校园内外环境开展专项整顿,实现校园安防体系全覆盖。针对民办新居民子女学校教育资源不均衡的深层次问题,该院以专题报告形式向市委市政府反映。市政府出资5600余万元将全市4所新居民子女学校收归国有,从公办学校挑选优秀教师组建管理团队、派驻教研骨干、提高教学水平,使全市5000余名新居民子女学生享受教育公平。

【典型意义】

受教育权是未成年人一项重要的发展权。检察机关深入贯彻落实未成年人保护法,以"一号检察建议"监督落实为牵引,立足刑事个案办理,重点开展教师资格核查、入职查询等工作,协调教育部门加强校园安全建设,把学校保护不折不扣落到实处。扎实开展"检爱同行 共护未来"未成年人保护法律监督专项行动,统筹运用"四大检察"职能,在办理刑事案件的同时开展其他检察监督。通过行政公益诉讼诉前检察建议、社会治理检察建议、专题报告等多种形式,融入学校保护、政府保护,协同职能部门和相关主体依法履职尽责,共同保障未成年人健康成长。

案例四

江苏省宿迁市人民检察院对 Z 电竞酒店提起民事公益诉讼案
——共促电竞酒店新业态监管治理

【基本案情】

江苏省宿迁市宿城区人民检察院在办理涉未成年人犯罪案件中发现,当地电竞酒店存在接纳未成年无限制上网现象,且一房多人、他人代开、男女混住等情况多发,甚至引发违法犯罪。在文旅等部门开展电竞酒店专项排查整治后,Z 酒店仍持续违规接纳众多未成年人入住并提供上网服务,影响未成年人身心健康,损害社会公共利益。

【履职情况】

(一)发挥未成年人检察统一集中办理优势,在履职中敏锐发现案件线索。宿城区检察院在开展"法治进校园"活动、参加未成年人保护联席会议过程中,多次收到涉电竞酒店的侵害未成年人权益案件线索。2021年5月,宿城区检察院在办理刑事案件中了解到,有的未成年人为了支付入住电竞酒店的高额费用,实施盗窃等违法犯罪行为。经进一步调研和走访调查发现,作为近年来迅速发展的新兴业态,入住电竞酒店在青少年中逐渐成为风尚,但许多电竞酒店存在以旅馆住宿之名接纳大量未成年人无限制上网现象。宿城区12家电竞酒店住宿登记系统存在接纳未成年人入住记录达800余条,其中Z酒店就达380余条。

(二)多方研讨论证,督促开展专项治理。宿城区检察院与区文旅局、市场监管、公安等6家单位召开未成年人网络公益保护联席会议3次,就电竞酒店属性、危害、执法依据等问题进行研究。2021年5月,宿城区检察院与区文旅等部门联合会签《宿城区关于推进未成年人网络保护工作实施意见》,督促相关行政机关以开通电竞酒店接纳未成年人上网专门线索受理渠道、在辖区内开展为期三个月的电竞酒店专项排查、对电竞酒店经营者违规接纳未成年人入住行为进行训诫等方式,开展专项治理。

(三)持续跟进监督,启动民事公益诉讼。专项治理后,检察机关跟进监督发现,Z酒店仍持续接纳未成年人提供上网服务,经进一步调查取证,截至2021年6月,该酒店住宿登记系统可查的未成年人入住记录多达387条,且为躲避检查采取未成年人入住不予登记等规避手段。Z酒店在未取得互联网上网服务经营许可的情况下,接纳未成年人并提供互联网上网服务,侵犯了未成年人的健康权,给未成年人的发展、受保护等权益造成了较大影响,侵犯社会公共利益。2022年1月,宿城区检察院对Z酒店以民事公益诉讼案件立案调查并履行公告程序。3月2日,案件移送宿迁市检察院。3月22日,宿迁市检察院将案件诉至宿迁市中级法院,请求判令Z酒店禁止向未成年人提供互联网上网服务,并在国家级媒体上公开赔礼道歉。

(四)专家辅助人出庭,以司法保护推进电竞酒店未成年人保护综合治理。5月12日，宿迁市中级人民法院公开开庭审理本案。中国政法大学未成年人司法专家就未成年人网络保护、电竞酒店的功能属性等通过视频发表意见，有力支持了检察机关诉讼请求。案件当庭宣判，检察机关的全部诉讼请求均获法院支持。庭审结束后，宿迁市检察院联合宿迁市中级人民法院对涉案未成年人父母进行训诫，并联合市文旅、市场监管、公安等9家单位召开新业态下未成年人保护座谈会，共促新业态领域的监管与治理。

【典型意义】

以"电竞+住宿"为卖点的电竞酒店近年来备受未成年人青睐，但存在行业归属不明晰、不如实登记入住人员身份信息、违规向未成年人出售烟酒等问题，成为未成年人保护盲区。检察机关贯彻最有利于未成年人原则，积极稳妥发挥未成年人保护公益诉讼检察职能，在整治电竞酒店违规接纳未成年人方面开展探索，通过行使民事公益诉讼职责，督促电竞酒店经营者履行社会责任。同时，通过与行政机关加强协作配合、建立长效机制、开展专项治理等形式，推动形成新兴业态领域未成年人保护合力。

案例五

北京市检察机关督促爱国主义教育基地对未成年人免费开放公益诉讼案
——让未成年人普惠政策落实落地

【基本案情】

北京市检察机关在履行职责中发现，部分爱国主义教育基地未落实未成年人保护法关于爱国主义教育基地应当对未成年人免费开放的规定，存在对未成年人收费问题，损害了众多未成年人合法权益。

【履职情况】

（一）统一部署，明确管辖。北京市检察院发现部分爱国主义教育基地对未成年人收费线索后，在全市三级检察机关开展了专项监督活动。市检察院负责整体谋划和部署，根据爱国主义教育基地定价分为市、区两级的情况，确定市级定价的爱国主义教育基地由分院立案管辖，区级定价的爱国主义教育基地由相应的区院立案管辖。分院、区检察院负责调查、收集固定证据;市检察分院、区检察院分别与相应行政部门召开座谈会进行磋商,制发诉前检察建议。三级检察机关充分发挥检察一体化机制优势,形成工作合力,提升工作质效。

(二)全面梳理相关法律及规范性文件,明确法律适用和行政公益诉讼监督对象。通过梳理、研究相关法律法规及规范性文件,明确爱国主义教育基地应当对未成年人免费开放是未保法社会保护的重要内容。检察机关根据相关法律规定、行政机关管理权限等,确定负责政府定价的爱国主义教育基地主管部门及价格违法违规处罚部门。通过查询行政机关"三定"方案、权力清单、责任清单等,厘清定价部门与爱国主义教育基地主管部门之间的职责划分,明确对各层级爱国主义教育基地负有监管职责的行政机关,确定行政公益诉讼监督对象分别为发改委和市场监管局。

(三)全面开展调查核实,确认未成年人公共利益损害事实。北京市三级检察机关对80余家区级爱国主义教育基地、209家市级及以上爱国主义教育基地逐一排查,发现其中40余家存在对未成年人违法收费情形,损害了未成年人公共利益。检察机关依法调查收集证据,确保证据效力,为提起行政公益诉讼做好准备。

(四)积极开展磋商,制发诉前检察建议,督促依法履职。经初步调查和评估,全市各级检察院共立案23件,与相关行政机关开展诉前磋商27次,制发诉前检察建议5份。北京市检察机关的工作得到市、区相关行政单位的有力支持,检察机关与行政机关达成共识,共同推动未成年人保护法规定的落实。行政机关采取整改措施依法履职后,检察机关又进行了跟踪回访,发现部分线上售票渠道未对购票价格进行相应修改,经与相关票务管理部门联系,线上售票平台迅速整改到位,保证了免费开放规定的全面落实。目前包括故宫、八达岭长城等在内的40余家爱国主义教育基地全部实现对未成年人免费开放。

【典型意义】

未成年人保护法规定,国家、社会、学校和家庭应当对未成年人加强爱国主义教育,爱国主义教育基地应当对未成年人免费开放。爱国主义教育基地是激发未成年人爱国情感、弘扬民族精神的重要阵地。检察机关积极履行未成年人保护行政公益诉讼职能,助推行政主管部门和爱国主义教育基地依法履职尽责、落实法律规定,对未成年人免费开放,为广大未成年人提供更加贴心、便捷、普惠的服务,受到社会公众广泛好评,实现了司法保护融入社会保护携手为民办实事。

案例六

程某甲与 A 公司网络消费纠纷支持起诉案
——协同强化未成年人网络保护

【基本案情】

2020 年 7 月以来,程某甲(14 岁)在父母不知情的情况下,自行下载注册 A 公司运营的某网络 App,并通过微信支付方式在该网络 App 上购买虚拟币、打赏等。自 2020 年 7 月至 2021 年 2 月间,程某甲在该网络 App 上累计消费人民币共计 21.7 万余元。

【履职情况】

(一)支持起诉,维护网络空间未成年人权益。2021 年 3 月,程某甲向上海市松江区法院起诉 A 公司,要求返还网络消费款项,并申请松江区检察院支持起诉。松江区检察院介入后,一方面指导程某甲一方搜集、固定证据,另一方面对该 App 开展实验性调查,发现该 App 实名注册制度落实不严,实时监管手段薄弱,存在大量和未成年人网络消费有关的投诉。检察机关根据法律规定,支持程某甲向法院提起民事诉讼,出庭发表支持起诉意见,帮助全额追回消费款。

(二)诉源治理,检察建议助力企业合规。针对企业责任落实不到位引发未成年人不当上网、高额消费的情况,2021 年 5 月,松江区检察院先后向 A 公司及其所在园区管理方制发检察建议,引导企业开展合规改革,主动承担社会责任,制定完善用户实名认证、从业人员准入标准和行为规范、未成年人消费保护措施等技术标准,引领行业合法合规有序发展。A 公司及园区均书面回复,持续推进合规整改。

(三)协同各方,构建网络保护共同体。为打造清朗、安全、健康、有益的未成年人网络空间,2021 年 6 月,上海市检察院联合行业协会和 30 家知名网络游戏企业共同发起倡议,明确技术标准、增设 AI 和人工审核措施,严格落实未成年人网络防沉迷、消费保护措施,强化未成年人网络游戏真实身份认证,推动形成政府监管、行业自治、企业自律、法律监督"四责协同"的未成年人网络保护大格局。

【典型意义】

当前未成年人互联网普及率极高,一些未成年人沉迷网络游戏问题突出。未成年人保护法明确规定,网络游戏等网络服务提供者应当针对未成年人使用其服务设置相应的时间管理、权限管理、消费管理等功能。检察机关聚焦未成年人网络保护方面的薄弱环节和突出问题,最大限度发挥未成年人检察业务统一集中办理优势,综合运用支持起诉、检察建议等多种手段,与政府职能部门紧密协作,将案件从末端办理转向前端治理,构建未成年人网络保护闭环。

案例七

陈某乙与郑某某抚养费纠纷支持起诉案
——筑牢困境儿童兜底保障

【基本案情】

2009年1月,陈某甲因犯罪被追究刑事责任,妻子郑某某将年仅两岁的陈某乙交给陈某丙(系陈某乙的爷爷)抚养后迁居外地,未支付陈某乙的抚养费。刑满释放的陈某甲因病瘫痪在床,陈某丙年事已高无固定收入,陈某乙处于事实无人抚养状态。

【履职情况】

(一)启动支持起诉,追索抚养费保障事实无人抚养儿童权益。2020年8月,江苏省常州市金坛区检察院在办案过程中发现案件线索,启动民事支持起诉程序。该院通过异地协查,找到已迁居外地的郑某某,并固定其具备抚养能力的证据。经多次沟通,郑某某仍拒绝支付抚养费。2020年9月,陈某甲委托区民政局向法院提起诉讼,要求郑某某支付抚养费,并请求检察机关支持起诉。检察机关依法支持起诉,法院采纳检察机关意见,判决郑某某支付抚养费每月1200元至陈某乙18周岁。

(二)开展专项清查,解决事实无人抚养儿童身份确认难题。2021年

5月,金坛区检察院开展事实无人抚养儿童权益维护专项行动,发现辖区20余名事实无人抚养儿童因无法提供失踪父(母)的详细身份信息,未被纳入事实无人抚养儿童范畴。金坛区检察院以制发公益诉讼诉前检察建议的方式,推动民政部门在事实无人抚养儿童身份确认工作中积极履职。区民政局迅速回应,先后两次对辖区未成年人进行全面摸底调查,摸排儿童200余人,根据有关规定确认事实无人抚养儿童22名,发放保障金20余万元。

(三)建立联动机制,开辟特殊情形事实无人抚养儿童维权"绿色通道"。制发检察建议后,金坛区检察院跟踪监督事实无人抚养儿童确认工作,并会同该区民政、公安、团委等召开联席会议,出台《事实无人抚养儿童保护联动工作会议纪要》,建立事实无人抚养儿童保障联动机制,各部门发现线索后及时移送民政部门,当日受理,五日审核,当月发放救助金,缩短事实无人抚养儿童困境时长,确保身份确认渠道畅通。

【典型意义】

事实无人抚养儿童往往因父母监护缺失而陷入生活困境,更需要全面综合保护。未成年人保护法规定,各级人民政府及其有关部门对困境未成年人实施分类保障,采取措施满足其基本需要。检察机关从保护个案未成年人民事权益出发,正视案件背后事实无人抚养儿童身份确认痛点,通过支持起诉、公益诉讼等方式,协同职能部门共同履职,推动事实无人抚养儿童精准认定、获得救助,以司法保护和政府保护的互融互通,有效保障困境儿童权益。

案例八

陈某某监护监督、司法救助案
——开展多元综合保护救助

【基本案情】

被告人陈某与妻子高某某长期存在家庭纠纷。2020年8月4日,陈某持刀将妻子高某某、妻妹高某当场杀死,将岳母谢某某刺伤。陈某与高某某育有一女陈某某,时年5岁,无人抚养,陷入困境。

【履职情况】

（一）一体化能动履职，及时发现监护缺失线索。四川省都江堰市检察院刑检部门在办理一起因家庭矛盾引发的故意杀人案件中，发现幼女陈某某因父亲杀害母亲，处于无人监护状态，按照《都江堰市人民检察院涉未成年人线索内部移送和协作保护实施办法》，将线索同步移送该院未成年人检察部门，在刑事案件办理的同时开展未成年人综合保护工作。

（二）启动监护监督，确保监护问题妥善解决。针对陈某某因该案导致监护缺失、无人照料的风险，都江堰市检察院及时协同某镇政府督促其祖父母进行照护。后陈某某的祖父母、外祖父母就陈某某监护权归属问题发生纠纷，村委会调解数次未果。检察机关启动监护状况社会调查，对陈某某出生以来的抚育情况、祖父母和外祖父母的监护能力、监护意愿等方面进行调查评估，并听取犯罪嫌疑人陈某的意见。因陈某某的外祖父母居住在重庆市江北区，都江堰市检察院委托江北区检察院协助开展调查核实。在查明外祖父母更适宜抚养后，都江堰市检察院联合该市法院、民政、乡镇共同开展监护纠纷化解，促成其祖父母和外祖父母签订监护协议书，确定陈某某跟随外祖父母生活。

（三）凝聚各方力量，开展多元综合司法救助。为充分保障监护监督成效，成都市、都江堰市两级检察院联动开展国家司法救助，依法向陈某某发放救助金人民币7万元。考虑到其外祖母因伤需要康复治疗，依法发放司法救助金3万元。同时，委托心理咨询师对陈某某进行心理疏导，帮助其治疗心理创伤。协调社会爱心企业设立教育基金每年定向资助。

（四）持续跟踪救助，推动异地协作联动。由于陈某某跟随外祖父母在重庆生活，都江堰市、重庆市江北区两地检察机关依据《关于加强检察协作服务保障成渝地区双城经济圈建设的意见》，协调多部门联动开展多元化救助。应陈某某外祖父母申请，两地检察机关协调公安机关为其办理户籍迁移手续，并协调当地党委政府、社区将陈某某纳入民政保障范围，及时足额发放基本生活补贴，协调当地教育部门解决陈某某入托问题。

【典型意义】

在家庭矛盾引发的家庭内部成员之间的严重暴力犯罪中，因监护人在犯罪后缺乏有效监护能力，或者因客观原因事实上无法履行监护职责，未成年人往往面临监护缺失、无人照护的困境。检察机关一体化能动履职，通过司法救助、监护权确认、协助落户、协助就学、心理抚慰、家庭教育指导、协调设立爱心基金等多元救助手段，能动履职以"我管"促"都管"，推动解决刑事案件背后未成年人的成长和生活问题，在个案办理中"求极致"，将最有利于未成年人原则落到实处。

最高人民检察院在办理涉未成年人案件中全面开展家庭教育指导工作典型案例（第三批）[①]

案例一

郭某某遗弃案
——部门联动解决监护困境，助推家庭教育责任落实

一、基本案情

2017年9月，郭某某、田某某结婚并育有一女郭某彤，因田某某长期在外务工，郭某彤自出生后随父亲郭某某生活。2021年8月，郭某某、田某某因感情破裂协议离婚，并约定郭某彤归郭某某抚养。同年10月22日，郭某某因生活拮据一时冲动将郭某彤（3周岁）遗弃至某村委会，直接赴外地务工后无法联系。2022年8月23日，郭某某因涉嫌遗弃罪被河南省洛阳市偃师区人民检察院提起公诉，后被判处有期徒刑十个月，缓刑一年。

二、做法与成效

（一）联合开展走访评估，找出监护问题症结。为了解郭某某犯罪成因，偃师区检察院到郭某某居住地进行调查，并对监护情况进行评估。经了解，郭某某无稳定职业，投资失败欠下债务，因离婚致心情抑郁，加之长期独自抚养郭某彤，在生活、心理的双重压力下产生逃避抚养义务，遗弃

[①] 本文摘自最高人民检察院官网，网址：https://www.spp.gov.cn/xwfbh/wsfbt/202408/t20240813_662996.shtml#2

郭某彤,外出务工挣钱的想法。调查发现,案发前郭某彤与母亲感情疏离,与父亲有较好的亲子关系基础,案发后郭某某认罪悔罪,有继续抚养郭某彤的意愿。经与妇联、团委会商评估,该案具备通过家庭教育指导改变郭某某监护行为的可能,决定对郭某某启动家庭教育指导工作。

（二）协同发力接续帮助,督促监护责任落实。偃师区检察院与妇联、教体局、人社局等部门组建监护帮教小组,共同督促、帮助郭某某履行监护责任。一是矫正监护观念。偃师区检察院与公安机关对郭某某开展联合训诫,向其阐明监护方面存在的问题、应当履行的监护职责。邀请心理咨询师对其进行心理测评,了解其心理现状,制定情绪管理方案,提高情绪管理能力。通过训诫和疏导,郭某某认识到自身的问题,承诺将认真履行监护责任。二是提升监护能力。偃师区检察院针对因抚养郭某彤无法就业的问题。一方面,联系教体局将郭某彤送至离家较近的中心幼儿园就读;另一方面,协调人社局和行业协会对郭某某进行针织加工培训,帮其购置两台针织机器,建立家庭作坊,由行业协会定期提供订单、回购产品,保障郭某某及郭某彤生活来源。三是督促责任落实。偃师区检察院为郭某某制发《责令接受家庭教育指导令》,责令郭某某多关注孩子身心状况和情感需求,接受"幼儿期的心理发展""加强亲子沟通"等家庭教育课程指导。同时,向郭某某居住地村委会发出《督促家庭教育指导函》,委托村妇联主席对郭某某监护履职情况开展日常监督,双管齐下确保郭某某依法履行监护责任。

（三）持续进行跟踪回访,落实教育指导效果。偃师区检察院建立"二查二评一跟进"家庭教育指导回访机制。"二查"即查郭某某家庭生活状况,通过上门谈话、走访邻里等方式,了解家庭收支、监护表现等情况;查郭某彤身体精神状态,聘请儿童督导员到郭某某家中,检查亲子互动课程完成进度,到郭某彤所在幼儿园查看其行为表现、情绪状况。"二评"即评估郭某某监护观念是否转变,监护能力是否提升;评估郭某彤心理阴影是否消除、身心状况是否改善。"一跟进"即跟进了解家庭教育指导效果。通过跟进回访郭某某已切实履行监护责任,亲子关系融洽,家庭教育指导质效明显提升。

（四）机制阵地双向发力,规范家庭教育指导工作。偃师区检察院立足司法办案,深入落实家庭教育促进法,推动建立常态化工作机制。一是联合妇联、关工委、教体局等 7 家单位会签《关于在办理涉未成年人案件中开展家庭教育指导工作的实施意见》,建立"事前调查评估、事中全面指导、事后跟踪回访"工作制度。二是联合妇联、关工委、教体局等部门成立家庭教育指导中心,并依托该中心,在 13 个街道、乡镇设立家庭教育指导站,形成了多部门参与、全线贯通的涉案未成年人家庭教育指导工作模式。目前,已对 78 名监护人开展家庭教育指导,亲子关系全部得到改善。三是以案件办理为契机,洛阳市检察院联合市妇联、关工委会签《洛阳市涉案未成年人家庭教育指导全覆盖联动协作机制》,推动全市 15 个县区建立家庭教育指导中心,组建洛阳市家庭教育指导人才库,助力家庭教育指导工作向更深层次发展。

三、典型意义

家庭是人生的第一所学校,父母是人生的第一任老师。遗弃未成年人使其脱离家庭,会对未成年人身心造成伤害。检察机关办理该类案件时,不仅要依法对监护人作出刑事处罚,还要注重发掘案件背后反映出的家庭问题,因案施策予以帮助指导,推动监护责任落实。通过专业化、精细化、个性化的措施,重塑监护人监护理念,提升监护能力。同时,动态评估指导效果,协同相关部门建立"检察推动、部门联动、社会参与"的涉案未成年人家庭教育保护格局,确保家庭教育指导工作见成效、显实效。

案例二

马某某、丁某某盗窃案
——构建全链条、跨部门工作机制,实现家庭教育指导最优化

一、基本案情

2022 年 11 月,马某某(女,16 周岁)伙同丁某某(女,16 周岁)在某酒店公寓房间内,盗走张某 iPhone14Pro 手机一部(价值人民币 8722 元)。后二人通过事先获知的密码,将张某手机支付宝内的 1300 元转至丁某某支付宝,并将手机销赃得款 6750 元。2023 年 2 月,马某某在取保候审期间再次伙同他人以"拉车门"方式盗窃现金 640 元及鞋子一双。2023 年 2 月 23 日,浙江省宁波市海曙区公安局将该案移送海曙区人民检察院审查

起诉。鉴于犯罪嫌疑人丁某某犯罪情节轻微,到案后积极赔偿被害人损失,自愿认罪认罚,且系初犯偶犯,检察机关对其作出不起诉决定;对犯罪嫌疑人马某某以犯盗窃罪向法院提起公诉。同年3月20日,海曙区法院以盗窃罪判处马某某拘役四个月,缓刑六个月,并处罚金一千元。

二、做法与成效

(一)依托"中心+指导站"模式,全面调查监护状况。2022年3月,海曙区检察院在区委政法委领导支持下,联合11家单位印发了《关于共同构建海曙区涉案未成年人家庭教育指导中心的意见》,规定"中心"设置在海曙区检察院,公安各派出所均设置家庭教育指导站,实行"中心+指导站"的工作模式,检察机关统筹、协调、指导"中心"工作,各公安派出所"站点"具体负责开展家庭教育指导工作。该案经派出所"站点"反馈,由"中心"指派司法社工及时介入开展涉罪未成年人监护状况评估。调查发现,马某某和丁某某的父亲均存在家暴行为,马某某因害怕父亲打骂抗拒回家也无心上学,后经常与不良朋辈在外打架、盗窃。丁某某父母离异,由父亲抚养,其自幼性格倔强,与老师争吵退学后离家跟随母亲和继父生活。马某某和丁某某结识后,因相似的家庭经历形影不离。司法社工将该调查结果反馈给"中心",检察机关据此认为,挽救马某某和丁某某,不仅需要对本人进行有针对性的教育矫治,也需要对其父母进行有效的督促监护和家庭教育指导,同时"中心"将相关情况告知派出所"站点"。

(二)构建"全链条"贯通、跨部门协作工作机制,保障家庭教育指导效果。公检法司在侦查、审查起诉、审判和社区矫正等各阶段接续发力,将家庭教育指导有机融入司法办案全过程。第一阶段,公安机关针对马某某和丁某某父母监护缺位和管教方式不当等问题,下发《未成年人家庭监护告诫书》,并进行子女再犯罪预防教育以及监护职责教育;第二阶段,检察机关针对公安阶段开展的家庭教育指导成效进行评估,并结合马某某和丁某某不同的家庭监护能力,由"办案人员+司法社工+妇联主席"开展家庭教育帮扶,通过为期三个月的跟踪指导,提升亲子沟通技巧和情绪管理能力、修复受损亲子关系。第三阶段,法院和司法局持续进行家庭功能测验,组建由关工委和司法干警组成的"未成年人观护团",定期开展家访观察、心理疏导。通过三个阶段持续跟进的家庭教育指导,马某某和丁某某两个家庭亲子关系有了很大改善,父母情绪稳定,亲子沟通交流顺畅。目前,马某某和丁某某均已找到工作,生活步入正轨。

(三)及时总结经验,推动完善家庭教育工作体系。检察机关在个案办理过程中,及时总结工作经验,形成可复制、可推广的工作机制。在办理案件基础上,制定出台《海曙区涉案未成年人家庭教育指导工作指引》,将全区17个公安派出所办理的未成年人各类案件全部纳入家庭教育指导工作范围,不断细化工作流程和事项,形成完整工作体系。同时,以政府购买心理咨询等社会服务,吸纳大学生志愿者、女律师妈妈志愿者、银发护苗工作室团队等形成治理合力。当前,相关社会组织正在有重点地强化城乡结合部小学高段家庭父母的监护意识和监护能力,截至目前,已开展相关活动60余次。

三、典型意义

未成年人家庭问题的显现和改善需要一个过程,司法机关应当联合相关社会组织在案件办理的各个阶段接续开展涉案未成年人家庭教育指导,构建"全链条"分类分层干预体系,提升指导帮助工作质效。通过司法机关和社会力量横向联动,集合专业优势,实现未成年人教育矫治与家庭环境改善相互促进,并通过个案的不断积累探索培育专业人才队伍,健全未成年人监护监督体系。

案例三

隋某某故意伤害案

——人大代表跟进督促监护,助力涉罪未成年人回归社会

一、基本案情

2020年4月29日,隋某某(男,17周岁,系高一学生)陪同父亲隋某甲就诊时因排队问题与两名被害人发生争执,殴打该二人致轻伤,后双方当事人和解。鉴于隋某某系未成年在校学生,具有自首、赔偿损失并取得被害人谅解等情节,2022年6月24日,山东省东营市东营区人民检察院对隋某某作出附条件不起诉决定,考验期六个月。因隋某某在考验期内认真接受帮教,积极悔改向好,遵守法律法规,2022年12月24日,检察机

关对隋某某作出不起诉处理。人大代表积极链接各类社会资源,持续跟进对隋某某的精准帮教,深入参与对其父母的家庭教育指导工作。2023年9月,隋某某顺利考入大学。

二、做法与成效

(一)人大代表参与监督办案,促推案件当事人矛盾化解。本案系隋某甲与他人言语不和冲动所致,隋某某为帮助父亲与对方发生厮打。在侦查阶段,隋某甲因鉴定程序等问题对被害人伤情多次提出异议申请重新鉴定,并因此拒绝赔偿被害人的医疗费用。检察机关受案后,邀请"春雨联盟"人大代表联络站的全国人大代表参与案件调解和释法说理工作。人大代表多次与隋某某及其父母谈心交流,隋某某和隋某甲真诚认罪悔罪,取得了被害人谅解。

(二)精准帮教+动态督促监护,助力涉罪未成年人顺利升学。因隋某某面临高考,检察机关制定精准帮教方案,通过每周线上联络、每月家访、心理疏导等方式,对隋某某学习情况和思想动态跟进指导。针对其家庭教育中存在的父亲独断、漠视亲子关系、母亲缺乏话语权、唯成绩论等问题,检察机关向隋某某父母制发"督促监护令",委托家庭教育指导专家进行针对性指导,为隋某某营造和睦、温暖的家庭氛围。六个月考验期满,检察机关依法对隋某某宣告不起诉。隋某某当年高考失利后,检察机关联合人大代表、心理咨询师等组成帮教团队对其持续提供心理疏导、监护支持,隋某某于次年顺利考入大学。

(三)代表履职与未检工作良性互动,共筑未成年人家庭教育保护防线。在人大代表的积极推动下,检察机关、妇联会签《关于联合开展家庭教育指导工作的实施细则》,依托未检社会支持体系协同办公室,积极引入家庭教育指导师、心理咨询师等专业力量,为涉案未成年人提供心理疏导、家庭教育指导等服务。同时建立"1+3"枢纽型家校社共育"家庭学堂",以四级人大代表为纽带,将未成年人保护覆盖到社区、学校、家庭。

三、典型意义

针对未成年人犯罪暴露出的家庭教育问题,检察机关要制定有针对性的督促监护和家庭教育指导方案,并不断进行动态调整,有效提升督促帮教的实效。检察机关在履职过程中,可以充分发挥人大代表、政协委员的桥梁和纽带作用,牵动社会各方力量,促进多方联动,为督促监护工作提供专业帮助,助力涉罪未成年人回归社会。

案例四

文某甲抚养费纠纷支持起诉案
——守护未成年人民事权益,让离婚家庭监护不缺位

一、基本案情

2020年2月,文某与周某离婚,约定由父亲文某抚养女儿文某甲(6周岁)并承担全部抚养费。2022年初,文某因失业致经济窘迫,多次和周某协商变更抚养费承担方式未果。同年6月,文某甲向法院提起诉讼追索抚养费,经法院多次调解,周某以离婚协议已有约定为由拒绝承担。经文某甲申请,四川省金堂县人民检察院决定支持起诉。为督促周某主动承担抚养义务,检察机关开展督促监护过程中多次释法说理,会同相关部门进行家庭教育指导,引导周某转变思想,促成双方自愿达成调解协议。周某自2022年7月每月向文某甲支付生活费,负担相应比例的教育、医疗费用并主动进行探视、陪伴。

二、做法与成效

(一)开展监护状况调查,为依法支持起诉提供帮助。为了解文某甲监护状况,检察机关围绕其生活环境、家庭情况等走访调查,协助收集文某甲抚养费追索理由是否具有正当性,周某是否具有负担能力等证据。经调查发现,文某因经济收入减少致使独立抚养女儿较为困难,且其忙于生计,对女儿关注较少,周某离婚后有稳定收入,但很少探视女儿。心理评估显示,文某甲自卑敏感、撒谎易怒、亲情淡漠,与其缺乏母亲关爱和教育、父母存在积怨矛盾等高度关联。检察机关审查认为,离婚协议的约定不妨碍文某甲在必要时向周某提出支付部分抚养费的合理要求。周某有能力却拒不履行抚养义务,文某甲诉求合理,遂依法支持起诉。

(二)督促监护促推和解,化解矛盾减少亲子隔阂。针对周某拒绝履行抚养义务、监护履职不到位的问题,检察机关依据《中华人民共和国未成年人保护法》《中华人民共和国预防未成年人犯罪法》有关规定向其制

发"督促监护令",告诫其仍负有对文某甲的抚养、教育、保护义务,阐明监护缺位对未成年人身心健康发展带来的影响和危害,责令其反思自身问题,对文某甲多加关爱、教导,依法履行抚养义务,按期支付抚养费。通过检察机关的释法说理和引导督促,周某逐渐转变态度并认识到其作为母亲的责任,自愿签署积极履行监护职责承诺书,并与文某就抚养费事项达成调解协议,承担抚养费并负担相应比例的教育、医疗费用。

(三)社会支持凝聚合力,家庭教育助力修复关系。办案中,检察机关联合妇联、社工组织等力量,从调整沟通方式、改善家庭氛围等方面为周某、文某制定家庭教育指导课程。针对周某与其女儿沟通欠缺等情况,指导其增强沟通意识、培养沟通技巧,拉近母女距离。针对文某陪伴不足等问题,指导其重视女儿需求,增加亲子互动,向女儿传达亲情温暖。在后续回访中,周某已按时给付抚养费并定期探视,文某多有陪伴,目前家庭氛围、亲子关系良好。案后,四川省金堂县人民检察院积极落实省检察院、省妇联会签的《关于加强妇女儿童权益保护协作的十项举措》,牵头与当地妇联、民政等部门建立《未成年人权益保护家庭教育指导协作机制》,推动整合各方资源力量,从家庭教育层面做实儿童权益保障。

三、典型意义

检察机关在办理未成年子女追索抚养费案件中,应当充分重视改善未成年人成长环境、修复亲子关系、化解矛盾纠纷。检察机关通过调查评估找准监护存在的问题,个性化开展督促监护和家庭教育指导,帮助父母改变"不想管""不愿管"的失职态度,既依法维护未成年人民事合法权益,又避免父母子女因"对簿公堂"增加隔阂、激化矛盾。

案例五

侯某被故意伤害案

——凝聚多方合力督促监护,避免未成年被害人"恶逆变"

一、基本案情

侯某(男,17周岁)系中专学校在读学生。2023年1月7日凌晨,侯某在KTV内喝酒娱乐过程中,因醉酒走错包间,与郝某某发生争执,郝某某使用包间内的干果盘将侯某面部砸致轻伤。2023年6月14日,天津市东丽区人民检察院依法对郝某某以涉嫌故意伤害罪提起公诉。同年3月20日,法院以故意伤害罪判处郝某某有期徒刑八个月。

二、做法与成效

(一)依法履职,深挖案件背后的家庭原因。针对本案中反映出的部分KTV违规接纳未成年人进入问题,检察机关向主管部门依法制发检察建议,督促强化监督管理,并对侯某的家庭情况展开调查。经调查发现,侯某自幼父母离异,在侯某初中毕业未考上高中后,其母亲十分失望,动辄对侯某打骂,侯某感到家庭环境窒息,遂沉迷网络,结识社会不良人员,有时夜不归宿并出入酒吧、KTV等娱乐场所。如不及时修复监护关系,侯某容易遭受侵害甚至走上违法犯罪道路。

(二)督促监护,"检察家庭教育课堂"助力修复亲子关系。针对案件背后映射出的家庭问题,检察机关向侯某母亲制发"督促监护令",督促其依法履行监护职责,充分考虑未成年人的心理状态、情感需求,学习家庭教育知识,为未成年人营造和谐、健康的家庭环境。检察机关将侯某家庭纳入"检察家庭教育课堂",定制心理辅导、线上帮助、亲子活动等多样化督促监护工作方案。经过为期三个月的跟踪督促,侯某母亲转变家庭教育观念,认真履行监护职责,亲子关系得到极大修复。侯某逐步摒弃不良行为、自觉净化社交圈,顺利完成中专学业并进入企业工作。

(三)多方合力,深度联动助推督促监护取得实效。为了帮助涉案未成年人的家长依法履行监护职责,提升家庭教育能力,检察机关会同妇联、教育等部门联合签署《关于建立东丽区涉"未"家庭教育指导工作站实施意见》,建立集心理疏导、跟踪矫治、家庭教育指导、控辍保学、就业扶助、亲子活动、社会公益活动等功能于一体的涉"未"家庭教育指导工作站,通过全流程"陪伴式"的教育指导,帮助多名涉案未成年人修复亲子关系,重建健康和谐的家庭环境。

三、典型意义

检察机关在办理侵害未成年人案件时要深度剖析未成年人遭受侵害与家庭监护问题的关联性,以"督促监护令"为抓手,依法履职,帮助父母或其他监护人认识到未依法履行监护职责给未成年人造成的严重不良影响。检察机关可以凝聚政府、学校、社会等多方力量,全流程帮助家庭提升监护能力,重建亲子关系,避免未成年被害人"恶逆变"。

案例六

李某贩卖毒品案
——全面调查评估+家庭教育指导,破解
"共同事实抚养家庭"监护难题

一、基本案情

2020年9月25日,李某(女,17周岁)听从男友邢某安排,以中间人角色向栾某交易冰毒1克。因涉嫌贩卖毒品罪于2022年9月10日被河南省鹿邑县公安局刑事拘留;因李某犯罪情节较轻,可能判处一年有期徒刑以下刑罚,具有悔罪表现,同年12月30日,鹿邑县人民检察院对其作出附条件不起诉决定,考验期为十个月。因李某的户籍地与实际居住地均位于郑州市中原区,为确保监督考察和帮教效果,鹿邑县人民检察院遂委托郑州市中原区人民检察院开展异地协作帮教。考验期满后,鹿邑县人民检察院于2023年11月10日依法对李某作出不起诉决定。

二、做法与成效

(一)发挥"三测一谈"工作法,聚焦"多人管"变"无人管",问题症结明晰化。中原区院针对涉案家庭情况评估探索"三测一谈"工作法:即测监护情况、测亲子关系、测家庭教育,明确监护干预重点,进行靶向发力。本案中,李某同时被5个家庭共同抚养。为查明李某的监护教育情况,检察官借助"三测一谈"工作法,组织李某及其5家共同抚养人开展家庭会谈。了解到李某父母早逝,且祖父母不能履行监护职责,遂由李家另外5兄弟共同照看。后李某得知自己身世,安全感和归属感严重缺失,结交身世经历类似的邢某并恋爱,同时产生逃课、文身、吸毒等不良行为。李某虽由多人抚养照看,但监管教育主体缺失,"养父母们"同时介入对李某的监督管理,相互之间边界感不明,李某时常处于混乱的监督教育环境中,看似"多人管"、实则"无人管"。

(二)全面调查落实监护主体,实现"无人管"到"有人管",责任主体具体化。为解决李某面临的"无人管"难题,中原区院确立"三步走"工作思路:第一,实地走访,划定合适人选范围。中原区院联合区民政局、区妇联、李某居住地居民委员会成立工作专班,通过实地查看、走访邻居等方式,对李家五兄弟逐户进行了解,发现李某平时与老二和老四两家关系更为亲密。因此,将老二和老四初步确定为适当人选范围。第二,全面评估,谨慎确立最优人选。工作专班从家庭环境、情感连接、经济条件等多个维度开展全面评估。经评估,李家老二是医院退休药剂师,妻子系公司会计,夫妻双方综合素质较高,家中经济条件较好,二人育有一女与李某姐妹情深,更适宜作为监护教育主体。第三,征求意愿,充分贯彻落实"最有利于未成年人原则"。检察官通过"走进秘密花园"的方式与李某进行谈心沟通,发现李某本人更想与"二爸爸二妈妈"生活在一起。工作专班在充分考虑李某实际情况和尊重个人意愿的基础上,通过组织召开家庭会议,指定由"李家老二"担任李某监护人,并向其送达《家庭教育指导令》,要求其接受为期三个月的家庭教育指导。

(三)精准指导助力家庭教育,力求"管得了"到"管得好",帮扶成效可视化。中原区院针对李某与"二爸爸二妈妈"存在的相互误解、归属感缺失、家庭教育方式不当等问题,从三点发力解决:一是消除双方误解,增进彼此互信。李某性格内向自卑,"二妈妈"无心的话语刺激到了李某,导致其出现愤怒情绪。对此,检察官与司法社工向"二爸爸二妈妈"释明被事实抚养子女的心理特点及情感需求,引导其多给予正向关心。通过心理干预,向李某讲明"二爸爸二妈妈"真实初衷和苦心,引导其正确看待。二是开展精准指导,助力科学教育。"二爸爸二妈妈"对李某看管较为严格,李某逆反心理严重,"二爸爸"遂对其进行打骂教育。对此,通过亲子教育和家庭教育指导课程帮助"二爸爸"学习亲子沟通技巧,掌握科学教养方式。同时,依托妇联举办的亲子活动和家庭公益慈善活动,重建和谐亲子关系。三是及时跟进评估,动态调整指导周期。检察官联合司法社工进行家庭教育指导效果评估,发现李某存在进出酒吧、麻将室等不良场所行为,"二爸爸二妈妈"难以进行有效管教,中原区院立即调整家庭教育指导周期,由原办案检察官对李某进行严肃训诫教育,李某此后未再出现类似情况。在经过近30次的个案辅导和心理干预以及10余次的家庭教育指导后,李某的家庭环境和亲子关系明显改善,李某顺利从中专学校毕业,获得实习机会,并继续进行大专学习。

(四)联动协作完善机制,提升家庭教育指导实效。中原区院结合办案经验,探索形成了"1+2+1家庭教育指导工作体系",即"1个工作站""2个机制""1个矩阵"。"1个工作站"即依托"耘心"未成年人综合保护中心,联合妇联、关工委挂牌成立"家庭教育指导站",吸纳心理咨询师、家庭教育指导师、社区儿童主任、司法社工、学校老师等社会力量组建"家庭教育指导专家小组",为家庭教育指导工作提供专业支持。"2个机制"其一是"检察官+司法社工+N"家庭教育指导多方协作机制。中原区院联合妇联、关工委会签《关于协作开展涉案未成年人家庭教育指导工作的实施方案》,对家庭教育指导工作进行规范。二是效果动态评估机制。由司法社工按照每月"一次亲子活动、一次课堂学习、一份监护报告"进行效果评估,根据评估效果适时调整家庭教育指导周期,确保指导精准性。"1个矩阵"即立体式宣讲矩阵。线下依托"耘心"未成年人综合保护中心,结合"牵手计划",开展主题宣讲;线上针对不同家庭教育问题,利用"中原区未检关爱在线"公众号,推送《教子有法》系列公开课,通过青少年维权岗热线电话、微信公众号留言版块等,提供家庭教育咨询服务。

三、典型意义

每个涉罪未成年人背后都有不可忽视的家庭原因,检察机关在办理案件中,对家庭监护及家庭教育状况应精准发现问题、详尽调查、全面评估,并提供"个性化"指导。对于类似本案的特殊和复杂家庭,要坚持最有利于未成年人原则,聚焦问题症结,明确监护主体,"刚柔并济"督促履行职责。同时充分争取社会支持,善于链接专业力量,积极探索建立"本土化"工作机制,以司法保护引导社会各方助力家庭保护。

最高人民法院发布9起未成年人权益司法保护典型案例[①]

1. 被告人张某某强奸案
——教师强奸多名未成年女生被判处死刑

【基本案情】

2013年至2019年,被告人张某某在担任某省某小学教师期间,利用教师身份,先后将多名女学生(均系幼女)带至宿舍内实施奸淫。

【裁判结果】

法院经审理认为,被告人张某某利用教师身份奸淫未成年女学生,奸淫人数多,时间跨度长,罪行极其严重,情节特别恶劣,社会危害性极大,应依法严惩。依法以强奸罪判处张某某死刑。2022年1月,最高人民法院核准死刑,现已执行。

【典型意义】

被告人张某某身为人民教师,本应为人师表,却利用教师身份,多年持续奸淫多名在校未成年女生,致使被害女生的纯真童年蒙上阴影,对她们身心健康造成严重伤害,严重践踏了社会伦理道德底线,性质极其恶劣,罪行极其严重,应依法惩处。人民法院历来对侵害未成年人犯罪案件坚持零容忍态度,尤其是对那些利用自己的特殊身份或者便利条件性侵未成年人的犯罪,坚决依法从严从重惩处,该判处死刑的坚决判处死刑,绝不姑息。本案的判决结果,充分体现了人民法院对性侵未成年人犯罪依法严厉惩治的鲜明态度,彰显了人民法院维护未成年人合法权益的坚定决心。

[①] 本文摘自最高人民法院官网,网址:https://www.court.gov.cn/zixun - xiangqing - 347931.html。

2. 未成年被告人贾某某诈骗案
——教育、感化、挽救失足少年

【基本案情】

2019年1月至2020年3月,未成年被告人贾某某因参加电竞比赛需要资金,采用化名,虚报年龄,谎称经营新媒体公司,以网上刷单返利等为幌子,诱骗多名被害人在网络平台购买京东E卡、乐花卡,或是诱骗被害人在支付宝等小额贷款平台借款后供其使用,骗得人民币共计30余万元。到案后,贾某某如实供述了上述犯罪事实。法院审理期间,贾某某父亲对被害人退赔,获得被害人的谅解。

【裁判结果】

本案审理过程中,人民法院委托社工对被告人贾某某进行了详细社会调查。调查显示,贾某某幼时读书成绩优秀,曾获省奥数竞赛第四名和全国奥数竞赛铜奖,后因父母闹离婚而选择辍学,独自一人到外地生活,与家人缺乏沟通联络。父母监护的缺失,法律意识的淡薄,是贾某某走上违法犯罪道路的原因。法官找准切入点,有针对性地确定帮教措施,积极促进退赔谅解,充分发挥法庭教育及亲情感化作用,积极与被告人原户籍地社区矫正机构联系,认为对其适用缓刑,不致危害社会。

法院经审理认为,贾某某系未成年人,到案后能如实供述犯罪事实,自愿认罪认罚,其父亲已代为退赔被害人经济损失,取得被害人谅解。经综合考量,对其依法从轻处罚,以诈骗罪判处贾某某有期徒刑三年,缓刑三年,并处罚金人民币3万元。

【典型意义】

本案是一起对犯罪的未成年人坚持"教育、感化、挽救"方针和"教育为主,惩罚为辅"原则,帮助其重回人生正轨的典型案例。在审理过程中,人民法院采用了圆桌审判、社会调查、法庭教育、"政法一条龙"和"社会一条龙"等多项未成年人审判特色工作机制,平等保护非本地籍未成年被告人的合法权益,充分发挥法律的警醒、教育和亲情的感化作用,将审判变成失足少年的人生转折点。案件审结后,法官持续跟踪帮教,被告人贾某某深刻认识到自身的错误,积极反省,在法官的积极协调下,目前贾某某已回到高中学习,正在备战高考。

3. 胡某诉陈某变更抚养权纠纷案
——发出全国首份家庭教育令

【基本案情】

2020年8月,原告胡某和被告陈某协议离婚,约定女儿胡小某由其母即被告陈某抚养,原告每月支付抚养费。一个月后,因被告再婚,有两三个星期未送胡小某去上学。自2020年12月10日起,原告为胡小某找来全托保姆单独居住,原告自己住在距胡小某住处20公里的乡下别墅内,由保姆单独照护胡小某,被告每周末去接孩子。原告胡某认为离婚后,被告陈某未能按约定履行抚养女儿的义务,遂将陈某诉至法院,请求法院判令将女儿胡小某的抚养权变更给原告。经法庭询问,胡小某表示更愿意和妈妈陈某在一起生活。

【裁判结果】

法院经审理认为,原告胡某与被告陈某协议离婚后,对未成年女儿胡小某仍负有抚养、教育和保护的义务。本案原、被告双方都存在怠于履行抚养义务和承担监护职责的行为,忽视了胡小某的生理、心理与情感需求。鉴于胡小某表达出更愿意和其母亲即被告一起共同生活的主观意愿,法院判决驳回原告的诉讼请求。同时,法院认为,被告陈某在无正当理由的情况下由原告委托保姆单独照护年幼的女儿,属于怠于履行家庭教育责任的行为,根据家庭教育促进法的相关规定,应予以纠正。裁定要求陈某多关注胡小某的生理、心理状况和情感需求,与学校老师多联系、多沟通,了解胡小某的详细状况,并要求陈某与胡小某同住,由自己或近亲属亲自养育与陪伴胡小某,切实履行监护职责,承担起家庭教育的主体责任,不得让胡小某单独与保姆居住生活。

【典型意义】

家庭教育促进法作为我国家庭教育领域的第一部专门立法,将家庭教育由传统的"家事",上升为新时代的"国事",开启了父母"依法带娃"的时代,对于全面保护未成年人健康成长具有重大而深远的意义。家庭教育促进法规定,父母应当加强亲子陪伴,即使未成年人的父母分居或者离异,也应当相互配合履行家庭教育责任,任何一方不得拒绝或者怠于履行。鉴于本案被告未能按照协议切实履行抚养义务、承担监护职责,人民法院在综合考虑胡小某本人意愿的基础上依法作出判决,并依照家庭教育促进法,向被告发出了全国第一份家庭教育令,责令家长切实履行监护职责。家庭教育令发出后,取得了良好的社会反响。发布本案例,旨在提醒广大家长,家庭教育促进法明确规定,"父母或者其他监护人应当树立家庭是第一个课堂、家长是第一任老师的责任意识,承担对未成年人实施家庭教育的主体责任,用正确思想、方法和行为教育未成年人养成良好思想、品行和习惯"。希望广大家长认真学习这部重要法律,认真履行为人父母的重大责任,加强家庭家教家风建设,努力为未成年人健康成长营造良好的家庭环境。

4. 未成年被告人邹某寻衅滋事及家庭教育令案
——未成年被告人父母怠于履行职责,跨域接受家庭教育指导

【基本案情】

邹某从小随父母生活在 A 省某市,后邹某的母亲因工作变动将邹某带至 B 省生活、上学,邹某父亲仍在 A 省工作。邹某母亲因工作原因,对邹某的学习、生活关心较少,邹某父亲也只是偶尔电话问候。由于生活习惯等原因,邹某无法很好融入新的生活环境,开始与社会上的闲散青年接触,时常不回家。2020 年 5 月,邹某因打架斗殴被公安机关治安处罚。邹某父母未能引起重视,仍疏于对邹某的教育、管理。2021 年 3 月,邹某因与多人打架斗殴,被检察机关以涉嫌寻衅滋事罪提起公诉。

【裁判结果】

法院经审理认为,邹某的行为构成寻衅滋事罪,判处有期徒刑一年二个月。在审理过程中,承办法官发现邹某在 B 省生活、学习的时间并不长,对新的生活环境还在适应过程中,邹某的父母因为工作原因,疏于对邹某的管理教育,也缺乏正确实施家庭教育的方法,遂决定向邹某的父母签发《家庭教育令》,责令其限期到"家庭教育爱心指导站"接受家庭教育指导,并联合当地检察院、教委等部门,邀请邹某之前生活地社区的网格员召开谈心会,制定详细计划,共同对邹某的父母进行有针对性的家庭教

育指导。目前邹某的父母已接受家庭教育指导三次,效果良好。

【典型意义】

家庭教育缺失是未成年人犯罪的重要原因之一。随着家庭教育促进法的正式实施,人民法院在办理未成年人犯罪案件时,发现监护人怠于履行家庭教育职责,或不正确实施家庭教育侵害未成年人合法权益的情形,通过发出家庭教育令,引导其正确履行家庭教育职责,能够为未成年人健康成长营造良好的家庭环境,从源头上预防和消除未成年人再次违法犯罪。本案审理中,法院联合检察、公安、司法、教育等部门,成立了"家庭教育爱心指导站",借助两地力量,凝聚工作合力,为家庭教育失范的邹某父母进行指导,帮助他们树立家庭教育主体责任意识,积极履行家庭教育职责。跨域家庭教育指导,是落实家庭教育促进法的有益探索,展现了人民法院的责任担当。

5. 李某某诉某电子商务有限公司网络服务合同纠纷案
——未成年人实施与其年龄、智力不相符的支付行为无效

【基本案情】

14周岁的原告李某某在父母不知情的情况下,通过某平台先后七次从被告经营的网店"X游戏"购买374个游戏账号,共计支付36652元,上述游戏账号内的装备都是皮肤、面具、小花裙子等。原告父母次日发现后,及时与被告经营网店的客服人员联系,表示对原告购买游戏账号及付款行为不予追认并要求被告退款,被告不同意全额退款。

【裁判结果】

法院经审理认为,原告李某某案发时未成年,属于限制民事行为能力人,购买游戏账号支付36652元的行为,显然与其年龄、智力不相适应,李某某的法定代理人亦明确表示对该行为不予追认,故原告李某某实施的购买行为无效,判决被告向原告全额返还购买游戏账号款36652元。

【典型意义】

本案主要涉及未成年人实施与其年龄、智力不相适应的支付行为的效力问题。根据民法典的规定,8周岁以上未成年人实施与其年龄、智力不相适应的购买支付行为,在未得到其家长或者其他法定代理人追认的

情况下,其购买支付行为无效,经营者应当依法返还价款。本案提醒广大家长,作为未成年人的监护人,应当加强对孩子的引导、监督,并应保管好自己的手机、银行卡密码,防止孩子用来绑定进行大额支付。网络公司应当进一步强化法律意识和社会责任,依法处理因未成年人实施与其年龄、智力不相符的支付行为所引发的纠纷。

6. 钱某与某美容工作室、龙某生命权、身体权、健康权纠纷案
——为未成年人文身构成侵权,应当依法承担损害赔偿责任

【基本案情】

2021年1月,13周岁的原告钱某多次前往被告龙某所经营的某美容工作室玩耍,与龙某熟识后,钱某称要文身,龙某遂为钱某进行了大面积文身,并收取文身费5000元。2021年2月,钱某的母亲送钱某前往某省入学,学校检查身体时发现了钱某身上的文身。为避免对钱某的求学及就业造成影响,钱某父母要求清洗文身,后双方因对赔偿事宜协商未果,钱某诉至法院,请求被告退还文身费5000元,并赔偿精神损失。

【裁判结果】

法院经审理认为,一方面,原告钱某年仅13周岁,属于限制民事行为能力人,以其年龄、智力状况、社会经验等尚不能判断文身行为对自己身体和人格利益带来损害和影响,且事后其法定代理人未予追认,经营者应当依法返还价款。另一方面,被告某美容工作室在未准确核实钱某年龄身份的情况下,为钱某进行了大面积文身,存在重大过错,应当承担相应的侵权责任。最终判令被告某美容工作室返还原告钱某文身费5000元,并支付原告钱某精神抚慰金3000元。

【典型意义】

文身实质上是在人体皮肤上刻字或者图案,属于对身体的侵入式动作,具有易感染、难复原、就业受限、易被标签化等特质。给未成年人文身,不仅影响未成年人身体健康,还可能使未成年人在入学、参军、就业等过程中受阻,侵害未成年人的健康权、发展权、受保护权以及社会参与权等多项权利。因此,经营者在提供文身服务时,应当对顾客的年龄身份尽到审慎注意义务。本案作出由经营者依法返还文身价款,并依法承担侵

权损害赔偿责任的裁判结果,对规范商家经营,保障未成年人合法权益、呵护未成年人健康成长具有重要意义。

7. 胡某某、王某某诉某某餐厅死亡赔偿案
——向未成年人出售烟酒应依法承担相应责任

【基本案情】

胡小某系胡某某、王某某之子,其与蒋某某、陈某系某中学学生,均系限制民事行为能力人。某日,胡小某、陈某某来到某某餐厅为蒋某某庆祝生日,胡小某提议要喝酒庆祝,三人喝了一些啤酒。饭后,胡小某提议去湖边玩耍,在湖边泡脚戏水的过程中,胡小某不慎后仰溺水死亡。事故发生后,胡某某、王某某将某某餐厅诉至法院,请求赔偿胡小某的死亡赔偿金、丧葬费等部分损失。

【裁判结果】

法院经审理认为,未成年人保护法规定,禁止向未成年人销售烟、酒。本案中某某餐厅的售酒行为违反了未成年人保护法的相关规定。由于酒精对于人的精神具有麻痹作用,饮酒后会导致实施危险行为的危险系数增加,某某餐厅的售酒行为,与胡小某的死亡结果之间具有因果关系,应承担相应侵权损害赔偿责任。综上,法院判决某某餐厅承担一定比例的损害赔偿责任。

【典型意义】

未成年人身心发育尚不成熟,烟酒会严重影响未成年人的健康成长。未成年人保护法明确规定,禁止经营者向未成年人出售烟酒。烟酒经营者应当在显著位置设置不向未成年人销售烟酒的标志;对难以判明是否是未成年人的,应当要求其出示身份证件。本案中的餐厅经营者向未成年人售酒的行为,不仅有违法律规定,还引发了未成年人溺水死亡的严重后果。法院依法认定该餐厅承担一定比例的损害赔偿责任,对于引导烟酒商家进一步强化社会责任,增强法律意识,让未成年人远离烟酒伤害,为未成年人的成长营造安全健康的环境具有重要意义。

8. 黄某某诉某某宾馆生命权、身体权、健康权纠纷案
——宾馆对未成年人未尽入住程序询问
义务的应当依法承担责任

【基本案情】

黄某某与朱某某(均系未成年人)通过网上聊天认识后发展为男女朋友关系。2021年6月,朱某某与黄某某相约见面,随后二人入住某某宾馆并发生性关系。后黄某某监护人得知,该宾馆在接待未成年人黄某某时,未询问其父母的联系方式及入住人员的身份关系等有关情况。黄某某以某某宾馆未尽安全保护义务使其遭受性侵害为由诉至法院,请求某某宾馆赔偿精神损害抚慰金20000元,某某宾馆的经营者承担连带责任。

【裁判结果】

根据未成年人保护法第五十七条规定:"旅馆、宾馆、酒店等住宿经营者接待未成年人入住,或者接待未成年人和成年人共同入住时,应当询问父母或者其他监护人的联系方式、入住人员的身份关系等有关情况;发现有违法犯罪嫌疑的,应当立即向公安机关报告,并及时联系未成年人的父母或者其他监护人。"法院经审理认为,被告某某宾馆在接待未成年人黄某某入住时,未询问其父母的联系方式及入住人员的身份关系,未尽到对未成年人安全保护的法定义务,应承担一定责任。最终双方达成调解协议,被告某某宾馆同意赔偿黄某某精神损害抚慰金5000元,并当场履行完毕。

【典型意义】

本案警示旅馆、宾馆、酒店的经营者应严格履行保护未成年人的法律义务和主体责任,依法依规经营,规范入住程序,严格落实强制报告制度,履行安全保护义务,如违反有关法定义务,将被依法追究相应法律责任。广大家长也应加强对未成年人的教育管理,使未成年人形成正确的人生观和价值观,自尊自爱、谨慎交友,预防此类案件的发生。有关主管部门应当强化对旅馆、宾馆、酒店的日常监管,建立健全预警处置机制,实现对未成年人入住旅馆、宾馆、酒店的风险防控,全面保护未成年人健康成长。

9. 梁某某诉某县医疗保险事业管理局社会保障行政给付案
—— 在行政案件中保障幼儿合法权益,实现
对未成年人的全面司法保护

【基本案情】

原告梁某某(2017年11月出生)出生后即患有先天性心脏病,于2018年5月在某儿童医院住院治疗,产生医疗费7万余元。梁某某的亲属于2017年11月向某县医疗保险事业管理局为梁某某一次性缴纳了2017年、2018年参保费用。因某县医疗保险事业管理局在医疗系统中未有效录入梁某某2018年的连续参保信息,导致梁某某无法报销住院费用。原告梁某某于2018年7月诉至法院,请求报销住院期间产生的医疗费。

【裁判结果】

法院在查明梁某某缴纳2017年、2018年医保参保费情况属实后,向某县医疗保险事业管理局发出《司法建议书》,建议会同相关单位采取补救措施,维护当事人梁某某的合法权益。某县医疗保险事业管理局根据《司法建议书》召开局务会,认定梁某某续保关系成立,对梁某某2018年上半年就医费用进行补报销。领取到报销费用后,梁某某向法院提出撤诉申请,法院裁定准许撤诉。

【典型意义】

本案是一起涉未成年人社会保障行政给付的典型案例。梁某某系患有先天性心脏病的幼儿,出生后即产生较高医疗费,且后续仍需相关医疗费用。如按常规程序历经一审、二审、执行,将会贻误梁某某的治疗。法院在受理案件后,为确保梁某某得到及时救治,改变传统工作思路,与被告以及原告所在乡政府多次沟通,进行法律释明,协调各方就梁某某参保关系成立这一核心事实达成共识。同时向某县医疗保险事业管理局发出司法建议并被采纳,有力推动了问题的解决。本案的实质化解,体现了人民法院行政审判工作在分清是非、切实保护当事人合法权益的基础上,坚持诉源治理,切实把非诉讼纠纷解决机制挺在前面,以满足广大人民群众多元、高效、便捷的解纷需求的司法理念,彰显了人民法院通过对行政行为进行监督、维护未成年人合法权益的担当,筑牢了对未成年人的立体司法保护网。

最高法发布涉未成年人食品安全司法保护典型案例[①]

案例1

李某诉某乳业公司产品责任纠纷案
——超范围添加食品添加剂不符合食品安全标准，
消费者有权要求十倍惩罚性赔偿

基本案情

2019年5月18日、5月19日，李某购买某乳业公司生产的固体饮料18罐，单价每罐328元，共计5904元。该产品配料表上标注：葡萄糖浆、植物脂肪粉、氨基酸等配料。其中，氨基酸括号内标注有L-赖氨酸、L-蛋氨酸、L-色氨酸、L-酪氨酸等成分。李某认为L-赖氨酸、L-蛋氨酸、L-酪氨酸、L-色氨酸等4种氨基酸允许使用的食品类别中不包括固体饮料，案涉产品构成超范围添加，诉请某乳业公司退回购物款5904元并承担10倍货款赔偿。某乳业公司抗辩认为，案涉产品中标示的L-赖氨酸、L-蛋氨酸、L-酪氨酸、L-色氨酸系氨基酸复合物，是通过特殊工艺即蛋白质加酶制剂水解而成，系以改性形式存在而非添加的物质，配料表相关表述和食品安全符合国家标准。

裁判结果

法院经审理认为，根据《食品安全国家标准食品营养强化剂使用标准》（GB14880-2012）规定，L-赖氨酸允许使用的食品类别不包含固体饮料，但案涉产品系蛋白固体饮料，并非可以添加上述氨基酸的食品。某乳业公司作为食品生产者，未能举证证明另外三种氨基酸能够用于非特殊膳食用食品和其化合物来源，未能举证证明该三种氨基酸能够用于案涉食品，应承担对其不利的法律后果。原告李某购买18罐固体饮料的行为符合当地生活消费购买习惯，某乳业公司作为生产者，生产的产品不符

[①] 本文摘自最高人民法院官网，网址：https://www.court.gov.cn/zixun/xiangqing/428312.html。

合《食品安全国家标准食品营养强化剂使用标准》的规定,法院判决其支付十倍货款的惩罚性赔偿金59040元。

典型意义

食品安全是重大的基本民生问题,特别是婴幼儿食品安全事涉千万家庭,国家对婴幼儿食品安全制定了严格的标准。本案例涉及婴幼儿最常见的配方粉固体饮料,通过明确固体饮料中氨基酸属于超范围添加进而影响食品安全,判决生产者支付十倍惩罚性赔偿金,彰显了人民法院保护婴幼儿食品安全的坚定决心,也为同类案件提供参考。

案例 2

颜某诉某孕婴用品店买卖合同纠纷案
——销售者虚假宣传,消费者有权要求三倍赔偿

基本案情

颜某因女儿喝普通奶粉过敏,自2018年4月起到某孕婴用品店购买某产品作为奶粉的替代品。2020年5月14日颜某再次到某孕婴用品店购买该产品,询问某孕婴用品店的经营者关某该产品的性能,关某明确表示该产品能"调节过敏体质"。颜某对此进行了录音录像。后颜某向当地市场监督管理局进行举报,称某孕婴用品店宣称商品能调节过敏症状,既构成虚假宣传行为,又构成引人误解的宣传行为,已造成举报人的误解,导致其购买并长期给孩子使用固体饮料。2021年7月23日,市场监督管理局作出某市监处字[2021]第108号行政处罚决定书,以某孕婴用品店构成虚假宣传为由,责令某孕婴用品店停止违法行为并处罚款30万元等。后颜某起诉至法院,要求某孕婴用品店返还价款并支付惩罚性赔偿金。

裁判结果

法院经审理认为,根据《中华人民共和国食品安全法》的规定,生产经营者对其提供的标签、说明书的内容负责;食品广告的内容应当真实合法,不得含有虚假内容,不得涉及疾病预防、治疗功能;食品生产经营者对食品广告内容的真实性、合法性负责。我国对特殊食品有更严格的监管

规定。因此，无论是普通食品还是特殊食品均不得涉及疾病预防、治疗功能的宣传。某孕婴用品店故意以"调节过敏体质"的说辞误导消费者，属于以虚假或者引人误解的商品说明方式销售商品，构成欺诈。根据《中华人民共和国消费者权益保护法》第五十五条的规定，消费者有权要求按消费金额的三倍赔偿。遂判决某孕婴用品店退还货款并向颜某支付价款三倍惩罚性赔偿金 54624 元。

典型意义

婴幼儿食品直接关乎未成年人的健康成长。现实生活中，存在虽然产品质量合格但销售者虚假宣传的情形。本案中，销售者宣称售卖的固体饮料能够调节过敏体质，误导消费者，会给婴幼儿身体造成损害。此类行为在当前侵害未成年人食品安全行为中具有典型性，该案判决对遏制虚假宣传，倡导诚信经营，推动构建食品生产经营健康秩序，具有重要意义。

案例 3

被告人靳某销售伪劣产品案

—— 篡改生产日期销售过期奶制品，被依法追究刑事责任

基本案情

2021 年 3 月至 2021 年 11 月，被告人靳某为牟取非法利益，通过欧某大量收购超过保质期的奶制品，并利用其作为经销商的便利，在内部经销商网挑选可在市场售卖的批号，在某省某地设立加工窝点，组织贺某、贺某某、高某及吴某（均另案处理）等人通过喷涂篡改产品原生产日期和批号冒充新日期产品后，销往个别省份。经统计，靳某向经销商等销售过期奶制品，已销售金额 272142 元、未销售货值 23498 元。其中，扣押在案的部分产品经生产厂家比对认定为被篡改生产批号和日期产品，导致溯源不能。检察机关指控被告人靳某犯生产、销售伪劣产品罪。

裁判结果

法院经审理认为，被告人靳某结伙将他人生产的超过保质期的奶制品以更改生产日期、保质期、改换包装等方式销售牟取利益，已销售金额

272142 元、未销售货值 23498 元,其行为已构成销售伪劣产品罪。靳某在共同犯罪中起主要作用,系主犯。被告人靳某犯销售伪劣产品罪,判处有期徒刑三年三个月,并处罚金人民币二十万元,违法所得予以没收。

典型意义

未成年人食品安全一直是社会关注的焦点。销售超过保质期的奶制品,具有较高的食品安全风险和社会危害性,为食品安全法明令禁止,构成犯罪的,应依法追究刑事责任。本案被告人为牟取非法利益,利用身为奶制品经销商的便利,结伙收购、倒卖超过保质期的奶制品,涉案金额大,影响范围广,法院对其依法定罪判刑,体现了对危害儿童食品安全行为绝不姑息的态度,有利于规范涉未成年人食品经营活动,为未成年人成长提供食品安全保障。

案例 4

某餐饮管理公司诉某区市场监督管理局行政处罚案
——给学校提供受污染午餐,法院支持行政机关依法严惩

基本案情

某餐饮管理公司向某市共计 9 所中小学校提供午餐。2020 年 9 月 3 日共提供午餐 11887 份,每份午餐价格为 10 元。2020 年 9 月 4 日,当地市场监督管理局接到多起报案线索,称 9 月 3 日就餐结束后,多所学校多名学生出现了腹痛、腹泻症状而被紧急送医。市场监督管理局立即会同有关部门到该公司的经营场所现场调查,发现某餐饮管理公司在上述学校午餐的存储、加工、配送过程中,存在员工裸手取食烹煮食物、未及时洗手消毒或更换清洁手套、传菜过程中食物堆叠、常温供餐时间过长等违规操作情形。经某区疾病预防控制中心讨论分析认定,本案中涉及食用某餐饮管理公司配餐导致感染的中小学生共计 18 人,类似病症是因食用了受污染午餐导致的聚集性食源性疾病。市场监督管理局在法定期限内,经法定程序调查后,于 2021 年 7 月 12 日作出行政处罚决定,认为某餐饮管理公司的行为违反了《中华人民共和国食品安全法》第三十四条、第五十四条第一款及《学校食品安全与营养健康管理规定》第四十条第一款

之规定,构成了经营污秽不洁食品、未按要求进行食品贮存、未按要求留样的违法行为,并依照《中华人民共和国食品安全法》第一百二十四条、第一百三十二条及《学校食品安全与营养健康管理规定》第五十六条之规定,责令某餐饮管理公司立即改正违法行为,给予警告,罚款1901920元。某餐饮管理公司对处罚决定不服,诉至人民法院。

裁判理由

法院经审理认为,市场监督管理局在案发后立即对某餐饮管理公司的经营场所进行了现场调查,询问了相关生产经营情况,同时调取了生产经营中的操作监控视频,查明某餐饮管理公司在存储、加工、配送午餐过程中存在操作不规范情形。疾病预防控制中心作为专业机构,同时对案涉食品事件开展了流行病学调查及实验室检测,并出具了《关于某区学生聚集性食源性疾病的结案报告》,对本案聚集性食源性疾病的原因及可疑食物污染来源予以查实,得出本次疾病系一起因食用了受污染午餐导致的聚集性食源性疾病的结论,餐次为9月3日午餐,致病因子是副溶血性弧菌。因此,市场监督管理局认定某餐饮管理公司配送的午餐为污秽不洁食品事实清楚、证据确凿,同时处罚适用法律正确、量罚适当、程序合法。遂依法驳回了某餐饮管理公司的诉讼请求。

典型意义

近年来,关于中小学生配餐引发的食品安全问题时有发生,引发家长和公众担忧。本案系一起典型中小学食品安全事件。市场监督管理局在有关政府部门配合下,对涉事食品生产企业的生产、储存、配送等各环节进行了深入细致的调查,并依法进行处罚。人民法院对行政处罚行为依法予以支持,对危害学生身体健康的行为坚决说"不"。人民法院通过依法公正履行审判职能,推动形成各方履责、齐抓共管、合力共治的工作格局,规范食品生产企业的生产经营秩序,守护中小学生"舌尖上的安全"。